全国商业职业教育教学指导委员会推荐教材

工业和信息化高职高专“十三五”规划教材

高等职业教育财经类**名师精品**规划教材

FINANCIAL
MANAGEMENT

财务管理实务教程（第2版）

孔德兰 主编

人民邮电出版社

北京

图书在版编目（CIP）数据

财务管理实务教程 / 孔德兰主编. -- 2版. -- 北京:
人民邮电出版社, 2019.2
高等职业教育财经类名师精品规划教材
ISBN 978-7-115-50275-9

Ⅰ. ①财… Ⅱ. ①孔… Ⅲ. ①财务管理－高等职业教育－教材 Ⅳ. ①F275

中国版本图书馆CIP数据核字(2018)第268430号

内 容 提 要

本书共分为10个项目，分别是：项目一财务管理基础认知，项目二货币时间价值与风险价值分析，项目三筹资管理，项目四资本成本与资本结构决策，项目五项目投资管理，项目六证券投资管理，项目七营运资金管理，项目八收益分配管理，项目九财务预算，项目十财务分析。

本书既可作为高职高专院校财会类专业及相关专业的全国通用教材，也可作为企业在职人员的培训用书。

◆ 主　　编　孔德兰
责任编辑　刘　琦
责任印制　焦志炜
◆ 人民邮电出版社出版发行　　北京市丰台区成寿寺路11号
邮编　100164　　电子邮件　315@ptpress.com.cn
网址　https://www.ptpress.com.cn
北京盛通印刷股份有限公司印刷
◆ 开本：787×1092　1/16
印张：19.25　　2019年2月第2版
字数：555千字　　2025年1月北京第8次印刷

定价：49.80元

读者服务热线：(010)81055256　印装质量热线：(010)81055316
反盗版热线：(010)81055315
广告经营许可证：京东市监广登字20170147号

前言

随着我国社会主义市场经济的迅猛发展和资本市场的日益成熟，企业管理者面临着如何更科学、更合理地解决筹集资金、使用资金和分配资金这些核心问题。这些问题也是财务管理所要解决的主要问题。财务管理又称公司理财或公司财务，是企业管理过程中的一个重要内容，主要包括筹资管理、投资管理、资金的日常运营管理和收益分配管理。

本书充分吸收国家精品课程和国家精品资源共享课建设与改革成果，以全国会计专业技术资格标准为参照，以企业财务管理活动为主线，按照突出职业能力与职业素质培养，体现基于财务管理职业岗位要求和具体工作过程的课程设计理念，以财务管理业务操作为主体，着重培养学生的财务管理职业能力。本书共分为10个项目：首先是财务管理基础认知、货币时间价值与风险价值分析；然后是财务管理的核心工作内容，即筹资管理、资本成本与资本结构决策、项目投资管理、证券投资管理、营运资金管理、收益分配管理；最后是财务管理的专题工作内容，即财务预算和财务分析。

本书内容简明扼要，浅显易懂；设计新颖，贴近现实；素材丰富，功能齐全。每个项目包括知识目标、能力目标、项目引导案例、知识准备与业务操作、案例分析、知识链接、业务链接、想一想、职业能力选择与判断、单项任务训练、项目小结、项目案例分析、项目综合实训和项目综合评价等栏目，力求体现“以学生为主体，以教师为主导”“教学做一体化”的高职高专教育教学改革新思路，注重课证融合。

本书由“财务管理实务”国家精品课程和国家精品资源共享课负责人、浙江省教学名师、浙江金融职业学院孔德兰教授主编。孔德兰负责拟定编写大纲和样章、编写项目一至项目六，并对全书进行总纂和定稿；许辉负责编写项目七至项目十。

“财务管理实务”国家精品资源共享课已全面上线，本书作为国家精品资源共享课的配套教材之一，拥有丰富的课程网络教学资源和学习资源，可以极大地方便教师教学，以及学生和社会学习者进行在线学习。另外，本书还配套开发了Flash动画资源，读者可登录人邮教育社区（www.ryjiaoyu.com）下载。

本书可作为高职高专院校财会类专业及相关专业的全国通用教材，也可作为企业的在职人员的培训用书。

在编写过程中，我们借鉴和参考了大量国内外的相关书籍和教材，在此，谨向所有相关作者表示诚挚的感谢。虽然我们对本书的撰写做了很多努力，但由于水平有限，书中难免存在不当之处，敬请各位读者朋友批评、指正。

编　者

2018年12月

目 录

项目六
证券投资管理 · 130

项目一 财务管理基础认知

知识目标

1. 掌握财务管理的含义及内容
2. 理解各种财务管理目标的优缺点
3. 理解财务管理环境对财务管理的影响
4. 了解财务管理机构的设置

能力目标

1. 能够正确分析企业财务活动与财务的关系，熟悉企业财务管理的环节
2. 能够合理选择企业财务管理目标并对利益冲突进行协调
3. 能够准确分析企业财务管理环境
4. 能够合理设置财务管理的组织机构

项目引导案例

万能公司的财务管理问题

王杰是某高校财务管理专业的应届毕业生，他按照学校的要求到他叔叔的公司进行毕业顶岗实习。王杰的叔叔拥有一家大型汽车零配件生产企业——万能汽车零配件有限公司（以下简称“万能公司”），该公司的发展规模在最近几年迅速扩张。由于王杰的叔叔是技术管理出身，对公司的财务管理不太了解，因此，他对王杰到万能公司实习寄予了很高的期望，希望王杰能够充分利用在学校所学的专业知识，帮助公司解决目前存在的财务问题。

王杰决定不辜负叔叔对他的信任，帮助叔叔搞好财务管理工作。王杰深入公司一线，经过两个星期的调查和了解，发现万能公司存在以下主要问题。

第一，公司没有财务预算和现金收支计划，资金周转困难时就向银行贷款解决，公司无法预计未来可能出现的现金盈亏；第二，公司员工的工作积极性不高，普遍存在“磨洋工”现象；第三，公司采购行为缺少计划和审批程序，导致某些存货积压时间过长，而某些产品则出现缺货现象，影响生产进度；第四，产品质量控制不严格，部分工序没有质量检验程序；第五，产品销售价格不统一，存在不同客户不同价格的现象；第六，公司所得税税款缴纳不及时，时常要支付滞纳金。

在上述问题中，哪些属于财务管理问题？如果你是王杰，应该从哪些方面解决万能公司存在的问题？本项目将为你提供解决问题的思路和方法。

学习任务一 | 分析企业财务活动

知识准备与业务操作

一、企业财务管理活动

企业生产经营过程从购买生产要素开始，到投入生产过程，生产出中间产品和最终产品，进入销售过程，取得销售收入和利润；然后进行质或量的扩张，进入下一个再生产过程。这是一个资本不断运动变化的过程，也是企业财务活动的过程。资本是企业财务活动的基本要素，企业财务活动的基础是资本的运动。资本的运动过程及内容决定了企业财务活动的内容，而企业财务活动的内容，就是企业财务管理的内容。

财务管理是企业组织财务活动、处理财务关系的一项综合性管理工作。企业的财务管理基于企业在生产过程中客观存在的财务活动和由此产生的财务关系，因此，财务管理的内容包括财务活动和财务关系两个方面。

（一）企业财务活动

企业的财务活动包括筹资、投资、资金营运和股利分配等一系列活动。

1．筹资活动

筹资是指企业通过各种融资渠道，运用不同方式，从企业外部有关单位、个人或企业内部筹措企业经营活动所需资金的财务活动。企业为了正常经营、扩大再生产、对外投资等，往往需要大量资金，这些资金可以通过企业内部积累提供，但往往不够，还必须通过外部渠道取得，如向银行借款、发行公司债券、发行股票等。企业通过筹资通常可以形成两种不同性质的资金来源：一是企业权益资金；二是企业债务资金。

筹资方式的选择是筹资决策的一个重要问题。不同的筹资方式具有不同的特点，对企业的影响也不一样。通常企业在筹集资本时，会面临对多种筹资方式的选择，不同的筹资方式会导致企业的财务风险程度、资本成本水平等多方面的不同。因此，财务管理人员必须在清楚每一种筹资方式特点的基础上，结合企业自身特点，做出合理抉择。

2．投资活动

投资是企业为了获取经济资源的增值而将货币投放于各种资产形态上的经济行为。按投资回收期限的长短，投资可分为短期投资和长期投资。短期投资是指回收期在一年以内的投资，主要包括现金、应收款项、存货、短期有价证券等投资。长期投资是指回收期在一年以上的投资，主要包括固定资产、无形资产、对外长期投资等。按投资行为的介入程度，投资可分为直接投资和间接投资。直接投资包括企业内部直接投资和对外直接投资，前者形成企业内部直接用于生产经营的各项资产，后者形成企业持有的各种股权性资产，如持有子公司或联营公司股份等；间接投资是指通过购买被投资对象发行的金融工具而将资金间接转移交付给被投资对象使用的投资，如企业购买特定投资对象发行的股票、债券、基金等。

在投资管理中，我们应该区别不同投资时限（短期投资和长期投资）、不同投资种类（直接投资和间接投资），并做出相应决策。对于短期投资来说，主要应遵从“成本—效益”原则，确定合理的资金占用量，尽量加速资金周转速度，提高资金的利用效率；而长期投资由于时间长、风险大，决策时应该更重视货币的时间价值和投资风险价值的计算，使投资项目的净现值大于零，即通过投资可以给企业增加价值。

案例分析 1-1　　正平路桥建设股份有限公司设立合资子公司的财务管理问题

为积极响应全国城市地下综合管廊和海绵城市建设政策，正平路桥建设股份有限公司（以下简称公司）决定与四平市同创国有资本运营有限公司（以下简称“四平同创”）共同出资设立合资公司。合资公司注册资本金总额 3 000.00 万元人民币，其中正平路桥建设股份有限公司出资 1 800.00 万元人民币，占注册资本的 60%；四平同创出资 1 200.00 万元人民币，占注册资本的 40%。

在新一轮东北老工业基地振兴、长平经济带建设的历史发展机遇下，公司积极响应全国城市地下综合管廊和海绵城市建设政策，在四平市投资设立合资公司，这是公司在东北地区进行产业布局的重要举措，也是拓展公司产品市场、保值增收的关键，符合公司“四商兴正平”的发展战略，符合全体股东利益。

公司将密切关注政策和市场动向，保持敏锐的市场观察力和反应力，根据市场环境的变化及时调整经营战略，规避政策变化可能带来的风险。同时组建合资公司经营管理团队，加强专业人才的引进和培养，严格内部控制管理，通过专业化的运作和管理等方式降低风险，促进合资公司健康稳定发展，从而保障全体股东的利益。

（资料来源：正平路桥建设股份有限公司董事会．正平路桥建设股份有限公司关于公司参与设立合资公司的公告[EB/OL]．东方财富网，2017．编者已做修改。）

思考：正平路桥建设股份有限公司设立合资子公司需要考虑哪些财务管理方面的问题?

3．资金营运活动

企业在日常生产经营活动中，会发生一系列资金收付行为。首先，企业需要采购材料或商品，从事生产和销售活动，并支付工资和其他营业费用；其次，当企业把商品或产品售出后，便可取得收入、收回资金；最后，如果资金不能满足企业经营需要，还要采取短期借款方式筹集所需资金。

为满足企业日常经营活动需要而垫支的资金，为营运资金。因企业日常经营而引起的财务活动，也称为资金营运活动。在一定时期内，营运资金周转速度越快，资金利用效率就越高，企业就可能生产出更多产品，取得更多收入，获取更多利润。营运资本管理决策包括企业应该持有多少现金和存货，是否应向顾客提供信用销售，如何获得必要的短期融资等内容。

4. 股利分配活动

股利分配决策是确定企业当年实现的税后净利在股东股利和企业留存收益之间的分配比例，即制定企业的股利政策。由于留存收益是企业的筹资渠道，因此，股利分配决策实质上是筹资决策的延伸。股利分配决策通常涉及下列问题：采取怎样的股利分配政策才是企业的最佳选择？企业应采取怎样的股利分配形式，是派发股票股利、现金股利、负债股利还是财产股利？企业能否进行股票分割或股票回购？企业应确定股东分配现金股利的比例有多大？对于这些问题的回答，理财人员应根据企业的实际情况，以增加企业价值为出发点，做出合理选择。

知识链接 1-1　　高级财务管理

除了上述四项决策以外，财务管理决策还包括企业的并购、重组、破产清算、跨国经营财务管理等内容，这些内容可以在一般的高级财务管理教科书中找到相应的论述，它们一起构成了企业财务管理的完整内容。

（二）企业财务关系

企业在处理各项财务活动的过程中会与有关各方发生经济利益关系，这种由理财而发生的各种经济关系称为企业财务关系。企业处理好这些关系是理好财的保障。企业的财务关系主要包括以下几个方面。

1. 企业与投资者和受资者之间的财务关系

企业从不同的投资者那里筹集资金，进行生产经营活动，并将实现的利润按各投资者的出资比例进行分配。企业还可将自身的法人财产向其他单位投资，这些被投资单位即为受资者，受资者应向企业分配投资收益。企业与投资者、受资者的关系，即投资同分享投资收益的关系，在性质上属于所有权关系。处理这种财务关系必须维护投资、受资各方的合法权益。

2. 企业与债权人、债务人和往来客户之间的财务关系

企业购买材料、销售产品，要与购销客户发生货款收支结算关系。在购销活动中，由于存在延期收付款项的情况，就会与有关单位发生应收账款和应付账款。当企业资金不足或资金闲置时，则要向银行借款、发行债券或购买其他单位债券。无论何种原因，一旦形成债权债务关系，债务人不仅要还本，而且要付息。企业与债权人、债务人、购销客户的关系，在性质上属于债权关系、合同义务关系。处理这种财务关系，也必须考虑有关各方的权利和义务，保障有关各方的权益。

3. 企业与税务机关之间的财务关系

企业应按照国家税法和规定缴纳各种税款，包括所得税、流转税和计入成本的税金。国家以社会管理者的身份向一切企业征收有关税金，这些税金是国家财政收入的主要来源。及时、足额纳税是生产经营者对国家应尽的义务，企业必须认真履行此项义务。

4. 企业内部各部门之间的财务关系

一般来说，企业内部各部门与企业财务部门之间都要发生领款、报销、代收、代付的收支结算关系。处理这种财务关系，要严格分清各有关部门的经济责任，以便有效发挥激励机制和约束机制的作用。

5. 企业与员工之间的财务关系

企业要用营业收入，按照员工提供的劳动数量和质量向员工支付工资、津贴、奖金等。这种企业与员工之间的结算关系，体现着员工个人和集体在劳动成果上的分配关系。处理这种财务关系时，要正确执行有关分配政策。

概括来说，企业财务关系可用图 1-1 展示。

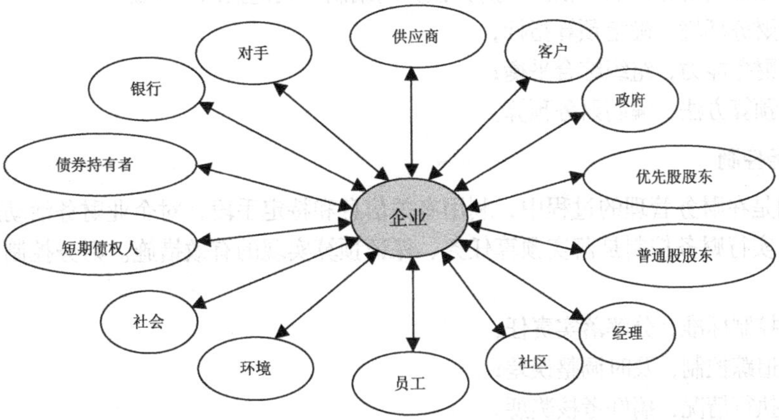

图 1-1　企业财务关系

二、企业财务管理的环节

财务管理的环节是指财务管理工作的步骤与一般程序。一般来说，企业财务管理包括以下五个环节。

（一）规划和预测

财务规划和预测首先要以全局观念，根据企业整体战略目标和规划，结合对未来宏观、微观形势的预测，建立企业财务的战略和规划。企业战略目标的实现需要确定与之相匹配的企业财务战略目标，因此企业财务战略目标是企业战略目标的具体表现。企业财务战略规划也就是企业整体战略规划的具体化。

在企业财务战略的指导下，企业财务人员要根据企业财务活动的历史资料，考虑现实要求和条件，对企业未来的财务活动和财务成果做出科学预计和测算。本环节的主要任务在于：测算各项生产经营方案的经济效益，为决策提供可靠的依据；预计财务收支的发展变化情况，以确定经营目标；测定各项定额和标准，为编制计划、分解计划指标服务。财务预测环节的工作主要包括以下步骤。

（1）明确预测目标；

（2）收集相关资料；

（3）建立预测模型；

（4）确定财务预测结果。

（二）财务决策

财务决策是指财务人员按照财务目标的总体要求，利用专门方法对各种备选方案进行比较分析，从中选出最佳方案的过程。在市场经济条件下，财务管理的核心是财务决策，财务预测是为财务决策服务的，决策成功与否直接关系到企业的兴衰成败。财务决策环节的工作主要包括以下步骤。

（1）确定决策目标；

（2）提出备选方案；

（3）选择最优方案。

（三）财务预算

财务预算是指运用科学的技术手段和数量方法，对未来财务活动的内容及指标进行的具体规划。财务预算是以财务决策确立的方案和财务预测提供的信息为基础编制的，是财务预测和财务决策的具体化，是控制财务活动的依据。财务预算的编制一般包括以下步骤。

（1）分析财务环境，确定预算指标；

（2）协调财务能力，组织综合平衡；

（3）选择预算方法，编制财务预算。

（四）财务控制

财务控制是在财务管理的过程中，利用有关信息和特定手段，对企业财务活动施加的影响或进行的调节。实行财务控制是落实预算任务、保证预算实现的有效措施。财务控制一般要经过以下步骤。

（1）制定控制标准，分解落实责任；

（2）实施追踪控制，及时调整误差；

（3）分析执行情况，搞好考核奖惩。

（五）财务分析和业绩评价

财务分析是根据核算资料，运用特定方法，对企业财务活动过程及结果进行分析和评价的一项工作。通过财务分析，可以掌握各项财务计划的完成情况，评价财务状况，研究和掌握企业财务活动的规律，改善财务预测、决策、预算和控制，提高企业管理水平和经济效益。财务分析包括以下步骤。

（1）占有资料，掌握信息；

（2）指标对比，揭露矛盾；

（3）分析原因，明确责任；

（4）提出措施，改进工作。

在财务分析的基础上建立的经营业绩评价体系是企业建立奖励机制和发挥激励作用的依据和前提。一般来说，经营业绩评价体系应该是一个以财务指标为基础，包括非财务指标的完整的体系。非财务指标主要包括企业的战略驱动因素，如客户关系、学习和成长能力、内部经营过程等。一个完善的业绩评价体系应该力求达到内部与外部的平衡和长期与短期的平衡。

上述几个环节的财务管理工作相互联系、相互依存。

想一想

财务管理的对象是什么？

职业能力选择与判断

一、单项选择题

1. 财务关系是企业在组织财务活动过程中与有关各方发生的（　　）。

A. 经济往来关系　　B. 经济协作关系

C. 经济责任关系　　D. 经济利益关系

2. 企业与债权人之间的财务关系主要体现为（　　）。
A. 投资收益关系　　B. 债务债权关系
C. 分工协作关系　　D. 债权债务关系
3. 企业分配活动有广义和狭义之分，广义的收益分配是指（　　）。
A. 对企业销售收入和销售成本的分割和分派过程
B. 对企业利润的分配过程
C. 对企业工资的分配过程
D. 对投资产生的收入及利润进行的分配
4. 企业的财务活动是指企业的（　　）。
A. 货币资金收支活动　　B. 分配活动
C. 资金运动　　D. 资金投入和收益活动
5. 企业日常经营引起的财务活动，也称为（　　）活动。
A. 筹资　　B. 投资　　C. 收益分配　　D. 资金营运

二、多项选择题

1. 下列各项中，属于企业财务活动的有（　　）。
A. 筹资活动　　B. 投资活动　　C. 资金营运活动　　D. 分配活动
2. 下列各项中，属于企业财务关系的是（　　）。
A. 企业与政府之间的财务关系　　B. 企业与受资者之间的财务关系
C. 企业内部各单位之间财务关系　　D. 企业与职工之间的财务关系
3. 企业投资可以分为广义投资和狭义投资，狭义投资包括（　　）。
A. 固定资产投资　　B. 证券投资
C. 对外联营投资　　D. 流动资产投资
4. 财务预测环节的工作主要包括以下几个步骤（　　）。
A. 明确预测目标　　B. 收集相关资料
C. 建立预测模型　　D. 实施财务预测
5. 企业的财务关系主要包括以下几个方面（　　）。
A. 企业与投资者和受资者之间的财务关系
B. 企业与债权人、债务人和往来客户之间的财务关系
C. 企业与税务机关之间的财务关系
D. 企业内部各部门之间的财务关系

三、判断题

1. 企业与政府之间的财务关系体现为投资与受资的关系。（　　）
2. 在市场经济条件下，财务管理的核心是财务决策。（　　）
3. 财务预算是以财务决策确立的方案和财务预测提供的信息为基础编制的。（　　）
4. 股利分配决策实质上是筹资决策的延伸。（　　）
5. 财务关系是伴随着资金运动的过程而产生的。（　　）

单项任务训练

1. 请分析企业财务管理要做哪些事情。
2. 请指出企业应当如何做好财务规划与预测工作。

学习任务二 企业财务管理目标的选择与实现

知识准备与业务操作

一、选择财务管理目标

财务管理目标是在特定的理财环境中，通过组织财务活动，处理财务关系所要达到的目的。财务管理目标是一切财务活动的出发点和归宿。一般而言，具有代表性的关于财务管理目标的观点包括以下几种。

（一）利润最大化目标

利润最大化的观点，在经济学中根深蒂固，在理论和实践中具有相当广泛的影响。自亚当•斯密以来，经济学家就把人类行为界定为追求财富最大化。这种观点认为：利润代表企业新创造的财富，利润越多企业财富增加越多。以利润最大化作为企业财务管理目标有一定的科学性，企业追求利润最大化，就必须不断加强管理、降低成本、提高劳动生产率、提高资源利用效率。追求利润最大化反映了企业的本质动机，也为企业的经营管理提供了动力。同时，利润这个指标在实际应用中简单直观，容易理解和计算（经营收入减去经营成本就是利润），在一定程度上也反映了企业经营效果的好坏。

利润最大化观点在实际运用中存在以下缺陷：① 利润最大化忽略了所获货币的时间差异，即没有考虑货币的时间价值；② 利润最大化忽略了不同方案之间的风险差异，没有考虑所获利润应承担的风险问题，可能导致财务管理者不顾风险大小而去追求更多利润；③ 利润最大化中的利润是一个绝对数，它没有反映所获利润与投入资本额的关系；④ 如果片面强调利润的增加，有可能诱使企业产生追求利润的短期行为，而忽视企业的长期发展；⑤ 利润容易被操纵。

（二）股东财富最大化目标

以股东财富最大化作为财务管理的目标，主要根源于股东作为公司的所有者，承担着公司的全部风险这一理念，因而其应享受经营活动带来的全部税后收益，或者说，股东对企业收益具有剩余要求权。这种剩余要求权赋予股东的权利、义务、风险和收益都大于公司的债权人、经营者和其他员工。因此，在确定公司财务管理目标时，应从股东的利益出发，选择股东财富最大化。在股份制经济条件下，股东财富是由股东持有的股票数量和股票市场价格两方面决定的，在股票数量一定的条件下，当股票价格达到最高时，股东财富也达到最多。因此，股东财富最大化也可表示为股票价格最大化。

与利润最大化相比，股东财富最大化作为理财目标具有积极的意义：① 股票的内在价值是按照风险调整折现率折现后的现值计算的，因此，股东财富这一指标能够考虑取得收益的时间因素和风险因素；② 由于股票价值是一个预期值，股东财富最大化在一定程度上能够克服企业在追求利润上的短期行为，保证了企业的长期发展；③ 股东财富最大化能够充分体现企业所有者对资本保值与增值的要求。

股东财富最大化也存在一些缺点：① 股东财富最大化只适用于上市公司，对非上市公司则很难适用；② 由于股票价格的变动不是公司业绩的唯一反映，而是受诸多因素影响的综合结果，因而股票价格的高低实际上不能完全反映股东财富或价值的多少；③ 股东财富最大化目标在实际工作中可能导致公司所有者与其他利益主体之间的矛盾与冲突。

案例分析 1-2　　南京钢铁股份有限公司2017年前三季度业绩预增公告

本公司董事会及全体董事保证本公告内容不存在任何虚假记载、误导性陈述或者重大遗漏，并对其内容的真实性、准确性和完整性承担个别及连带责任。

一、本期业绩预告情况

（一）业绩预告期间

2017年1月1日至2017年9月30日。

（二）业绩预告情况

经财务部门初步测算，预计公司2017年前三季度实现归属于上市公司股东的净利润为20.50亿元左右，同比增加约800%。

（三）本次业绩预告未经会计师事务所审计。

二、上年同期业绩情况

（一）归属于上市公司股东的净利润：2.28亿元。

（二）每股收益：0.057 4元/股。

三、本期业绩预增的主要原因

报告期内，国家持续推进供给侧结构性改革，钢铁企业经营环境明显好转，钢材价格保持在较高水平。同时，公司持续优化"高效率生产、低成本智造"精品特钢体系，加强品种结构优化、发掘精益智造潜能，运营效率大幅提升，盈利同比大幅增加。

四、其他说明事项

以上预告数据仅为初步核算数据，具体准确的财务数据以公司正式披露的2017年第三季度报告为准。敬请广大投资者注意投资风险。

特此公告

南京钢铁股份有限公司
董事会
二〇一七年十月十八日

（资料来源：南京钢铁股份有限公司董事会. 南京钢铁股份有限公司2017年前三季度业绩预增公告[EB/OL]. 东方财富. 编者已做修改。）

思考：请结合南京钢铁股份有限公司的公告说明经济环境如何影响企业财务管理？

（三）企业价值最大化目标

企业价值是指企业全部资产的市场价值，即企业资产未来预期现金流量的现值。企业价值不同于利润，利润只是新创造价值的一部分，而企业价值不仅包含了新创造的价值，还包含了企业潜在或预期的获利能力。对企业价值的评价一般是通过投资大众的市场评价进行的，投资者对企业潜在的获利能力预期越高，其价值就越大。企业价值的一般表达方式为：

企业价值=债券市场价值+股票市场价值

以企业价值最大化作为财务管理目标，其优点主要表现在：① 这一目标考虑了货币的时间价值和投资的风险价值；② 这一目标反映了对企业资产保值、增值的要求；③ 这一目标有利于克服管理上的片面性和短期行为；④ 这一目标有利于社会资源合理配置（社会资本通常流向企业价值最大化的企业或行业），从而实现社会效益最大化。

以企业价值最大化作为财务管理目标也存在一些问题：① 对于这一目标值，非上市企业不能依靠股票市价做出评判，而须通过资产评估方式进行，出于评估标准和评估方式的影响，这种估价不易客观和准确；② 企业价值，特别是股票价值，并非为企业所控制，其价格波动也并非与企业财务状况的实际变动相一致，这对企业进行实际经营业绩的衡量也带来了一定的问题。

业务链接 1-1　　常见的企业价值评估方法

以企业价值最大化为目标的最大困难就是企业价值的估价方法问题。目前理论上常用的价值评估方法有现金流量贴现法、超常收益贴现法和基于价格乘数的估计方法等。

二、协调利益冲突

将企业价值最大化目标作为企业财务管理目标的首要任务就是要协调相关利益群体的关系，化解他们之间的利益冲突。协调相关利益群体的利益冲突，要把握的原则是：力求企业相关利益者的利益分配均衡，也就是减少各相关利益群体之间的利益冲突导致的企业总体收益和价值下降，使利益分配在数量上和时间上达到动态的协调平衡。

（一）所有者与经营者的矛盾与协调

企业价值最大化直接反映了企业所有者的利益，与企业经营者没有直接的利益关系。 对所有者来讲，其所放弃的利益也就是经营者所得的利益。在西方，这种被放弃的利益也称为所有者支付给经营者的享受成本。但是，问题的关键不是享受成本的多少，而是在增加享受成本的同时，是否更多地提高了企业价值。因而，经营者和所有者的主要矛盾就是经营者希望在提高企业价值和股东财富的同时，能更多地增加享受成本；而所有者和股东则希望以较少的享受成本支出带来更多的企业价值或股东财富。为了解决这一矛盾，应采取让经营者的报酬与绩效相联系的办法，并辅之以一定的监督措施。

（1）解聘。这是一种通过所有者约束经营者的办法。所有者对经营者予以监督，如果经营者未能使企业价值达到最大，就解聘经营者，经营者害怕被解聘会被迫实现财务管理目标。

（2）接收。这是一种通过市场约束经营者的办法。如果经营者经营决策失误、经营不善，未能采取一切有效措施使企业价值提高，该公司就可能被其他公司强行接收或吞并，相应经营者也会被解聘。为此，经营者为了避免这种接收，必须采取一切措施提高股票市价。

（3）激励。这是将经营者的报酬与其绩效挂钩，以使经营者自觉采取能满足企业价值最大化的措施。激励有以下两种基本方式。

①“股票期权”方式。即允许经营者以固定的价格购买一定数量的公司股票，当股票的价格越高于固定价格时，经营者所得的报酬就越多。经营者为了获取更多的股票涨价益处，就必然主动采取能够提高股价的行动。

②“绩效股”形式。即公司运用每股利润、资产报酬率等指标来评价经营者的业绩，视其业绩大小给予经营者数量不等的股票作为报酬。如果公司的经营业绩未能达到规定目标，经营者也将部分丧失原先持有的“绩效股”。这种方式使经营者不仅为了多得“绩效股”而不断采取措施提高公司的经营业绩，而且为了使每股市价最大化，也会采取各种措施使股票市价稳定上涨。

（二）所有者与债权人的矛盾与协调

所有者的财务目标可能与债权人期望实现的目标发生矛盾。首先，所有者可能要求经营者改变举债资金的原定用途，将其用于风险更高的项目，这会增大偿债风险，债权人的负债价值也必然会实际降低。若高风险的项目一旦成功，额外的利润就会被所有者独享；但若失败，债权人却要与所有者共同负担由此造成的损失。这对债权人来说，风险与收益是不对称的。其次，所有者或股东可能未征得现有债权人同意，而要求经营者发行新债券或举借新债，致使旧债券或旧债的价值降低（因为相应的偿债风险增加）。

为协调所有者与债权人的上述矛盾，通常可采用以下方式。

（1）限制性借债，即在借款合同中加入某些限制性条款，如规定借款的用途、借款的担保条款和借款的信用条件等。

（2）收回借款或停止借款，即债权人发现公司有侵蚀其债权价值的意图时，采取收回债权或不再给公司增加放款的措施，从而保护自身的权益。

知识链接 1-2　　企业社会责任与财务管理目标

股东财富或企业价值最大化并不意味着管理者可以忽视公司的社会责任，如保护消费者权益、向雇员支付薪金、保持公正的雇佣和安全的工作环境、支持职工教育、保护环境等。企业唯有承担社会责任而别无选择，股东的财富，甚至公司的生存都依赖于它所承担的社会责任。

强调企业的社会责任，并在此基础上追求企业的利益最大化，这是许多经济学家和管理学家所持的共同观点，也是当前国际上许多著名的大公司奉行的理念之一。

想一想

你认为什么是企业最合适的财务管理目标？

职业能力选择与判断

一、单项选择题

1. 作为企业财务管理目标，每股利润最大化目标较之利润最大化目标的优点在于（　　）。
   A. 考虑了资金时间价值因素　　B. 考虑了风险价值因素
   C. 考虑了投入与产出的关系　　D. 能够避免企业的短期行为
2. 企业价值最大化目标强调的是企业的（　　）。
   A. 实际利润额　　B. 实际投资利润率
   C. 预期获利能力　　D. 实际投入资金
3. 在下列财务管理目标中，目前通常被认为比较合理的是（　　）。
   A. 产值最大化　　B. 利润最大化
   C. 企业价值最大化　　D. 每股利润最大化
4. 考虑了时间价值和风险价值因素的财务管理目标是（　　）。
   A. 利润最大化　　B. 资本利润率最大化
   C. 企业价值最大化　　D. 每股利润最大化
5. 协调所有者和经营者之间利益冲突的市场机制是（　　）。
   A. 监督　　B. 绩效股　　C. 接收　　D. 股票期权

二、多项选择题

1. 债权人为了防止其利益受侵害，可以采取的保护措施为（　　）。
   A. 在借款合同中加入限制性条款
   B. 发现公司有侵蚀其债权价值意图时，采取通过市场接收或吞并的措施
   C. 发现公司有侵蚀其债权价值意图时，采取解聘经营者的措施
   D. 发现公司有侵蚀其债权价值意图时，采取收回借款或不再借款的措施
2. 企业价值最大化目标的优点为（　　）。
   A. 考虑了资金时间价值和投资的风险价值
   B. 反映了对企业资产保值增值的要求
   C. 克服了短期行为
   D. 有利于社会资源的合理配置
3. 以利润最大化为理财目标的主要弊病有（　　）。
   A. 没有反映所得利润与投入资本额的关系
   B. 没有考虑资金时间价值和风险问题
   C. 利润的多少与经济效益没有关系
   D. 容易导致企业追求短期利益的行为
4. 协调所有者与经营者利益矛盾的办法有（　　）。
   A. 解聘　　B. 接收　　C. 激励　　D. 处罚
5. 企业价值是指企业全部资产的市场价值，包含（　　）。
   A. 债券市场价值　　B. 股票市场价值
   C. 利润　　D. 企业潜在的或预期的获利能力

三、判断题

1. 以企业价值最大化作为理财目标，有利于社会资源的合理配置。（　　）
2. “解聘”是一种通过市场约束经营者的办法。（　　）
3. 从根本上说，企业目标取决于财务管理的目标。（　　）
4. 企业价值最大化是合理的财务管理目标。（　　）
5. 股东财富最大化就是股票价格最大化。（　　）

单项任务训练

1. 请分析企业价值最大化作为理财目标的优劣势。
2. 企业应该如何协调所有者和经营者的利益冲突？

学习任务三　分析企业财务管理环境

知识准备与业务操作

企业的财务管理环境又称理财环境，是指对企业财务活动产生影响的企业外部条件。财务管理环境是企业财务决策难以改变的外部约束条件，企业财务决策更多的是适应环境的要求和变化。财务管理环境涉及的范围很广，其中最重要的是经济环境、法律环境和金融环境。

一、分析经济环境

影响财务管理的经济环境因素主要有经济周期、通货膨胀、经济政策和市场竞争等。

（一）经济周期

经济周期对财务管理有着非常重要的影响。在经济的不同发展时期，企业的生产规模、销售能力、获利能力以及由此产生的资本需求都会出现重大差异。例如，在萧条阶段，由于整个宏观经济不景气，企业很可能处于紧缩状态，产量和销售量下降，投资锐减。在繁荣阶段，市场需求旺盛，销售量大幅提高，企业为扩大生产，就要增加投资，以增添机器设备、存货和劳动力，这就要求财务人员迅速筹集所需资金。西方财务学者曾探讨了经济周期中的经营理财策略，现择其要点加以归纳，如表 1-1 所示。

表 1-1　经济周期中的经营理财策略

复苏阶段	繁荣阶段	衰退阶段	萧条阶段
1. 增加厂房设备	1. 扩充厂房设备	1. 停止扩张	1. 建立投资标准
2. 实行长期租赁	2. 继续建立存货	2. 出售多余设备	2. 保持市场份额
3. 建立存货	3. 提高价格	3. 停产不利产品	3. 缩减管理费用
4. 引入新产品	4. 开展营销规划	4. 停止长期采购	4. 放弃次要利益
5. 增加劳动力	5. 增加劳动力	5. 削减存货	5. 削减存货
		6. 停止雇佣员工	6. 裁减雇员

总之，面对不同的经济周期，企业必须预测经济变化情况，适当调整财务政策。

案例分析 1-3　必康股份获 2017 年度中国上市公司价值创造“卓越战略管理”奖

4 月 23 日，必康股份凭借上市以来良好的市值表现、全新的商业模式以及对医药大健康产业的卓越贡献，在经济观察报主办的 2017 年度中国上市公司价值创造高峰论坛上斩获 2017 年度“卓越战略管理”大奖。

必康股份副总裁伍安军介绍道，必康股份成立于 2002 年，于 2010 年在深交所挂牌上市。2015 年，必康股份实施重大资产重组，植入业绩持续稳定增长的医药类资产，以增强公司综合竞争力，提高公司整体盈利能力。重组完成后，公司充分发挥在医药领域的核心竞争力，坚持“必以良药康健天下”的企业发展理念，做放心产品，树良好企业形象，始终致力于医疗健康产业全价值链的高度整合及智能化制造体系的构建。

必康股份持续推进医药大健康战略布局，通过外延式并购、项目投资、产业整合等方式，不断延伸医药制造、医院养护、医药电商等大健康产业链，业务版图不断扩大，领跑大健康产业发展。

必康股份副总裁伍安军表示，此次获奖，体现了资本市场对必康股份价值创造能力的高度认可，是对其大健康产业发展战略的肯定。面对未来，必康股份将再接再厉，在抓好传统业务同时，以创新发展为驱动，加快完成产业转型升级，打造大健康领域的工业 4.0 标杆企业，用优异的市场表现回馈投资者、回报社会。

（资料来源：经济观察报．必康股份获 2017 年度中国上市公司价值创造“卓越战略管理”奖[EB/OL]．网易网站．编者已做修改。）

思考：作为企业财务管理目标的企业价值最大化中，企业价值包括哪些内容？如何实现企业价值最大化目标？

（二）通货膨胀

通货膨胀犹如一个影子，始终伴随着现代经济的发展。一般认为，价格的持续提高就是通货膨胀。通货膨胀不仅对消费者不利，对企业财务活动的影响更为严重。因为，大规模的通货膨胀会引起资本占用的迅速增加；通货膨胀会引起利率的上升，增加企业的筹资成本；通货膨胀时期有价证券价格不断下降，给筹资带来较大困难；通货膨胀会引起利润的虚增，造成企业的资本流失等。

为了减轻通货膨胀对企业造成的不利影响，企业应当采取措施予以防范。在通货膨胀初期，货币面临贬值的风险，这时企业进行投资可以避免风险，实现资本保值；与客户应签订长期购货合同，以减少物价上涨造成的损失；取得长期负债，保持资本成本的稳定。在通货膨胀持续期，企业可以采用比较严格的信用条件，减少企业债权；调整财务政策，防止和减少企业资本流失等。

（三）经济政策

我国经济体制改革的目标是建立社会主义市场经济体制，以进一步解放和发展生产力。在这个总目标的指导下，我国已经并正在进行财税体制、金融体制、外汇体制、外贸体制、计划体制、价格体制、投资体制、社会保障制度等的改革。所有这些改革措施，深刻地影响着我国的经济生活，也深刻地影响着我国企业的发展和财务活动的运行。例如，金融政策会影响企业投资的资金来源和投资的预期收益；财税政策会影响企业的资金结构和对投资项目的选择等；价格政策能影响决定资金的投向和投资的回收期及预期收益等。可见，经济政策对企业财务的影响是非常大的。这就要求企业财务人员必须把握经济政策，更好地为企业的经营理财活动服务。

（四）市场环境

企业的一切生产经营活动都发生在一定的市场环境中，财务管理行为的选择在很大程度上取决于企业的市场环境。所谓合理、有效的财务管理行为就是能够适应企业微观经济环境、优化企业财务状况的理财行为。不了解企业所处的市场环境，就不可能深入地了解企业的运行状态，也就很难做出科学的财务决策。

企业所处的市场环境通常包括完全垄断市场、完全竞争市场、不完全竞争市场和寡头垄断市场四种。不同的市场环境对财务管理有不同影响，如表 1-2 所示。

表 1-2　　不同竞争环境下的理财策略

市场类型 特点及理财策略	完全垄断市场	完全竞争市场	不完全竞争市场	寡头市场
特点	销售一般都不成问题，价格波动不大，利润稳中有升，经营风险较小	销售价格完全由市场决定，企业利润随价格波动而波动	企业的产品具有优势和特色，具有品牌效应	产品具有优势和特色，具有品牌效应，搞好售后服务
理财策略	举债经营	不宜过多地采用负债经营	走品牌之路，同时搞好售后服务，给予优惠的信用条件	给予优惠的信用条件

二、分析法律环境

财务管理的法律环境是指企业和外部发生经济关系时应遵守的各种法律、法规和规章。企业的理财活动，无论是筹资、投资还是利润分配，都要和企业外部发生经济关系。在处理这些经济关系时，应当遵守有关的法律规范。

（一）企业组织法规

企业必须依法成立，组建不同组织形式的企业，必须要遵循相关的法律规范，它们包括《中华人民共和国公司法》《中华人民共和国外资企业法》《中华人民共和国中外合资经营企业法》《中华人民共和国合伙企业法》等。这些法律既是企业的组织法，也是企业的行为法。企业组织法规规定了企业组织的主要特征、设立条件、设立程序、组织机构、组织变更和终止的条件和程序等，涉及企业的资本组织形式、企业筹集资本金的渠道、筹资方式、筹资期限、筹资条件、利润分配等诸多理财内容的规范，也涉及不同的企业组织形式的理财特征。表 1-3 所示为公司制企业与合伙制企业的比较。

表 1-3　　公司制企业与合伙制企业的比较

比较内容	公司制企业	合伙制企业
流动性与可交易性	股份可以交易而公司无须终结；股票可以在交易所上市交易	产权交易受到很大限制；一般无合伙制的产权交易市场
投票权	每股有投票权，可表决重大事项和选举董事会；董事会决定高层经理	有限合伙人有一定投票权；一般合伙人独享控制和管理经营权
税收	双重征税：公司收入缴纳企业所得税，股东所获红利缴纳个人所得税	合伙制企业无须缴纳企业所得税，合伙人根据从合伙制企业分配的收入缴纳个人所得税
再投资与分红	公司拥有较大的自由度来决定股利支付比例	一般来说，合伙制企业不允许将其现金流量用于再投资，所有的净现金流量都分配给合伙人
责任	股东个人不承担公司的债务	有限合伙人不承担合伙制企业的债务，一般合伙人要承担无限责任
存续期	公司具有无限存续期	合伙制企业具有有限存续期

资料来源：斯蒂芬・A．罗斯等．公司理财[M]．第 6 版．北京：机械工业出版社，2003.

（二）企业经营法规

企业经营法规是对企业经营行为制定的法律规范，包括《中华人民共和国反垄断法》《中华人民共和国环境保护法》《中华人民共和国产品质量法》等，这些法规不仅影响企业的各项经营政策，而且影响企业的财务决策及实施效果，对企业投资、经营成本、预期收益均会产生重要影响。

（三）税收法律制度

企业的财务管理要受到税收的直接影响和间接影响。税收是国家为实现其职能，强制地、无偿地取得财政收入的一种手段。任何企业都有纳税的法定义务。

税收对于企业资本供给和税收负担有着重要影响，税种的设置、税率的调整对企业生产经营活动具有调节作用，因此，企业财务决策应当适应税收政策，合理安排资本投放，以追求更大的经济效益。税收对财务管理的影响具体表现为以下几点。

1．影响企业融资决策

按照国际惯例和我国现行所得税制度，企业借款利息不高于金融机构同类同期贷款利息的部分，可在所得税前予以扣除，债券利息也可记入财务费用，作为利润总额的扣减项，这样就减少了企业的应纳税所得额。其他筹资方式则无此优势，如发行股票筹集的资本，其支付的股息必须在所得税后的净利润中列支。

2．影响企业投资决策

企业投资建立不同形式的企业，不同规模的企业，投资于不同的行业，投资经营不同业务等，都会面临不同的税收政策。

3．影响企业现金流量

税收有强制性、无偿性和固定性三个特征，企业作为法人，向税务机关纳税是其应尽的义务。

纳税会增加企业现金流出量，这要求企业在进行财务管理时解决好三个问题：①纳税期限临近时须筹足税款；②采用合法的方式使纳税递延，从而减少当期现金流出量，避免现金短缺；③编制现金预算时要尽可能准确预测税金费用。

4．影响企业利润

税收体现着国家与企业对创造的纯收入的分配关系。税费的变动与利润的变动呈反向关系，在一定时期内，企业承担的税赋增加，则利润必然减少。税率的变更对利润有直接影响，现实税率的上升或下降会使企业利润减少或增加。

5．影响企业利润分配

股份公司的股利分配政策不仅影响股东的个人所得，而且影响公司的现金流量，股东获得的现金股利须缴纳个人所得税，如果公司将盈利留在企业作为内部留存收益，股东可不缴纳个人所得税，虽然没有现实的收入，但可以从以后的股价上涨中获得实惠。

企业无不希望减少税务负担，企业进行合法的税收规划，也是理财工作的重要职责。

知识链接 1-3　　什么是税收规划

税收规划由于其依据的原理不同，采用的方法和手段也不同，主要可分为三类，即避税规划、节税规划和转嫁规划。

（1）避税规划，即为客户制订的理财计划采用“非违法”的手段，获取税收利益的规划。避税规划的主要特征有以下几个：非违法性，有规则性，前期规划性和后期的低风险性，有利于促进税法质量的提高，反避税性。

（2）节税规划，即理财计划采用合法手段，利用税收优惠和税收惩罚等倾斜调控政策，为客户获取税收利益的规划。节税规划的主要特点如下：合法性，有规则性，经营的调整性与后期无风险性，有利于促进税收政策的统一和调控效率的提高，倡导性。

（3）转嫁规划，即理财计划采用纯经济的手段，利用价格杠杆，将税负转给消费者或转给供应商或自我消转的规划。转嫁规划的主要特点如下：纯经济行为，以价格为主要手段，不影响财政收入，促进企业改善管理、改进技术。

（四）证券法律制度

证券法律制度是确认和调整在证券管理、发行与交易过程中各主体的地位与权利、义务关系的法律规范。证券法律制度对企业以证券形式进行的筹资与投资，对上市公司的信息披露具有重要影响。

三、分析金融环境

金融市场是指资金供求双方交易的场所。广义的金融市场是指一切资本流动的场所，包括实物资本和货币资本的流动。广义金融市场的交易对象包括货币借贷、票据承兑和贴现、有价证券的买卖、黄金和外汇买卖、办理国内外保险、生产资料的产权交换等。狭义的金融市场一般是指有价证券市场，即股票和债券的发行和买卖市场。

企业总是需要资金从事投资和经营活动。除了自有资金外，资金主要从金融机构和金融市场中获得。金融政策的变化必然影响企业的筹资、投资和资金营运活动。所以，金融环境是影响企业财务活动的主要环境之一。影响财务管理的主要金融环境因素有金融机构、金融市场和利率等。

（一）金融机构

社会资金从资金供应者手中转移到资金需求者手中，大多要通过金融机构。金融机构主要包括银行和非银行金融机构。

1. 银行

银行是指从事存款、放款、汇兑、储蓄等金融业务，承担信用中介的金融机构。银行的主要职能是提供信用工具、充当信用中介、企业间的支付中介、投资手段和国民经济的宏观调控手段。我国银行主要包括：①中央银行，即中国人民银行；②国有商业银行，如中国工商银行、中国农业银行、中国银行和中国建设银行；③国家政策性银行，如中国进出口银行、中国农业发展银行、国家开发银行；④其他股份制银行，如交通银行、中信实业银行、广东发展银行、浦东发展银行、招商银行、光大银行等。

2. 非银行金融机构

非银行金融机构主要包括金融资产管理公司、信托投资公司、财务公司和租赁公司等。

（二）金融市场

金融市场是指资金供应者和资金需求者双方通过信用工具进行交易，融通资金的市场，即实现货币借贷和资金融通、办理各种票据和进行有价证券交易活动的市场。金融市场的种类很多，其主要类型如图 1-2 所示。

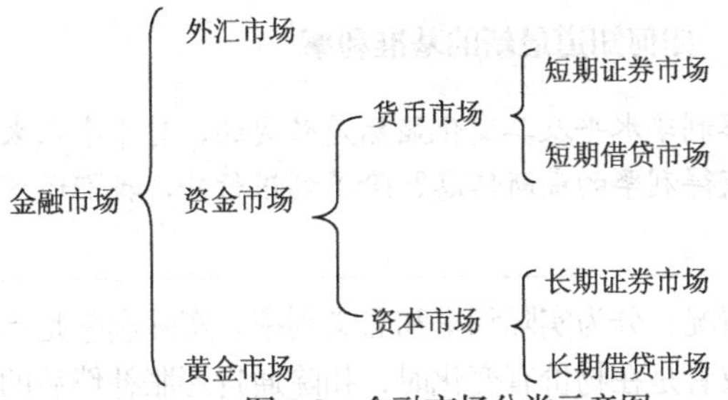

图 1-2　金融市场分类示意图

需要强调的是：①金融市场是以资金为交易对象的市场，在金融市场上，资金被当作一种“特殊商品”来交易。②金融市场可以是有形的市场，也可以是无形的市场。前者有固定的场所和工作设备，如银行、证券交易所；后者利用计算机、传真、电话等设施通过经纪人进行资金商品交易活动，而且可以跨越城市、地区和国家。

金融市场对企业理财具有重要的意义。

1. 金融市场是企业筹资和投资的场所

企业在符合有关法律规定的条件下，经过批准以发行股票、债券的方式筹集资金，也可以将企业的资金投放于有价证券，或者进行与证券相关的其他财务交易。

2. 企业通过金融市场实现长期资金与短期资金的相互转化

企业随时可以通过出售使持有的长期股票和债券转化为短期资金；同理，企业也可以通过购买股票、债券将短期资金转化为长期投资。长、短期资金的相互转化，在理财上从属于对企业资产收益性与流动性关系的有效处理，从属于企业经营发展战略。

3. 为财务管理提供有用的信息

企业进行筹资、投资决策时，可以利用金融市场提供的有关信息。股市行情从宏观看，反映了国家总体经济状况和政策情况，从微观看，反映了企业经营状况、盈利水平和发展前景，有利于投资者对企业财务状况做出基本评价。此外，利率的变动反映了资本的供求状况。企业有良好的经营业绩和财务状况，证券价格就会稳定上涨，这是对企业财务形象最客观的评价。

（三）利率

利率也称利息率，是资金的增值额同投入资金价值的比率，是衡量资金增值程度的量化指标。从资金的借贷关系看，利率是一定时期运用资金这一资源的交易价格。资金作为一种特殊商品，以利率作为价格标准，其融通实质上是资源通过利率这个价格标准实行再分配。因此利率在资金分配及企业财务决策中起着重要作用。

1. 利率的类型

利率可按照不同的标准进行分类。

（1）按利率之间的变动关系，分为基准利率和套算利率。基准利率又称基本利率，是指在多种利率并存的条件下起决定作用的利率。所谓起决定作用是说这种利率变动，其他利率也相应变动。因此，了解基准利率的变化趋势，就可了解全部利率的变化趋势。基准利率在西方通常是中央银行的再贴现率，在我国是中国人民银行对商业银行贷款的利率。套算利率是指在基准利率确定后，各金融机构根据基准利率和借贷款项的特点而换算出的利率。例如，某金融机构规定，贷款AAA级、AA级、A级企业的利率，应分别在基准利率基础上加0.5%、1%和1.5%，加总计算所得的利率便是套算利率。

业务链接1-2　　如何知道最新的基准利率

作为财务管理者，了解利率水平及其变化显然是必要的，对于个人来说，也需要知道利率。那么怎样才能迅速获得利率的最新信息？除了到银行外，我们还可以登录中国人民银行网站，获得相关信息。

（2）按债权人取得的报酬情况，分为实际利率和名义利率。实际利率是指在物价不变从而货币购买力不变的情况下的利率，或者是在物价有变化时，扣除通货膨胀补偿后的利率。名义利率是指包含对通货膨胀补偿后的利率。两者之间的关系是：

$$名义利率=实际利率+预计通货膨胀率$$

知识链接1-4　　负利率时代

负利率时代是我们近年来经常听到的名词？那么什么是负利率？难道银行存款利率为负值？显然不是。从中国人民银行网站上可以看到，任何一个年份的利率都是大于零的。所谓的负利率是指在某些经济情况下，存款利率（常指一年期定期存款的利率）小于同期CPI的上涨幅度。这时居民的银行存款随着时间的推移，购买力逐渐降低，看起来就好像在“缩水”一样。

（3）按利率与市场资金供求情况的关系，分为固定利率和浮动利率。固定利率是指在借贷期内固定不变的利率。受通货膨胀的影响，实行固定利率会使债权人利益受到损害。浮动利率是指在借贷期内可以调整的利率。在通货膨胀条件下采用浮动利率，可使债权人减少损失。

（4）按利率变动与市场的关系，分为市场利率和法定利率。市场利率是指根据资金市场上的供求关系，随着市场自由变动的利率。法定利率是指由政府金融管理部门或者中央银行确定的利率。

2. 利率的一般计算公式

正如任何商品的价格均由供应和需求两方面决定一样，资金这种特殊商品的价格——利率，也主要由供给与需求决定。但是，除这两个因素外，经济周期、通货膨胀、国家货币政策和财政政策、国际经济政治关系、国家利率管制程度等，对利率的变动均有不同程度的影响。因此，资金的利率通常由三部分组成：①纯利率；②通货膨胀补偿率（或称通货膨胀贴水）；③风险报酬率。利率的一般计算公式如下：

利率=纯利率+通货膨胀补偿率+风险报酬率

纯利率是指没有风险和通货膨胀情况下的资金供求均衡点利率。通货膨胀补偿率是指由于持续的通货膨胀会不断降低货币的实际购买力，为补偿购买力损失而要求提高的利率。风险报酬率又分为违约风险报酬率、流动性风险报酬率和期限风险报酬率三种，其中，违约风险报酬率是指借款人无法按时支付利息或偿还本金会给投资人带来风险，债权人为了弥补这些风险而要求提高的利率；流动性风险报酬率是指由于债务人资产的流动性不好会给债权人带来风险，为补偿这种风险而提高的利率；期限风险报酬率是指对于一项负债，到期日越长，债权人承受的不确定因素就越多，承受的风险也越大，为弥补这种风险而要求提高的利率。

想一想

利率提高对借款人来说有利还是不利，如何应对？

职业能力选择与判断

一、单项选择题

1. 按利率与市场资金供求情况的关系，利率可分为（　　）。
   A. 固定利率和浮动利率　　B. 市场利率和法定利率
   C. 名义利率和实际利率　　D. 基准利率和套算利率
2. 在借贷期内可以调整的利率是指（　　）。
   A. 套算利率　　B. 市场利率　　C. 浮动利率　　D. 实际利率
3. 当宏观经济处于繁荣阶段时，企业应该（　　）。
   A. 削减存货　　B. 停止雇员　　C. 缩减管理费用　　D. 开展营销规划
4. 企业处于完全垄断市场，则可以采取以下（　　）策略。
   A. 举债经营　　B. 不宜过多地采用负债经营
   C. 走品牌之路　　D. 给予优惠的信用条件
5. 合伙制企业比公司制企业在（　　）方面具有优势。
   A. 税收　　B. 产权出售　　C. 承担责任　　D. 存续期

二、多项选择题

1. 下列各项中，属于利率的组成因素的有（　　）。
   A. 通货膨胀补偿率　　B. 风险报酬率
   C. 纯利率　　D. 社会积累率

2. 以下关于利息率表述正确的有（　　）。

A. 利息率是利息占本金的百分比指标

B. 利息率是一定时期运用资金资源的交易价格

C. 利息率是中国人民银行对商业银行贷款的利率

D. 利息率是没有风险和通货膨胀情况下的社会平均利润率

3. 税收对财务管理的影响具体表现为（　　）。

A. 影响企业融资决策　　B. 影响企业投资决策

C. 影响企业现金流量　　D. 影响企业利润

4. 金融市场对企业理财具有的重要的意义包括（　　）。

A. 金融市场是企业筹资的场所

B. 企业通过金融市场实现长期资金与短期资金的相互转化

C. 为财务管理提供有用的信息

D. 金融市场是企业投资的场所

5. 金融市场对企业理财的作用主要表现为（　　）。

A. 金融市场是企业筹资和投资的场所

B. 企业通过金融市场实现长期资金与短期资金的相互转化

C. 为财务管理提供有用的信息

D. 为企业规避风险提供场所

三、判断题

1. 从资金的借贷关系看，利率是一定时期运用资金这一资源的交易价格。（　　）

2. 纯利率是指没有风险和通货膨胀情况下的均衡点利率。（　　）

3. 金融市场是以资金为交易对象的市场。（　　）

4. 任何企业都具有纳税的法定义务。（　　）

5. 企业财务人员只有把握经济政策，才能更好地为企业的经营理财活动服务。（　　）

单项任务训练

1. 某公司 2018 年 12 月 31 日流通在外的股份为 200 亿股，每股市价为 6.85 元，流通在外的债券市值为 895 亿元，其他负债的本金和应付利息之和为 659 亿元。求 2018 年 12 月 31 日该公司的价值。

2. 实际利率为 2%，当前通货膨胀率为 5%。求名义利率应该为多少？

3. 某公司发行面值为 1 000 元的债券，期限 3 年，现行纯利率为 2%，通货膨胀率约为 5%，据测算，该公司的违约风险报酬率约为 1.5%，流动性风险报酬率约为 0.2%，期限风险报酬率约为 1.2%。你认为该公司发行该债券的票面利率应为多少？

学习任务四　企业财务管理机构设置

知识准备与业务操作

为了正确组织企业的财务管理工作，提高企业的管理水平，企业应该设置财务管理的专职机构。财务管理组织机构的设置应考虑企业规模、行业特点、业务类型等因素。财务管理机构内部的分工要明确，职权要到位，责任要清楚，要有利于提高财务管理效率。

一、小型企业财务管理机构设置

一般来说，在小型企业中，财务管理工作是作为会计工作的一部分来进行的，其工作重点是利用商业信用集资和收回企业的应收账款，很少关心筹资和投资问题。因此，在小型企业可以不单独设置财务管理组织，只需附属于会计部门。

二、大中型企业财务管理机构设置

在大中型企业中，财务管理非常重要，财务管理的内容包括资本筹集、资本投资、股利分配等。所以，大中型企业一般应独立设置财务管理机构，负责企业的财务管理工作。

企业财务工作的主要负责人是财务总监，或财务副总经理，他直接向总经理报告。在财务总监之下，有财务部经理和会计部经理两位主要管理者。财务部经理负责资本的筹集、使用和股利分配，会计部经理负责会计和税务方面的工作。

由于财务管理工作同会计工作都是综合性的经济管理工作，会计进行的核算，主要是对企业资金运动的核算，即主要是对财务活动的核算，因而它与财务管理有着广泛的、密切的联系。会计核算的内容、要求、提供的指标，在很大程度上是财务管理决定的，财务管理任务的实现，需要会计的紧密配合，而且许多日常的具体管理工作，是同会计工作结合起来进行的。所以，大多数企业都把两者合并在一起，设置一个财务会计机构统一办理财务会计工作。

一个典型的企业财务管理组织如图 1-3 所示。

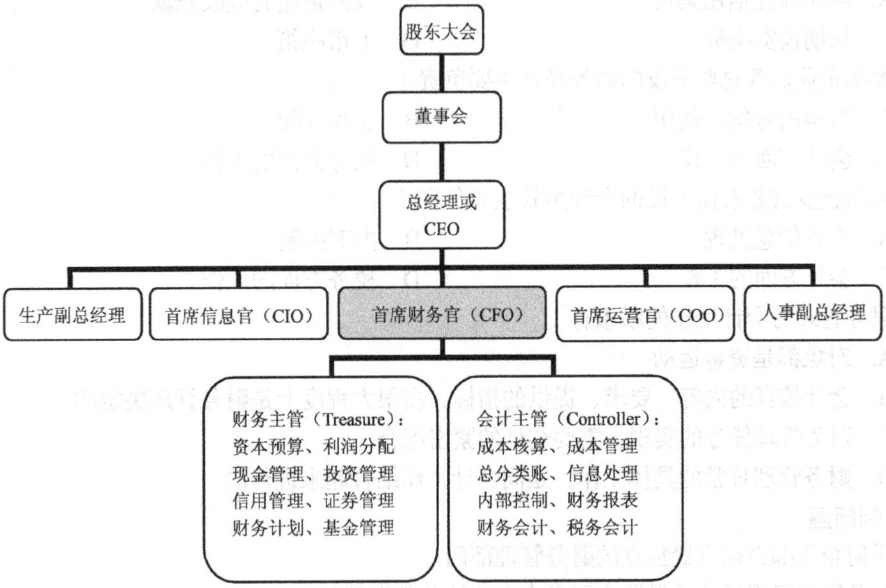

图 1-3　企业财务管理机构的设置

业务链接 1-3　　**CFO 在做哪些事情**

如果你想进一步深入了解 CFO 在做哪些事情，可以访问以下网站：中国财务总监网。

职业能力选择与判断

一、单项选择题

1. 大型企业财务工作的主要负责人是（　　）。
   A. 财务经理　　B. 会计经理　　C. CEO　　D. 董事长
2. 在小型企业中，财务管理工作的重点是（　　）。
   A. 利用商业信用集资　　B. 筹资
   C. 投资　　D. 税收筹划
3. 在小型企业中，财务管理组织附属于（　　）。
   A. 会计部门　　B. 财务部门　　C. 总经理　　D. 董事会
4. 企业财务经理下设的财务主管负责的事项有（　　）。
   A. 成本核算　　B. 税务会计　　C. 内部控制　　D. 信用管理
5. 企业财务管理与会计工作的共同对象是（　　）。
   A. 货币资金　　B. 固定资产　　C. 销售　　D. 资金运动

二、多项选择题

1. 财务管理组织机构的设置应考虑的因素有（　　）。
   A. 企业规模　　B. 行业特点　　C. 业务类型　　D. 领导偏好
2. 在小型企业中，财务管理工作是作为会计工作的一部分来进行的，其工作重点是（　　）。
   A. 利用商业信用集资　　B. 收回企业的应收账款
   C. 长期投资决策　　D. 上市决策
3. 大型企业财务总监下设的财务经理主要负责（　　）。
   A. 资本的筹集、使用　　B. 股利分配
   C. 会计方面的工作　　D. 税务方面的工作
4. 大型企业财务总监下设的会计主管主要负责（　　）。
   A. 会计信息处理　　B. 内部控制
   C. 会计方面的工作　　D. 税务方面的工作
5. 财务管理与会计工作的联系有（　　）。
   A. 对象都是资金运动
   B. 会计核算的内容、要求、提供的指标，在很大程度上是财务管理决定的
   C. 财务管理任务的实现，需要会计的紧密配合
   D. 财务管理日常的具体工作，是同会计工作结合起来进行的

三、判断题

1. 任何企业都必须设置独立的财务管理部门。（　　）
2. 财务管理组织机构的设置主要考虑企业的业务类型。（　　）
3. 企业财务管理与会计工作密不可分。（　　）
4. 在大中型企业中，财务管理的内容包括资本筹集、资本投资、股利分配等。（　　）
5. 在一些小型企业里财务管理部门附属于会计部门。（　　）

单项任务训练

1. 请分析一个大型企业的财务管理和会计部门各自的任务。
2. 请分析说明一个小型企业应该如何设立财务管理机构。

项目小结

财务管理是企业组织财务活动和处理财务关系的一项综合性的管理工作。财务管理的内容包括财务活动和财务关系两个方面。企业财务活动包括筹资、投资、资金营运管理和股利分配。企业财务关系包括企业与投资者、债权人、税务机关、企业内部各部门和企业员工等的财务关系。财务管理主要包括以下五个环节：规划和预测、财务决策、财务预算、财务控制与财务分析和业绩评价。

财务管理目标是一切财务活动的出发点和归宿。目前关于财务管理目标的主要观点有利润最大化、股东财富最大化和企业价值最大化等。要实现企业财务管理目标必须要解决两对最重要的利益冲突：一是所有者与经营者之间的利益冲突，主要通过解聘、接收和激励的方式解决；二是所有者和债权人之间的利益冲突，主要通过限制性借债和收回借款等方式解决。

企业的财务管理环境又称理财环境，是指对企业财务活动产生影响的企业外部条件。财务管理的环境涉及的范围很广，其中最重要的是经济环境、法律环境和金融环境，影响财务管理的经济环境因素主要有经济周期、通货膨胀与经济政策等；企业在处理经济关系时，应当遵守有关的法律规范，即企业组织法规、企业经营法规、税收法律制度、证券法律制度。金融环境是影响企业财务活动最主要的环境之一。影响财务管理的主要金融环境因素有金融机构、金融市场和利率等。

项目案例分析

情景与背景：欢瑞世纪联合股份有限公司关于对外投资设立全资子公司的公告

一、对外投资概述

（一）本公司计划投资设立全资子公司欢瑞文娱产业投资基金管理（广州）有限公司（暂名），注册资本为人民币 5 000 万元，本公司出资人民币 5 000 万元，占总股本 100%。

（二）……

二、投资主体的基本情况

本次投资主体为本公司，无其他投资主体。

三、投资标的的基本情况

（一）注册名称：欢瑞文娱产业投资基金管理（广州）有限公司（暂名）

（二）注册地址：……

（六）资金来源：自有资金。

四、本次投资的目的、存在的风险和对公司的影响

（一）本次对外投资的目的

为充分发挥公司在内容制作上的优势，进一步夯实核心竞争力，拟通过自有资金和发起设立产业基金等方式向外延并购发展，通过增资、股权转让或资产收购等方式控股、参股影视传媒、游戏、动漫、时尚等泛娱乐及相关高科技优质标的企业，进行战略投资及资源整合，并与公司现有业务及竞争优势形成协同发展，建立完整的产业链，打造具备一定实力的泛娱乐平台。

（二）本次对外投资可能存在的风险

在投资过程中会受到宏观经济、行业周期、投资标的公司经营管理、交易方案、监管政策、并购整合等多种因素影响，将可能面临投资效益不达预期的风险，本公司将采取适当的策略和管理措施加强风险管控，力争获得良好的投资回报。

……

（三）本次对外投资对公司的影响

本次投资是对公司发展模式的深耕探索，此举将对整合产业发展资源、延伸产业链、提高上市公司质量、股东的价值投资、促使其市值真实反映价值，以及未来的长治久安等方面产生积极影响。

……

特此公告。

欢瑞世纪联合股份有限公司

董事会

二〇一七年十一月一日

（资料来源：欢瑞世纪联合股份有限公司董事会．关于对外投资设立全资子公司的公告[EB/OL]．东方财富．编者已做修改。）

要求：请仔细阅读《欢瑞世纪：关于对外投资设立全资子公司的公告》，结合所学知识和技能回答下列问题。

1. 欢瑞世纪联合股份有限公司与欢瑞文娱产业投资基金管理（广州）有限公司（暂名）是何种关系？

2. 欢瑞世纪联合股份有限公司投资子公司的行为反映了其财务管理目标可能是什么？

3. 瑞世纪联合股份有限公司投资子公司的行为受到哪些因素影响？公司打算如何应对？

项目综合实训

一、实训要求

1. 能准确分析企业经营状况，并根据其特点为企业确定合适的财务管理目标。

2. 能为企业设计解决相关利益冲突的协调措施。

3. 能够运用专门的方法调查分析特定企业所面临的财务管理环境情况。

4. 能够对本次实训活动进行总结，在此基础上按照规范格式撰写《企业财务管理目标与环境分析实训报告》。

二、实训条件

在财务管理实训室进行，要求配备计算机和财务软件、相关实训用具等。

三、实训材料

1999年6月，绍兴百大（1999年8月16日更名为“浙江创业”）发布公告称，公司的高级管理人员已于近日陆续从二级市场上购入该公司的社会公众股，平均每股购入价格为10.40元。公告还显示，购入股份最多的是该公司总经理王学超，持股数量达28 600股，而购入股份最少的高级管理人员也有19 000股。按照有关规定，上述人员只有在离职6个月后，才可将所购入的股份抛出。资料显示，绍兴百大自1994年3月上市以来已经两度易主，股权几经变更。1998年11月，该公司第二大股东宁波嘉源实业发展有限公司通过受让原第一大股东的股权，从而成为绍兴百大的现任第一大股东，嘉源公司承诺所持股份在三年之内不转让。嘉源公司入主绍兴百大后，经过半年多的清产核资，绍兴百大的不良资产基本得到剥离，留下的都是比较扎实的优质资产。在此基础上，1999年6月3日，公司董事会提出，公司的总经理、副总经理、财务负责人和董事会秘书等在6个月之内，必须持有一定数量的公司发行在外的社会公众股，并且如果在规定的期限内，高级管理人员没有完成上述持股要求，公司董事会将解除对其的聘任。据绍兴百大总经理王学超介绍，此次高级管理人员持股，可以说是公司董事会的一种强制行为，目的是增强高级管理人员对公司发展的使命感和责任感。让高级管理人员投资自己所管理的公司，如果公司取得好的发展，他们的资产就会增值，如果公司发展不好，也会直接影响他们的切身利益，这样把公司高级管理人员的个人利益与公司利益紧密结合起来，有利于企业快速、健康发展。

要求：完成一篇字数不少于 1 000 字的分析报告，报告中请说明如下问题。

（1）公司的财务管理目标是什么？

（2）公司高级管理人员持股对公司的财务管理目标会产生什么影响？

（3）请分析说明绍兴百大面临什么样的财务管理环境？

（4）如何评价绍兴百大高级管理人员持股的措施？

项目综合评价

项目评价记录表

姓　　名：＿＿＿＿＿＿　班　　级：＿＿＿＿＿＿　评价时间：＿＿＿＿＿＿

评价指标		评价标准	所占比例	分值
活动过程 Σ80	职业能力 Σ35	自我学习能力	5%	
		解决问题能力	5%	
		信息处理能力	5%	
		职业能力训练成绩	20%	
	专业能力 Σ45	正确分析财务活动	10%	
		选择财务管理目标与协调利益冲突	10%	
		准确分析财务管理环境	15%	
		分析企业财务管理机构设置	10%	
团队合作 Σ20	工作计划	计划设置及实施	5%	
	过程实施	配合及解决问题	5%	
	合作交流	小组成员间的交流与合作	5%	
	资源利用	资源使用及组织	5%	
综合得分				
教师评语		签名： 年　月　日		
学生意见		签名： 年　月　日		

项目二 货币时间价值与风险价值分析

知识目标

① 要求理解货币时间价值的含义

② 掌握货币时间价值的计算方法

③ 掌握风险衡量的方法

④ 了解财务风险的种类，了解投资风险与报酬的关系

能力目标

① 能够熟练地计算货币时间价值

② 能够利用货币时间价值原理分析解决长期投资和融资问题

③ 能够比较不同投资项目的风险大小，做出相应决策

④ 能够采取不同措施降低非系统性风险

项目引导案例

诺贝尔基金如何“滚雪球”

随着我国作家莫言问鼎诺贝尔文学奖，一阵“莫言热”瞬间刮遍大江南北，这不仅使其作品卖到脱销，甚至带动了国内的“文学热”。诺贝尔奖何以有如此大的影响力？一方面在于其榜单的公正性和权威性——大部分诺贝尔奖获得者的成就得到了世人的认可；另一方面，其丰厚的奖金同样引人注目——按照诺贝尔的遗愿，较为理想的诺贝尔奖金应能保证获奖者20年不拿薪水仍能继续工作。

有人好奇，诺贝尔奖每年都会颁发可观奖金，奖金不会被分光吗？事实上，成立于1896年的诺贝尔基金会的起始资金是诺贝尔捐献的980万美元，这在当时绝对是一笔巨款，至少相当于现在的数亿元美金。但是，如果没有良好的管理，再多的财富也经不起时间和通货膨胀的侵蚀。在长达逾100年的运作期中，诺贝尔基金会的一项重要任务就是让资金“滚雪球”，以保证奖金的丰厚度。

诺贝尔基金会的理财历程并非一帆风顺。成立初期，其章程中限制基金投资范围为“安全的证券”，当时人们理解其为“国债与存款”，股票市场则完全未被列入投资范围内。但事实却证明，所谓“安全的证券”并不能保证基金的安全，反而在一定程度上牺牲了报酬率。随着每年奖金发放、运作开销及税收等因素的消耗，50多年后，也就是1953年，该基金资产只剩下300多万美元。

眼见基金资产快要消耗殆尽，诺贝尔基金会的理事们在1953年做出了突破性的决定，将基金管理章程更改为以投资股票、房地产为主。这一改变一举扭转了基金的命运，到1993年，基金总资产已滚动至2亿多美元。诺贝尔基金会的董事会负责定期调整整个投资策略，其2011年年报显示的投资策略原则是：50%左右的股票（上下浮动10%）、20%左右的固定收益资产（上下浮动10%）和30%左右的另类资产（上下浮动10%），另类资产则包括不动产和对冲基金。

更积极的投资策略也确实使其承受了更多风险。从诺贝尔基金会公布的投资资本数据看，该基金自1975年至1999年基本呈现稳步上升趋势，但2000年以后则上下波动较大，在2008年的金融危机中，该基金会当年的投资总收益跌幅达到19%，在接下来的2009年和2010年，投资总收益分别上涨14.4%和5.5%，到了2011年，又产生了2.6%的亏损。投资波动也不幸波及诺贝尔奖金的金额，2012年诺贝尔基金会宣布，受经济危机影响，奖金将由以往的1 000万瑞典克朗缩水至800万瑞典克朗。

（资料来源：李小天，甘雨．诺贝尔基金如何“滚雪球”[EB/OL]．凤凰网，2012．）

诺贝尔基金如何实现奖金能长期颁发下去？为什么每年的诺贝尔奖金不总是一样？这就是本章要回答的两个问题：货币时间价值和风险价值。

学习任务一 | 货币时间价值分析

知识准备与业务操作

一、货币时间价值的概念

货币时间价值是指一定量货币资金在周转使用中由于时间因素而形成的价值量的差额。众所周知，在市场经济条件下，即使不存在通货膨胀，等量货币资金在不同时点上的价值量也不相等，今天的1元钱比将来的1元钱价值高。这是因为将今天的1元钱存入银行，若银行存款年利率为10%，1年后可得到1.10元，这1元钱经过1年时间的投资增加了0.10元，随着时间的推移，货币就发生了增值，这就是货币的时间价值。

货币的时间价值是资金在周转使用中产生的，是资金所有者让渡资金使用权，参与社会财富分配的一种形式。

通常情况下，货币的时间价值相当于没有风险和没有通货膨胀条件下的社会平均资金利润率，这是利润平均化规律作用的结果。由于货币时间价值的计算方法同有关利息的计算方法相同，因而货币时间价值与利率被混为一谈。实际上，财务管理活动总是或多或少地存在风险，而通货膨胀也是市场经济中客观存在的经济现象。因此，利率既包含货币时间价值，也包含风险和通货膨胀的因素。只有在购买国库券等政府债券时几乎没有风险。如果通货膨胀水平很低的话，可以用政府债券利率表现货币时间价值。

货币时间价值以商品经济的高度发展和借贷关系的普遍存在为前提条件或存在基础，它是一个客观存在的经济范畴。把货币时间价值引入财务管理，在资金筹集、运用和分配等各方面考虑这一因素，是提高财务管理水平，搞好筹资、投资、分配决策的有效保证。

货币时间价值可以用绝对数表示，也可以用相对数表示。所谓用绝对数表示，就是用在货币周转过程中的增加额表示；用相对数表示是指用增加值占投入货币的百分数表示。为便于不同货币之间时间价值的比较，在实务中人们习惯用相对数表示货币的时间价值。由于不同时点的单位货币的时间价值不同，所以我们对于不同时间的货币收入与货币支出不宜直接进行比较，而要把它们换算到相同的时点上，才能进行大小比较和比率的计算。

二、货币时间价值的计算

终值又称将来值，是现在一定量现金在未来某一时点上的价值，俗称本利和。现值又称本金，是指未来某一时点上的一定量现金折合为现在的价值。例如，现存入银行一笔现金 100 元，年利率为复利 10%，经过 3 年后一次性取出本利和 133.10 元，这 3 年后的本利和 133.10 元即为终值；3 年后取得的 133.10 元折合为现在的价值是 100 元，这 100 元即为现值。

终值和现值的计算涉及利息计算方式的选择，目前有两种利息计算方式，即单利和复利。

（一）单利的终值和现值的计算

单利是一种不论时间长短，仅按本金计算利息，其所生利息不加入本金重复计算利息的方法。单利利息的计算公式为：

$$I=P\cdot i\cdot n \qquad \text{（公式 2.1.1）}$$

其中：I 为利息；P 为现值；i 为每一利息的利率（折现率）；n 为计算利息的期数。

除非特别指明，在计算利息时，给出的利率均为年利率。

1. 单利终值的计算

单利终值就是按单利计算的本利和。其计算公式为：

$$F=P+I=P+P\cdot i\cdot n=P\cdot(1+i\cdot n) \qquad \text{（公式 2.1.2）}$$

其中，F 为终值。

业务操作　　**单利终值的计算**

某人有一张带息票据，面额为 20 000 元，票面利率为 5%，出票日期为 8 月 12 日，到期日为 11 月 10 日（90 天，一年按 360 天计算利息），则该持有者到期可得利息计算如下。

操作步骤

$$I=20\,000\times5\%\times(90/360)=250\text{（元）}$$

2．单利现值的计算

单利现值就是以后年份收到或付出资金按单利计算相当于现在的价值。现值的计算与终值的计算是互逆的，由终值求现值被称为折现。单利现值的计算公式为：

$$P=F/(1+i \cdot n)$$ （公式 2.1.3）

业务操作　　　　单利现值的计算

某人希望在第 5 年年末取得本利和 10 000 元，用以支付一笔款项，则在利率为 5%，单利方式计算条件下，此人现在需要存入银行的资金计算如下。

操作步骤

$$P=10\,000 \div (1+5 \times 5\%)=8\,000（元）$$

（二）复利的终值和现值的计算

货币时间价值通常是按复利计算的。复利是指在一定时间内（如 1 年）按一定利率将本金所生利息加入本金再计算利息，也就是通常所说的“利滚利”。

1．复利终值的计算（已知现值 P，求终值 F）

复利终值是指一定量的本金按复利计算若干期后的本利和。例如，公司将一笔资金 P 存入银行，年利率为 i，如果每年计息一次，则 n 年后的本利和就是复利终值，如图 2-1 所示。

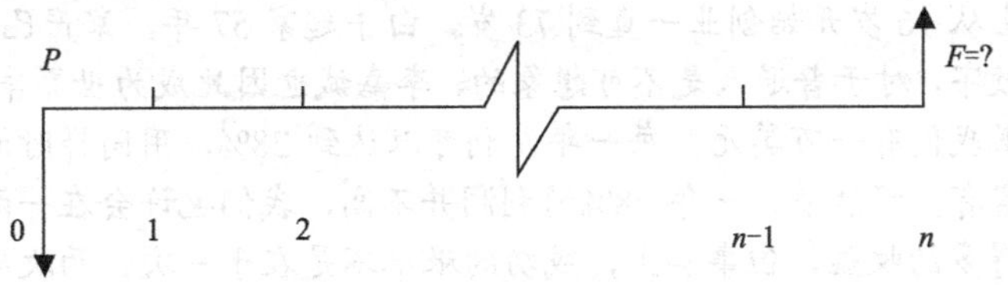

图 2-1　复利终值示意图

如图 2-1 所示，1 年后的终值为：

$$F_1=P+P \cdot i=P \cdot (1+i)$$

两年后的终值为：

$$F_2=P \cdot (1+i) \cdot (1+i)=P \cdot (1+i)^2$$

3 年后的终值为：

$$F_3=P \cdot (1+i)^2 \cdot (1+i)=P \cdot (1+i)^3$$

依此类推，第 n 年的本利和为：

$$F_n = P \cdot (1+i)^n$$ （公式 2.1.4）

上式中 $(1+i)^n$ 通常被称作“复利终值系数”或“1 元的复利终值”，用符号（F/P，i，n）表示。上式可写作：

$$F_n = P \cdot (F/P, i, n)$$ （公式 2.1.5）

在实务工作中，复利终值系数可以通过查阅“1 元复利终值系数表”（见附表一）获得。“1 元复利终值系数表”的第一行是利率 i，第一列是计息期数 n，相应的 $(1+i)^n$ 在其纵横相交处。该表的作用不仅在于已知 i 和 n 时查找 1 元的复利终值，而且可在已知 1 元复利终值和 n 时查找 i；或已知 1 元复利终值和 i 时查找 n。

业务操作　　　　　　　　　　复利终值的计算

某人将2 000元存入银行，年存款利率为6%，则5年后的本利和计算如下。

操作步骤

$$F=2\,000\times(1+6\%)^{5}$$

通过查“1元复利终值系数表”可知，其复利终值系数为1.338 2，所以：

$$F=2\,000\times1.338\,2=2\,676.4\text{（元）}$$

案例分析 2-1　　　　　　　　　　复利的魅力

情景与背景：快速致富是每个投资者强烈的愿望，许多初入股市的投资者希望快速致富，这种浮躁的心态往往导致欲速则不达。很多人以为致富的先决条件是拥有巨额的资金、庞大的信息网和超出常人数倍的能力，其实并非如此，只要你有足够的耐心与长远的投资计划，复利会使你真正的富起来。

如果一个人在20岁以一万美元开始投资，若可以保证每一年的复合增长率是35%，等到他70岁时，就可以拥有328亿美元的资产，这就是利用复利致富的例子。

李嘉诚先生从16岁开始创业一直到73岁，白手起家57年，家产已达126亿美元，这是一个天文数字，对于普通人是不可想象的，李嘉诚也因此成为世界华人首富。但是，仔细来算，如果我们有一万美元，每一年复利可以达到28%，用同样时间，就可以做到同李嘉诚一样富有。猛然看，一年28%的利润并不高，我们也许会在一两个星期的时间里获得比这高得多的收益，但事实上，成功的艰难不是在于一次、两次的暴利，而是持续的保持。

如沃伦·巴菲特，他被称为美国股市的“股神”，一个白手起家，资产达300亿美元的投资人，每年的投资复合收益不到30%。乔治·索罗斯被称为金融领域投资大师中的大师，在过去的20多年中，每一年的复合平均收益率也只有大约35%，但这就使所有投资人望尘莫及，并且索罗斯是在全世界的股票市场、黄金市场、货币市场，以及期货市场中不断投机，利用财务杠杆和买空卖空才做到的。因此我们可以得知，成功是日积月累的，不是一朝一夕的暴利所致。

（资料来源：复利的魅力）

思考：如果你现在有一笔投资10 000元，每年增长10%，预计多少年后能翻倍？

2．复利现值的计算（已知终值F，求现值P）

复利现值是复利终值的对称概念，指以后年份收到或付出的资金按复利计算的现在价值；或者说是为了将来取得一定本利和现在所需要的资金。

复利现值的计算公式为：

$$P=F\cdot(1+i)^{-n} \qquad \text{（公式 2.1.6）}$$

上式中$(1+i)^{-n}$通常被称作“复利现值系数”或1元的复利现值，用符号$(P/F, i, n)$表示。上式也可写作：

$$P=F\cdot(P/F, i, n) \qquad \text{（公式 2.1.7）}$$

计算现值使用的利率 i，被称为折现率，它是财务管理中的一个极为重要的概念。在实务工作中，复利现值系数可以通过查阅“1 元复利现值系数表”（见附表二）获得。该表的使用方法与“1 元复利终值系数表”相同。

业务操作　　复利现值的计算

某债券预计 6 年后可获得本利和为 800 元，年利率（折现率）为 12%，则此债券的发行价格（现值）计算如下。

操作步骤

$$P=F\cdot(1+i)^{-n}=F\cdot(P/F,\ i,\ n)$$
$$=800\times(1+12\%)^{-6}$$
$$=800\times(P/F,\ 12\%,\ 6)$$
$$=800\times0.5066$$
$$=405.28（元）$$

想一想

为什么银行 5 年期存款利率要高于 3 年期存款利率，而银行 5 年期贷款利率要高于 3 年期存款利率？

业务链接 2-1　　年化利率与期间利率

在计算利息时，除非特别指明，给出的利率均为年利率。根据中国人民银行最新公布的金融机构人民币存款基准利率调整表数据，整存整取的定期存款利率分别为：3 个月 1.71%、6 个月 1.98%、1 年 2.25%。注意这里的利率是指年（化）利率，并非期间利率。例如，存款 100 元，期限 3 个月，那么 3 个月后的利息为：$I=100\times1.71\%\times3/12=0.43$（元），而并非是 $I=100\times1.71\%=1.71$（元）。如果没有注意给出的利率均为年利率，那么很容易算错。例如，很多人可能认为将 100 元存款进行定存，定存 3 个月要比 1 年更为合算，因为其将 3 个月的定期存款利息错误的计算为：$I=100\times1.71\%\times4=6.84$（元），这样比 1 年期定期存款利息 $I=100\times2.25\%=2.25$（元）高很多。

（三）年金终值与现值的计算

1. 年金的概念

年金（Annuity）是指一定期间内每期相等金额的收付款项。在企业的收付款项中，如折旧、租金、利息、保险金、养老金等通常都采取年金的形式。年金根据收款、付款方式不同，分为普通年金、预付年金、递延年金和永续年金。每期期末收款、付款的年金为后付年金，即普通年金（Ordinary Annuity）；每期期初收款、付款的年金为先付年金（Annity Due），或称预付年金；距今若干期以后发生的每期期末收款、付款的年金为递延年金（Deferred Annity）；无限期连续收款、付款的年金为永续年金（Perpetual Annity）。

2．普通年金终值的计算（已知年金 A，求年金终值 F）

普通年金终值是指其最后一次支付时的本利和，它是每次支付的复利终值之和。

如果年金相当于零存整取储蓄存款的零存数，那么年金终值就是零存整取中的整取数。年金终值的计算公式为：

$$F=A+A\cdot(1+i)+A\cdot(1+i)^2+\cdots+A\cdot(1+i)^{(n-1)} \qquad (1)$$

等式两边同乘（1+*i*），则有：

$$F\cdot(1+i)=A\cdot(1+i)+A\cdot(1+i)^2+A\cdot(1+i)^3+\cdots+A\cdot(1+i)^n \qquad (2)$$

式（2）−式（1）为：

$$F\cdot(1+i)-F=A\cdot(1+i)^n-A$$

$$F\cdot i=A\cdot[(1+i)^n-1]$$

$$F=A\cdot\frac{(1+i)^n-1}{i} \qquad \text{（公式 2.1.8）}$$

上式中的 $\frac{(1+i)^n-1}{i}$ 是普通年金为 1 元，利率为 *i*、经过 *n* 期的年金终值，或称“年金终值系数”，用符号（*F*/*A*，*i*，*n*）表示，在实务工作中，可查阅“1 元年金终值系数表”（见附表三）获得。上式也可写作：

$$F=A\cdot(F/A,\ i,\ n) \qquad \text{（公式 2.1.9）}$$

> **业务操作　　　　年金终值的计算**
>
> 假设某企业在 5 年内每年年末从银行借款 100 万元，借款年利为 10%，则第 5 年年末企业应付本息的总额计算如下。
>
> **操作步骤**
>
> $F=100\times[(1+10\%)^5-1]\div10\%$
>
> $=100\times(F/A,\ 10\%,\ 5)$
>
> $=100\times6.105\ 1$
>
> $=610.51$（万元）

3．普通年金现值的计算（已知年金 A，求年金现值 P）

年金现值是指一定时期内每期期末等额收付款项的复利现值之和。年金现值的计算公式为：

$$P=A\cdot(1+i)^{-1}+A\cdot(1+i)^{-2}+\cdots+A\cdot(1+i)^{-(n-1)}+A\cdot(1+i)^{-n}$$

整理上式，可得到：

$$P=A\cdot\frac{1-(1+i)^{-n}}{i} \qquad \text{（公式 2.1.10）}$$

上式中 $\frac{1-(1+i)^{-n}}{i}$ 是普通年金为 1 元，利率为 *i*，经过 *n* 期的普通年金现值，或称“年金现值系数”，用符号（*P*/*A*，*i*，*n*）表示。在实务工作中，普通年金现值系数可以查阅“1 元年金现值系数表”（见附表四）获得。上式也可以写作：

$$P=A\cdot(P/A,\ i,\ n) \qquad \text{（公式 2.1.11）}$$

业务操作　　　　**年金现值的计算**

某企业租入一大型设备，每年年末需要支付租金 120 万元，年利率为 10%，则该企业 5 年内应支付的租金总额的现值计算如下。

操作步骤

$$P=120\times[1-(1+10\%)^{-5}]/10\%$$
$$=120\times(P/A,\ 10\%,\ 5)$$
$$=120\times3.790\ 8$$
$$=454.896\text{（万元）}$$

（四）预付年金终值与现值的计算

1. 预付年金终值的计算

预付年金的终值是其最后一期期末时的本利和，是各期收付款项的复利终值之和。

n 期预付年金与 n 期普通年金的付款次数相同，但由于其付款期数相差 1 年，因此 n 期预付年金终值比 n 期普通年金的终值多计算一期利息，即在 n 期普通年金终值的基础上乘以（$1+i$）就是 n 期预付年金的终值。其计算公式为：

预付年金终值= 年金×普通年金终值系数×（$1+i$）

$$F=A\cdot\frac{(1+i)^n-1}{i}\cdot(1+i)$$
$$=A\cdot\frac{(1+i)^{(n+1)}-(1+i)}{i}\qquad\text{（公式 2.1.12）}$$
$$=A\cdot\left[\frac{(1+i)^{(n+1)}-1}{i}-1\right]$$

上式中括号内的内容被称作“预付年金终值系数”，它是在普通年金终值系数的基础上，期数加 1，系数减 1 所得的结果。通常记为：[（F/A，i，$n+1$）-1]。通过查阅“1 元年金终值系数表”可得到（$n+1$）期的值，然后减 1 便可得出对应的预付年金终值系数的值。这时可用如下公式计算预付年金终值：

$$F=A\cdot[(F/A,\ i,\ n+1)-1]=A\cdot(F/A,\ i,\ n)\times(1+i)\qquad\text{（公式 2.1.13）}$$

业务操作　　　　**预付年金终值的计算**

某公司决定连续 5 年每年年初存入 1 000 万元作为住房基金，银行存款率为 10%，则该公司在第 5 年年末一次取出的本利和计算如下。

操作步骤

$$F=A\times[(F/A,\ i,\ n+1)-1]$$
$$=1\ 000\times[(F/A,\ 10\%,\ 6)-1]$$
$$=1\ 000\times(7.715\ 6-1)$$
$$=6\ 715.6\text{（万元）}$$

2．预付年金现值的计算

如前所述，n 期预付年金现值与 n 期普通年金现值相比付款期数相同，但前者是在期初付款，而后者在期末付款，即 n 期预付年金现值比 n 期普通年金现值少折现一期。因此，在 n 期普通年金现值的基础上乘以（1+i），便可以算出 n 期预付年金的现值。其计算公式为：

$$
\begin{aligned}
F &= A \cdot \frac{1-(1+i)^{-n}}{i} \cdot (1+i) \\
&= A \cdot \frac{(1+i)-(1+i)^{-(n-1)}}{i} \\
&= A \cdot \left[\frac{1-(1+i)^{-(n-1)}}{i}+1\right]
\end{aligned}
\qquad \text{（公式 2.1.14）}
$$

上式中括号内的内容被称作“预付年金现值系数”，它是在普通年金现值系数的基础上，期数减 1，系数加 1 所得的结果。通常记为 [（P/A，i，n−1）+1]。通过查阅“1 元年金现值系数表”可得到（n−1）的值，然后加 1，便可得到对应的预付年金现值系数的值。这时可用如下公式计算预付年金的现值：

$$P=A\cdot[(P/A,\ i,\ n-1)+1]=A\cdot(P/A,\ i,\ n)\times(1+i) \qquad \text{（公式 2.1.15）}$$

业务操作　　　　预付年金现值的计算

某人分期付款购买住宅，每年年初支付 60 000 元，20 年还款期，假设银行借款利率为 5%，如果该分期付款现在一次性支付，则须支付的款项计算如下。

操作步骤

$$
\begin{aligned}
P &= A\times[(P/A,\ i,\ n-1)+1] \\
&= 60\,000\times[(P/A,\ 5\%,\ 19)+1] \\
&= 60\,000\times 13.085\,3 \\
&= 785\,118\text{（元）}
\end{aligned}
$$

（五）递延年金的终值和现值计算

递延年金是指第一次支付发生在第二期或第二期以后的年金。它是普通年金的特殊形式，凡不是从第一期开始支付的年金都是递延年金。

1．递延年金的终值计算

递延年金终值的计算方法和普通年金终值的计算方法相似。

业务操作　　　　递延年金终值的计算

现有一递延年金，期限为 7 年，利率为 10%，前三期都没有发生支付，即递延期数为 3，第一次支付在第四期期末，连续支付 4 次，每次支付 100 万元，则该年金的终值是多少？

该年金终值计算如下。

操作步骤

$$F=A\cdot(F/A,\ i,\ n)$$
$$=100\times(F/A,\ 10\%,\ 4)$$
$$=100\times4.641$$
$$=464.1\text{（万元）}$$

2. 递延年金的现值计算

递延年金现值的计算方法有两种。

第一种方法，假设递延期为 m（$m<n$），可先求出 m 期后的（$n-m$）期普通年金的现值，然后再将此现值折算到第一期期初的现值中。其计算公式为：

$$P=A\cdot(P/A,\ i,\ n-m)\quad(P/F,\ i,\ m)$$ （公式 2.1.16）

第二种方法，先求出 n 期普通年金的现值，然后扣除实际并未收付款的 m 期普通年金现值。其计算公式为：

$$P=A\cdot[(P/A,\ i,\ n)-(P/A,\ i,\ m)]$$ （公式 2.1.17）

业务操作　　递延年金现值的计算

假设某人拟在年初存入一笔资金，从第 4 年起每年取出 100 元，至第 9 年年末取完，利率 10%，则此人应一次性存入银行多少钱？

在本例中，$m=3$，$n=9$，一次性存入银行的资金计算如下。

操作步骤

$$P=100\times(P/A,\ 10\%,\ 9-3)(P/F,\ 10\%,\ 3)$$
$$=100\times4.355\times0.751$$
$$=327\text{（元）}$$
$$P=100\times[(P/A,\ 10\%,\ 9)-(P/A,\ 10\%,\ 3)]$$
$$=100\times(5.759-2.487)$$
$$=327\text{（元）}$$

想一想

某人拟购置一套房产，房主提出两种付款方案：① 从现在起，每年年初支付 20 万元，连续支付 10 次，共 200 万元。② 从第五年开始，每年年末支付 25 万元，连续支付 10 次，共 250 万元。若利率为 6%，请你帮助此人决策应该选择哪个方案？

（六）永续年金的现值计算

永续年金是指无限期定额支付的年金。永续年金为普通年金的特殊形式，即期限趋于无穷的普通年金。由于永续年金没有终止时间，因此永续年金没有终值，只有现值。永续年金的现值可以通过普通年金现值的计算公式推导而出：

$$P=A\cdot\frac{1-(1+i)^{-n}}{i}$$

当 $n\to\infty$时，$(1+i)^{-n}$的极限为零，故上式可写成：

$$P=A\cdot\frac{1}{i} \quad \text{（公式 2.1.18）}$$

业务操作　　永续年金现值的计算

某高校拟建立一项永久性的奖学金，每年计划颁发 10 000 元奖学金，若利率为 10%，则现在应存入银行多少钱？

应存入银行的资金计算如下。

操作步骤

$$P=10\,000\times\frac{1}{10\%}$$
$$=100\,000\text{（元）}$$

业务链接 2-2　　如何用 Excel 计算年金

通常绝大多数教科书中，关于年金终值与现值的计算或是已知年金的终值与现值反求年金都是通过书后的附录年金现值与终值系数表进行的，这样便于计算，大大节省和减少了计算的时间和工作量。但问题是几乎所有教科书中的年金现值与终值系数表的利率都是给定的整数，如都是按 1%的整数倍增长。然而，现在各种贷款利率（复利）几乎又都是非整数。例如，假定 2018 年 12 月 31 日后商业银行住房按揭贷款的基准利率一年期的年利率为 5.76%，公积金贷款利率为 3.33%，5～30 年的贷款利率分别为 5.94%和 3.87%。对于非整数的利率，我们该如何在已知年金的终值与现值时，简便地计算出年金呢？

在 Excel 中我们选择“插入”，再依次选择“函数”和“财务函数”，之后选择“PMT”函数，根据要求输入相应的参数即可。例如，按 5.94%的贷款利率，贷款期限为 10 年来计算，那么贷款 10 000 元（现值），在等额本息还款方式下，要求计算每个月的具体还款数额。可以在PMT 函数下的对话框内第一个参数利率（RATE）中输入5.94%/12，即年利率为 5.94%，月利率为 5.94%/12；在第二个参数贷款时间（NPER）中输入 120 个月，即贷款 10 年，每年 12 个月，共计 120 个月；在第三个参数贷款额（现值，PV）中输入−10 000，即贷款 10 000 元；第四个参数终值（FV）忽略；在第五个参数预付还是后付（TYPE）中输入 0 或忽略，即按揭贷款一般都在月末归还本息，即可得到每个月的还款数额 110.719 435 1 元。

职业能力选择与判断

一、单项选择题

1. 普通年金终值系数的倒数为（　　）。

A. 偿债基金　　B. 偿债基金系数

C. 年回收额　　D. 年投资回收系数

2. 距今若干期以后发生的系列等额收付款项称为（　　）。

A. 后付年金　　B. 预付年金　　C. 永续年金　　D. 递延年金

3. 在普通年金现值系数的基础上，期数减 1、系数加 1 的计算结果，应当等于（　　）。
A. 预付年金现值系数　　B. 后付年金现值系数
C. 递延年金现值系数　　D. 永续年金现值系数

4. 在普通年金终值系数的基础上，期数加 1、系数减 1 所得的结果，在数值上等于（　　）。
A. 普通年金现值系数　　B. 预付年金终值系数
C. 普通年金终值系数　　D. 预付年金现值系数

5. 下列各项年金中，只有现值没有终值的年金是（　　）。
A. 普通年金　　B. 预付年金　　C. 先付年金　　D. 永续年金

二、多项选择题

1. 资本的时间价值相当于（　　）下的社会平均资本利润率。
A. 没有风险　　B. 有风险
C. 有通货膨胀　　D. 没有通货膨胀

2. 下列选项中，既有现值又有终值的是（　　）。
A. 递延年金　　B. 普通年金　　C. 预付年金　　D. 永续年金

3. 下列内容属于年金收付形式的有（　　）。
A. 保险费　　B. 折旧　　C. 应收票据贴现　　D. 养老金

4. 年金按每次收付发生的时点不同，可分为（　　）等几种形式。
A. 普通年金　　B. 预付年金　　C. 递延年金　　D. 永续年金

5. 递延年金的特点有（　　）。
A. 最初若干期没有收付款项　　B. 最后若干期没有收付款项
C. 其终值计算与普通年金相同　　D. 其现值计算与普通年金相同

三、判断题

1. 资本时间价值是资本在周转使用中产生的，是资本所有者让渡资本使用权，参与社会财富分配的一种形式。（　　）

2. 一般来说，资本时间价值是指没有通货膨胀条件下的投资报酬率。（　　）

3. 与现值等价的将来某时点的资本值为“终值”。（　　）

4. 在复利现值和计息期数确定的情况下，贴现率越高，复利终值越大。（　　）

5. 时间越长，时间价值越高，相同数值金额的现值也越大。（　　）

单项任务训练

1. 某公司于 2019 年年初向银行存入 5 万元资本，年利率为 8%，每年复利一次，则 5 年后该公司可得到的本利和为多少？

2. 进行某项投资，5 年后可收回 100 万元，在年复利率为 8%情况下，现在应该一次投入多少？

3. 某公司有一笔 3 年后到期的借款，到期值为 500 万元。在存款年复利率为 8%的情况下，公司为偿还该项借款应筹备的偿债基金为多少？

4. 某企业向银行借入 500 万元的贷款，在 5 年内以年复利率 8%等额偿还，则每年应付的金额为多少？

5. 某校准备设立永久性奖学金，每年计划颁发 36 000 元奖学金，若年复利率为 12%，该校现在应向银行存入多少本金？

学习任务二 风险价值分析

知识准备与业务操作

风险是现代企业财务管理环境的一个重要特征，企业财务管理的每一个环节都不可避免地要面对风险。风险是客观存在的，如何防范和化解风险，以达到风险与报酬的优化配置是非常重要的。

一、风险的概念

风险一般是指某一行动的结果具有多样性。从财务管理的角度看，风险就是企业在各项财务管理活动过程中，由于各种难以预料或无法控制的因素作用，使企业的实际收益与预期收益发生背离，从而有受经济损失的可能性。

与风险相联系的另一个概念是不确定性，即人们事先只知道采取某种行动可能产生的各种结果，但并不知道它们出现的概率，或者两者都不知道，而只能做些粗略的估计。例如，企业试制一种新产品，事先只能肯定该种产品试制成功或失败两种可能，但不知道这两种结果出现可能性的大小。经营决策一般都是在不确定的情况下做出的，在实务工作中，通常对风险和不确定性这两个概念不加区分，把不确定性视同风险加以计量，以便进行定量分析。

企业决策者一般都讨厌风险，并尽可能地回避风险。在进行任何一项投资时，投资者宁愿要确定的某一收益率，而不要不确定的同一收益率，这种现象叫风险反感。在风险反感普遍存在的情况下，诱使投资者进行风险投资的原因是能获得投资风险价值。投资风险价值（Risk Value of Investment）是指投资者由于冒着风险进行投资而获得的超过资金时间价值的额外收益，又称投资风险收益或投资风险报酬。

投资风险价值有两种表现形式：风险收益额和风险收益率。在实际工作中，通常以相对数——风险收益率进行计量。如果不考虑通货膨胀的话，投资者进行风险投资所要求或期望的投资收益率（即投资收益额对于投资额的比率）便是货币时间价值（无风险投资收益率）与风险收益率之和，即：

投资收益率=无风险投资收益率+风险收益率

二、识别风险的类别

从个别理财主体的角度看，风险分为市场风险和公司特别风险两类。市场风险是指那些影响所有企业的风险，如战争、自然灾害、经济衰退、通货膨胀等，这类风险涉及所有企业，不能通过多角化投资来分散，因此又称为不可分散风险或系统风险。公司特别风险是发生于个别企业的特有事项造成的风险，如罢工、诉讼失败、失去销售市场等，这类事件是随机发生的，可以通过多角化投资来分散，因此这类风险也称为可分散风险或非系统风险。

从企业本身看，按风险形成的原因可将公司特别风险进一步分为经营风险和财务风险两大类。经营风险是指因生产经营方面的原因给企业盈利带来的不确定性，如由于产品生产方向不对，产品更新时间掌握不好，生产质量不合格，新产品、新技术开发试验不成功，生产组织不合理等因素带来的生产方面的风险；由于出现新的竞争对手，消费者爱好发生变化，销售决策失误，产品广告推销不力以及货款回收不及时等因素带来的销售方面的风险。财务风险又称筹资风险，是指由于举债而给企业财务成果带来的不确定性。这种风险程度的高低受借入资金对自有资金比例的影响，借入资金比例越大，风险就越大；反之，就越小。对财务风险的管理，关键是要保证有一个合理的资金结构，维持适当的负债水平，企业既要充分利用举债经营这一手段获取财务杠杆收益，同时又要注意防止过度举债引起的财务风险。

想一想

如果你是企业的决策者，你会如何降低财务风险？

案例分析 2-2　　强力新材：关于子公司停产整顿事项进展的风险提示公告

常州强力电子新材料股份有限公司（以下简称“公司”）旗下位于浙江省绍兴市上虞区的全资子公司绍兴佳英感光材料科技有限公司（以下简称“佳英感光”）于 2017 年 7 月收到上虞区政府《关于停产整顿的函》（第 25 号），具体内容详见公司在巨潮网发布相关公告。

截至目前，佳英感光已经完成相应整改并积极申请复产，目前仍处于停产状态，佳英感光的库存产品已经销售完毕。如果佳英感光继续长期停产，将严重影响佳英感光的业绩。

截至目前，公司通过在市场上采购同类产品以减轻佳英感光对公司自身生产经营活动的影响，但仍对公司采购佳英感光的苯偶酰所生产的相关产品的生产、销售造成了较大的影响。

停产期间，公司采取的应对措施主要包括：第一，严格按照当地政府部门及相关监管法规的要求进行整改，并积极与当地政府部门进行有效沟通，争取早日复产；第二，充分利用佳英感光停产整顿的时机，组织人员利用此期间对佳英感光的生产系统进行年度维护检修，并对安全生产、环境保护工作进行全面的检查和改进；第三，适当调整销售策略，尽力维护与主要客户的业务往来与商业关系。

公司将密切关注佳英感光停产整顿的进展情况，并根据进展情况及时履行信息披露义务。敬请投资者注意投资风险。

特此公告。

常州强力电子新材料股份有限公司
董事会
2017 年 11 月 1 日

（资料来源：常州强力电子新材料股份有限公司董事会．关于子公司停产整顿事项进展的风险提示公告[EB/OL]．东方财富网．编者已做修改。）

思考：绍兴佳英感光材料科技有限公司停产所产生的风险属于哪一类风险？这类风险企业如何应对？

三、风险衡量

风险是客观存在的，广泛影响着企业的财务和经营活动，因此，正视风险并将风险程度予以量化，进行较为准确的衡量，便成为企业财务管理中一项重要工作。风险与概率直接相关，并由此与期望值、离散程度等相联系。对风险进行衡量时，应着重考虑以下几个因素。

（一）概率

在现实生活中，某一事件在完全相同的条件下可能发生也可能不发生，既可能出现这种结果又可能出现那种结果，我们称这类事件为随机事件。概率就是用百分数或小数来表示随机事件发生可能性及出现某种结果可能性大小的数值，用 X 表示随机事件，X_i 表示随机事件的第 i 种结果，P_i 为出现该种结果的相应概率。若 X_i 出现，则 $P_i=1$。若不出现，则 $P_i=0$，同时，所有可能结果出现的概率之和必定为 1。因此，概率必须符合下列两个要求。

（1）$0 \leqslant P_i \leqslant 1$；

（2）$\sum_{i=1}^{n} P_i = 1$。

将随机事件的各种可能按一定规则进行排列，同时列出各结果出现的相应概率，这一完整的描述为概率分布。

概率分布有两种类型，一种是离散型分布，其特点是概率分布在各个特定的点（指 X 值）上；另一种是连续型分布，其特点是概率分布在连续图像的两点之间的区间上。两者的区别在于，离散型分布中的概率是可数的，而连续型分布中的概率是不可数的。

（二）期望值

期望值是一个概率分布中的所有可能结果，以各自相应的概率为权数计算的加权平均值，是加权平均的中心值，通常用符号 E 表示，其计算公式如下：

$$\overline{E} = \sum_{i=1}^{n} X_i P_i \quad \text{（公式 2.2.1）}$$

期望收益反映预计收益的平均化，在各种不确定性因素（本例中假定只有市场情况因素影响产品收益）影响下，它代表着投资者的合理预期。

业务操作　　**投资项目收益率期望值的计算**

某企业有 A、B 两个投资项目，两个投资项目的收益率及概率分布情况如表 2-1 所示，试计算两个项目的收益率期望值。

表 2-1　　A 项目和 B 项目投资收益率的概率分布

项目实施情况	出现概率		投资收益率	
	A 项目	B 项目	A 项目	B 项目
好	0.20	0.30	15%	20%
一般	0.60	0.40	10%	15%
差	0.20	0.30	0	-10%

操作步骤

根据公式计算 A 项目和 B 项目的投资收益率期望值分别为：

A 项目的投资收益率期望值=0.2×15%+0.6×10%+0.2×0= 9%

B 项目的投资收益率期望值=0.3×20%+0.4×15%+0.3×（-10%）= 9%

从计算结果可以看出，两个项目的投资收益率期望值都是 9%，是否可以就此认为两个项目是等同的呢？我们还需要了解概率分布的离散情况，即计算标准离差和标准离差率。

（三）离散程度

离散程度是衡量风险大小的统计指标。一般来说，离散程度越高，风险越大；离散程度越低，风险越小。反映随机变量离散程度的指标包括方差、标准离差、标准离差率和全距等。本书主要介绍方差、标准离差和标准离差率三项指标。

1. 方差

方差是用来表示随机变量与期望值之间离散程度的一个数值。计算公式为：

$$\sigma^2=\sum_{i=1}^{n}(X_i-\bar{E})^2 \cdot P_i \qquad \text{（公式 2.2.2）}$$

2. 标准离差

标准离差也叫均方差，是方差的平方根。其计算公式为：

$$\sigma=\sqrt{\sum_{i=1}^{n}(X_i-\bar{E})^2 \cdot P_i} \qquad \text{（公式 2.2.3）}$$

标准离差以绝对数衡量决策方案的风险，在期望值相同的情况下，标准离差越大，风险越大；反之，标准离差越小，风险越小。

业务操作　　投资项目收益率方差和标准差的计算

以【业务操作——投资项目收益率期望值的计算】中的数据为例，分别计算A、B两个项目投资收益率的方差和标准离差。

操作步骤

A项目的方差：

$$\sigma^2=\sum_{i=1}^{n}(X_i-\bar{E})^2 \cdot P_i$$

$=0.2\times（0.15-0.09）^2+0.6\times（0.10-0.09）^2+0.2\times（0-0.09）^2$

$=0.0024$

A项目标准离差：

$$\sigma=\sqrt{\sum_{i=1}^{n}(X_i-\bar{E})^2 \cdot P_i}$$

$=\sqrt{0.0024}$

$=0.049$

B项目的方差：

$$\sigma^2=\sum_{i=1}^{n}(X_i-\bar{E})^2 \cdot P_i$$

$=0.3\times（0.20-0.09）^2+0.4\times（0.15-0.09）^2+0.3\times（-0.1-0.09）^2$

$=0.0159$

B项目标准离差：

$$\sigma=\sqrt{\sum_{i=1}^{n}(X_i-\bar{E})^2 \cdot P_i}$$

$=\sqrt{0.0159}$

$=0.126$

以上计算结果表明B项目的风险要高于A项目的风险。

3. 标准离差率

标准离差率是标准离差同期望值之比，通常用符号 V 表示，其计算公式为：

$$V=\frac{\sigma}{E}\times100\% \qquad \text{（公式 2.2.4）}$$

标准离差率是一个相对指标，它以相对数反映决策方案的风险程度。方差和标准离差作为绝对数，只适用于期望值相同的决策方案风险程度的比较。对于期望值不同的决策方案，评价和比较其各自的风险程度只能借助标准离差率这个相对数值。在期望值不同的情况下，标准离差率越大，风险越大；反之，标准离差率越小，风险越小。

业务操作　　投资项目收益率标准离差率的计算

现仍以【业务操作——投资项目收益率期望值的计算】中的数据为依据，分别计算A项目和B项目的标准离差率。

操作步骤

A项目的标准离差率：

$$V_A=\frac{0.049}{0.09}\times100\%=54.44\%$$

B项目的标准离差率：

$$V_B=\frac{0.126}{0.09}\times100\%=140\%$$

当然，在此例中A项目和B项目的期望投资收益率是相等的，可以直接根据标准离差来比较两个项目的风险水平。但如果比较项目的期望投资收益率不同，则一定要计算标准离差率才能进行比较。

通过上述方法将决策方案的风险加以量化后，决策者便可据此做出决策。对于单个方案，决策者可根据标准离差（率）的大小，将其同设定的可接受的此项指标最高限值对比，看前者是否低于后者，然后做出取舍。对于多方案择优，决策者的行动准则应是选择低风险高收益的方案，即选择标准离差最低、期望收益最高的方案。然而高收益往往伴有高风险，低收益方案的风险程度往往也较低。究竟选择何种方案，就要权衡期望收益与风险，还要视决策者对风险的态度而定。对风险比较反感的人可能会选择期望收益较低，风险也较低的方案；喜好风险的人则可能选择风险高，收益也高的方案。

想一想

如果你是企业的决策者，你在进行风险衡量时应该如何运用方差、标准离差和标准离差率？

案例分析 2-3　　股神巴菲特的理财观念与经验

情景与背景：1964年伯克希尔公司股票的平均价格为11美元。2003年伯克希尔A种股票的最高价达到95 700美元。40年来，伯克希尔的股票价格增长了8 000多倍。如果1964年，你的祖父母给你1万美元，并要求你投资伯克希尔公司，当伯克希尔的股票价格为7.5万美元时，在扣除各种费用，缴纳各项税款后，你起初投资的1万美元就会迅速变为2.7亿美元。

巴菲特理财攻略一：股神巴菲特经历过无数次股灾，都能成功逃过灾难，这跟他自己独特的“不贪婪，急流勇退”的理财方法有关。

在巴菲特的投资名言中，最著名的无疑是：成功的秘诀有三条，第一条是尽量避免风险，保住本金；第二条是尽量避免风险，保住本金；第三条是坚决牢记第一条、第二条。

为了保证资金安全，巴菲特总是在市场最亢奋、投资人最贪婪的时刻保持清醒的头脑，急流勇退。1968年5月，当美国股市十分繁荣的时候，巴菲特却认为再也找不到有投资价值的股票了，由此卖出了几乎所有的股票并解散了公司。结果1969年6月，股市大跌并渐渐演变成了股灾，到1970年5月，每种股票的价格都比上年年初下降了50%甚至更多。

巴菲特的稳健投资，绝不干“没有把握的事情”的策略使他逃过一次次股灾。但是，很多投资者却在不清楚风险或没有足够的风险控制能力下贸然投资，又或者由于过于贪婪而失去了风险控制意识。在做任何投资前，应把风险因素放在第一位，并考虑一旦出现风险时我们是否能承受，如此才能立于不败之地。

巴菲特理财攻略二：作一个长期投资者，而不是短期投资者或投机者。巴菲特成功最主要的原因是他是一个长期投资者，而不是短期投资者或投机者。巴菲特从不追逐市场的短期利益，不因为一家企业的股票在短期内大涨就跟进，他会竭力避免投资于被市场高估价值的企业。所以，他即使错过了20世纪90年代末的网络热潮，但也避免了网络泡沫破裂带来的巨额损失。巴菲特有句名言：“投资者必须在设想他一生中的决策卡片仅能打二十个孔的前提下行动。每当他做出一个新的投资决策时，他一生中能做的决策就少了一个。”在一个相对短的时期内，巴菲特也许并不是最出色的，但没有谁能像巴菲特一样投资收益长期比市场平均表现好。

在巴菲特的盈利记录中可发现，他的资产总是平稳增长的，甚少出现暴涨的情况。1968年，巴菲特创下了58.9%年收益率的最高纪录，也是在这一年，巴菲特感到极为不安而解散公司隐退了。

从1959年的40万美元到2004年的429亿美元，巴菲特的年均收益率为26%。从某一单个年度来看，很多投资者对此也许会不以为然，但没有谁可以在这么长的时期内保持这样的收益率。因为大部分人都为贪婪、浮躁或恐惧等人性弱点所左右，成了一个投机客或短期投资者，而并非像巴菲特一样是一个真正的长期投资者。

巴菲特理财攻略三：把所有鸡蛋放在同一个篮子里，然后小心看好。关于应把鸡蛋集中放在一个篮子内还是分散放在多个篮子内的争论从来没有停止过，也不会停止，这不过是两种不同的投资策略而已。从成本的角度来看，集中看管一个篮子比看管多个篮子要容易，成本更低，但问题的关键是能否看管住唯一的篮子。巴菲特之所以有信心，是因为在做出投资决策前，他总是花上数个月、一年甚至几年的时间去考虑投资的合理性，他会长时间翻看和跟踪投资对象的财务报表和有关资料。对于一些复杂的、难以弄明白的公司他总是避而远之。只有在透彻了解所有细节后，巴菲特才做出投资决定。

（资料来源：许娇. 股神巴菲特资产平稳增长 激流勇退逃过股灾[EB/OL]. 星岛环球网，2007.）

思考：巴菲特在投资过程中，是如何有效回避风险的？

职业能力选择与判断

一、单项选择题

1. 投资者甘愿冒风险进行投资的诱因是（　　）。

A. 可获得投资收益　　B. 可获得时间价值回报
C. 可获得风险报酬率　　D. 可一定程度抵御风险

2. 那些对所有公司产生影响的因素引起的风险为（　　）。
A. 公司特有风险　　B. 经营风险
C. 财务风险　　D. 市场风险

3. 关于风险报酬，下列表述不正确的是（　　）。
A. 高收益往往伴有高风险
B. 风险越小，获得的收益就越多
C. 在不考虑通货膨胀的情况下，资金时间价值就等于无风险补偿率
D. 风险收益率是指投资者因冒风险进行投资而要求的、超过资金时间价值的那部分额外收益

4. 关于标准离差与标准离差率，下列表述正确的是（　　）。
A. 标准离差以绝对数衡量决策方案的风险，标准离差越大，风险越小
B. 标准离差率只适用于期望值相同的决策方案的风险程度的比较
C. 标准离差率是一个绝对数，它以绝对数形式反映决策方案的风险程度
D. 对于期望值不同的决策方案，可用标准离差率比较与评价风险程度

5. 如果两个投资项目预期收益的标准离差相同，而期望值不同，则这两个项目（　　）。
A. 预期收益相同　B. 标准离差率相同　C. 预期收益不同　D. 未来风险报酬相同

二、多项选择题

1. 从个别理财主体的角度看，投资风险可分为（　　）。
A. 市场风险　B. 公司特有风险　C. 经营风险
D. 财务风险　E. 金融市场风险

2. 在财务管理中，经常用来衡量风险大小的指标有（　　）。
A. 标准离差　B. 边际成本　C. 风险报酬率
D. 标准离差率　E. 期望值

3. 影响投资收益率的因素主要有（　　）。
A. 市场利率　　B. 无风险投资收益率
C. 风险投资报酬率　　D. 通货膨胀率
E. 银行存款利率

4. 在不考虑通货膨胀因素的情况下，投资者进行风险投资所要求的期望投资报酬率包括（　　）。
A. 违约风险报酬率　B. 无风险报酬率　C. 风险报酬率
D. 实际利率　E. 名义利率

5. 风险控制的主要方法有（　　）。
A. 多角经营　B. 多角筹资　C. 加强成本控制
D. 扩大市场　E. 研发新产品

三、判断题

1. 风险总是和收益对等，风险越大，期望的收益率越高。（　　）
2. 风险总是和收益并存，因此高风险的投资项目一定会带来高收益。（　　）
3. 风险收益率的高低取决于标准离差率的大小和风险报酬率的取值。（　　）
4. 当风险造成的损失不能由该项目可能获得的收益抵销时，应当放弃该项目。（　　）
5. 方差和标准离差作为绝对数，只适用于期望值相同的决策方案风险程度的比较。（　　）

单项任务训练

1. 某公司拟以 500 万元投资筹建电子管厂，根据市场预测，预计每年可获得的收益及概率如表 2-2 所示。

表 2-2 预计年收益及概率表

市场情况	预计年收益（万元）	概率
繁荣	120	0.2
一般	100	0.5
较差	60	0.3

要求：计算该项投资的收益期望值、标准离差和标准离差率。

2. 东方股份有限公司准备投资开发新产品，现有 A、B、C 三个产品可供选择。根据市场预测，三种不同市场情况的预计年报酬率如表 2-3 所示。

表 2-3 三种不同市场情况的预计年报酬率

市场状况	发生概率	A 产品预计年报酬率	B 产品预计年报酬率	C 产品预计年报酬率
繁荣	0.3	30%	40%	50%
一般	0.5	15%	15%	15%
衰退	0.2	0	-15%	-30%

要求：请你帮助东方股份有限公司决策应该选择哪个产品？

项目小结

本项目主要介绍了货币时间价值和投资风险的有关内容。货币时间价值是对资金在不同时点上价值量的计量，货币的时间价值一般用利率表示。计算货币的时间价值涉及终值和现值两部分知识，它们是同一资金在不同时点上的价值表现。现值也称本金，一般是指未来某一时点上的一定量现金折合为现在的价值；终值一般是指现在一定量现金在未来某一时间上的价值。根据收付款情况不同，其分为一次性收付款的终值和现值以及年金终值和现值。年金分为普通年金、预付年金、递延年金和永续年金等多种形式。现值和终值一般用复利计算。

风险是指某种行动的结果具有多样性。企业的财务活动经常是在有风险的条件下开展的。企业面临的主要风险有市场风险和公司特别风险两种。风险可用概率、期望值和离散程度来衡量。

项目案例分析

一款人人贷的互联网金融产品：U 计划—36 月—20171106 期

计划介绍：U 计划是人人贷为您提供的本金自动循环出借及到期自动转让退出的投标工具，并由系统为您实现分散投标，能更好地满足您多样化的投资需求。您出借所获得的利息收益可选择收益再投资（到期一次性领取本金和收益）或每月领取收益（到期领取本金），不同的收益处理方式对应的预期年化利率不同，具体以您在加入时页面展示的相应预期年化利率为准。预期收益不等于实际收益，出借人需自行承担资金出借的风险与责任；市场有风险，投资需谨慎。

投标范围：机构担保标、实地认证标

利息收益处理方式及预期年化利率：

1. 收益再投资 11.00%

2. 提取至账户 9.55%

一经选择，无法修改。

锁定期：36 个月

退出日期：2020 年 11 月 8 日

加入条件：加入金额 10 000 元起，且为 10 000 元的整数倍递增。

加入上限：4 000 000 元

开始加入时间：2017 年 11 月 6 日 10：00

到期退出方式：系统将通过债权转让自动完成退出，您所持债权转让完成的具体时间，视债权转让市场交易情况而定。

……

（资料来源：人人贷．U 计划—36 月—20171106 期[EB/OL]．人人贷．编者已做修改。）

要求：

请仔细阅读《U 计划—36 月—20171106 期》，结合所学知识和技能回答以下问题。

1. 如果投资者投资 10 000 元至该产品，到 2020 年 11 月 8 日退出，选择收益再投资，则退出时该投资者收取的本利和是多少？

2. 如果投资者投资 10 000 元至该产品，到 2020 年 11 月 8 日退出，选择收益提取至账户，不再投资，则退出时该投资者收取的本利和是多少？

3. 该产品的主要风险是什么？

项目综合实训

一、实训要求

1. 能准确计算复利终值和现值、年金的终值或现值，并根据企业的主客观条件，有针对性地选择相应的资金使用策略。

2. 能较为准确地识别企业面临的风险，能有效地选择适当的指标衡量和分析企业的风险情况。

3. 能够对本次实训活动进行总结，在此基础上按照规范格式撰写《货币时间价值和风险价值分析实训报告》。

二、实训条件

在财务管理实训室进行，要求配备计算机和财务软件、复利终值和复利现值系数表、年金终值和年金现值系数表、相关实训用具等。

三、实训材料

1. 王月是某领域的国际知名专家。近日，他接到一家上市公司的工作邀请函。邀请函的主要内容如下：① 担任公司顾问的工作期限为 5 年；② 每个月到公司指导工作 2 天；③ 每年顾问费为 15 万元；④ 提供公司所在地城市住房 1 套，价值 100 万元。

王月对以上工作待遇很满意，对该公司开发的新产品也很有研究，因此他决定接受邀请，但他不想接受住房，因为每月工作两天，只需要住宾馆就可以了，于是他向公司提出能否将住房改为住房补贴。公司研究了王月的请求，决定可以在今后 5 年里每年年初给王月支付 22 万元的住房补贴。

收到公司的通知后，王月又犹豫起来，因为如果接受公司住房，可以将住房出售，扣除售价5%的税金和手续费，他可以获得95万元；而接受住房补贴，则每年年初他可获得22万元。

假设每年存款利率为4%。

问题：请运用货币时间价值理论，帮助王月做出正确的选择。

2. 1987年，罗莎琳德•塞茨费尔德赢得了一项总价值超过130万美元的博彩大奖。这样，在以后的20年中，每年她都会收到65 276.79美元的分期付款。1995年，塞茨费尔德女士接到了位于佛罗里达州西部棕榈市的西格资产理财公司的一位销售人员打来的电话，声称该公司愿意立即支付给她140 000美元以获得今后9年其博彩奖金支票的一半款项（也就是，现在的140 000美元换算以后9年中每年获得32 638.39美元的分期付款额）。

西格公司是一家奖金经纪公司，其职员的主要工作任务就是跟踪塞茨费尔德女士这样的博彩大奖获得者。公司知道有许多人会急于将他们获得奖项的部分甚至全部奖金马上变现。西格公司是年营业收入高达7亿美元的奖金经纪行业中的一员，它和另一家公司伍德步里奇•斯特林公司目前占据了行业中80%的业务。类似西格公司这样的经纪公司会将它们收购的这种获得未来现金流的权利再转让给一些机构投资者，如美国太阳公司或是约翰•汉考克共同生命保险公司。

本案例中，购买这项权利的是金融升级服务集团（EFSG），它是一家从事纽约州市政债券的再保险公司。西格公司已经谈好将它领取塞茨费尔德一半奖金的权利以196 000美元的价格卖给EFSG公司，如果塞茨费尔德答应公司的报价，公司马上就能够赚取56 000美元。最终塞茨费尔德接受了公司的报价，交易达成。

问题：

（1）请运用货币时间价值和风险价值的基本观念，分析为何西格公司能够达成这笔交易并立即获得56 000美元的利润？

（2）塞茨费尔德和EFSG公司各自在这笔交易中获得了什么利益？

（3）请简要分析货币时间价值和风险价值基本观念如何影响人们的决策。

项目综合评价

项目评价记录表

姓　　名：____________　班　　级：____________　评价时间：____________

评价指标		评价标准	所占比例	分值
活动过程 Σ80	职业能力 Σ35	自我学习能力	5%	
		解决问题能力	5%	
		数字应用能力	5%	
		职业能力训练成绩	20%	
	专业能力 Σ45	正确计算与分析货币时间价值	20%	
		准确识别风险类别	10%	
		风险衡量与分析	15%	
团队合作 Σ20	工作计划	计划设置及实施	5%	
	过程实施	配合及解决问题	5%	
	合作交流	小组成员间的交流与合作	5%	
	资源利用	资源使用及组织	5%	
综合得分				

续表

教师评语	签名： 年　月　日
学生意见	签名： 年　月　日

项目三

筹资管理

知识目标

1. 了解筹资与筹资管理的意义，熟悉筹资的类型
2. 掌握各种权益资金筹集的方式、条件、优缺点
3. 掌握各种债务资金筹集的方式、条件、优缺点

能力目标

1. 能够比较不同筹资方式的优劣势
2. 能够结合具体企业的特点选择最佳的筹资方案

项目引导案例

2017 年上半年非金融类上市公司融资结构变化

根据 Wind 数据统计，3 268 家非金融类上市公司，2017 年上半年共筹资（即“筹资活动产生的现金流入”会计科目）6.53 万亿元，与去年筹资 6.52 万亿元相比变化不大。但筹资结构变化较大。

从融资（筹资）渠道看，吸收投资、发行债券均同比大幅下降，但银行等金融机构借款大幅上升。具体来看，3 268 家上市公司，2017 年上半年吸收投资 5 114 亿元，比 2016 年同期减少近 1 000 亿元；发行债券 2 520 亿元，比 2016 年同期减少 3 195 亿元；与之对应，借款 5.46 万亿元，比 2016 年同期增加 4 848 亿元。

从吸收投资角度来看，2017 年以来，上市公司定向增发等再融资遭遇严监管。2017 年 2 月 17 日，证监会修改上市公司定增细则，从限制单次融资规模、提出融资间隔期等方面规范上市公司再融资行为。

从数据看，上半年定增发行规模基本减半。Wind 数据显示，2017 年上半年共有 205 家公司完成定增，实际募资金额 7 324 亿元，但 1 月定增超 3 000 亿元，2—6 月平均定增规模不及 700 亿元而去年下半年每月平均定增超 1 300 亿元。

发债方面亦不乐观，自 2016 年年底以来，由于债券市场震荡，多家公司在银行等市场暂停发债计划。Wind 数据显示，2017 年上半年，公司类信用债权发行 4 100 余亿元，较 2016 年同期减少了至少 1 万亿元。

北京某债券分析师表示，影响债市发行的，除了市场本身波动因素外，还与 2016 年 10 月严控房地产行业发行公司债有关。房地产类是公司债最大的发行门类，发行实际暂停后导致公司债发行大幅下降。

此外，2017 年 4 月以来，监管机构发布一系列严监管政策，也使得债市收益率大幅上行，4 月—5 月，大量信用债取消发行。

（资料来源：辛继召. 上市公司筹资转向借款 新兴产业受银行青睐[EB/OL]. 21 世纪财经网. 编者已做修改。）

银行借款、股票筹资与公司债券筹资的优点和缺点分别是什么？

学习任务一 分析企业筹资渠道与筹资方式

知识准备与业务操作

一、筹资管理的含义

企业的经营过程是一个筹资、投资和分配的过程，筹资是企业经营的起点，有了资金的筹集，企业经营才能继续。因此，企业筹资活动是企业的一项基本财务活动，企业筹资管理是企业财务管理的一个主要内容。

筹资是企业根据生产经营的需要，通过一定的渠道，运用筹资方式，经济有效地筹集资金的活动。资金是企业经营活动的基本要素，是企业创建和生存发展的必要条件。一家企业从创建到生存发展的整个过程都需要资金，因此也就有资金的筹集活动。

企业通过一定的方式筹集资金，是企业得以持续经营的前提条件，而且通过适当的筹资组合可以降低企业的资金成本，提高企业价值。不仅如此，从投资者的利益角度考虑，企业加强筹资管理可以提高每股收益率。

二、筹资分类

企业筹集的资金可按多种标准进行分类，现介绍两种最主要的分类方式。

（一）按资金使用期限的长短分类

按照资金使用期限的长短，可把企业筹集的资金分为短期资金与长期资金两种。

1．短期资金

短期资金一般是指供1年以内使用的资金。企业常采用商业信用和取得银行流动借款等方式筹集短期资金。

2．长期资金

长期资金一般是指供1年以上使用的资金。企业通常采用吸收直接投资、发行股票、发行公司债券、取得长期借款、融资租赁和内部积累等方式筹集长期资金。

（二）按资金的来源渠道分类

按照资金的来源渠道不同，可将企业资金分为权益资金和债务资金两大类。

1．权益资金

企业通过发行股票、吸收直接投资、内部积累等方式筹集的资金都属于企业所有者权益。所有者权益一般不用还本，因而被称为企业的自有资金、主权资金或权益资金。企业采用吸收自有资金的方式筹集资金，财务风险小，但付出的资金成本相对较高。

2．债务资金

企业通过发行债券、向银行借款、融资租赁等方式筹集的资金属于企业的负债，到期要归还本金和利息，因而又被称为企业借入资金或负债资金。企业采用借入资金的方式筹集资金，一般承担较大风险，但相对而言，付出的资金成本较低。

知识链接3-1　筹资动机

筹集资金的动机一般有以下几个。

1．新建筹资动机

新建筹资动机是企业在新建时，为满足正常生产经营活动所需的铺底资金而产生的筹资动机。

2．扩张筹资动机

扩张筹资动机是企业因扩大生产经营规模或追加对外投资而产生的筹资动机。

具有良好发展前景、处于成长期的企业，通常会产生扩张筹资动机。例如，企业生产经营的产品供不应求，需要购置设备增加市场供应；需要引进技术开发生产适销对路的新产品；扩大有利的对外投资规模；开拓有发展前途的对外投资领域等。扩张筹资动机导致的直接结果是企业的资产总额和权益总额增加。

3．偿债筹资动机

偿债筹资动机是企业为了偿还某项债务而形成的借款动机，即借新债还旧债。

偿债筹资有以下两种情况。

一是调整性偿债筹资，即企业具有足够的能力支付到期旧债，但为了调整原有的资本结构，需要举借一种新债务，从而使资本结构更加合理。

二是恶化性偿债筹资，即企业现有的支付能力已不足以偿付到期旧债，被迫举新债还旧债，这表明企业财务状况已经恶化。

4. 混合筹资动机

企业因既需要扩大经营的长期资金又需要偿还债务的现金而形成的筹资动机，即混合筹资动机。

三、筹资渠道

企业筹资活动需要通过一定的筹资渠道并运用一定的筹资方式来完成。同一筹资渠道的资金可以用不同的筹资方式取得，同一筹资方式也可以采用不同的筹资渠道。

筹资渠道是企业筹集资金来源的方向与通道，体现资金的源泉和流量。认识和了解各筹资渠道及特点，有助于企业充分、正确利用筹资渠道，实现各种筹资渠道的合理组合，有效地筹集资金。企业的筹资渠道主要有以下几个。

（一）银行信贷资金

银行信贷资金是各类企业筹资的重要来源。银行一般分为商业性银行和政策性银行。商业性银行主要以盈利为目的，我国的商业性银行主要有中国工商银行、中国农业银行、中国建设银行、中国银行及交通银行等；政策性银行是为特定企业提供政策性贷款的银行，我国的政策性银行有国家开发银行、农业发展银行和中国进出口银行。银行拥有居民储蓄、单位存款等经常性的资金来源，贷款方式灵活多样，可以适应各类企业债务资金的需要。

（二）其他金融机构资金

其他金融机构是指除银行以外的各种金融机构及金融中介机构。我国的其他金融机构主要有租赁公司、保险公司、证券公司和企业集团的财务公司等。它们提供各种金融服务，包括信贷资金投放、物资融通及为企业承销证券等。

（三）政府财政资金

政府财政资金是我国国有企业筹资的主要来源，政策性很强，通常只有国有企业才能利用。现有的国有企业，包括国有独资公司，资金来源的大部分是由政府通过中央和地方财政部门以拨款的方式投资形成的。政府财政资金具有广阔的来源和稳定的基础，并在国有企业资金预算中安排使用，这一渠道今后仍然是国有企业权益资本筹资的重要渠道。

（四）其他企业资金

企业在生产经营过程中，往往形成部分暂时闲置的资金，为让其产生一定效益，也需要相互融通；另外，企业间的购销业务可以通过商业信用方式完成，从而形成企业间的债权债务关系，形成债务人对债权人的短期信用资金的占用。因此，其他企业资金也成为企业资金的重要来源。

（五）企业内部资金

企业内部资金主要是通过提留盈余公积和保留未分配利润形成的，是企业内部形成的筹资渠道，无须通过一定的方式筹集，只在企业内部转移即可。

（六）居民资金

我国企业和事业单位职工和广大城乡居民结余的货币，作为个人资金，可以对企业进行投资，从而形成企业的资金来源。

（七）外商资金

外商资金是指外国投资者投入的资金。它是我国外商投资企业重要的资金来源渠道。

上述各种筹资渠道中，银行信贷资金、其他金融机构资金、其他企业资金是企业的主要筹资来源，是企业的主要筹资渠道。

四、企业筹资方式

企业筹资方式是指企业筹集资金的具体形式，体现着资金的属性和期限。资金的属性是指资金具有的权益性质或负债性质。对各种渠道的资金采用何种方式筹集，取决于金融市场的发达程度和企业规模及经营管理的需要。认识企业筹资方式的特性，有利于企业实现各种筹资方式的合理组合。企业常见的筹资方式有如下几种。

（一）吸收直接投资

吸收直接投资是企业以协议形式筹集政府、法人、居民等的资金，形成企业的自有资金。这种方式不以股票为媒介，适用于非股份制企业，是非股份制企业取得权益资金的基本方式。

（二）发行股票筹资

发行股票筹资是股份公司按照公司章程依法发售股票筹资形成公司股本的一种方式。这种方式以股票为媒介，仅适用于股份公司，是股份公司取得权益资本的基本方式。

业务链接 3-1　　什么是股票超募

新股发行开始所谓“市场化”以后，由于新股定价机制的缺陷，上市公司募集资金超过投资项目实际计划募集的资金，这种现象被称为超募，而超募所得的资金便被称为超募资金。对于“超募资金”，按规定企业应根据企业实际生产经营需求，提交董事会审议后，按照以下先后顺序有计划地进行使用：①补充募投项目资金缺口；②用于在建项目及新项目；③归还银行贷款；④补充流动资金。

（三）利用留存收益筹资

利用留存收益筹资是指企业在实现税后利润后，一般不会将全部利润分配给股东，而是会提取法定及任意盈余公积金，形成未分配利润，或者采取股票股利等方式，将资金留在企业内部。

（四）发行债券筹资

发行债券筹资是企业按照债券发行协议，通过发售债券直接筹资的方式，这是企业筹集债务资金的一种方式。在我国，上市公司（发行的证券被允许在证券交易所公开交易的公司为上市公司）被允许以发行债券的方式筹集资金，其他类型的企业则不允许。

（五）银行借款筹资

银行借款筹资是企业按照借款合同从银行等金融机构借入款项的筹资方式。它广泛适用于各类企业，是企业获得长期资金和短期资金的主要方式。

（六）商业信用筹资

商业信用筹资是企业通过赊购商品、预收货款等商品交易行为筹集短期债务资金一种方式。这种方式比较灵活，可为各类企业采用。

（七）融资租赁筹资

融资租赁筹资是企业按照租赁合同租入资产从而筹集资金的特殊筹资方式。通过融资租赁方式租入的资产可形成企业的债务资金。

以上所列各种筹资方式中，吸收直接投资、发行股票筹资可为企业取得永久性的权益资金；发行债券、融资租赁筹资可为企业获得长期债务资金；商业信用筹资通常是为企业筹集短期资金；银行借款筹资方式既可为企业筹得长期资金，也可为企业筹得短期资金。企业取得的权益资金和长期债务资金通常又被称为资本。

想一想

企业哪种筹资方式最为便利？

五、筹资原则

企业筹资是一项重要而复杂的工作，为了有效筹集企业所需资金，企业必须遵循以下基本原则。

1．规模适当原则

不同时期企业资金需求量并不是一个常数，企业要认真分析科研、生产、经营状况，采用一定的方法，预测资金的需要数量，合理确定筹资规模。

2．筹措及时原则

企业财务人员在筹集资金时必须熟知货币时间价值的原理和计算方法，以便根据资金需求的具体情况，合理安排资金的筹集时间，适时获取所需资金。

3．来源合理原则

资金的来源渠道和资金市场为企业提供了资金的源泉和筹资场所，反映资金的分布状况和供求关系，决定着筹资的难易程度。不同来源的资金，对企业的收益和成本有不同影响，因此，企业应认真研究资金来源渠道和资金市场，合理选择资金来源。

4．方式经济原则

在确定筹资数量、筹资时间、资金来源的基础上，企业在筹资时还必须认真研究各种筹资方式。企业筹集资金必然要付出一定代价，不同筹资方式条件下的资金成本有高有低。为此，就需要对各种筹资方式进行分析、对比，选择经济、可行的筹资方式以确定合理的资金结构，降低成本，减少风险。

案例分析3-1　　上市公司筹资转向借款　新兴产业受银行青睐

在所统计的3 268家非金融类上市公司中，从融资渠道看，上半年吸收投资、发行债券均同比大幅下降，但银行等借款大幅上升。从融资（筹资）渠道看，吸收投资、发行债券均比2016年同期大幅下降，但银行等金融机构借款大幅上升。

具体来看，3 268家上市公司中，2017年上半年吸收投资5 114亿元，比2016年同期减少近1 000亿元；发行债券2 520亿元，比2016年同期减少3 195亿元；与之对应，借款5.46万亿元，比2016年同期增加4 848亿元。从吸收投资角度来看，2017年以来，上市公司定向增发等再融资遭遇严监管。2017年2月17日，证监会修改上市公司定增细则，从限制单次融资规模、提出融资间隔期等方面规范上市公司再融资行为。

这背后是自 2016 年年底以来，在资本市场再融资、债市融资趋缓等背景下，上市公司融资渠道转向银行贷款等。

“从银行角度看，2017 年上半年由于直接融资市场的变化，实体企业对商业银行贷款需求相对于往年有比较强劲的增长。同时，地方政府也在继续加大对各项基础建设的投资，中国企业‘走出去’的步伐也在继续加快，均需要资金支持。”有大行高管表示。

不过，在不良压力下，金融机构在避开采掘等行业，如煤炭、钢铁、水泥等 20 个压缩退出类行业，同时着力退出重大风险客户和低端过剩产能客户，特别是涉及去产能、去杠杆和符合“僵尸企业”标准的客户，大幅度地压缩风险产业和风险客户。与此相对应，2017 年上半年，食品饮料、计算机、综合类、电子、农林牧渔、电气设备、汽车、医药生物、轻工制造等借款大幅上升。

（资料来源：辛继召. 上市公司筹资转向借款 新兴产业受银行青睐[EB/OL]. 21 世纪财经网. 编者已做修改。）

思考：权益筹资与债务筹资各自的特点与形式有哪些？

职业能力选择与判断

一、单项选择题

1. 短期资金是指企业使用期限在（　　）以内的资金。

A. 1 个月　　B. 3 个月　　C. 1 年　　D. 5 年

2. 权益资金的劣势有（　　）。

A. 风险高　　B. 需要归还　　C. 成本高　　D. 筹资额低

3. 利用商业信用筹集的资金属于（　　）资金。

A. 权益　　B. 债务　　C. 风险小　　D. 成本高

4. 根据（　　）原则，企业应当预测资金的需要量，合理确定筹资规模。

A. 规模适当　　B. 筹措及时　　C. 来源合理　　D. 方式经济

5. 哪一种方式会产生权益资金？（　　）

A. 短期借款　　B. 发行债券　　C. 赊购产品　　D. 未分配利润

二、多项选择题

1. 短期资金常采取以下方式筹集（　　）。

A. 短期借款　　B. 应付账款　　C. 应付票据　　D. 融资租赁

2. 权益资金的特点有（　　）。

A. 形成所有者权益　　B. 财务风险小　　C. 自有资金　　D. 成本低

3. 企业可以向（　　）筹集资金。

A. 商业银行　　B. 非银行金融机构　　C. 其他企业　　D. 企业本身

4. 企业向其他企业筹集资金可以通过（　　）方式。

A. 发行债券　　B. 发行股票　　C. 商业信用　　D. 未分配利润

5. 以下方式不可能筹集短期资金的是（　　）。

A. 发行普通股筹资　　B. 发行优先股筹资

C. 商业信用筹资　　D. 留存收益筹资

三、判断题

1. 筹资活动是企业资本运动的起点。（　　）

2. 国家财政资金必然会形成企业的债务资金。（　　）

3. 保险公司能为企业提供信贷资金。 （ ）
4. 债务资金风险较大。 （ ）
5. 企业应当尽可能筹集更多的资金。 （ ）

单项任务训练

1. 请分析说明我国企业目前主要的筹资渠道。
2. 请分析说明我国企业目前可能的筹资方式。

学习任务二 筹集权益资金

知识准备与业务操作

权益资金又称自有资金，是企业一项最基本的资金来源。企业自有资金的筹集方式主要有吸收直接投资、发行普通股、发行优先股和留存收益等。

一、吸收直接投资筹资

（一）吸收直接投资的含义和相关主体

吸收直接投资是指非股份制企业以协议的形式吸收国家、其他企业、个人和外商投入资金的一种筹资方式。在这种方式下，当企业收到出资者的资金时，要为出资者签发出资证明。

吸收直接投资的主体包括两个，一个是吸收直接投资的筹资者，可以是有限责任公司制企业、个人独资企业、合伙企业和国有独资公司等，但不能是股份有限公司，股份有限公司是以发行股票的方式进行筹资的；另一个则是资金来源的提供者，包括个人、任何形式的企业和国家投资机构等。

（二）出资方式

企业吸收的投资可以是现金资产或非现金资产。非现金资产包括实物资产和无形资产，其中，实物资产包括厂房、机器设备、材料物资等，无形资产包括专利权、商标权、土地使用权、专有技术等。所有的出资方式中，企业最乐于接受的是现金方式。因为现金在使用时最为灵活，而其他资产只能按特定的功能加以使用，使用范围受到较大限制。

（三）吸收直接投资的主要优点

1. 有利于提高企业信誉度

通过吸收直接投资筹集的资金属于企业的自有资金，与债务资金相比较，它能提高企业的信誉度和借款能力，对扩大企业经营规模、增强企业实力具有重要作用。

2. 能尽快形成企业的生产能力

通过吸收直接投资，企业不仅可以获取现金，还能获得需要的先进设备和技术，与仅获取现金的筹资方式相比，它能使企业尽快形成生产经营能力，尽快开拓市场。

3. 财务风险较小

可以根据企业的经营状况向投资者支付报酬，若企业经营状况好，可以向投资者多支付一些报酬，如果不好，则可以少付一些报酬或不支付报酬，比较灵活，财务风险较小。

（四）吸收直接投资的主要缺点

1. 资金成本较高

一般而言，采用吸收直接投资方式筹集资金企业负担的资金成本较高，因为在盈利的情况下要向投资者分配利润，且该项支付没有减税的功能。

2. 容易分散企业控制权

投资者一般要求获得与投资数量相适应的管理权，这是企业接受外来投资的代价。如果外部投资者的投资较多，则投资者会有相当大的管理权，甚至会对企业实行完全控制，这是吸收直接投资的不利因素。

二、发行普通股筹资

股票是公司签发的、证明股东所持股份的凭证，是股份公司为筹集股权资本而发行的、表示股东按其持有的股份享有权益并承担义务的、可转让的书面凭证。股票上应当载明公司名称、公司成立日期、股票种类、票面金额及代表的股份数、股票的编号等。它代表持股人对公司净资产的所有权。股票持有人即为公司股东。公司股东作为出资人，按投入公司的资本额享有资产受益、公司重大决策和选择管理者的权利，并以其所持股份为限对公司承担责任。发行股票筹资是股份公司筹集资本的基本方式。

普通股是股份有限公司发行的、无特别权利的股份，也是最基本的、标准的股份。它代表了股东对股份制公司的所有权。发行普通股是股份有限公司筹集权益资金的主要方式。持有普通股股份者为普通股股东。

（一）普通股股东主要有如下权利

1. 经营管理权

普通股股东出席或委托代理人出席股东大会，并依公司章程规定行使表决权。普通股股东还具有对公司账目和股东大会决议的审查权和对公司事务的质询权。

2. 股权转让权

普通股股东可以根据投资计划的需要向其他投资者转让股份。

3. 收益分配请求权

普通股股东可参与公司税后利润的分配，取得股息或现金股利。

4. 优先认股权

为不影响原有股东对公司的控制权，公司发行新股时，普通股股东有优先认购的权利。

5. 分配公司剩余财产的权利

公司清算时，在偿还债务和优先股股本后，剩余财产归普通股股东所有。

6. 公司章程规定的其他权利

（二）股票发行

股份有限公司在设立时要发行股票。股份的发行，应遵循公开、公平、公正的原则，必须同股同权、同股同利。同次发行的股票，每股的发行条件和价格应当相同。

根据股票发行的相关管理规定，股票发行主要涉及股票发行的规定与条件，发行的程序，发行方式、销售方式和发行价格等内容。

1. 股票发行的规定与条件

按照我国公司法的有关规定，股份有限公司发行股票，应符合以下规定条件。

① 每股金额相等。同次发行的股票，每股的发行条件和价格应当相同。

② 股票发行价格可以为票面金额，也可以超过票面金额，但不得低于票面金额。

③ 股票上应当载明：公司名称、公司登记日期、股票种类、票面金额及代表的股份数、股票编号等主要事项。

④ 向发起人、国家授权投资的机构、法人发行的股票，应当为记名股票；对社会公众发行的股票，可以为记名股票，也可以为无记名股票。

⑤ 公司发行记名股票，应当置备股东名册，记载股东姓名或者名称、住所、各股东所持股份、各股东所持股票编号、各股东取得其股份的日期；发行无记名股票，公司应当记载其股票数量、编号及发行日期。

⑥ 公司发行新股，必须具备下列条件：前一次发行的股份已募足并间隔一年以上；公司在最近三年内连续盈利，并可向股东支付股利；公司在三年内财务会计文件无虚假记载；公司预期利润率可达同期银行利率。

⑦ 公司发行新股，应由股东大会做出有关下列事项的决议：新股种类及数额；新股发行价格；新股发行的起止日期；向原有股东发行新股的种类及数额。

2．股票发行的程序

股份有限公司在设立时发行股票与增资发行新股，程序上有所不同。股份有限公司在设立时发行股票的程序如下。

① 提出募集股份申请。

② 公告招股说明书，制作认股书，签订承销协议和代收股款协议。

③ 招认股份，缴纳股款。

④ 召开创立大会，选举董事会、监事会。

⑤ 办理设立登记，交割股票。

3．股票发行方式、销售方式和发行价格

（1）股票发行方式。股票发行方式是指公司通过何种途径发行股票。

股票发行方式可以分为：①公开间接发行，通过中介机构，由证券机构承销。此方式发行范围广、发行对象多，易于足额募集资本；股票变现性强；有助于提高公司的知名度和扩大影响力。但是，手续烦琐，发行成本高。②不公开直接发行，只向少数特定对象发行，如采用发起设立方式和以不向社会公开募集的方式。此方式弹性较大，发行成本低，但发行范围小，股票变现性差。

（2）股票的销售方式。股票的销售方式是指股份有限公司向社会公开发行股票时所采取的股票销售方法。

股票销售方式有两类：①自销方式。自销方式可以节省发行费用，但往往筹资时间长、风险大，需要公司有较好的知名度、信誉和实力。②承销方式。我国公司法规定，企业向社会公众发行股票，必须与依法设立的证券机构签订承销协议，由证券经营机构承销。股票承销又分为包销和代销两种。包销可以及时筹足资本，使企业免于承担发行风险，但将股票以较低的价格售给承销商，企业会损失部分溢价。代销方式的发行费用较低，但公司自己要承担股款未筹足的风险。

（3）股票发行价格。股票发行价格是股票发行时使用的价格，也就是投资者认购股票时支付的价格。通常由发行公司根据股票面值、股市行情和其他有关因素决定。以募集方式设立的公司首次发行的股票价格，由发起人决定；公司增资发行新股的股票价格，由股东大会做出决议。股票的发行价格一般有三种。①等价。一般在初次发行或在股东内部分摊增资的情况下采用。等价发行的股票容易推销，但企业无法取得溢价收入。②时价，也称市价。以公司原发行同种股票的现行市场价格为基准选择增发新股的发行价格。③中间价，是指以介于面额和时价之间的价格发行股票。我国公司法规定，企业不得折价发行股票。

（三）股票上市

1. 股票上市的目的

股票上市是指股份有限公司公开发行的股票经批准在证券交易所进行挂牌交易。经批准在交易所上市交易的股票为上市股票。

股份公司申请股票上市，一般出于以下目的。

① 资本大众化，分散风险。

② 提高股票的变现能力。

③ 便于筹措新资金。

④ 提高公司知名度。

⑤ 便于确定公司价值。

股票上市可能给公司带来的危害有：公司将负担较高的信息报道成本；可能会暴露公司的商业秘密；股价有时会歪曲公司的实际状况，丑化公司声誉；可能会分散公司的控制权，造成管理上的困难。

业务链接 3-2　　什么是 IPO

IPO，也叫首次公开募股（Initial Public Offerings，IPO），是指企业通过证券交易所首次公开向投资者发行股票，以期募集用于企业发展资金的过程。

2. 股票上市的条件

股份有限公司申请股票上市，必须符合下列条件。

① 经国务院证券监督管理部门批准可向社会公开发行。不允许公司在设立时直接申请股票上市。

② 公司股本总额不少于人民币 5 000 万元。

③ 开业时间在三年以上，最近三年连续盈利。属国有企业依法改建而设立股份有限公司，或者在公司法实施后新组建成立，其主要发起人为国有大中型企业的股份有限公司，可连续计算。

④ 持有股票面值人民币 1 000 元以上的股东不少于 1 000 人；向社会公开发行的股份达公司股份总数的 25%以上；公司股本总额超过人民币 4 亿元的，其向社会公开发行股份的比例为 15%以上。

⑤ 公司在最近三年内无重大违法行为，财务会计报告无虚假记载。

⑥ 国务院规定的其他条件。

具备上述条件的股份有限公司经申请，由国务院或国务院授权的证券监督管理部门核准，其股票方可上市。

3. 股票上市的暂停与终止

股票上市公司有下列情形之一的，国务院证券监督管理部门可决定暂停其股票上市。

① 公司股本总额、股权分布等发生变化，不再具备上市条件的（限期内未消除的终止上市）。

② 公司不按规定公开其财务状况，或者对财务报告做虚假记载的（后果严重的终止上市）。

③ 公司有重大违法行为的（后果严重的终止上市）。

④ 公司最近三年连续亏损的（限期内未消除的终止上市）。

另外，公司决定解散、被行政主管部门依法责令关闭或者宣告破产的，由国务院证券监督管理部门决定终止其股票上市。

知识链接 3-2　　股票的种类

根据不同标准，可以对股票进行不同分类。常见的分类方式如下。

1．按股东享有的权利和承担的义务，分为普通股和优先股

普通股是股份公司发行的、代表股东享有平等权利和义务，没有特别限制且股利不固定的股票。普通股是最基本的股票。通常情况下，股份公司只发行普通股。在没有特别说明的情况下，公司股票即指普通股股票。

优先股是股份公司依法发行的、具有一定优先权的股票。该种股票的股东优先于普通股股东取得股利和公司剩余财产。但是，企业对优先股不承担法定还本义务，优先股资金是企业自有资金的一部分。

2．按股票票面是否记名，分为记名股票和无记名股票

记名股票是股票票面上记载姓名或者名称的股票，股东姓名或名称要记入公司的股东名册。我国公司法规定，公司向发起人、法人发行的股票，应当为记名股票，要记载该发起人、法人的名称或者姓名，不得另立户名或者以代表人姓名记名；向社会公众发行的股票，可以为记名股票，也可以为无记名股票。记名股票一律用股东本名，其转让、继承要办理过户手续。

无记名股票是在股票票面上不记载股东姓名或者名称的股票，但应当记载股票数量、编号及发行日期。股东姓名或名称只有在股东持股达到一定比例时才记入股东名册。无记名股票的转让、继承无须办理过户手续，即可实现股权的转移。但是，当股东持股数达到一定比例时（证券法规定为5%），应向股份公司和证券交易所申报。

3．按股票票面是否标明金额，分为有面额股票和无面额股票

有面额股票是公司发行的票面标有金额的股票。无面额股票不标明票面金额，只在股票上载明所占公司股本总额的比例和股份数。公司之所以采用无面额股票，是因为股票价值实际上是随公司财产增减而变动的。

4．股票按投资主体不同，分为国家股、法人股、个人股和外资股

国家股是有权代表国家投资的部门或机构以国有资产向公司投入而形成的股份；法人股是企业法人依法以其可支配的资产向公司投入而形成的股份；个人股是社会个人或本公司职工以个人财产投入公司而形成的股份；外资股是外国和我国港澳台地区投资者购买的人民币特种股票。

5．按股票发行时间先后顺序，分为原始股和新股

原始股是设立公司时发行的股票；新股是公司增资时发行的股票。两者发行的具体条件、目的、价格不尽相同。

6．按股票发行对象和上市地区，分为A股、B股和H股

A股是供我国个人或法人买卖的，以人民币标明票面价值并以人民币认购和交易的股票；B股是以美元、港元计价，面向境外投资者发行，但在我国境内上市的股票；H股是以港元计价在我国香港地区发行并上市的内地企业的股票。

（四）普通股筹资的优点

发行普通股筹资与优先股筹资、借款筹资及发行债券相比具有如下优点。

1．没有固定利息负担

公司有盈利，并认为适于分配股利，就可以分配给股东；公司盈利较少，或虽有盈利但资本短缺，或有更有利的投资机会，也可以少支付或不支付股利。而债券或借款的利息无论企业盈利与否都必须予以支付。

2．股本没有固定到期日，无须偿还

利用普通股筹集的资金是公司的永久性资金，公司清算时才予以偿还。这对于保证公司对资本的最低需要、促进公司长期持续稳定经营具有重要意义。

3．筹资风险小

由于普通股没有固定到期日，也不用支付固定股利，因此企业不存在还本付息的风险。

4．能提高公司信誉度

普通股股本以及由此产生的资本公积和留存收益，是公司筹措债务资金的基础。公司有了较多的自有资金，就可为债权人提供较大的损失保障，因此有利于提高公司的信誉价值，同时也为使用更多的债务资金提供了强有力的支持。

（五）普通股筹资的缺点

1．资金成本较高

一般而言，普通股筹资的成本要高于债务资金的，主要原因有三个：第一，普通股股东承担着较大的风险而要求较高的回报；第二，股利或利润支付在所得税后，不具有减税功能；第三，普通股筹资的筹资费用较高，通常情况下，筹资费用最高的是普通股，其次是优先股，再次是公司债券，最后才是长期借款。

2．容易分散控制权

公司利用普通股筹资，出售了新股票，增加了新股东，可能会分散某些股东对公司的控制权。

3．可能导致股价下跌

新股东分享未发行新股前积累的盈余，会降低普通股的每股净收益，从而可能引起股价下跌。

案例分析 3-2　中国联合网络通信有限公司关于非公开发行 A 股股票相关的公告

中国联合网络通信有限公司（以下简称“公司”“本公司”）间接控股股东中国联合网络通信股份有限公司（以下简称“联通股份”）已于 2017 年 10 月 13 日获得中国证券监督管理委员会核准非公开发行不超过 9 037 354 292 股新股。

根据《发行结果公告》，联通股份向中国人寿保险股份有限公司、深圳市腾讯信达有限合伙企业（有限合伙）、宁波梅山保税港区百度鹏寰投资合伙企业（有限合伙）、宿迁京东三弘企业管理中心（有限合伙）、杭州阿里创业投资有限公司、苏宁云商集团股份有限公司、深圳光启互联技术投资合伙企业（有限合伙）、深圳淮海方舟信息产业股权投资基金（有限合伙）、兴全基金管理有限公司合计发行了 9 037 354 292 股新股，每股发行价格人民币 6.83 元，募集资金总额人民币 61 725 129 814.36 元。

本次发行完成前，中国联合网络通信集团有限公司（以下简称“联通集团”）持有联通股份 13 298 349 411 股股票，持股比例为 62.74%，为联通股份控股股东，联通股份的实际控制人为国务院国资委。本次发行完成后，联通集团仍为联通股份控股股东。联通股份的控股股东与实际控制人未发生变化。

（资料来源：中国联合网络通信有限公司．中国联合网络通信有限公司关于非公开发行 A 股股票相关的公告[EB/OL]．巨潮资讯网．编者已做修改。）

思考：中国联合网络通信有限公司发行股票筹资的利弊是什么？

三、发行优先股筹资

（一）优先股的含义及发行动机

优先股是一种特别的股票，它与普通股有许多相似之处，但又有债券的某些特征。优先股的特点主要体现在“优先权利”上，包括优先分配股利权和优先分配剩余财产权。具体的优先条件由公司章程予以明确规定。优先股与普通股的相同点在于，属于权益资本，没有固定到期日，股利在税后利润中支付。它与债券的相同点在于，一般有固定的股息负担，持有人没有表决权和管理权，在公司章程或发行协议中，可能规定有收回或赎回的条款，从而具有还本的特征。

公司发行优先股主要出于以下动机。

1．防止公司股权分散化

优先股股东不具有公司表决权，在资本额一定的情况下，发行一定数额的优先股，可以保护原有普通股股东对公司经营的控制权。

2．维持公司举债能力

优先股筹资属于权益资金筹资的范畴，因此可作为公司举债的基础，以提高负债能力。

3．调整资本结构

由于优先股在特定情况下具有可转换性和可赎回性的特征，因此公司在安排债务资金和权益资金的比例关系时，可借助优先股的发行与调换进行调整。

4．调剂现金余缺

公司在需要现金时发行优先股，在现金充足时将可赎回的优先股收回，从而调整现金余缺。

（二）优先股的种类

优先股按具体权利的不同，可以进一步分为以下几类。

1．累积优先股和非累积优先股

累积优先股是指公司过去年度未支付股利，可以累积计算由以后年度的利润补足付清。非累积优先股是仅按当年利润取得股利，而不予以累计补付。由此可见，累积优先股比非累积优先股具有更大的吸引力，其发行也较为广泛。

2．参与优先股和非参与优先股

这是按股东是否能参与剩余利润的分配进行划分的。剩余利润是指分配过优先股股利和普通股股利后的盈余。参与优先股是指不仅能取得固定股利，还可以参与剩余利润的分配。非参与优先股是指不能参与剩余利润的分配而只能取得固定股利。

3．可赎回优先股和不可赎回优先股

可赎回优先股是股份公司出于减轻股利负担的目的，发行的可按一定价格购回的优先股。公司在发行这种股票时，一般都附有收回性条款，在收回条款中规定了赎回该股票的价格。不可赎回优先股是指不能收回的优先股。这种优先股一经发行，便会成为一项永久性的财务负担。实际工作中，大多数优先股是可赎回优先股，而不可赎回优先股则很少发行。

4．可转换优先股和不可转换优先股

可转换优先股是股东可以在一定时期内，按一定比例把优先股转换成普通股的股票。转换比例是事先确定的，其数值取决于优先股和普通股的现行价格。不可转换优先股是指不能转换成普通股的股票，这种股票只能获得固定股利。

（三）优先股筹资的优点

股份公司利用优先股筹资与发行股票及债券筹资相比，优先股的优点主要有以下几个。

1. 没有固定到期日，不用偿付本金

发行优先股筹集资金，实际上近乎得到一笔无限期的长期贷款，公司不承担还本义务，也无须再做筹资计划，而且大多数优先股又附有收回条款，使得这种筹资方式更加具有弹性。当财务状况较弱时发行，而在财务状况转强时收回，既有利于调剂资金需求，又有利于调整资金结构。

2. 股利支付既固定又有一定弹性

一般而言，优先股都采用固定股利，但固定股利的支付并不构成公司的法定义务。如果公司财务状况不佳，可暂时不支付优先股股利，即使如此，优先股股东也不能像公司债权人那样要求公司破产。

3. 有利于提高公司信誉度

从法律上讲，优先股属于自有资金，因而，优先股扩大了权益基础，可适当提高公司的信誉度，增强公司的借款能力。

（四）优先股筹资的缺点

1. 筹资成本高

优先股股利要从税后利润中支付，且属于自有资金，因此其成本虽低于普通股成本，但却高于债务资金成本。

2. 制约因素多

发行优先股通常有许多限制条款，如对普通股股利支付的限制和对公司借债的限制。

3. 可能形成较重的财务负担

优先股要求支付固定股利，且又不能在税前扣除，当公司盈利下降时，优先股股利可能会成为公司一项较重的财务负担，有时不得不延期支付，这样会影响公司形象。

四、留存收益筹资

留存收益筹资是指企业将留存收益转化为投资的过程，将企业生产经营实现的净收益留在企业，而不作为股利分配给股东，其实质为原股东对企业追加投资。

（一）留存收益筹资的渠道

1. 盈余公积

盈余公积是指有指定用途的留存净利润。

2. 未分配利润

未分配利润是指未限定用途的留存净利润。这里有两层含义：一是这部分净利润没有分给公司股东；二是这部分净利润未指定用途。

（二）留存收益筹资的优点

1. 不发生实际的现金支出

它不同于负债筹资，不必支付定期利息，也不同于股票筹资，不必支付股利。同时还免去了与负债、权益筹资相关的手续费、发行费等开支。但是，这种方式存在机会成本，即股东将资金投放于其他项目上的必要报酬率。

2. 保持企业举债能力

留存收益实质上属于股东权益的一部分，可以作为企业对外举债的基础。先利用这部分资金筹资，减少了企业对外部资金的需求，当企业遇到盈利率很高的项目时，再向外部筹资，不会因企业的债务已达到较高水平而难以筹到资金。

3. 企业的控制权不受影响

增加发行股票，原股东的控制权分散；发行债券或增加负债，债权人可能对企业施加限制性条件。而采用留存收益筹资则不会存在此类问题。

（三）留存收益筹资的缺点

1. 期间限制

企业必须经过一定时期的积累才可能拥有一定数量的留存收益，这使企业难以在短期内获得扩大再生产所需的资金。

2. 与股利政策的权衡

如果留存收益过高，现金股利过少，则可能影响企业形象，并给今后进一步筹资增加困难。利用留存收益筹资需要考虑企业的股利政策，不能随意变动。

想一想

一家公司在建立时权益筹资是否能为零？

职业能力选择与判断

一、单项选择题

1. 公司拟筹集能够长期使用、筹资风险相对较小且容易取得的资金，以下较适合的融资方式为（　　）。

A. 发行普通股　　B. 发行长期债券　　C. 短期借款融资　　D. 长期借款融资

2. 我国公司法规定，股份有限公司的公司股本不得少于人民币（　　）万元，才能申请股票上市。

A. 3 000　　B. 500　　C. 5 000　　D. 6 000

3. 下列哪种权益筹资方式能防止股权分散？（　　）

A. 发行普通股筹资　　B. 吸收直接投资

C. 发行优先股筹资　　D. 配股筹资

4. 优先股的收益分配顺序居于（　　）之前。

A. 商业信用的债权人　　B. 普通股股东

C. 公司债券的债权人　　D. 税务机关

5. 公司提取盈余公积金属于（　　）筹资。

A. 发行优先股　　B. 发行普通股　　C. 吸收直接投资　　D. 留存收益

二、多项选择题

1. 目前我国筹集权益资金的方式主要有（　　）。

A. 吸收直接投资　　B. 发行股票　　C. 利用留存收益　　D. 商业信用

2. 我国公司法规定，股票发行价格可以（　　）。

A. 等于票面金额　　B. 低于票面金额

C. 高于票面金额　　D. 与票面金额无关

3. 下列做法中，符合股份有限公司发行条件的有（　　）。

A. 同次发行股票，每股发行条件与价格相同

B. 股票发行价格高于股票面额

C. 对社会公众发行记名股票

D. 向社会法人发行无记名股票

4. 普通股与优先股的共同特征主要有（　　）。

A. 属于公司主权资本　　B. 股利从税后利润中支付

C. 股东可参与公司重大决策　　D. 无须支付固定股利

5. 对公司而言，发行股票筹资的优点有（　　）。

A. 增强公司的偿债能力　　B. 降低公司经营风险

C. 降低公司资金成本　　D. 降低公司财务风险

三、判断题

1. 普通股的股东具有对公司的管理权，意味着无论对大、小公司而言，每位普通股股东都要直接参与公司管理。（　　）

2. 我国现行的公司法规定：向发起人、国家授权投资的机构、法人发行的股票应为记名股票；而对社会公众发行的股票可以是记名股票，也可以是无记名股票。（　　）

3. 优先股的股息固定，因此优先股筹资属于债务筹资。（　　）

4. 吸收直接投资能尽快形成生产。（　　）

5. 留存收益筹资成本最低。（　　）

单项任务训练

1. 请分析普通股筹资的优点和缺点。

2. 请分析各种权益筹资方式的优势与劣势。

学习任务三　筹集负债资金

知识准备与业务操作

负债筹资对大多数企业来说是必需的。这是因为，第一，股权筹资的有限性决定了企业必须借助负债筹资满足生产经营的需要；第二，负债筹资能够带来税收优惠，因为债务利息允许税前扣除，相当于节约了税费支出；第三，在企业经营情况较好时，对于同等的投资规模，有负债的筹资比单纯的权益筹资能够增加股东收益。因此无论是出于扩大经营规模的需要还是节税及增加股东收益的目的，负债筹资都是企业不可缺少的筹资方式。通常，企业的负债筹资方式有借款、发行债券、租赁和商业信用等。

一、借款筹资

（一）借款的种类

借款筹资就是根据借款合同从银行或其他金融机构借入所需资金的一种筹资方式。借款可根据不同的标准进行分类。

1. 按借款的期限，分为短期借款和长期借款

短期借款是指借款期限在 1 年及 1 年以内的借款；长期借款指借款期限超过 1 年的借款。

2. 按有无担保，分为信用借款、担保借款和抵押借款

信用借款是指以借款人的信誉为依据获得的借款，不需要抵押或担保；担保借款是以一定的保证人做担保为条件取得的借款；抵押借款是指以一定的财产做抵押为条件取得的借款。

3．按提供借款的机构，分为政策性银行借款、商业性银行借款和其他金融机构借款

政策性银行借款是指执行国家政策性贷款业务的银行（通称政策性银行）提供的贷款，如国家开发银行为满足企业承建国家重点建设项目的资金需要提供的贷款；商业性银行借款是指向各商业银行借入的款项，这类借款主要为满足企业生产经营的需要；其他金融机构借款指从保险公司、信托投资公司等非银行金融机构借入的款项。

（二）银行借款的信用条件

按照国际惯例，银行贷款往往附加一些信用条件，主要有信贷额度、周转信贷协定和补偿性余额等。

1．信贷额度

信贷额度是贷款企业与银行之间以正式或非正式协议规定的企业可以借款的最高限额。通常在信贷额度内，企业可随时按需要向银行申请借款。例如，银行与企业在正式协议中约定的信贷额度为5 000万元，如果该企业已借用3 000万元，则该企业仍可申请2 000万元的贷款，银行将予以保证。但是，在非正式协议下，银行并不承担按最高贷款限额保证贷款的法律义务，也就是说，如果企业信誉恶化，银行如果不按约定贷款给企业，银行也不承担法律责任。

2．周转信贷协定

这是银行从法律上承诺向企业提供某一限额的贷款协定。与一般信贷额度不同，银行对周转信用额度负有法律义务，并因此向企业就未使用部分贷款收取一定的承诺费用。例如，某企业与银行商定的周转信贷额为1 000万元，承诺费率为0.5%，借款企业年度内使用了600万元，对未使用的400万元，企业应向银行支付2（400×0.5%）万元的承诺费。

3．补偿性余额

补偿性余额是银行要求贷款企业将借款的10%～20%的平均存款余额留存银行，目的是降低银行的贷款风险，补偿其可能遭受的损失；但对借款企业来说，补偿性余额则提高了借款的实际利率，加重了企业的利息负担。在补偿性余额条件下，借款实际利率的计算公式为：

实际利率=实际利息/借款金额（1-补偿率）

业务操作　　**计算补偿性余额借款条件下的实际利率**

某企业向银行借入年利率为8%的3年期借款200万元，要求维持20%的补偿性余额。请计算企业的实际利率。

操作步骤

企业能动用的借款额为：200×80%=160（万元），实际利息为：200×8%=16（万元），则实际利率为：16/160=10%。

4．借款抵押

银行向财务风险较大的企业或对其信誉不甚把握的企业发放贷款，有时需要企业提供抵押品担保，以减少蒙受损失的风险。

5．偿还方式

贷款的偿还有到期一次偿还和在贷款期内定期（每月、季）等额偿还两种方式。按照国际通行做法，短期借款分为一次性偿还借款和分期偿还借款。依利息支付方法的不同，收款法借款、贴现法借款和加息法借款的偿还方式如下。

（1）收款法是到期一次性支付本息。在收款法下，借款本息都在到期时一次性清偿，这时借款

的名义利率与实际利率一致。因此，收款法下的借款成本就是借款的名义利率。但是，如果有其他附加条件，则应另行加以考虑。

（2）贴现法是银行向企业发放贷款时，先从本金中扣除利息部分，到期时借款企业要偿还贷款全部本金的一种计息方法。采用这种方法，企业可利用的贷款额只有本金减去利息后的差额，因此贷款的实际利率高于名义利率。

实际利率=实际利息/借款金额（1-贴现利率）

业务操作　　计算贴现法下的实际利率

某企业从银行取得借款 10 000 元，期限 1 年，年利率（名义利率）为 10%，按贴现法付息，该项贷款的实际利率为多少？

操作步骤

贴现法下利息额为 1 000 元（10 000×10%）；按贴现法付息，企业实际可利用的贷款为 9 000 元（10 000-1 000），实际利息为 1 000 元，则实际利率=1 000/9 000=11.11%。

（3）加息法一般是分期等额偿还本息。在分期等额偿还贷款的情况下，银行将根据名义利率计算的利息加到贷款本金上，计算出贷款的本息和，要求企业在贷款期内分期偿还本息之和的金额。由于贷款分期均衡偿还，借款企业实际上只平均使用了贷款本金的一半，却支付全额利息。这样，企业负担的实际利率约为名义利率的两倍。

6. 其他承诺

银行有时还要求企业为取得借款做出其他承诺，如及时提供财务报表、保持适当的财务水平（如特定的流动比率）等。

（三）借款筹资的优点

1. 筹资速度快

企业利用长期借款筹资，一般所需时间较短，程序较为简单；而发行股票或发行债券筹资，须做好发行前的各项工作，并且发行也需要一定时间，耗时较长。

2. 借款成本低

利用长期借款筹资，其利息可在所得税前列支，故可减少企业实际负担的成本，因此比股票筹资成本要低得多；与债券相比，借款利率一般低于债券利率，而且，借款筹资费用亦低。

3. 借款弹性大

借款时，企业与银行签订合同直接交涉，有关条件可谈判确定，用款期间发生变动，也可与银行再协商，变更借款数量及还款期限等；而债券筹资面对的是社会广大投资者，协商改善筹资条件的可能性几乎没有。

（四）借款筹资的缺点

1. 财务风险大

借款通常有固定的利息负担和固定的偿付期限，当经营不善时，企业可能会面临不能偿付的风险，甚至导致破产。

2. 限制条款多

企业与银行签订的借款合同中，一般都有一些限制性条款，如对流动资本数额的限制、对借款用途的限制等，而股票筹资则不受限制。

3. 筹资数量有限

银行一般不愿借出巨额长期借款，因此企业不可能一次性筹集到大笔资金。

二、发行债券筹资

（一）债券的含义及种类

债券是企业为筹集债务资金而发行的、约定在一定期限内向债权人还本付息的有价证券。发行债券是企业筹集债务资金的重要方式。债券的基本要素包括债券面值、债券期限、债券利率和债券价格。由于有资格发行债券的企业多数是公司，因此常说的债券即指公司债券。公司债券按不同的标准可分为以下几类。

（1）按票面上是否记名，分为记名债券和无记名债券。

（2）按有无特定的财产担保，分为抵押债券和信用债券。

（3）按能否转换为本公司股票，分为可转换债券和普通债券。

（4）按票面利率是否固定，分为固定利率债券与浮动利率债券。

（5）按债券是否上市，分为上市债券和非上市债券。

（二）债券发行价格的确定

债券的发行价格是发行公司发行债券时使用的价格，也是投资者向发行公司认购债券时实际支付的价格。公司在实际发行债券前，必须进行发行价格决策。影响债券发行价格的因素有债券面额、票面利率、市场利率、债券期限等。其中债券面额、票面利率和债券期限对债券发行价格为正向影响，即债券面额越大、票面利率越高、债券期限越长，债券发行价格越高，反之越低；市场利率对债券发行价格则是反向影响，即市场利率越高，债券发行价格越低，反之越高。

在实务中，公司债券的发行价格通常有等价、溢价和折价三种情况，这主要取决于票面利率和市场利率的差异。当票面利率高于市场利率时，债券发行价格就会高于其面额，即溢价发行；当票面利率等于市场利率时，债券发行价格等于其面额，即等价发行；当票面利率低于市场利率时，债券发行价格低于其面额，即折价发行。债券的发行价格计算如下。

每年年末支付利息，到期还本的债券发行价格的计算公式为：

$$发行价格=债券面值/（1+市场利率）^n+\sum_{t=1}^{n}债券年息/（1+市场利率）^t$$

或者

$$=F\times(P/F,\ i,\ n)+I\times(P/A,\ i,\ n)$$

式中，n为债券期限，t为某期期数，F为债券面值，i为市场利率，I为债券年利息。

到期一次还本付息的债券发行价格的计算公式为：

$$发行价格=（债券面值+n年利息）/（1+市场利率）^n$$

$$=(F+I\times n)\times(P/F,\ i,\ n)$$

式中字母含义同上。

业务操作　　确定债券发行价格

某公司发行面额为1 000元、票面利率为10%、每年付息一次的10期债券。要求计算市场利率分别为8%、10%和12%时的发行价格。

操作步骤

1. 市场利率为 8%时

$$发行价格=1\,000\div(1+8\%)^{10}+\sum_{t=1}^{10}100\div(1+8\%)^{t}=1\,134（元）$$

2. 市场利率为 10%时

$$发行价格=1\,000\div(1+10\%)^{10}+\sum_{t=1}^{10}100\div(1+10\%)^{t}=1\,000（元）$$

3. 市场利率为 12%时

$$发行价格=1\,000\div(1+12\%)^{10}+\sum_{t=1}^{10}100\div(1+12\%)^{t}=886（元）$$

可以看出，当市场利率低于票面利率时，宜溢价发行；当市场利率等于票面利率时，宜等价发行；当市场利率高于票面利率时，宜折价发行。不过我国法律规定债券不得折价发行。

（三）债券筹资的优点

公司发行债券筹资相对于普通股筹资有其自身的优点。

1．资金成本较低

与股票股利相比，债券的利息允许在所得税前扣除，具有抵税作用，并且发行费用相对较低。

2．可发挥财务杠杆的作用

无论发行公司盈利多少，债券持有人只收取固定利息，更多的收益可用于分配给股东或留归企业以扩大生产经营。

3．保障股东控制权

债券持有人无权参与发行公司的管理决策，因此，公司发行债券不会像增发新股那样分散股东对公司的控制权。

（四）债券筹资的缺点

1．财务风险较高

债券有固定的到期日，并定期支付利息，在企业经营不景气时，亦须向债券持有人还本付息，这会给公司带来更大的财务困难，有时甚至导致公司破产。

2．限制条件多

发行债券的限制条件一般要比长期借款、租赁筹资的多且严格，从而限制了公司对债券筹资方式的使用，甚至影响以后的筹资能力。

3．筹资数量有限

公司利用债券筹资一般受一定限制。我国公司法规定，发行公司流通在外的债券，其累计总额不得超过公司净资产的 40%。另外，从实际情况考虑，当公司的负债比率超过一定程度后，由于债权人的投资风险加大，债券筹资成本会迅速上升，有时甚至会发行失败。

业务链接 3-3　　短期债券

短期债券是指偿还期限在 1 年以下的债券。短期债券的发行者主要是工商企业和政府，金融机构中的银行因为以吸收存款作为主要资金来源，并且很大一部分存款的期限是 1 年以下，所以较少发行短期债券。企业发行短期债券大多是为了筹集临时性周转资金。

政府发行短期债券多是为了平衡预算开支。在我国，这种短期债券的期限分为 3 个月、6 个月和 9 个月。1988 年，我国企业开始发行短期债券，截至 1996 年年底，企业通过发行短期债券共筹资 1 055.08 亿元。我国政府发行的短期债券较少。美国政府发行的短期债券分为 3 个月、6 个月、9 个月和 12 个月四种。

案例分析 3-3　　　　铁汉生态：关于新增借款情况的公告

截至 2016 年年末，公司借款余额为 382 473.33 万元，净资产为 525 437.86 万元。截至 2017 年 6 月 30 日，公司借款余额为 540 958.21 万元，较 2016 年年末累计新增借款 158 484.88 万元，累计新增借款金额占 2016 年年末净资产的 30.16%。其中，应付公司债券增加 148.83 万元，占公司 2016 年年末净资产的 0.03%；新增银行贷款 158 336.05 万元，占公司 2016 年年末净资产的 30.13%。上述新增借款均在公司年度融资预算以内，是为满足公司经营发展需要产生的，不会对公司偿债能力产生重大不利影响。

特此公告。

深圳市铁汉生态环境股份有限公司
董事会
2017 年 10 月 12 日

（资料来源：铁汉生态．深圳市铁汉生态环境股份有限公司关于新增借款情况的公告[EB/OL]．东方财富网．编者已做修改。）

思考：深圳市铁汉生态环境股份有限公司的债务筹资可能给公司带来的不利影响是什么？

三、租赁筹资

（一）租赁的含义与种类

租赁是出租人以收取租金为条件，在契约或合同规定的期限内，将资产租借给承租人使用的一种经济行为。租赁行为实质上具有借贷属性，不过它直接涉及的是物而不是钱。在租赁业务中，出租人主要是各种专业租赁公司，承租人主要是各类企业，租赁物大多为设备等固定资产。根据租赁的性质与形式不同，可对其做如下分类，如图 3-1 所示。

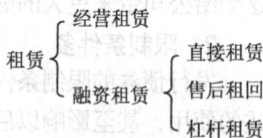

- 租赁
  - 经营租赁
  - 融资租赁
    - 直接租赁
    - 售后租回
    - 杠杆租赁

图 3-1　租赁的分类

1．经营租赁

经营租赁是指为满足临时或短期使用资产的需要而进行的租赁活动，它是传统意义上的租赁行为。在该方式下，承租人只为短期或临时需要租用资产，并不企图添置资产，其租赁目的不在于通过租赁进行融资，而在于取得租入设备的短期使用权和享受出租人提供的专门技术服务。经营租赁方式下，出租人向承租人提供租赁设备，并提供设备维修和人员培训等服务。

2．融资租赁

融资租赁又称资本租赁或财务租赁，是由出租人按照承租企业的要求融资购买设备，并在契约或合同规定的较长期限内提供给承租企业使用的信用业务。这种方式通过“融物”达到融资的目的，是现代租赁的主要形式。融资租赁按业务的不同特点，可被细分为如下三种具体形式。

（1）直接租赁。直接租赁是指承租人直接向出租人租入所需要的资产并支付租金，它涉及出租人和承租人两方当事人。通常所说的融资租赁，不做特别说明时即为直接租赁。

（2）售后租回。它是指企业先将资产售给租赁公司再将其租回的一种方式。通过回租方式，承租人既可将所购置资产设备变现，又可继续使用该资产。其租赁程序是先进行资产买卖交易，然后再进行资产租赁交易。

想一想

售后回租中承租人为什么要卖出资产然后又租回？

（3）杠杆租赁。杠杆租赁涉及承租人、出租人和贷款人三方。该方式下，出租人只承担资产购置成本的一部分（一般为20%～40%），而大部分以该资产为担保向银行等金融机构贷款支付。因此，杠杆租赁方式下，租赁公司既是出租人又是借款人，既要收取租金又要偿付债务。这种融资租赁形式，由于租赁收益一般大于借款成本，出租人借款购物用于出租可获得财务杠杆利益，故被称为杠杆租赁。

（二）融资租赁租金的计算

在我国融资租赁业务中，计算租金的方法一般为等额年金法。等额年金又可分为先付年金和后付年金两种，表现在租金上即为后付租金和先付租金。

1．后付租金的计算

后付租金即在每期的期末支付租金。这是常用的一种租金支付方式，也即普通年金的方式。根据年资本回收额的计算公式，可确定后付租金方式下每年年末应支付的租金，其计算公式为：

$$A=P/(P/A,\ i,\ n)$$

式中，A 为后付年金数，P 为设备现值，$(P/A,\ i,\ n)$ 为年金现值系数，其倒数为资本回收系数。

业务操作　　计算融资租赁后付租金

某企业采用融资租赁方式于2018年1月1日从某租赁公司租入设备一台，设备价款为200 000元，租期为8年，租赁公司的内含报酬率为18%，租金每年年末支付。租赁合同中约定租赁期满后设备归企业所有。

操作步骤

承租企业每年应付的租金为：

$$A=200\,000\div(P/A,\ 18\%,\ 8)$$
$$=200\,000\div4.077\,6=49\,048.46（元）$$

2．先付租金的计算

先付租金是在每期期初支付租金，即先付年金的方式。根据先付年金的计算公式，可得出先付等额租金方式下的租金，其计算公式为：

$$A=P/[(P/A,\ i,\ n-1)+1]$$

式中各字母含义同前。

业务操作　　计算融资租赁先付租金

某企业采用融资租赁方式于2018年1月1日从某租赁公司租入设备一台，设备价款为200 000元，租期为8年，租赁公司的内含报酬率为18%，租金每年年初支付。租赁合同中约定租赁期满后设备归企业所有。

操作步骤

承租企业每年应付的租金为：

$$A=200\,000\div[(P/A，18\%，7)+1]$$
$$=200\,000\div(3.811\,5+1)=41\,567.08（元）$$

（三）融资租赁的优点

融资租赁作为一种特殊的融资方式，对承租企业而言具有其自身的优点。

1．迅速获得所需资产

融资租赁集“融资”与“融物”于一身，可使企业尽快形成生产力。

2．租赁筹资限制较少

企业运用债券、长期借款等筹资方式，都会受到相当多的条件限制，相比之下，租赁筹资的限制条件很少。

3．设备淘汰风险小

随着科学技术迅速发展，固定资产更新周期日趋缩短。企业设备陈旧过时的风险很大，利用租赁筹资可减少这一风险。这是因为融资租赁的期限一般为资产使用寿命的75%，不会像企业购买设备那样在整个期间都承担风险；且多数租赁协议都规定由出租人承担设备陈旧过时的风险。

4．财务风险小

因为全部租金在整个租期内分期支付，可适当减低企业不能偿付的风险。

5．税收负担轻

租金费用可在所得税前扣除，承租企业能享受税收上的优惠。

（四）融资租赁的缺点

融资租赁最主要的缺点就是资金成本高。一般来说，其租金要比举借银行借款或发行债券所负担的利息高得多。在企业财务困难时，固定的租金支付会构成一项较沉重的负担。另外，采用租赁筹资方式如不能享受设备残值，也可视为承租企业的一种损失。

四、商业信用筹资

（一）商业信用的含义及形式

商业信用是指商品交易中延期付款或延期交货形成的借贷关系，是企业之间的一种直接信用关系。商业信用筹资是一种形式多样、适用范围很广的短期资金筹措方式。常见的商业信用筹资方式有以下几种。

1．赊购商品

这是一种最典型、最常见的商业信用形式。当买卖双方发生商品交易时，买方收到商品后并不立即付款，而是延期到一定时间后再付款，从而形成了企业的应付账款。

2．预收货款

这种形式下，卖方要先向买方收取货款，但要延期到一定时间后再交货。企业通常对紧俏商品采用这种方式。另外，对生产周期长、售价高的商品，如飞机、轮船等，也经常采用分次预收货款的方式。

3．商业汇票

商业汇票是指单位之间根据购销合同，对延期付款的商品进行交易时开出的反映债权债务关系的票据。根据承兑人的不同，商业汇票可分为商业承兑汇票和银行承兑汇票。对于买方来说，它是一种短期融资方式。

（二）商业信用成本的计算及决策

针对自身产品的竞争状况和购货企业的信誉情况，销售企业可能采取不同的销售策略，如赊销商品或者预收货款等。在赊销方式下，又会存在延期付款并提供现金折扣和延期付款不提供现金折扣两种情况。销售方提供的延期时间为信用期，信用期及提供的折扣条件为信用条件。例如，销售方提供的信用条件是“*N*/30”，表示信用期为30天，说明购货方能够获得30天的免费信用，但不存在现金折扣；“2/10，*N*/30”，表示信用期为30天，其中前10天为免费信用期，后20天为有代价信用期，意味着购货方若超过10天再付款，则要付出损失现金折扣的代价，这一代价就是放弃现金折扣的成本。放弃现金折扣成本是一种机会成本。

1．现金折扣成本的计算

当销售方提供折扣条件时，购买方就会存在是否利用折扣的决策问题，而这一决策问题的关键就是现金折扣成本。企业放弃现金折扣成本的计算公式如下：

$$放弃现金折扣成本=\frac{现金折扣率\times 360}{(1-现金折扣率)(信用期-折扣期)}100\%$$

业务操作 **计算现金折扣成本**

某企业采购商品，对方提供的折扣条件是“2/10，*N*/30”，要求计算企业放弃现金折扣的成本。

操作步骤

$$放弃现金折扣的成本是=\frac{2\%\times 360}{(1-2\%)\times(30-10)}\times 100\%=36.73\%$$

2．购货方是否享受现金折扣决策

在附有信用条件的情况下，获得不同的信用要负担不同的代价，因此买方企业便要在利用哪种信用之间做出选择。企业通常的决策是：当面对提供不同信用条件的多家卖方时，企业应选择信用成本较低的一家；当企业面临的信用条件已确定时，企业是否享受现金折扣要视能够借入资金的成本及面临的投资机会和收益而定。一般来说，如果买方能以低于放弃现金折扣成本的利率借入资金，便应在现金折扣期内借入资金支付货款，以享受现金折扣；若企业有较高投资收益率的短期投资机会，则要放弃现金折扣而进行投资，因为由此获得的投资收益会高于放弃现金折扣的机会成本。

（三）商业信用筹资的优点

1．筹资便利

利用商业信用筹措资金非常方便。因为商业信用与商品买卖同时进行，属于一种自然融资，不用做正规的筹资安排。

2. 筹资成本低

利用商业信用，不会发生筹资费用，而且没有利息支付，因此成本较低。如果销售方没有提供现金折扣，或企业享受了现金折扣，则利用商业信用筹资没有成本。

3. 限制条件少

如果企业利用银行借款筹资，银行往往对贷款的使用规定一些限制条件，而商业信用则限制较少或根本没有限制。

（四）商业信用融资的缺点

商业信用的期限一般较短，如果企业取得现金折扣，则时间会更短；如果放弃现金折扣，则要付出较高的资金成本。

案例分析3-4 麦捷科技：关于为星源电子向供应商申请赊销额度提供担保的公告

为支持全资子公司星源电子科技（深圳）有限公司（以下简称“星源电子”）发展，深圳市麦捷微电子科技股份有限公司（以下简称“公司”）拟为星源电子向其供应商中华映管股份有限公司（以下简称“中华映管”）申请赊销额度提供担保，担保总额不超过2.7亿元人民币。以上担保额度使用期不超过一年，单笔担保金额以星源电子实际使用赊销额度为准，根据《深圳证券交易所创业板股票上市规则》和《公司章程》的相关规定，该担保事项须提交股东大会审议通过后实施。公司本次为星源电子向供应商申请赊销额度担保的方式为连带责任保证，具体担保金额将以星源电子实际赊销额度为准，最终实际担保总额将不超过2.7亿元人民币。以上担保额度使用期不超过一年，需经公司股东大会审议通过后且其他各方内部审议程序完成后签署相关文件。

特此公告

深圳市麦捷微电子科技股份有限公司

二〇一七年七月二十五日

（资料来源：麦捷科技．关于为星源电子向供应商申请赊销额度提供担保的公告[EB/OL].东方财富网．编者已做修改。）

思考：星源电子申请赊销属于什么性质的融资，为什么选择这种方式？

职业能力选择与判断

一、单项选择题

1. 按照公司法的规定，有资格发行公司债券的公司，其累计债券总额不得超过公司净资产的（　　）。

A. 50%　　B. 35%　　C. 40%　　D. 30%

2. 放弃现金折扣的成本多少与（　　）。

A. 折扣百分比的大小呈反方向变化

B. 信用期的长短呈同方向变化

C. 折扣百分比的大小、信用期的长短均呈同方向变化

D. 折扣期的长短呈同方向变化

3. 某企业以名义利率15%取得贷款600万元，银行要求分12个月等额偿还，每月偿还57.5万元，则其实际利率为（　　）。

A. 10%　　B. 20%　　C. 30%　　D. 40%

4. 出租人既出租某项资产，又以该项资产为担保借入资金的租赁方式是（　　）。

A. 经营租赁　　B. 售后回租　　C. 杠杆租赁　　D. 直接租赁

5. 长期借款筹资与长期债券筹资相比，其特点是（　　）。

A. 利息能节税　　B. 筹资弹性大　　C. 筹资费用多　　D. 债务利息高

二、多项选择题

1. 在下列筹资方式中，存在财务杠杆作用的有（　　）。

A. 吸收直接投资　　B. 发行债券

C. 发行优先股　　D. 发行普通股

2. 影响融资租赁每期租金的因素有（　　）。

A. 设备价款　　B. 租赁公司的融资成本

C. 双方商定的折现率　　D. 租赁手续费

3. 与借款筹资方式相比，融资租赁筹资的优点有（　　）。

A. 无须还本　　B. 筹资限制少　　C. 财务风险小　　D. 筹资速度快

4. 影响债券发行价格的因素主要包括（　　）。

A. 债券面额　　B. 票面利率　　C. 市场利率　　D. 债券期限

5. 放弃现金折扣成本（率）的高低与以下因素有关（　　）。

A. 现金折扣率　　B. 现金折扣期　　C. 实际还款期　　D. 赊购总额

三、判断题

1. 借款按有无担保，可分为信用借款、担保借款和票据贴现。（　　）

2. 银行发放短期借款涉及的信用条款中周转信贷协定与信贷限额一样，都是一项法律契约，双方必须遵守。（　　）

3. 债券的基本要素包括债券面值、债券期限、债券利率和债券价格。（　　）

4. 债券的发行者计息还本时，是以债券的价格为依据，而不是以面值为依据。（　　）

5. 债券发行价格受诸多因素影响，其中主要影响因素是票面利率与市场利率的一致程度。（　　）

单项任务训练

1. 资料：企业从银行取得借款500万元。期限1年，名义利率为8%，按贴现法付息。

要求：计算该项贷款的实际利率。

2. 资料：某企业按年利率10%从银行借入100万元，银行要求维持10%的补偿性余额。

要求：计算该借款的实际利率。

3. 资料：某企业发行一种5年期债券，发行面值1 000万元，年利息为90万元，到期一次还本付息。

要求：

（1）计算债券票面利息率是多少？

（2）假定发行当时的市场利率分别是6%、8%、10%，请计算债券的发行价格。

4. 资料：公司拟采购零件一批，供应商报价如下：①立即付款，价格为9 630元；②30天内付款，价格为9 750元；③31～60天内付款，价格为9 870元；④61～90天内付款，价格为10 000元。假设短期借款利率为15%，每年按360天计算。

要求：计算放弃现金折扣的成本，并确定对该公司最有利的付款日期与价格。

5. 资料：某公司采用融资租赁方式于2012年年初租入一台设备，价款为200 000元，租期为4年，租期年利率为10%。

要求：

（1）计算以后付租金法支付的应付租金；

（2）计算以先付租金法支付的应付租金；

（3）试分析二者的关系。

项目小结

筹资是企业根据生产经营的需要，通过一定的渠道，运用筹资方式，经济有效地筹集资金的活动，是企业创建和生存发展的必要条件。企业进行筹资的动机包括新建、扩张、偿债，或者兼而有之。筹资可以分为长期资金、短期资金、权益资金和债务资金等多种方式，企业有不同的筹资方式和渠道，筹资渠道和方式往往有着固定的组合。企业在筹资时必须坚持规模适当、筹措及时、来源合理与方式经济的原则。

权益资金又称自有资金，是企业一项最基本的资金来源。企业自有资金的筹集方式主要有吸收直接投资、发行普通股、发行优先股和留存收益等。

负债筹资是指通过负债筹集资金。企业的负债筹资方式有借款、发行债券、租赁和商业信誉等。

项目案例分析

情景与背景：雷迪特关于公司开展售后回租融资租赁业务的公告

一、交易概况

1. 基本情况

根据公司生产经营需要，为拓宽融资渠道，提高资金使用效率，公司将部分生产设备以“售后回租”方式与仲信国际租赁有限公司开展融资租赁业务，融资金额合计500万元，回租期限36个月，每期租金160 500元。在租赁期间，公司以回租方式继续占有并使用该部分生产设备，同时按双方约定支付租金和费用，租赁期满，公司以约定价格回购此融资租赁资产所有权。

……

二、交易标的情况

1. 标的名称：公司部分生产设备。

2. 类别：固定资产。

3. 权属：交易标的产权清晰，不存在抵押、质押及其他任何限制转让的情况，不涉及诉讼、仲裁事项或查封、冻结等司法措施，以及妨碍权属转移的其他情况。

4. 交易标的账面原值：人民币14 300 013.65元。

三、交易协议的主要内容

1. 租赁物：公司部分生产设备；

2. 融资金额：人民币5 000 000.00元；

3. 租赁方式：售后回租，即公司将上述租赁物出售给仲信国际租赁有限公司，并回租使用，租赁期内，公司按约定支付租金；

4. 租赁期限：36个月；

5. 租金及支付方式：每期租金160 500.00元；

6. 租赁设备所有权：在租赁期间，设备所有权归仲信国际租赁有限公司，租赁期满，租赁设备由公司按规定留购；

7. 起租日：按合同约定；

8. 此项交易自双方签署合同之日起生效。

四、本次交易对于公司的影响

公司本次利用公司部分生产设备开展售后回租融资租赁业务，有利于盘活公司存量固定资产，拓宽融资渠道，降低财务成本，为公司的经营提供长期的资金支持。公司本次拟进行的售后回租融资租赁业务，不影响公司生产设备的正常使用，不会对公司的日常经营产生重大影响。

湖北雷迪特冷却系统股份有限公司

董事会

二〇一七年十月二十四日

（资料来源：雷迪特．关于公司开展售后回租融资租赁业务的公告[EB/OL]．东方财富网．编者已做修改。）

要求：

请仔细阅读《雷迪特：关于公司开展售后回租融资租赁业务的公告》，结合所学知识和技能回答下列问题。

1. 简述售后回租流程。
2. 雷迪特在此次售后租回过程中支付的租金总额是多少？
3. 雷迪特采用融资租赁的好处是什么？

项目综合实训

一、实训要求

1. 能正确分析短期借款与长期借款的信用条件和成本，为企业制订合适的借款筹资方案。
2. 能合理确定债券发行价格，为企业制订发行公司债券筹资方案。
3. 能合理策划企业吸收直接投资、发行普通股等权益筹资方案。
4. 能对本次实训活动进行总结，在此基础上按照规范格式撰写《企业筹资方式的比较与策划实训报告》。

二、实训条件

在财务管理实训室进行，要求配备计算机和财务软件、相关财务实训用具等。

三、实训材料

新蓉新公司位于成都市近郊的新津县，拥有价值 2 亿多元资产，占有全国泡菜市场 60%的份额，近年来，却被流动资金的“失血”折磨得困苦不堪。企业创始人，总经理田玉文（人称“田大妈”）在由成都市委宣传部、统战部和市工商联联合召开的一次座谈会上大倒苦水。这位宣称“除了‘田玉文’外认不得多少字”的企业家当场发问：“我始终弄不懂：像我们这样的企业，一年上税三四百万元，解决了附近十几个县的蔬菜出路，安排了六七千农民就业，从来没有烂账，为啥就贷不到款？！”

新蓉新公司最近的流动资金状况的确很成问题。4 月、5 月正是蔬菜收购和泡菜出厂的旺季，该公司在这段时间，每天从农民手中购进价值 70 余万元的大蒜、萝卜等蔬菜，田大妈坦言，她已经向农民打了 400 多万元的“白条”，这种状况让田大妈非常苦恼。她能有今天——据她自己说——全靠她一诺千金。在她看来，“白条”带来的信誉损失是难以接受的。新蓉新公司的大部分资金是“向朋友借的”，为了维护这种民间信用关系，田大妈近日一气偿还了“朋友”的借款共 2 000 多万元。据说，现在新蓉新公司的民间借款已经偿清，这也正是其流动资金紧缺的主要原因之一。此外，为了引进设备建一个无菌车间，田大妈花了 100 多万元，购进土地 110 亩。近日，田大妈同她的长子——新蓉新公司董事长陈卫东，正为此发愁：如果筹不到800万元贷款，下一步收购四季豆就没法做了。

田大妈说，一周前，公司已向工商银行提出了800万元的贷款申请，但目前还没有动静。据田大妈说，新蓉新公司现有资产2.63亿元，资产负债率10%左右。另据新津县委办公室负责人介绍，该公司目前已签了3亿多元供货合同，在国内增加了几百个网点，预计年内市场份额能达到80%。像这样的企业，银行为何惜贷呢？

银行信贷员胡大光分析认为，民营企业由于规模小、实力弱，产品市场竞争力有限，银行难以完全收回贷款，风险较大，因此，大多数银行都不愿意给田大妈贷款。

问题：

（1）你认为胡大光的分析正确吗？

（2）企业有哪些常见的筹资方式？

（3）案例中田大妈的筹资目的有哪些？

（4）田大妈实际采取了哪些筹资方式？

项目综合评价

项目评价记录表

姓　　名：____________　班　　级：____________　评价时间：____________

评价指标		评价标准	所占比例	分　值
活动过程 Σ80	职业能力 Σ35	自我学习能力	5%	
		解决问题能力	5%	
		信息处理能力	5%	
		职业能力训练成绩	20%	
	专业能力 Σ45	正确分析企业筹资渠道与筹资方式	15%	
		科学进行权益资金筹集	15%	
		科学进行负债资金筹集	15%	
团队合作 Σ20	工作计划	计划设置及实施	5%	
	过程实施	配合及解决问题	5%	
	合作交流	小组成员间的交流与合作	5%	
	资源利用	资源使用及组织	5%	
综合得分				
教师评语		签名： 年　月　日		
学生意见		签名： 年　月　日		

项目四
资本成本与资本结构决策

知识目标

1. 掌握资本成本的含义及意义
2. 掌握经营杠杆、财务杠杆和总杠杆的含义
3. 理解资本结构的含义

能力目标

1. 能够计算个别资本成本和加权平均资本成本
2. 能够通过计算经营杠杆、财务杠杆和总杠杆分析、判断企业面临风险的大小
3. 能够运用不同方法确定企业最佳资本结构

项目引导案例

航发动力（600893）：瘦身健体效果显现，增发完成改善财务结构

航发动力2017年前三季度实现营业收入129.98亿元，同比增长3.16%，归母净利润3.65亿元，同比增长21.54%。归母净利润相对营业收入大幅增加的原因主要是公司本期航空发动机及衍生产品交付较上年同期增加，航空发动机及衍生产品业务利润较上年同期增加，公司瘦身健体的成果开始逐步显现。本期期末货币资金134.61亿元，较年初增长126.90%，本期期末一年内到期的非流动负债4 317万元，较年初185 582万元减少97.67%，主要原因是公司非公开发行股票完成，收到募集资金96.04亿元，并归还了一年内到期的长期借款。

9月29日，公司公布《非公开发行股票发行结果暨股本变动公告》，在前期增发价倒挂的情况下，本次增发进行顺利，在一年内完成增发，充分显现了大股东和各地政府对公司以及航空发动机产业的未来发展的信心。本次非公开发行股票募集资金到位后，公司的总资产及净资产规模相应增加，资产负债结构将更趋合理，根据公司此前公告，在扣除相关发行费用后公司拟将70亿元用于下属子公司偿还金融机构借款本息和补充流动资金。通过利用募集资金偿还金融机构借款本息和补充流动资金，公司将大幅降低资产负债率（降至46.94%），有效改善资本结构。考虑到公司2016年财务费用支出为8.21亿元，而同期公司净利润为9.16亿元，归还银行贷款后将显著降低财务费用，公司净利润水平也将得到提高。

（资料来源：招商证券. 航发动力（600893）：瘦身健体效果显现，增发完成改善财务结构[EB/OL]. 东方财富网. 编者已做修改。）

公司发行债券和股票各自有哪些成本费用？为什么要发行股票筹资改善资本结构？资本成本与资本结构是本项目的主要内容。

学习任务一 | 分析资本成本

知识准备与业务操作

一、资本成本的含义、内容和种类

（一）资本成本的含义

资本成本是指企业为筹集资金而付出的代价。广义上讲，企业筹集和使用任何资金，不论短期还是长期，都要付出代价。狭义的资本成本仅指筹集和使用长期资金的成本。由于长期资金也被称为资本，所以长期资金的成本也称为资本成本。在市场经济条件下，资本是一种特殊的商品，企业不能无偿使用资本，必须向资本提供者支付一定的费用作为补偿。例如，筹资公司向银行支付的借款利息和向股东支付的股利等。从投资者的角度看，资本成本也是投资者要求的必要报酬或最低报酬。

资本成本既可以用绝对数表示，也可以用相对数表示。用相对数表示的资本成本也被称为资本成本率，是用资费用与实际筹得资金的比率。其通用计算公式为：

资本成本（率）=每年的用资费用/（筹资总额-筹资费用）

（二）资本成本的内容

从资本成本绝对量的构成来看，资本成本包括用资费用和筹资费用两部分。

1. 用资费用

用资费用是指企业在生产经营和对外投资活动中因使用资本而承付的费用，如向债权人支付的利息、向股东分配的股息等。用资费用是资本成本的主要内容。长期资本的用资费用是经常性的，并随使用资本数量的多少和时期的长短而变动，因而属于变动性资本成本。

2. 筹资费用

筹资费用是指企业在筹集资本过程中为获取资本而付出的费用，如为获得长期借款支付的手续费，因发行股票筹资支付的发行费等。筹资费用与用资费用不同，它通常是在筹措资本时一次支付，在用资过程中不再发生，因而属于固定性的资本成本，可被视作对筹资额的一项扣除。

案例分析 4-1　　聚灿光电：首次公开发行股票并在创业板上市之上市公告书

……

第四节　股票发行情况

一、本次公开发行股票数量

公司本次公开发行股票数量为 6 433.00 万股。其中，网下配售数量为 643.30 万股，占本次发行数量的 10%；网上定价发行数量为 5 789.70 万股，占本次发行总量的 90%。

二、发行价格

本次发行的发行价格为 2.82 元/股。 此发行价格对应的市盈率为 22.93 倍……

三、每股面值

本次发行的每股面值为 1.00 元/股。

四、发行方式及认购情况

本次发行采用网下向配售对象询价配售和网上向社会公众投资者按市值申购定价发行相结合的方式进行……

五、募集资金总额及注册会计师对资金到位的验证情况

本次发行股票募集资金总额为 18 141.06 万元；扣除发行费用 3 596.50 万元后，募集资金净额为 14 544.56 万元。华普天健会计师事务所（特殊普通合伙）已于 2017 年 10 月 11 日对发行人首次公开发行股票的资金到位情况进行了审验，并出具了会验字〔2017〕5122 号《验资报告》。

六、发行费用总额及明细构成、每股发行费用

本次发行费用共计 3 596.50 万元，明细如下。

序号	项目	金额（万元）
1	承销及保荐费	2 512.83
2	审计及验资费	511.32
3	律师费	150.94
4	信息披露、路演推介及手续费	421.41
5	合计	3 596.50

每股发行费用 0.56 元（每股发行费用=发行费用总额/本次发行股本）。

七、募集资金净额

本次发行股票募集资金净额为 14 544.56 万元。

……

（资料来源：聚灿光电．首次公开发行股票并在创业板上市之上市公告书[EB/OL].东方财富网．编者已做修改。）

思考：股票的资金成本包括哪些项目？筹资费用如何影响资金成本？

（三）资本成本的种类

常见的资本成本有以下几类。

1．个别资本成本

通常指企业使用各种长期资本的成本，如优先股成本、普通股成本、债券成本、长期借款成本、留存收益成本等。企业在比较各种筹资方式时，需要使用个别资本成本。

2．加权平均资本成本

其也称综合资本成本，指企业全部资本的成本。企业在进行资本结构决策时，可以利用综合资本成本。

3．边际资本成本

它是指企业追加长期资本时的成本。企业各种资本成本是随时间推移或筹资条件变化而不断变化的，在不同的筹资数量范围内，资本的边际成本是不同的。

二、资本成本在财务管理中的作用

资本成本主要应用于筹资决策和投资决策中。

1．资本成本是选择筹资方式、进行资本结构决策和选择追加筹资方案的依据

个别资本成本是企业选择筹资方式的参考标准；综合资本成本是企业进行资本结构决策的基本依据；边际资本成本是企业选择追加筹资方案时首要考虑的因素。

2．资本成本是评价投资项目、比较投资方案和进行投资决策的经济标准

一般而言，一个投资项目，只有当投资收益率高于资本成本时，在经济上才是可行的，否则该项目会因无利可图而归于失败。因此，国际上通常将资本成本作为一个投资项目必须赚得的“最低报酬率”或“必要报酬率”，作为取舍一个投资项目的标准。

3．资本成本可以作为评价企业整个经营业绩的基准

企业的整个经营业绩可以用企业全部投资的利润率来衡量，并可与企业全部资本成本率相比较，如果利润率高于资本成本率，可以认为企业经营有利；反之，如果利润率低于资本成本率，则可认为经营不利，业绩不佳，需要改善经营管理，提高企业全部资本的利润率和降低成本。

三、计算个别资本成本

个别资本成本是针对具体筹资方式而言的，它是构成加权资本成本的基础。按筹资方式不同，个别资本成本可分为长期借款成本、债券成本、优先股成本、普通股成本和留存收益成本等。个别资本成本的基本测算公式为：

$$K=D/(P-f)$$

或

$$=D/P(1-F)$$

式中，K 代表资本成本；D 代表用资费用；P 代表筹资额；f 代表筹资费用；F 代表筹资费用率，即筹资费用与筹资额的比率。

（一）长期借款成本的计算

长期借款的利率并不是长期借款的成本。因为，根据企业所得税法的规定，企业债务利息允许从税前扣除，从而可以抵免企业所得税。因此，企业实际负担的债务成本应当考虑所得税因素，即其实际成本为抵减所得税后的成本。

当长期借款的筹资费用不能忽略不计时，应按下式确定其成本：

$$K_l=D（1-T）/P（1-F）$$
$$=P\times i（1-T）/P（1-F）$$
$$=i（1-T）/（1-F）$$

式中，K_l代表长期借款成本，D代表债务利息，i代表债务利息率，T代表所得税税率，P代表筹资总额，F代表筹资费用率。

在没有筹资费用或筹资费用很少并可以忽略不计的情况下，长期借款的实际成本为：

$$K_l=i（1-T）$$

式中，K_l代表长期借款成本，i代表债务利息率，亦称名义利率，T代表所得税税率。

业务操作　　计算长期借款成本

长江公司欲从银行取得年利率为 5%、每年付息一次、到期还本的 3 年期借款 1 000 万元。借款手续费率为 0.1%。企业所得税税率为 25%，则这笔借款的资本成本计算如下。

操作步骤

$$K_l=5\%\times（1-25\%）/（1-0.1\%）=3.75\%$$

在借款合同附加补偿性余额条款的情况下，企业可运用的借款额应扣除补偿性余额，这时借款的实际利率和资本成本率都将提高。当借款合同规定有补偿性余额时，借款的实际成本计算公式为：

$$K_l=\frac{I(1-T)}{(1-p)(1-F)}$$

式中，p为补偿性余额率，其他字母含义同前。

（二）债券成本的计算

债券成本的计算方法与长期借款的基本一致。发行债券的筹资费用包括申请费、注册费、印刷费、上市费及推销费等，其中有的费用按一定的标准支付。因为债券的筹资费用一般较高，因此不能忽略不计。此外，债券发行价格有等价、溢价和折价之分，因此其资本成本的计算与借款又有所不同。

在不考虑货币的时间价值时，债券成本的计算公式如下：

$$K_b=\frac{D(1-T)}{B(1-F)}$$

式中，K_b代表债券成本，B代表债券筹资额，按发行价格确定。其他字母含义同前。

业务操作　　计算债券成本

天元公司拟溢价 1 150 元发行面值 1 000 元、期限 5 年、票面利率 10%的债券 4 000 张，每年结息一次。发行费用为发行价格的 1.4%，企业所得税税率为 25%，该债券资本成本计算如下。

操作步骤

$$K_b=1\,000\times10\%\times（1-25\%）/[1\,150\times（1-1.4\%）]=6.66\%$$

（三）优先股成本的计算

企业发行优先股既要支付筹资费用，又要定期支付利息，与债券不同的是其股利在税后支付，因此不存在抵税作用。优先股成本的计算公式如下：

$$K_p = D/P（1-F）$$

式中，K_p代表优先股成本，其他各字母含义同前。

业务操作　　计算优先股成本

天元公司准备发行优先股一批，每股发行价格为50元，预计年股利为5元，筹资费用率为4%，则该优先股的资本成本计算如下。

操作步骤

$$K_p = \frac{5}{50 \times (1-4\%)} = 10.42\%$$

（四）普通股成本的计算

普通股的资本成本就是普通股投资的必要收益率，其测算方法常用的有两种：股利折现模型和资本资产定价模型。

1. 股利折现模型

普通股的股利折现模型公式是：

$$P_0 = \sum_{t=1}^{n} \frac{D_t}{(1+K)^t}$$

式中，P_0为股票当前价格，D为t期每股现金红利，K为与红利匹配的折现率。

运用上面模型测算的普通股资本成本，会因具体的股息政策不同而不同。

如果采用固定股利政策，则资本成本模型为：

$$K_s = D/P_0$$

式中，K_s为资本成本率，D为每股现金红利，P_0为股票当前价格。

业务操作　　计算在固定股利政策模型下普通股的资本成本

某公司拟发行普通股一批，发行价格为12元，每股发行费用2元，预定每年每股分派现金股利1.2元，则该股票的资本成本计算如下。

操作步骤

$$K_s = 1.2 \div（12-2）= 12\%$$

如果公司采用固定股利增长率政策，则资本成本率的测算模型为：

$$K_s = \frac{D}{p_0} + g$$

式中，g表示固定股利增长率。

业务操作　　计算在固定增长率股利政策模型下普通股的资本成本

接【业务操作——计算在固定股利政策模型下普通股的资本成本】，若第 1 年分派现金股利 1.2 元，以后每年股利增长 5%，则该股票的资本成本率计算如下。

操作步骤

$$K_s=1.2\div(12-2)+5\%=17\%$$

2. 资本资产定价模型

资本资产定价模型是从投资者角度测量的资本成本。从投资者的角度看，其要求的必要市场报酬率等于无风险报酬率加上风险报酬率，而投资者要求的市场报酬率正是筹资者的资本成本率。资本资产的定价模型是：

$$K_s=R_f+\beta(R_m-R_f)$$

式中，R_f为无风险报酬率，β为第 I 种股票的贝塔系数，R_m为市场报酬率。

在已确定无风险报酬率、市场报酬率和某种股票的β值后，就可测算出该股票的必要报酬率，即筹资者的资本成本率。

业务操作　　计算在资本资产模型下普通股的资本成本

已知某股票的β值为 1.5，市场报酬率为 10%，无风险报酬率为 6%，则该股票的资本成本计算如下。

操作步骤

$$K_s=6\%+1.5\times(10\%-6\%)=12\%$$

业务链接 4-1　　股权融资相关成本

股利报酬率等于每股股利除以每股市价，反映了投资者通过股利获得的投资报酬率，也近似地反映了上市公司股权筹资的用资费用比率，计算公式为：

股利报酬率=每股股利/每股市价

=（每股收益/每股市价）×（每股股利/每股收益）

=（1/市盈率）×（每股股利/每股收益）

由此可见，市盈率越高的股票，股权资本成本越低。

据有关业内人士估计，每家企业发行的公关费用在 50 万元～300 万元，按此标准估算，每发行 100 元股票，大约需要花去公关费用 0.34～0.98 元，占 0.34%～0.98%。

（五）留存收益成本的计算

公司的留存收益是由公司税后利润形成的，属于权益资本。从表面上看，公司留存收益并不花费什么成本。实际上，股东愿意将其留用于公司而不作为股利取出投资于别处，总是要求获得与普通股等价的报酬。因此，留存收益也有成本，不过其成本是一种机会成本。留存收益成本的测算方法与普通股基本相同，只是不考虑筹资费用。

固定股利情况下留存收益资本成本的计算公式为：

$$K_c = D/P$$

即普通股的年股利与股票发行价格的比率。

当普通股股利逐年增长时，留存收益成本的计算公式为：

$$K_c = D/P + g$$

式中各字母含义同前。

四、计算加权平均资本成本

加权平均资本成本是指以个别资本成本为基础，以个别资本占全部资本比重为权数计算出来的综合资本成本。加权平均资本成本是由个别资本成本和各种长期资本的比例决定的。在个别资本成本一定的情况下，综合资本成本的高低取决于长期资本的比例，即资本结构。加权平均资本成本的计算公式为：

加权平均资本成本=Σ某种资本成本×某种资本占总资本的比重

业务操作　　计算加权平均资本成本

某公司长期资本总额为5 000万元，其中，长期借款500万元，长期债券1 500万元，普通股2 000万元，留存收益1 000万元，各种长期资本成本分别是6%、12%、16%和15%，则该企业的加权平均资本成本计算如下。

操作步骤

加权平均资本成本=500÷5 000×6%+1 500÷5 000×12%+2 000÷5 000×16%
+1 000÷5 000×15%
=10%×6%+30%×12%+40%×16%+20%×15%
=13.6%

在计算企业加权平均资本成本时，各种资本在全部资本中的比例起着决定作用。各种资本在全部资本中的比例会因资本计价基础的不同而不同。各种资本价值的确定基础主要有三种，分别为账面价值、市场价值和目标价值。上述计算中的个别资本占全部资本的比重，通常是按账面价值确定的。

想一想

权益资本成本为什么要高于债务资本成本？

职业能力选择与判断

一、单项选择题

1. 下列各项中，属于资金成本内容的是（　　）。

A. 筹资总额　　B. 筹资费用　　C. 所得税税率　　D. 市场利率

2. 下列筹资方式中，资金成本最低的是（　　）。

A. 发行股票　　B. 发行债券　　C. 长期借款　　D. 留存收益

3. 某企业发行新股，筹资费率为股票市价的8%，已知每股市价为50元，本年每股股利4元，股利的固定增长率为 5%，则发行新股的资金成本为（　　）。

A. 13.00%　　B. 13.40%　　C. 14.13%　　D. 21.00%

4. 某公司利用长期借款、长期债券、普通股和留存收益各筹集长期资金 200 万元、200 万元、500 万元、100 万元，它们的资金成本分别为 6%、10%、15%和 13%，则该筹资组合的综合资金成本为（　　）。

A. 10%　　B. 11%　　C. 12%　　D. 12.6%

5. 某公司发行价值 2 000 万元的债券，票面利率 9%，偿还期限 5 年，发行费率 3%，所得税税率 25%，则债券资金成本为（　　）。

A. 12.34%　　B. 9.28%　　C. 6.96%　　D. 3.06%

二、多项选择题

1. 一般来说，公司个别资金成本由低到高错误的排序是（　　）。

A. 普通股、债券、留存收益、银行借款　　B. 普通股、留存收益、银行借款、债券

C. 普通股、留存收益、债券、银行存款　　D. 银行借款、债券、留存收益、普通股

2. 银行借款成本低于普通股成本，原因是银行借款（　　）。

A. 利息税前支付　　B. 筹资费用较少　　C. 属借入资金　　D. 借款额较小

3. 在计算个别资金成本时，应考虑筹资费用影响因素的是（　　）。

A. 长期债券成本　　B. 普通股成本　　C. 留存收益成本　　D. 长期借款成本

4. 在计算个别资金成本时，需要考虑所得税抵减作用的筹资方式有（　　）。

A. 银行借款　　B. 长期债券　　C. 留存收益　　D. 普通股

5. 影响企业综合资金成本的主要因素有（　　）。

A. 个别资金成本　　B. 留存收益占所有者权益的比重

C. 营运资金的比重　　D. 各种长期来源的资金占全部长期资金的比重

三、判断题

1. 长期借款由于借款期限长，风险大，因此借款成本也较高。（　　）

2. 企业追加筹措新资，通常运用多种筹资方式组合来实现，边际资金成本需要按加权平均法计算，并以市场价值为权数。（　　）

3. 短期负债融资的资金成本低，风险大。（　　）

4. 普通股不一定要支付股利，因此普通股资金成本要低于债券资金成本。（　　）

5. 优先股的资金成本与债券资金成本的计算公式完全相同。（　　）

单项任务训练

1. 靖源置业公司拟筹资 2 500 万元以扩大经营规模。其中发行债券面值 1 000 万元，筹资费率 2%，债券年利率 10%，所得税税率 25%；长期借款 500 万元，年利息率 7%，筹资费率 1%；普通股 1 000 万元，筹资费率 4%，第一年预期股利率 10%，以后各年增长 4%。

试计算该筹资方案的综合资金成本。

2. 隆鑫化工有限公司共有资金 5 000 万元，其中，债券 1 500 万元，普通股 3 000 万元，留存收益 500 万元，有关资料如下。

（1）债券发行面值 1 500 万元，票面利率 14%，溢价 25%发行，发行费用 30 万元，企业适用所得税税率为 25%；

（2）普通股股票本年收益为每股 0.55 元，分配方案为每 10 股派息 2 元，以后每年增长 10%，公司股票的市盈率为 20 倍；

（3）普通股筹资费率为4%，面值1元的普通股股票发行价为2.50元。

试根据上述资料计算该企业的综合资金成本。

学习任务二 杠杆效应的分析及应用

知识准备与业务操作

一、杠杆效应的含义及与杠杆相关的概念

自然界中的杠杆效应是指人们通过杠杆，可以用较小的力量移动较重的物体的现象。借助这一原理，财务管理中也力求做到以投出量的较小变动带来较多利润增加或股东财富增加。这就是财务管理中的杠杆效应。

企业合理利用杠杆原理，有助于合理规避风险，提高资本营运效率。要灵活运用财务管理中的杠杆效应，应首先熟悉与杠杆相关的下列概念及有关指标的计算。

（一）成本习性与成本分类

成本习性是指成本与业务量之间在数量上的依存关系。按照成本习性，可以把全部成本划分为固定成本、变动成本和混合成本。

1．固定成本

固定成本是指总额在一定时期和一定业务量范围内不随业务量发生变动的成本。属于固定成本的有按直线法提取的折旧费、管理人员工资、办公费及其他不随业务量变动的费用。正是由于这些成本在一定范围内固定不变的性质，随着业务量的增加，单位产品承担的固定费用会越来越少，由此单位产品带来的利润会逐步增加。但是，这一增加额是有限的，因为一定生产规模的产销量会有一个最大限度，超过这一限度时，企业需要增加固定资本投入，由此又会带来固定成本的增加。

企业的固定成本还可进一步被分为约束性固定成本和酌量性固定成本。

（1）约束性固定成本。约束性固定成本属于企业的“经营能力”成本，是企业为维持一定的业务量必须负担的最低成本，如固定资产的折旧费。企业的经营能力一经形成，在短期内很难有重大改变，因而这部分成本具有很大的约束性。要想降低约束性固定成本，只能从合理发挥经营能力着手。

（2）酌量性固定成本。酌量性固定成本属于企业的“经营方针”成本，是由管理当局根据经营方针确定的一定时期的成本，广告费、研究开发费、职工培训费等都属于这类成本。一般在一个预算年度伊始，管理当局要根据企业经营方针和财务状况，斟酌这部分成本的开支情况，因此这样的成本被称为酌量性固定成本。要降低酌量性固定成本，须在平时精打细算。

2．变动成本

变动成本是指总额随业务量正比例变动的成本，生产用直接材料、直接人工等属于变动成本。从产品的单位成本来看，它却是一个不变的量，即单位变动成本是保持不变的。例如，企业生产一件产品需要消耗20元的材料费和10元的人工费，则该产品的单位变动成本是30元，企业无论生产多少产品，每一件产品消耗的材料费和人工费都是不变的。但是，变动成本总额，却随着产量的增加而增加。这种变动趋势与固定成本的变动趋势恰恰相反。

根据成本习性，可得出企业总成本与业务量之间的关系模型：

$$y=a+bx$$

式中，y 为总成本，a 为固定成本，b 为单位变动成本，x 为产销量。根据成本习性模型，可进行成本预测。

3. 混合成本

从成本习性来看，固定成本和变动成本只是两种极端的类型。在现实经济生活中，大多数成本与业务量之间的关系处于两者之间，即混合成本。顾名思义，混合成本就是“混合”了固定成本和变动成本两种不同性质的成本。一方面，它们要随业务量的变化而变化；另一方面，它们的变化又不能与业务量的变化保持着纯粹的正比例关系。

混合成本兼有固定与变动两种性质，可进一步将其细分为半变动成本、半固定成本、延期变动成本和曲线变动成本。

（1）半变动成本。半变动成本是指在有一定初始量基础上，随着产量的变化而呈正比例变动的成本。这些成本的特点是：它通常有一个初始的固定基数，在此基数内与业务量的变化无关，这部分成本类似于固定成本；在此基数之上的其余部分，则随着业务量的增加成正比例增加，如固定电话座机费、水费、煤气费等均属于半变动成本。

（2）半固定成本。半固定成本也称阶梯式变动成本，这类成本在一定业务量范围内的发生额是固定的，但当业务量增长到一定限度，其发生额就突然跳跃到一个新的水平，然后在业务量增长的一定限度内，发生额又保持不变，直到另一个新的跳跃。例如，企业的管理人员、运货人员、检验人员的工资等成本项目就属于这一类。

（3）延期变动成本。延期变动成本在一定的业务量范围内有一个固定不变的基数，当业务量增长超出了这个范围，它就与业务量的增长成正比例变动。例如，职工的基本工资，在正常工作时间情况下是不变的；但当工作时间超出正常标准，则需按加班时间的长短成比例地支付加班薪金。

（4）曲线变动成本。曲线变动成本通常有一个不变的初始量，相当于固定成本，在这个初始量的基础上，随着业务量的增加，成本也逐步变化，但它与业务量的关系是非线性的。这种曲线成本又可以分为以下两种类型：一是递增曲线成本，如累进计件工资、违约金等，随着业务量的增加，成本逐步增加，并且增加幅度是递增的；二是递减曲线成本，如有价格折扣或优惠条件下的水电消费成本、“费用封顶”的通信服务费等，其曲线达到高峰后就会下降或持平。

（二）边际贡献及计算

边际贡献是指销售收入减去变动成本后的差额。其计算公式为：

$$M=px-bx=(p-b)x=mx$$

式中，M 为边际贡献，p 为销售单价，b 为单位变动成本，m 为单位边际贡献，x 为产销量。

企业要想获得一定的利润，基本前提是要有一定的边际贡献。只有边际贡献才能进一步补偿固定成本和利息支出。

（三）息税前利润

息税前利润是指企业支付利息和交纳所得税之前的利润。成本按习性分类后，息税前利润可用下列公式计算：

$$\text{EBIT}=px-bx-a=M-a$$

式中，EBIT 为息税前利润，a 为固定成本。由此公式可以看出，利息费用不属于成本的范畴，即固定成本或变动成本中均不包含利息费用。

（四）税前利润

税前利润是在息税前利润的基础上减去利息后的金额。这一金额等于财务会计中计算的利润总额。税前利润的计算公式是：

$$EBT = EBIT - I$$

式中，EBT为税前利润，I为利息。

由以上各指标的计算公式可知，财务管理中的指标计算是以成本习性为基础的，它不同于财务会计中利润指标的计算。财务会计中，按成本与产品的疏密关系，成本被分为了产品成本和期间费用。产品成本与期间费用中均包括随产品变动的费用和不随产品变动的费用。为便于成本管理，财务管理中的成本概念应使用以成本习性进行划分的成本概念，而不能使用财务会计中的成本概念。同样，对利润指标的运用，也不能使用财务会计中“营业利润”的概念。但是，“利润总额”指标在财务会计与财务管理中的含义是相同的。

二、杠杆效应的形式及应用

财务管理中杠杆效应的形式有3种：经营杠杆、财务杠杆和复合杠杆。

（一）经营杠杆

1. 经营杠杆的含义

固定成本的存在导致息税前利润变动率大于产销量变动率的杠杆效应，称为经营杠杆。当不存在固定成本时，企业的边际贡献就是企业的息税前利润，这时息税前利润变动率就等同于产销量变动率。当存在固定成本时，在其他条件不变的情况下，产销量的增加虽然不会改变固定成本总额，但会降低单位固定成本，从而提高单位利润，使息税前利润增长率大于产销量增长率，这就是固定成本的经营杠杆效应。企业利用经营杠杆，有时可以获得一定的杠杆利益，有时要承受相应的经营风险，即遭受损失的风险。可见，经营杠杆是一把“双刃剑”。

2. 经营杠杆利益分析

经营杠杆利益是指在企业提高产销量的条件下，单位产销量的固定成本下降给企业增加的息税前利润。在一定的经营规模内，固定成本不因产销量的增加而增加，因此单位产销量负担的固定成本会减少，从而给企业带来额外利润。

例如，ABC公司固定成本总额为800万元，产品单位售价为10元，单位变动成本为6元，产销量在240至300万件。公司2017—2019年的产销量分别为240万件、260万件和300万件。表4-1列出了企业的经营杠杆利益。

表4-1　　ABC公司经营杠杆利益测算表　　单位：万元

年份	产销量	产销量增长率	销售额	变动成本	边际贡献	固定成本	息税前利润	息税前利润增长率
2017	240	—	2 400	1 440	960	800	160	—
2018	260	8.33%	2 600	1 560	1 040	800	240	50%
2019	300	15.38%	3 000	1 800	1 200	800	400	66.67%

由表4-1可知，在固定成本保持不变的情况下，随着产销量的增加，息税前利润会以更快的速度增长。在表4-1中，ABC公司2018年与2017年相比，产销量增长率为8.33%，同期息税前利润增长率为50%；2019年与2018年相比，产销量增长率为15.38%，息税前利润增长率为66.67%。由此可知，该公司有效地利用了经营杠杆，获得了较高经营杠杆利益，即息税前利润增长率高于产销量增长率。

3. 经营杠杆的计量

企业生产只要有固定成本存在，就会产生经营杠杆效应。不同企业或同一企业在不同产销量基础上的经营杠杆效应大小是不完全一致的，为此，需要对经营杠杆进行计量。对经营杠杆进行计量最常用的指标是经营杠杆系数。经营杠杆系数是指息税前利润变动率相当于产销量变动率的倍数。其计算公式为：

$$DOL=\frac{\Delta EBIT/EBIT}{\Delta Q/Q}$$

或

$$DOL=\frac{\Delta EBIT/EBIT}{\Delta S/S}$$

式中，DOL 为经营杠杆系数，$\Delta EBIT/EBIT$ 为息税前利润变动率，$\Delta EBIT$ 为息税前利润变动额，$\Delta Q/Q$ 为产销量变动率，ΔQ 为产销量变动数，$\Delta S/S$ 为销售额变动率，ΔS 为销售增加额。因为产销量的变动率等于销售额的变动率，所以计算经营杠杆系数时也可用销售额变动率代替产销量变动率。

业务操作　　计算经营杠杆系数

以表 4-1 中的数据资料为依据，分别计算 ABC 公司 2018 年和 2019 年的经营杠杆系数。

操作步骤

2018 年经营杠杆系数为：DOL =50% ÷ 8.33%=6

2019 年经营杠杆系数为：DOL =66.67% ÷ 15.38%=4.33

为了便于计算，现将计算经营杠杆系数的公式做如下变换：

$$DOL=\frac{\Delta EBIT/EBIT}{\Delta Q/Q}=\frac{\dfrac{\Delta Q(P-b)}{Q(P-b)-a}}{\Delta Q/Q}=\frac{Q(P-b)}{Q(P-b)-a}=\frac{M}{EBIT}$$

即：经营杠杆系数=基期边际贡献/基期息税前利润

式中，b 为单位变动成本，a 为固定成本总额，其他字母意义同前。

经过变换后，经营杠杆系数可直接利用前期数据进行计算，不必已知下期数据。仍依上例，可直接根据 2017 年的数据计算 2018 年的经营杠杆系数，根据 2018 年的数据计算 2019 年的经营杠杆系数。

$$DOL_{2018}=960\div160=6$$

$$DOL_{2019}=1\,040\div240=4.33$$

4．经营杠杆系数的应用——衡量经营风险

经营杠杆系数的主要作用是对经营风险的衡量。

经营风险是指与企业经营有关的风险，尤其是指企业在经营活动中利用经营杠杆导致息税前利润下降的风险。由于经营杠杆的作用，当产销量下降时，息税前利润下降得会更快，这会给企业带来经营风险。可见，经营杠杆扩大了市场和生产等不确定因素对利润变动的影响。而且，经营杠杆系数越高，利润变动越激烈，企业的经营风险就越大。一般来说，在其他因素不变的情况下，固定成本越高，经营杠杆系数越高，经营风险就越大；当固定成本为零时，则经营杠杆系数为 1，即息税前利润的变动幅度等同于产销量的变动幅度。这一原理可从经营杠杆系数的计算公式里推导出来。

由上面经营杠杆系数的计算公式可以看出，产品销售数量、销售价格、单位变动成本、固定成本总额等都会影响经营杠杆系数，说明经营风险受多种因素影响，而多种因素影响的综合结果就是经营杠杆系数。

（二）财务杠杆

1. 财务杠杆的含义

由于固定财务费用的存在导致每股利润变动率大于息税前利润变动率的杠杆效应称为财务杠杆。企业只要有债务或优先股，就会有固定的利息负担。当息税前利润增大时，每 1 元盈余负担的财务费用（如利息、优先股股利、融资租赁租金等）就会减少，这能给普通股股东带来更多的盈余；相反，当息税前利润减少时，每 1 元盈余负担的财务费用就会增加，由此会减少普通股的盈余。因此，企业利用财务杠杆有时会增加股东收益，有时则可能带来损失。当固定的财务费用为零时，就不存在财务杠杆的效应问题。

2. 财务杠杆利益分析

财务杠杆利益是指企业利用债务筹资给股东带来的额外收益。

下面根据表 4-1 的数据对 ABC 公司的财务杠杆利益进行分析。另外，已知 ABC 公司每年的债务利息是 150 万元，企业所得税税率为 25%。财务杠杆利益分析如表 4-2 所示。

表 4-2　　ABC 公司财务杠杆利益分析表　　单位：万元

年份	息税前利润	息税前利润增长率	债务利息	税前利润	所得税（25%）	税后利润	税后利润增长率
2017	160	—	150	10	2.5	7.5	—
2018	240	50%	150	90	22.5	67.5	800%
2019	400	66.67%	150	250	62.5	187.5	177.78%

由表 4-2 可知，在资本结构一定、债务利息保持固定不变的条件下，随着息税前利润的增长，税后利润以更快的速度增长，这使企业所有者获得财务杠杆利益。上表中，ABC 公司 2018 年与 2017 年相比，息税前利润增长率为 50%，同期税后利润增长率高达 800%；2019 年与 2018 年相比，息税前利润增长率为 66.67%，同期税后利润增长率为 177.78%。因为税后利润的增长幅度大于息税前利润的增长幅度，可知 ABC 公司很好地利用了财务杠杆效应。

3. 财务杠杆的计量

从上述分析可知，只要在企业的筹资方式中存在固定财务费用支出的债务或优先股，就会存在财务杠杆效应。不同企业的财务杠杆作用程度是不同的，为此需要对财务杠杆进行计量。对财务杠杆进行计量的常用指标是财务杠杆系数。

所谓财务杠杆系数，是指普通股每股利润的变动率相当于息税前利润变动率的倍数。其计算公式如下：

$$DFL = \frac{\Delta EPS / EPS}{\Delta EBIT / EBIT}$$

式中，$\Delta EPS/EPS$ 为每股利润变动率；$\Delta EBIT/EBIT$ 为息税前利润变动率；EPS 为每股利润，这里的利润指税后利润，即净利润。

业务操作　　计算财务杠杆系数

以表 4-2 的数据为依据计算 ABC 公司 2018 年和 2019 年的财务杠杆系数。

操作步骤

$$DFL_{2018}=800\%\div 50\%=16$$

$$DFL_{2019}=177.78\%\div 66.67\%=2.67$$

为方便计算，可对财务杠杆系数的计算公式做如下变形：

因为
$$EPS=\frac{(EBIT-I)(1-T)}{N},\quad \Delta EPS=\frac{\Delta EBIT(1-T)}{N}$$

所以
$$\frac{\Delta EPS}{EPS}=\frac{\Delta EBIT}{EBIT-I}$$

$$DFL=\frac{\Delta EPS/EPS}{\Delta EBIT/EBIT}=\frac{\Delta EBIT/(EBIT-I)}{\Delta EBIT/EBIT}=\frac{EBIT}{EBIT-I}$$

即：财务杠杆系数=息税前利润/税前利润

按照变换过的公式，可分别依据 2017 年和 2018 年的资料计算 2018 年和 2019 年的财务杠杆系数。计算如下：

$$DFL_{2018}=EBIT_{2017}/EBT_{2017}=160\div 10=16$$

$$DFL_{2019}=EBIT_{2018}/EBT_{2018}=240\div 90=2.67$$

4．财务杠杆系数的应用

财务杠杆系数主要用于衡量企业的财务风险。

财务风险是指企业为取得财务杠杆利益，利用负债资本时增加的破产机会或普通股利润大幅度下降带来的风险。企业为取得财务杠杆利益，就要增加负债，一旦企业息税前利润下降，企业的每股利润就会下降得更快；当息税前利润不足以补偿固定利息支出时，企业的破产风险就增大了。

当然，固定财务费用并不是影响财务风险的唯一因素。由财务杠杆系数的计算公式可以看出，凡影响经营风险的因素均会影响财务风险。当其他因素保持不变时，固定财务费用与财务风险同方向变动，即固定财务费用越多，财务杠杆系数就越高，由此意味着企业财务风险越大，利润下降或破产的可能性也就越大。

业务链接 4-2　　经营风险与财务风险的反向搭配

经营风险的大小是由特定的经营战略决定的，财务风险的大小是由资本结构决定的，它们共同决定了企业的总风险。经营风险与财务风险的搭配结合，从逻辑上可以被划分为四种类型。

1．高经营风险与高财务风险搭配

这种搭配具有很高的总体风险。例如，一家处于初创期的高科技企业，假设能够通过借款取得大部分资金，它破产的概率很大，而成功的可能性很低。这种搭配符合风险投资者的要求，他们只需要投入很少的权益资本，就可以开始冒险活动。

2．高经营风险与低财务风险搭配

这种搭配具有中等程度的总体风险。例如，一家处于初创期的高科技企业，主要使用权益筹资，较少使用或不使用负债筹资。这种资本结构对于权益投资人有较高的风险，也会有较高的预期报酬，符合他们的要求。

3．低经营风险与高财务风险搭配

这种搭配具有中等的总体风险。例如，一家成熟的公用企业，大量使用借款筹资。这种资本结构对于权益投资人来说经营风险低，投资资本回报率也低。

4．低经营风险与低财务风险搭配

这种搭配具有很低的总体风险。例如，一家成熟的公用企业，只借入很少的债务资本。对于债权人来说，这是一个理想的资本结构，可以放心为它提供贷款。企业有稳定的现金流，而且债务不多，偿还债务有较好的保障。权益投资人则很难认同这种搭配，因为其投资资本报酬率和财务杠杆都较低，自然权益报酬率也不会高。

（三）复合杠杆

1．复合杠杆的含义

复合杠杆也称综合杠杆或总杠杆，是经营杠杆和财务杠杆的综合。如前所述，因固定成本的存在会产生经营杠杆效应，因固定财务费用的存在会产生财务杠杆效应。如果两种杠杆共同作用，那么产销量（销售额）稍有变动就会使每股收益产生更大变动。这种由于固定成本和固定财务费用的共同存在导致的每股利润变动率大于产销量（销售额）变动率的杠杆效应，就是复合杠杆。

2．复合杠杆的计量

计量复合杠杆最常用的指标是复合杠杆系数。它是每股利润变动率相当于产销量变动率的倍数，其数值也等于经营杠杆系数和财务杠杆系数的乘积。复合杠杆系数的计算公式如下：

$$复合杠杆系数=\frac{每股利润变动率}{产销量变动率}$$

$$DTL=\frac{\Delta EPS/EPS}{\Delta Q/Q}=\frac{\Delta EPS/EPS}{\Delta S/S}$$

或 $$DTL=DOL\times DFL=\frac{M}{EBIT}\times\frac{EBIT}{EBT}=\frac{M}{EBT}$$

即：复合杠杆系数=边际贡献/税前利润

式中，DTL为复合杠杆系数，其他字母意义同前。

业务操作　　计算复合杠杆

假定ABC公司的普通股股数为100万股。根据前两例的数据资料，要求计算ABC公司2018年和2019年的复合杠杆系数。

操作步骤

ABC公司3年的每股利润及后两年的每股利润变动率计算如下。

EPS_{2017}=6.7÷100=0.067（元/股）

EPS_{2018}=60.3÷100=0.603（元/股）

Δ EPS/EPS=（0.603−0.067）÷0.067=800%

EPS_{2019}=167.5÷100=1.675（元/股）

Δ EPS/EPS=（1.675−0.603）÷0.603=177.78%

1．利用复合杠杆的定义进行计算

2018年复合杠杆系数=每股利润变动率/产销量变动率

=800% ÷ 8.33%

=96.04

2019 年复合杠杆系数=每股利润变动率/产销量变动率

=177.78% ÷ 15.38%

=11.6

2. 利用经营杠杆系数和财务杠杆系数进行计算

$$DTL_{2018}=DOL\times DFL=6\times16=96$$

$$DTL_{2019}=DOL\times DFL=4.33\times2.67=11.6$$

3. 利用基期数据直接计算

$$DTL_{2018}=M_{2017}/EBT_{2017}=960\div10=96$$

$$DTL_{2019}=M_{2018}/EBT_{2018}=1\ 040\div90=11.6$$

注：后两种计算方法与前一种计算结果之间存在的误差，是因为计算过程中小数部分的四舍五入所致。

案例分析 4-2　媒体评国企去杠杆：市场及时出清可避免浪费更多资源

在 2017 年召开的全国金融工作会议上，相关人员提到要把国有企业降杠杆作为重中之重，抓好处置“僵尸企业”工作。

为什么国企有如此之高的负债率？在过去几年，为了保持经济增长的稳定性，央企与国企大规模投资以稳定经济增长，推高了杠杆，但是，随着刺激性政策的结束，国企的投资逐步演化为“产能过剩”，从而对利润增长构成冲击，很多企业依靠“借新还旧”维持，还有一些成为“僵尸企业”。

国企降杠杆的工作必须尽快落实，不能继续拖延。这是因为企业盈利能力下降会导致单位产出所需的债务量相应提高，使得负债率不仅难以下降还不断提高；一些企业借新还旧支出加大，新增债务产出下降，并且财务成本越来越高，会导致对债务的依赖加重。此外，僵尸企业如果不被及时处理，就会继续“吸血”，不仅浪费金融资源，还会影响生产力。

因此，国企降杠杆的主要任务，应该是淘汰落后产能和有偿债困难的低效率企业，果断打破刚性兑付，坚决关闭“僵尸企业”，及时出清有利于避免浪费更多的信贷资源，这样可以把这些国企占用的信贷资源和其他生产性资源（包括土地、设备、人力资本等）释放出来，重新优化配置，推动增长，进而缓释杠杆率风险。

（资料来源：周宇航. 媒体评国企去杠杆：市场及时出清可避免浪费更多资源[EB/OL]. 新浪网. 编者已做修改。）

思考：国企高负债的历史根源是什么？过度负债给企业理财有什么启示？

想一想

公司通过什么最简单的方法来降低财务风险？

职业能力选择与判断

一、单项选择题

1. 某企业本期财务杠杆系数为 3，假设公司无优先股，本期息税前利润为 450 万元，则本期实际利息费用是（　　）。

A. 1 350 万元　B. 300 万元　C. 150 万元　D. 100 万元

2. 经营杠杆给企业带来的风险是（　　）的风险。

A. 成本提高　B. 业务量的变化导致息税前利润更大变动

C. 利润下降　D. 业务量的变化导致息税前利润同比变动

3. 财务杠杆说明（　　）。

A. 增加息税前利润对每股收益的影响　B. 销售额增加对每股利润的影响

C. 可通过提高销售量影响息税前利润　D. 企业的融资能力

4. 某公司的经营杠杆系数为 2，预计息税前利润将增长 10%，在其他条件不变的情况下，销售量将增长（　　）。

A. 5%　B. 9%　C. 10.8%　D. 16.2%

5. 经营杠杆系数越大，当销售收入增加 1%，则（　　）增加越快。

A. 利润总额　B. 净利润　C. 营业利润　D. 息税前利润

二、多项选择题

1. 企业降低经营风险的途径一般有（　　）。

A. 增加销量　B. 降低变动成本

C. 增加固定成本　D. 提高产品售价

2. 不考虑其他因素，当生产车间的固定资产折旧费用固定时，产量增加，则（　　）。

A. 单位产品固定制造费用下降　B. 单位产品固定制造费用提高

C. 单位产品生产成本下降　D. 总生产成本提高

3. 下列哪些项目属于企业某一期间的酌量性固定成本？（　　）

A. 广告费　B. 开发费　C. 职工培训费　D. 固定资产折旧费

4. 财务杠杆越大，则（　　）。

A. 经营风险越大

B. 财务风险越大

C. 息税前利润增加 1%，净利润增加越多

D. 息税前利润增加 1%，销售收入增加越多

5. 企业财务风险和经营风险合理的组合是（　　）。

A. 高经营风险与高财务风险搭配　B. 低经营风险与低财务风险搭配

C. 高经营风险与低财务风险搭配　D. 低经营风险与高财务风险搭配

三、判断题

1. 经营杠杆和财务杠杆都会对息税前盈余造成影响。（　　）

2. 如果企业负债筹资为零，则财务杠杆系数为 1。（　　）

3. 复合杠杆系数等于经营杠杆系数与财务杠杆系数之和。（　　）

4. 由于经营杠杆的作用，当息前税前利润下降时，普通股每股收益会下降得更快。（　　）

5. 经营杠杆和财务杠杆的系数变大，都可能导致复合杠杆系数变大。（　　）

单项任务训练

1. 华阳通用制造股份公司年销售收入 15 000 万元，变动成本率为 65%，固定成本为 2 625 万元，利息费用为 360 万元。该公司资产总额为 10 000 万元，资产负债率为 45%，负债资金的年均利率为 8%，所得税税率为 30%。该公司拟改变经营计划，追加投资 1 000 万元，每年增加固定成本 575 万元，所需资金以 10%的利率借入。预计增资后可以增加销售收入 20%，并使变动成本率下降

到60%。

试计算该公司增资后的经营杠杆系数、财务杠杆系数和复合杠杆系数。

2. 某企业只生产和销售A产品，其总成本习性模型为$y=30\ 000+5x$。假定该企业2018年度A产品销售量为50 000件，每件售价为8元；按市场预测2019年A产品的销售数量将增长10%。

要求：

（1）计算2018年该企业的边际贡献总额。

（2）计算2018年该企业的息税前利润。

（3）计算2019年的经营杠杆系数。

（4）计算2019年息税前利润增长率。

（5）假定企业2018年发生负债利息30 000元，优先股股息7 500元，所得税税率为25%，计算2019年的复合杠杆系数。

学习任务三　分析最佳资本结构决策

知识准备与业务操作

一、资本结构的含义

资本结构是指企业筹集的各种长期资金的构成及比例关系。因为短期资金的需要量和筹集是经常变化的，且在整个资金总量中所占的比重不稳定，因此不列入资本结构管理的范围，而作为营运资金管理。资本结构既可表示为负债和权益的比，也可表示为负债在全部资本中所占的比例。

二、影响资本结构的因素

影响资本结构的因素是多方面的，如企业的财务状况，企业的资产结构，产品的销售状况，投资者和管理人员的风险态度，所得税因素、利率水平的变动趋势等。各因素对资本结构的影响分析如下。

1. 企业的财务状况

一般而言，企业的财务状况越好，越易于负债资本的筹集，越容易发挥财务杠杆的作用。

2. 企业的资产结构

若企业拥有大量的固定资产，如工业企业，则更倾向于选择长期负债和发行股票筹集资本；若企业的资产以流动资产为主，如商业企业和手工业企业，则更多依赖流动负债筹集资金；而以技术研究开发为主的企业则很少负债。

3. 产品的销售状况

如果企业的销售比较稳定，获利能力也相对稳定，则企业负担固定财务费用的能力相对较强，企业的债务资金比重可能就会较大。另外，企业销售的增长速度，也决定财务杠杆能在多大程度上提高每股利润，如果销售增长率较大，利用债务筹资，则会提高普通股的利润。

4. 投资者和管理人员的态度

因为企业的资本结构是由管理层决定的，管理层对待企业控制权和风险的态度也很大程度上影响着企业的资本结构。如果大股东较为在意对企业的控制权或者经营管理者是敢于冒险型的，则企业会倾向于债务筹资；如果管理者不太重视控制权的问题或者经营较为保守和稳健，则企业更倾向于普通股筹资。

5．所得税因素、利率水平的变动趋势等

当所得税税率较高时，利用债务筹资可获得较多的减税利益，负债筹资的优越性就能得到较多体现；当利率预期会提高时，企业则有可能大量举借长期债务，使利率长期保持在较低水平。另外，企业筹资时，也会考虑行业因素、贷款人和信用评级机构的影响等。

知识链接 4-1　　资本结构 MM 理论

1958 年，美国学者莫迪格莱尼（Franco Modigliani）与米勒（Mertor Miller）提出了 MM 理论，为资本结构的研究开辟了先河，标志着现代资本结构理论的建立。

MM 理论包括无税的 MM 理论模型与修正的 MM 理论模型。

1．无税的 MM 理论模型

1958 年提出的资本结构 MM 理论的无税模型是 MM 理论的雏形，该模型的最重大贡献在于首次清晰地揭示了资本结构、资本成本以及企业价值各概念之间的联系。无税的 MM 理论认为，在资本市场充分有效、不考虑市场交易费用，也不存在企业所得税和个人所得税的情况下，企业价值取决于投资组合和资产的获利能力，而与资本结构和股息政策无关。因为资本成本并不取决于资本结构，也与企业价值无关，但资本会随收益率的不同而发生转移。这是一种抽象出来的理想状态，在现实中是不存在的。

2．修正的 MM 理论模型

1963 年，无税的 MM 理论模型得到修正，将企业所得税的影响因素引入模型，从而得出了有企业所得税的 MM 理论：由于企业所得税的影响，尽管股权资本成本会随负债比率的提高而增加，但增加速度却慢于负债比率的提高，所以在所得税法允许债务利息费用税前扣除时，负债越多，即资本结构中负债比率越高，资金加权平均成本就越低，企业的收益乃至企业价值就越高。

三、资本结构决策

企业资本结构决策就是如何选择较优的或最优的资本结构的决策。较优的资本结构不一定是最优的资本结构，企业在择优条件有限的情况下，可以根据有限的条件确定较优的资本结构。

最优资本结构是指企业在适度负债条件下，使预期的加权平均资本成本最低，同时使企业价值最大的资本结构。最优资本结构应作为企业的目标资本结构。

（一）每股利润分析法

每股利润分析法是利用每股利润无差别点进行资本结构决策的方法。每股利润无差别点是指两种或两种以上筹资方案下普通股每股利润相等时的息税前利润点，也称息税前利润平衡点或无差别点。企业根据每股利润无差别点上的息税前利润与企业的预期相比较，从而做出筹资安排及资本结构调整，进行资本结构决策。这种方法确定的资本结构是每股利润最多时的资本结构。现举例说明这种方法的应用。

业务操作　　运用每股利润分析法确定最佳资本结构

大华公司目前拥有资本 8 500 万元，其中长期借款 1 000 万元，借款利率为 9%，普通股 7 500 万元，普通股股数为 1 000 万股。因生产发展需要准备再筹资 1 500 万元。企业有三种方式可供选择：增发普通股、发行债券和发行优先股。公司若发行普通股，则增发股数为 300 万股，发行价格为 5 元/股；若发行债券，新增债务的利率为 12%；若发行优先股，每年须付固定股息 150 万元。筹资后公司预计的息税前利润为 1 600 万元。公司适用的所得税税率为方便计算被设为 40%（假定税率）。试用每股利润分析法确定最佳资本结构。

操作步骤

每股利润无差别点的计算公式是：

$$\frac{(\text{EBIT}-I_1)\bullet(1-T)-D_1}{N_1}=\frac{(\text{EBIT}-I_2)\bullet(1-T)-D_2}{N_2}$$

式中，EBIT 为息税前利润，是待求量，其余为已知量；T 为所得税税率，I_1、I_2 分别为两种筹资方式下的债务利息；N_1、N_2 分别为两种筹资方式下的普通股股数；D_1、D_2 分别为两种筹资方式下的优先股股息。

1. 增发普通股与发行债券两种筹资方式下的每股利润无差别点为：

$$\frac{(\text{EBIT}-90)\times(1-40\%)}{1\,300}=\frac{(\text{EBIT}-270)\times(1-40\%)}{1\,000}$$

$$\text{EBIT}=870\text{（万元）}$$

息税前利润为 870 万元时，两种筹资方式下的每股利润均为：

（870−270）×（1−40%）÷1 000=0.36（元/股）

2. 增发普通股与发行优先股两种筹资方式下的每股利润无差别点为：

$$\frac{(\text{EBIT}-90)\times(1-40\%)}{1\,300}=\frac{(\text{EBIT}-90)\times(1-40\%)-150}{1\,000}$$

$$\text{EBIT}=1\,173\text{（万元）}$$

息税前利润为 1 173 万元时，两种筹资方式下的每股利润为：

（1 173−90）×（1−40%）÷1 300=0.5（元/股）

根据以上资料，三种筹资方式下息税前利润与每股利润的关系如图 4-1 所示。

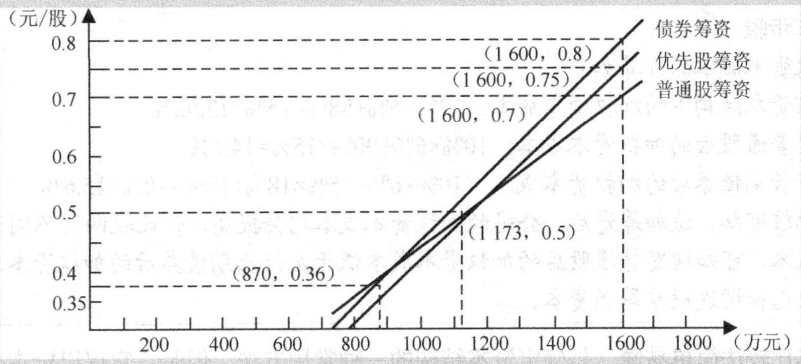

图 4-1　息税前利润与每股利润关系图

由图 4-1 可见，每股利润无差别点的意义在于，当息税前利润大于无差别点时，发行债券与发行优先股比发行普通股有利，而当息税前利润小于无差别点时，发行普通股比发行债券或发行优先股有利。在掌握的条件有限的情况下，企业可根据预计的息税前利润是否超过无差别点时的息税前利润做出筹资决策。

应当说明的是，每股利润分析法只考虑了资本结构对每股利润的影响，并没有考虑财务风险因素，并假定每股利润最多时，股票价格最高，公司价值最大。这是不符合实际情况的。因为随着负债的增加，投资者的风险加大，股票价格和企业价值也会有下降的趋势，所以，单纯利用每股利润分析法，企业有可能会做出错误决策。但在资本市场不完善时，投资人主要根据每股利润的多少来做投资决策，每股利润的增加也的确有利于股票价格的上涨。这种方法可用于资本规模不大、资本结构不太复杂的股份有限公司。

（二）资本成本比较法

资本成本比较法是指先计算各方案加权平均资本成本，然后以其高低为依据来确定最佳资本结构的方法。这种方法确定的资本结构即加权平均成本最低的资本结构。

业务操作　　运用资本成本比较法确定最佳资本结构

ABC 公司目前资本结构及成本和追加 1 500 万元筹资后的资本结构及成本数据如表 4-3 所示。

表 4-3　ABC 公司追加筹资前后的资本结构及成本表

筹资方式	目前资本结构			追加筹资后的资本结构及资本成本					
				增发普通股			发行长期债券		
	金额	比例	资本成本	金额	比例	资本成本	金额	比例	资本成本
长期借款	1 000	12%	6%	1 000	10%	6%	1 000	10%	6%
普通股	7 500	88%	15%	9 000	90%	15%	7 500	75%	18%
发行债券							1 500	15%	10%
资本总额	8 500	100%		10 000	100%		10 000	100%	
加权资本成本			13.92%			14.1%			15.6%

操作步骤

加权资本成本的计算如下。

目前资本结构下的加权资本成本：12%×6%+88%×15%=13.92%

增发普通股后的加权资本成本：10%×6%+90%×15%=14.1%

发行长期债券后的加权资本成本：10%×6%+75%×18%+15%×10%=15.6%

经比较可知，追加筹资后，公司的加权资本成本均会提高，但比较两种不同追加筹资方式的成本，可知增发普通股后的加权资本成本低于发行长期债券后的加权资本成本，因此公司应选择增发股票筹集资本。

资本成本比较法简单易懂，是确定资本结构的一种常用方法。但是，它仅以资本成本最低为决策标准，没有具体测算财务风险因素，其决策目标是利润最大化而不是公司价值最大化；另外，其拟定的方案数量有限，有可能漏掉更优的方案。这种方法一般适用于资本规模较小、资本结构较为简单的非股份制企业。

业务链接 4-3　　公司价值分析法

公司价值分析法是通过计算和比较各种资本结构下公司市场总价值而确定最佳资本

结构的方法。与资本成本比较法和每股利润分析法相比，公司价值比较法充分考虑了公司财务风险和资本成本等因素的影响，使公司进行资本结构决策时以公司价值最大为标准，更符合公司价值最大化的财务目标；但其计算原理及过程较为复杂，通常用于资本规模较大的上市公司。

想一想

每股利润分析法和资本成本比较法有何区别？

四、资本结构调整

企业通过一定的方法确定了较优资本结构或最优资本结构后，就需要对现有的资本结构进行调整。企业调整资本结构的方法有以下几种。

（一）存量调整

存量调整是在不改变现有资产规模的基础上，根据目标资本结构要求，对现有资本结构进行必要的调整。存量调整的方法有：①债转股或股转债；②增发新股偿还债务；③调整现有负债结构；④调整权益结构，如将优先股转为普通股。

（二）增量调整

增量调整是通过追加筹资量的方式来调整资本结构。其主要是从外部取得增量资本，如发行新债、举借新贷款、进行租赁筹资、发行新股票等。

（三）减量调整

减量调整是通过减少资产总额的方式来调整资本结构，如提前归还借款、收回可提前收回的债券、回购股票减少股本等。

案例分析 4-3

渤海金控：2017 年度非公开发行优先股股票募集资金使用的可行性分析报告

一、本次募集资金的用途

公司本次拟发行不超过 8 000 万股优先股，募集资金总额不超过 80 亿元，扣除发行费用后的募集资金净额将用于补充公司租赁业务所需运营资金。

……

二、本次募集配套资金的必要性和合理性分析

1. 公司业务发展需要充足的运营资金支持

……

2. 上市公司资产负债率高于同行业上市公司资产负债率

……

报告期各期期末，公司的资产负债率持续维持在高位且不断提高，高于同行业上市公司的平均水平。随着公司战略的稳步推进及租赁主业的稳步发展，公司急需大量的资金支

持。本次募集的资金到位后，将有助于优化公司的财务结构，提高公司的风险承受能力，也有助于支撑公司业务持续增长，巩固公司的市场地位。

……

综上所述，公司本次非公开发行优先股募集资金是实施公司以租赁为主业的发展战略的重要措施，也是公司经营规模扩大化的必然要求。通过对募集资金的使用，公司的整体经营效益将提高，抗风险能力增强，市场竞争能力和可持续发展能力提高。募集资金的用途合理、方法可行，符合公司稳健经营和长远发展的战略目标。

渤海金控投资股份有限公司

董事会

2017年8月30日

（资料来源：渤海金控．2017年度非公开发行优先股股票募集资金使用的可行性分析报告 [EB/OL]．东方财富网．编者已做修改。）

思考：优先股筹资形成什么性质的资本？为什么能改善公司资本结构？

职业能力选择与判断

一、单项选择题

1. 企业筹资的核心问题是决定（　　）。

A. 负债筹资还是权益筹资　　B. 短期筹资还是长期筹资

C. 内部筹资还是外部筹资　　D. 资本结构

2. 对于拥有大量固定资产的企业，筹集资金应该优先考虑（　　）。

A. 发行股票筹资　B. 短期借款筹资　C. 融资租赁筹资　D. 发行债券筹资

3. 哪一类企业负债比率可能最高？（　　）

A. 农业企业　B. 重工业企业　C. 银行　D. 林业企业

4. 资本成本比较法是选择（　　）成本最低的资本结构作为最佳资本结构。

A. 债务资金　B. 权益资金　C. 加权资金　D. 边际资金

5. 企业通过每股利润分析法确定资本结构时强调要使每股（　　）最高。

A. 销售收入　B. 息税前利润　C. 利润总额　D. 净利润

二、多项选择题

1. 哪些因素会影响企业的资本结构决策？（　　）

A. 销售增长情况　　B. 企业管理人员态度

C. 企业资产结构　　D. 行业因素

2. 最优资本结构是指符合下列条件的资本结构（　　）。

A. 加权平均资本成本最低　　B. 所得税最少

C. 财务风险最小　　D. 企业价值最大

3. 资本成本比较法在确定最佳资本结构时，没有考虑（　　）。

A. 加权平均资本成本高低　　B. 企业财务风险

C. 企业经营风险　　D. 股东报酬

4. 运用每股利润分析法确定最佳资本结构时，确定了筹资无差别点后，如何选择最佳资本结构（　　）。

A. 预计息税前利润大于筹资无差别点，选择负债较高的筹资方案

B. 预计息税前利润大于筹资无差别点，选择负债较低的筹资方案

C. 如果不同方案的每股净利润都相等，则这些方案是无差别的

D. 对于一个既定的息税前利润，可以计算不同方案的每股净利润，选择其中每股净利润最多的方案作为最佳方案

5. 资本结构的增量调整是通过追加筹资量的方式来调整资本结构，其方式可以是（　　）。

A. 发行新债　　B. 举借新贷款

C. 债转股或股转债　　D. 将优先股转为普通股

三、判断题

1. 最优资本结构是使企业筹资能力最强，财务风险最小的资本结构。（　　）

2. 不考虑其他因素，所得税税率越高，企业更加可能提高负债比率。（　　）

3. 预期利率提高，企业目前应该借入长期借款。（　　）

4. 最优资本结构要求之一是使得加权平均资金成本最低，因此，企业只有尽可能增加负债才能形成最优资本结构。（　　）

5. 所得税税率不影响筹资无差别点的大小。（　　）

单项任务训练

1. 某公司目前发行在外普通股 100 万股（每股 1 元），发行 10%利率的债券 400 万元，该公司打算为一个新的投资项目融资 500 万元，新项目投产后公司每年息税前利润可增加到 200 万元。现有两个方案可供选择：按 12%的利率发行债券（方案 1）；按每股 20 元发行新股（方案 2）。公司适用所得税税率 25%。

要求：

（1）计算两个方案的每股利润；

（2）计算两个方案的每股利润无差别点息税前利润；

（3）计算两个方案的财务杠杆系数；

（4）判断哪个方案更好。

2. 某公司拟筹资 1 000 万元，现有甲、乙两个备选方案。有关资料如表 4-4 所示。

表 4-4　某公司甲、乙两个备选筹资方案　单位：万元

筹资方式	甲方案	乙方案
长期借款	200（资本成本 9%）	180（资本成本 9%）
债券	300（资本成本 10%）	200（资本成本 10.5%）
普通股	500（资本成本 12%）	620（资本成本 12%）
合计	1 000	1 000

试确定该公司的最佳资本结构。

项目小结

资本成本是企业为筹集资金而付出的代价，包括筹资费用和用资费用，一般用资本成本率表示其大小。资本成本包括个别资本成本、加权平均资本成本和边际资本成本。个别资本成本是指企业使用各种长期资金的成本，主要有长期借款成本、债券成本、优先股成本、普通股成本和留存收益成本等。加权平均资本成本是指以个别资本成本为基础，以个别资本占全部资本比重为权数计算出来的综合资本成本。加权平均资本成本是由个别资本成本和各种长期资本的比例所决定的。

成本习性是指成本与业务量之间在数量上的依存关系。根据成本习性的不同，可以把企业的全

部成本分成三类：固定成本、变动成本和混合成本。经营杠杆是指企业在生产经营中由于固定成本的存在和相对稳定而引起的息税前利润变动率大于销售变动率的杠杆效应。经营杠杆系数是企业息税前利润变动率相当于销售变动率的倍数。引起经营风险的主要原因是市场需求和成本等因素的不确定性。经营杠杆本身并不是利润不稳定的根源。经营杠杆系数越高，企业的经营风险越大。财务杠杆是由于财务费用的存在而引起每股利润变动率超过息税前利润变动率的杠杆效应。财务杠杆系数是指普通股每股利润的变动率相当于息税前利润变动率的倍数。财务杠杆系数越高，财务风险越大。总杠杆是由于固定成本和固定财务费用的共同存在导致的每股利润变动率大于产销量变动率的杠杆效应。复合杠杆系数是指每股利润变动率相当于产销量变动率的倍数。

资本结构是指企业筹集的各种资金的构成及比例关系。企业应综合考虑有关影响因素，运用适当的方法进行资本结构决策，确定最佳资本结构。最优资本结构是指企业在适度负债条件下，使预期的加权平均资本成本最低、企业价值最大的资本结构。进行资本结构决策的方法主要有资本成本比较法和每股利润分析法。企业现有资本结构不合理，应通过适当方法进行调整，使其趋于合理，可以采取存量调整、增量调整和减量调整等方法调整资本结构。

项目案例分析

背景与情境：德意志银行重整旗鼓 发新股筹资

问题缠身的德国银行巨头德意志银行（以下简称“德银”）计划透过发售新股筹资约80亿欧元（85亿美元），并宣布其后金融危机组织重整新篇章。

德意志银行（Deutsche Bank）执行长克莱恩（John Cryan）在电话会议中告诉记者，德银将发售近6亿9 000万股新股，现有股东有认购权，银行借此可筹得的资金与所需总额“近乎完全相符”。

克莱恩认为，发售的新股“将帮我们消除不确定的来源”“也会增加外界跟我们进行业务往来的信心，并鼓励客户深化跟我们的关系”。

增资之外，德银也计划保留计划出售已久的旗下子公司德国邮政银行（Deutsche Postbank），并使分析师估值约达80亿欧元的德国资产管理公司（Deutsche Asset Management）股票部分公开流通。

德银未来将大致被重组成3个部门：私人银行与财务管理、资产管理、企业与投资银行。

（资料来源：老马．德意志银行重整旗鼓 发新股筹资[EB/OL]．中国小康网．编者已做修改。）

要求：

请仔细阅读《德意志银行重整旗鼓 发新股筹资》，结合所学知识和技能回答下列问题。

1. 请说明“发售的新股‘将帮我们消除不确定的来源’‘也会增加外界跟我们进行业务往来的信心，并鼓励客户深化跟我们的关系’”的含义。

2. 根据“银行借此可筹得的资金与所需总额‘近乎完全相符’”，结合上下文，请推测公司原来打算如何筹资？

项目综合实训

一、实训要求

1. 能根据企业主客观条件，准确计算与分析个别资本成本和加权平均资本成本。

2. 能准确计算经营杠杆系数、财务杠杆系数和复合杠杆系数，并分析企业经营风险、财务分析和总风险情况。

3. 能有效运用资本成本比较法和每股收益分析法确定企业最优资本结构。

4. 能够对本次实训活动进行总结，在此基础上按照规范格式撰写《资本成本分析与资本结构优化实训报告》。

二、实训条件

在财务管理实训室进行，要求配备计算机和财务软件、相关财务实训用具等。

三、实训材料

元华公司是一家小型食品加工企业，目前资本总额为1.5亿元，资本构成如表4-5所示。

表4-5　　元华公司资本构成情况表

筹资方式	金额（万元）
长期债券（年利率8%）	1 000
普通股（4 500万股）	4 500
留存收益	2 000
合计	7 500

因生产发展需要，元华公司年初准备增加资金2 500万元，现有两个筹资方案可供选择：甲方案为增加发行1 000万股普通股，每股市价2.5元；乙方案为按面值发行每年年末付息、票面利率为10%的公司债券2 500万元。假定股票与债券的发行费用均可忽略不计，适用的企业所得税税率为25%。

公司财务经理黎明认为乙方案负债较多，当收入相等时，乙方案的利息也较多，利润总额和净利润都会少于甲方案，股东净利润会相对较少，因此，他建议采用甲方案筹资。

问题：

（1）从股东净利润的角度来看黎明的分析正确吗？

（2）计算两种筹资方案下，每股收益无差别点的息税前利润；

（3）计算处于每股收益无差别点时，乙方案的财务杠杆系数；

（4）如果公司预计息税前利润为1 200万元，指出该公司应采用的筹资方案；

（5）如果公司预计息税前利润为1 600万元，指出该公司应采用的筹资方案；

（6）若公司预计息税前利润在每股收益无差别点增长10%，计算采用乙方案时该公司每股收益的增长幅度。

项目综合评价

项目评价记录表

姓　　名：____________　班　　级：____________　评价时间：__________

评价指标		评价标准	所占比例	分值
活动过程 Σ80	职业能力 Σ35	自我学习能力	5%	
		解决问题能力	5%	
		数字应用能力	5%	
		职业能力训练成绩	20%	
	专业能力 Σ45	正确分析与计算资本成本	15%	
		正确分析经营杠杆、财务杠杆和复合杠杆，并计算相关系数	15%	
		正确做出最佳资本结构决策	15%	

续表

评价指标		评价标准	所占比例	分值
团队合作∑20	工作计划	计划设置及实施	5%	
	过程实施	配合及解决问题	5%	
	合作交流	小组成员间的交流与合作	5%	
	资源利用	资源使用及组织	5%	
综合得分				
教师评语		签名： 年　月　日		
学生意见		签名： 年　月　日		

项目五 项目投资管理

知识目标

1. 了解投资的含义与特征，熟悉投资的分类
2. 熟悉项目投资类型、特征
3. 了解项目投资决策程序
4. 理解项目决策各种指标的含义

能力目标

1. 能计算项目投资现金流量
2. 能够利用非贴现评价指标对项目可行性进行评价
3. 能够利用贴现评价指标对项目可行性进行评价
4. 能够对不同项目的优劣做出比较

项目引导案例

飞科电器关于投资建设家用电器松江生产基地新建项目的公告

一、对外投资概述

对外投资的基本情况：随着公司近年来的快速发展和个人护理电器行业的竞争日趋激烈，为进一步巩固公司在行业内的领先地位，以实现成为全球知名的时尚智能电器品牌运营商的战略目标，公司拟投资建设家用电器松江生产基地。

二、项目标的基本情况

1. 项目基本情况：本项目实施主体是本公司，项目建设内容主要包括生产用房3栋，生产及辅助用房1栋……预计建设期1.5年。

2. 项目投资金额：本项目总投资额44 081万元，包含项目建设用地土地使用权投资8 580万元……本项目资金未来需求额为35 501万元，全部由公司自筹解决。

3. 经济评价：项目建成后将新增1 360万件个人护理电器产品的年产量，新增年销售收入85 680万元，净利润6 015.10万元，投资收益率为18.2%，全投资静态回收期为7年。

三、对外投资对上市公司的影响

本项目的实施有利于公司进一步扩大生产规模，满足国内市场日益增长的需求及公司国际市场拓展的需要，同时能有效降低经营成本、提高生产效率。预计项目达产后将对公司未来的业绩增长产生正面影响。

四、对外投资的风险分析

1. 本项目存在因宏观经济的影响、市场环境以及经营管理带来的不确定性，或因时间因素、行业环境发生重大变化导致投资后项目不能实现预期效益的风险。

2. 针对上述风险，公司会在现有管理团队和研发团队的基础上，及时跟踪市场形势，并采取管理措施加强风险管控。

五、备查文件目录

上海飞科电器股份有限公司家用电器松江生产基地新建项目可行性研究报告。

特此公告。

上海飞科电器股份有限公司

董事会

2017年10月26日

飞科电器公司是如何进行项目投资决策的？这就是本项目要解决的相关问题：在进行项目投资决策时需要考虑哪些因素？如何进行项目投资的现金流量分析？如何评价项目的可行性？

学习任务一 | 认知项目投资的基础知识

知识准备与业务操作

掌握投资决策的方法首先要了解投资的一些基本知识，如什么是投资、什么是项目投资、投资决策中应考虑哪些因素、采取何种投资决策程序等。

一、项目投资的特征和类型

项目投资是一种以特定建设项目为对象，直接与新建项目或更新改造项目有关的长期投资行为。与其他形式的投资相比，项目投资具有投资数额多、影响时间长、变现能力差等特征。

工业企业投资项目主要包括新建项目和更新改造项目两种类型。

新建项目又包括单纯固定资产投资项目和完整工业投资项目两种：单纯固定资产投资项目仅涉及固定资产资金的投入，是投资的最基本形式，任何项目投资均包括固定资产投资；完整工业投资项目不仅包括固定资产投资，还包括无形资产、流动资金和开办费等其他投资。项目引导案例中的项目即是完整工业投资项目，因为它既涉及对固定资产的投资，又涉及对无形资产和流动资金的垫支。

更新改造项目是指以新换旧或者以旧的固定资产为基础进行改扩建的投资项目。以新换旧或者对旧的固定资产进行改扩建虽然需要增加资金投资，但也会带来现金流入的增加。而现金流入的增加能否大于新增投资是是否需要进行更新改造的关键。

知识链接 5-1　　投资的特征与类型

投资是企业为获取未来收益或对其他企业的控制权而向一定领域投放资金的行为。投资具有以下特征。

1. 目的性

投资是一种有目的的经济行为，这种目的直接表现为在未来可预见时期内的一定收益或价值增值或对其他企业的控制权，而获取控制权的深层目的是为获得核心技术、人力资源或原材料的稳定供应等。一切直接目的的最终目的都是为了获取更多的收益或企业价值最大化。

2. 时间性

投资是一个行为过程，从现在资金投放到将来获得收益总要经过一定的时间间隔，这种间隔根据投资对象的不同而不同。

3. 收益性

投资活动以牺牲现在的价值为手段，以未来收益为目标。投资报酬可体现为多种形式，如利息收入、利得收入、本金增值及其他权利的获得。

4. 风险性

虽然投资有着明确的目的，但这种目的不一定能够实现，这就是投资风险。投资风险源于投资过程中企业无法预料及无法掌控的因素的出现，这些不确定性因素的存在，使企业经营目的的实现具有不确定性。企业投资面临的不确定性因素越多，投资风险越大；反之，投资风险越小。

投资收益往往随投资风险的改变而改变。风险大的投资，投资者要求的收益率也较高；风险小的投资，投资者要求的收益率也较低。

根据不同的划分依据，可以把投资分为以下若干类别。

1. 根据投资对象的具体内容不同划分

其可分为固定资产投资、无形资产投资、流动资金投资、房地产投资、证券投资、期货期权投资、保险投资等。

2. 按照投资方向的不同划分

其可分为对内投资和对外投资。对内投资是将资金投放于本企业内部，对外投资是将资金投放于其他企业。上述固定资产投资、无形资产投资、流动资金投资属于对内投资的范畴，证券投资、期货期权投资及信托保险投资属于对外投资的范畴，对外投资不能使企业取得可供本企业使用的实物资产。

3．按是否投资于生产领域划分

其可分为生产性投资和非生产性投资。生产性投资指将资金投资于生产领域中，能够形成生产能力，可用于生产各种产品。非生产性投资不能形成生产能力，但能形成社会消费或服务能力。对内投资一般属于生产性投资，对外投资往往是非生产性投资。

4．按投资行为的介入程度划分

其可分为直接投资和间接投资。直接投资是指由投资人直接介入投资的经营管理，投资者拥有一定数量的企业资产或经营所有权，如生产投资；间接投资是指通过购买其他企业发行的证券从而获得一定收益或者获得控制权的行为。间接投资是将资金投放于其他企业，但并不直接参与其他企业的经营管理。

虽然投资的种类多种多样，但对工业企业而言，最主要的投资是生产性投资中的固定资产投资。

二、进行项目投资决策时应考虑的因素

分析一项投资是否具备财务可行性，必须考虑以下几个因素。

（一）项目计算期的长短

项目计算期是指投资项目从投资建设开始到清理结束整个过程的全部时间，包括建设期和运营期。其中建设期是指从项目资金正式投入开始至项目建成投产为止所需要的时间，建设期的第一年年初为建设起点，建设期的最后一年年末为投产日，从投产日到终结点之间的时间间隔为运营期。一般而言，项目计算期越长，项目面临的不确定性因素越多，从而风险也越大，投资者要求的报酬可能会越高。

（二）投资者要求的必要报酬率

投资者要求的必要报酬率是一个项目要达到的最低报酬率。投资者在综合考虑相同或类似项目的当前报酬率和预期的风险等因素后，会确定投资项目应达到的最低报酬要求。如果通过对项目各项预期数据的分析，确定企业能达到该最低要求，说明投资项目是可行的，若达不到，则不可行。

（三）项目预期的营业收入和付现成本

营业收入是项目投产后所产产品的销售收入；付现成本是指企业在运营过程中需要支付现金的经营成本，包括采购材料款、工资薪酬、水电费、办公费等。

（四）各项税金及附加

工业企业涉及的税金主要是流转税税金和所得税税金。流转税中的增值税不影响投资项目决策，因为其是价外税，增值税销项税额减去增值税进项税额为上交的增值税税额，不影响企业的现金流量，流转税中的营业税、消费税、城市维护建设税和教育费附加等项目则需要以现金支付，所得税也需要以现金支付，因此在投资决策中应考虑各项税金及附加。

想一想

项目投资是否等同于固定资产投资？

三、项目投资的内容与资金投入方式

项目投资包括建设投资和营运资金投资两项内容，是企业为使项目具有设计的生产能力、开展

正常经营而投资的全部现实资金，这两项投入被称为项目投资的原始投资。

建设投资是指在建设期内按一定生产经营规模和建设内容进行的投资，包括固定资产投资、无形资产投资和其他资产投资三项内容。固定资产投资是指项目用于购置和安装固定资产（设备和建筑等）而应当发生的投资，固定资产原值等于固定资产买价、安装费和建设期间的资本化利息之和；无形资产投资是指为取得无形资产（专利权、商标权等）而应当发生的投资；其他资产投资是指除固定资产和无形资产以外的投资，如开办费投资。

营运资金投资是指为维持生产经营活动而垫支的资金，其投入的资金数额等于流动资产与流动负债的差额。

项目投资的资金投入方式分为一次投入和分次投入。一次投入是指投资行为集中一次发生在项目计算期第一期的期初或期末，分次投入则涉及两个或两个以上年度，或涉及一个年度的年初和年末。

四、项目投资决策程序

由于项目投资的规模较大、风险较大、回收时间较长，对企业的未来发展影响也较大，所以企业进行项目投资时必须遵循一定的决策程序。项目投资的决策程序一般包括以下几个步骤。

（一）投资项目的提出

一般而言，新增生产能力的投资项目由企业的高层管理者提出，而更新改造的投资项目可以由企业中层或基层管理者提出。

（二）投资项目的可行性分析

当投资项目被提出以后，企业就必须从多个方面进行可行性分析，写出投资项目可行性分析报告。投资项目的可行性分析报告一般应包括以下几部分内容。

1. 国民经济可行性分析

这是从整个国民经济的现状及发展的角度，宏观地分析该项目是否可行，是否有发展前景，尤其应该分析是否满足环保的要求。

2. 财务可行性分析

这是从经济效益的角度，分析该项目是否能够盈利。

3. 技术可行性分析

这是从技术的角度，分析本企业的技术水平能否达到该项目的要求。

业务链接 5-1　　分析项目可行性的一般程序

分析项目可行性的一般程序如下。

（1）调查市场近期和远期需求，调查资源、能源、技术协作的落实情况。

（2）研究最佳的工艺流程及应配置的相应设备。

（3）综合评价项目投资的经济效益和社会效益。

（4）合理选择厂址和进行厂区布置。

（5）设计组织管理系统和制订人员培训计划，预测建设年限和安排工程进度。

（6）计算建设投资费用，分析资金来源和偿还办法，估算生产成本，评价工程效果。

（7）进行涉及项目的经济、财政、能源、社会、环境的系统分析论证等。

（三）投资项目决策

在写出投资项目可行性分析报告的基础上，企业应做出最后的决策。投资额特别大的项目应由董事会或股东大会投票表决，投资额较小的项目，则可以由企业的经理层做出决策。

（四）投资项目的实施与控制

在投资项目的实施过程中，企业必须加强对建设进度、建设质量、建设成本等方面的管理，使投资项目保质保量完成。但是，在投资项目的实施过程中，如果发现国家政策、市场环境、企业内部环境等方面发生了某些重大变化，使原来可行的投资项目变得不可行，则必须尽早果断停止投资项目的建设，或采取其他补救措施，力求减少损失。

案例分析 5-1　利君股份：关于终止自有资金投资新产品研发中心建设项目的公告

一、新产品研发中心建设项目情况概述

成都利君实业股份有限公司（以下简称“公司”）于2012年10月24日召开第二届董事会第三次会议，审议通过了《关于以自有资金投资新建新产品研发中心建设项目的议案》，同意公司以10 000万元自有资金分三个投资周期新建新产品研发中心。

……

二、新产品研发中心建设项目投资情况

（一）新产品研发中心建设项目投资计划情况

2012年度，公司使用位于成都市武侯区金花桥街道七里村自有土地投资新建新产品研发中心，用于研发除辊压机、选粉机以外的新产品，建设内容主要包括实验车间及其配套所需研发设备等。具体投资计划如下。

……

（二）新产品研发中心建设项目实际投资情况

截至2017年9月30日，新产品研发中心建设项目累计投资3 422.95万元……

三、终止新产品研发中心建设项目的原因

……

近年来，国内外宏观经济形势严峻，包括公司主要产品下游应用领域在内相关细分行业的制造业产能均趋于过剩，相关行业产品销售市场处于持续低迷阶段。鉴于目前经济形势和行业发展趋势，并结合公司自身生产经营实际情况，为降低固定资产投资风险，规避项目市场投资风险，公司同意终止以自有资金投资的新产品研发中心建设项目。

四、终止新产品研发中心建设项目对公司的影响

终止新产品研发中心建设项目是结合当前经济形势、行业发展趋势及公司自身生产经营实际情况，经公司审慎研究做出的决定，有利于降低公司固定资产投资风险，提高资金使用效率，能充分维护全体股东利益。该项目的终止不会对公司生产经营及整体业绩造成不利影响……

特此公告。

成都利君实业股份有限公司

董事会

2017年10月14日

（资料来源：利君股份．关于终止自有资金投资新产品研发中心建设项目的公告[EB/OL]．东方财富网．编者已做修改。）

思考：该公司为什么要在研发中心投资项目花费了3 422.95万元后终止该项目？企业应该如何做好项目投资决策？

职业能力选择与判断

一、单项选择题

1. 在以下各种投资中，不属于项目投资的是（　　）。
   A. 固定资产投资　　B. 更新改造投资
   C. 证券投资　　D. 完整企业项目投资
2. 项目投资的直接投资主体是（　　）。
   A. 企业本身　　B. 企业所有者　　C. 债权人　　D. 国家投资者
3. 项目投资的特点有（　　）。
   A. 投资金额少　　B. 投资时间较长
   C. 投资风险小　　D. 变现能力强
4. 项目投资评价应该以（　　）为主。
   A. 财务评价　　B. 国民经济可行性评价
   C. 技术评价　　D. 市场评价
5. 更新改造项目可以由企业的（　　）提出。
   A. 董事长　　B. 总经理　　C. 财务经理　　D. 基层管理者

二、多项选择题

1. 下列各项中，与新建项目特征有关的说法是（　　）。
   A. 以新增生产能力为目的　　B. 以恢复或改善生产能力为目的
   C. 属于外延式扩大再生产　　D. 属于内涵式或简单再生产
2. 项目投资决策具有（　　）特点。
   A. 投资规模大　　B. 投资时间长　　C. 投资风险大　　D. 投资频率高
3. 项目投资可以（　　）。
   A. 增强企业经济实力　　B. 提高企业创新能力
   C. 提高市场竞争力　　D. 增加负债
4. 项目投资可行性评价包括（　　）。
   A. 财务可行性评价　　B. 国民经济可行性评价
   C. 技术可行性评价　　D. 项目投资效益评价
5. 项目投资的决策程序一般包括以下步骤（　　）。
   A. 投资项目的提出　　B. 投资项目的可行性分析
   C. 投资项目决策　　D. 投资项目的实施与控制

三、判断题

1. 项目投资是一种以特定项目为对象，直接与新建项目或更新改造项目有关的长期投资行为。一般将它视为固定资产投资。（　　）
2. 项目投资就是固定资产投资。（　　）
3. 企业应该频繁地进行项目投资。（　　）
4. 项目投资都应该提交股东大会进行决策。（　　）
5. 项目投资决策必须按企业规定的程序进行。（　　）

单项任务训练

1. 请指出进行项目投资决策时应该考虑哪些因素。

2. 请分析项目投资的决策程序。

学习任务二 | 项目投资现金流量分析

知识准备与业务操作

通过对上一任务的学习，大家已了解项目投资决策中应考虑的各因素，其中最重要的是经营期间的营业收入、运营成本、各项税金及附加等，那么如何预测各项数据呢？在项目决策中又如何运用这些数据呢？本任务解决的就是这些问题。

一、现金流量的概念

在项目投资决策中，现金流量是指该项目投资引起的现金流入量和现金流出量的统称，它可以动态反映该投资项目的投入和产出的相对关系。这时的“现金”是广义的现金概念，它不仅包括各种货币资金，而且包括项目投资所需投入的、企业拥有的非货币资源的变现价值。

在进行项目投资决策分析时，通常用现金流出量、现金流入量和现金净流量反映项目投资的现金流量。现金流出量是指由于项目投资而引起的企业现金支出的增加额；现金流入量是指由于项目投资而引起的企业现金收入的增加额；现金净流量（Net Cash Flow，NCF）则是在一定时期内现金流入量减去现金流出量的差额。

二、项目现金流量的确定原则及相关假设

（一）项目现金流量的确定原则

在计算现金流量时，为防止多算或少算有关内容，需要注意以下几点。

1. 现金流量的相关性

某新建投资项目的现金流量必须是与该新建投资项目相关的现金流量，其他投资项目的现金流量不用考虑，其他投资项目包括其他新建项目和前期已建项目。若新建投资项目与已有项目所产产品相同，如在原有产品生产的基础上增加的新设备投资，或对现有固定资产进行更新改造投资，则需要考虑的现金流量为现金流量的增量，现金流量的增量即在原有投资现金流量基础上增加的现金流量。

业务链接 5-2　　增量现金流量

一个项目的相关现金流量是什么？

一个项目的相关现金流量就是由于决定接受该项目，所直接导致公司整体未来现金流量的改变量。因为相关现金流量被界定为公司现有现金流量的改变量或增加量，所以它就被称为项目的增量现金流量（Incremental Cash Flow）。

2. 不能考虑沉没成本

沉没成本是过去已发生过的成本，在本项目建设前已发生，如几年前为该项目的建设发生的调查研究费用。

3. 关注机会成本

机会成本是指一个投资项目不能同时用于其他用途而丧失的收益，或者是减少了另一个投资项

目的收益，如对新建项目用于生产经营而不能用于出租所丧失的租金收益（如果有出租机会的话，若没有其他的机会则谈不上机会成本）。再如，新建项目用于生产B产品，企业原有产品为A产品并将继续生产。B产品的问世，预计将使A产品的收益（或现金流量）减少。A产品减少的收益（或现金流量）应视为B产品的机会成本。

（二）相关假设

现金流量是计算项目投资决策评价指标的主要依据和重要信息，其本身也是评价项目投资是否可行的一个基础性指标。为方便项目投资现金流量的确定，首先做出以下假设。

1. 财务可行性分析假设

其假设项目投资决策从企业投资者的立场出发，只考虑该项目是否具有财务可行性，而不考虑该项目是否具有国民经济可行性和技术可行性。

2. 全投资假设

该假设在确定投资项目的现金流量时，只考虑全部投资的运动情况，而不具体考虑和区分哪些是自有资金，哪些是借入资金，即使是借入资金也将被视为自有资金处理。

3. 建设期间投入全部资金假设

其假设项目投资的资金都是在建设期投入的，在生产经营期没有投入。

4. 经营期和折旧年限一致假设

其假设项目的主要固定资产的折旧年限或使用年限与经营期相同。

5. 时点指标假设

其将项目投资决策涉及的价值指标都作为时点指标处理。其中，建设投资在建设期内有关年度的年初或年末发生；流动资金投资在建设期期末发生；经营期内各年的收入、成本、摊销、利润、税金等项目的确认均在年末发生；新建项目最终报废或清理产生的现金流量均发生在终结点。

在项目计算期数轴上，0 表示第一年的年初，1 代表第一年的年末，也代表第二年的年初，以后期间依此类推。

三、现金流量的确定

在确定现金流量时，可以根据项目投资资金的不同来源分别进行确定。

（一）当投入资金为自有资金时

1. 建设期现金流量

它是企业在建设期发生的现金流入量和现金流出量。一般包括以下内容。

（1）土地使用费用支出，主要指因投资项目占用土地而支出的土地使用费。

（2）固定资产投资，包括固定资产的购入或建造成本、运输成本和安装成本等。

（3）流动资产投资，也称垫支的流动资金，包括投入的现金、材料等，一般在建设期期末投入，在项目终结时收回。

（4）其他投资，包括与固定资产投资有关的职工培训费、注册费等。

（5）原有固定资产的变价收入，这主要在更新改造投资项目时考虑。

建设期现金流量除原有固定资产的变价收入为现金流入量外，其他部分均为现金流出量。

2. 营业期现金流量

这是在项目投产后，企业在生产经营期间发生的现金流入量和现金流出量。营业期现金流量一般按年度进行计算。营业期现金流入量主要是由因生产经营使企业增加的营业收入和该年回收额构成。营业期现金流出量则主要由付现成本和所得税构成。所谓“付现成本”，是指每年需要实际支付现金的销货成本。销货成本中不需要每年实际支付现金的某些成本，如折旧费用、待摊费用等，则属于非付现成本。

经营期现金净流量通常可以表示为：

现金净流量（NCF）=销售收入-付现成本-所得税税额+该年回收额
=销售收入-（销售成本-付现成本）-所得税税额+该年回收额
=营业利润-所得税税额+非付现成本+该年回收额
=净利润+非付现成本+该年回收额

显然，上述净利润与财务会计中的净利润的计算口径不一致。非付现成本主要包括该年折旧费用和该年摊销费用。该年回收额主要包括：①固定资产残值收入或变价收入；②原来垫支在各种流动资产上的资金收回；③停止使用的土地变价收入等。

知识链接 5-2　　现金流量与会计利润的联系与区别

现金流入量就是会计利润中的营业收入，现金流出量就是会计利润中付现形式的各项成本或费用。单就某一会计年度而言，现金流入量可能不等于当年的营业收入，现金流出量也可能不等于当年的付现形式的各项成本或费用，但从整个项目计算期来看，它们是相等的。因为对于以权责发生制原则确认的收入在正常情况下，企业必然会收到现金，对于确认的各项费用企业也必然要支付现金（当期或以后期间）。为简化项目投资的决策程序，现假定对于会计利润中的营业收入，企业在确认当年均已收到现金，对于确认的各项付现成本费用，企业在当年均已支付现金。因此现金净流量与会计利润的关系可用如下公式表示：

现金净流量=净利润+非付现成本（折旧费用或摊销费用）

（二）当投入资金为借入资金时

实际上，根据全投资假设，在进行项目投资决策时，一般不需要考虑投入资金的来源，所以当投入资金为借入资金时的现金净流量的确定方法与投入资金为自有资金时的基本一样。但是，现行的财务会计准则的有些规定对项目投资的现金净流量产生了某些影响，企业应该加以特别注意，主要有以下两个方面。

1. 建设期资本化利息处理

规定建设期发生的与购建项目相关的固定资产、无形资产等长期资产的相关利息支出可以资本化，所以在确定固定资产、无形资产等长期资产的原值时，必须考虑资本化利息。

2. 经营期利息支出处理

由于规定经营期的借款利息支出可以在税前列支，从而减少了企业的利润，但根据全投资假设，在进行投资决策时，不应该考虑借款利息，所以在确定现金净流量时，必须加上该年的利息支出。此时，经营期现金净流量可以用下式表达：

现金净流量（NCF）=销售收入-付现成本-所得税税额+该年回收额+该年利息费用
=该年净利润+该年折旧费用+该年摊销额费用+该年回收额+该年利息费用

业务操作　　估算项目投资现金流量

某工业项目需要投资350万元，其中购置固定资产300万元，在建设期期初一次投入；垫支流动资金50万元，在建设期期末投入。该项目建设期2年，经营期5年，固定资产期满残值收入 30 万元，采用直线法计提折旧。项目投产后，预计年营业收入 180 万元，年经营成本 60 万元。假设该公司的资本成本为 10%，所得税税率为 25%。试计算该项目的现金净流量。

操作步骤

该项目计算期=7 年

年折旧费用=（300−30）÷5=54（万元）

年净利润=（180−60−54）×（1−25%）=49.5（万元）

建设期现金净流量：NCF_0=−300（万元），NCF_1=0，NCF_2=−50（万元）

经营期现金净流量：NCF_{3-6}=49.5+54=103.5（万元）

终结点现金净流量：NCF_7=103.5+50+30=183.5（万元）

案例分析 5-2　　风华高科：关于投资主营产品技改扩产项目的公告

一、投资概述

1. 项目名称：新增月产 10 亿只叠层电感器技改扩产项目。

2. 项目承建单位：公司电感分公司。

3. 投资金额：项目投资总额为 18 574.20 万元，其中：固定资产投资 14 962.50 万元（包括：新增产能设备购置 10 722.50 万元，对干湿法生产工艺升级换代设备投入 4 240.00 万元），厂房调整和改造工程投资 800.00 万元，新增铺底流动资金 2 811.70 万元。

4. 资金来源：公司自筹。

5. 项目建设目标：新增叠层电感器 10 亿只/月；同期将对公司目前的干湿法生产工艺进行设备的升级换代，改造现有铁氧体电感磁珠月产能 5.5 亿只。

6. 项目建设期：2017 年 8 月—2018 年 12 月。

7. 主要经济指标测算：项目达产后，预计年均新增营业收入 11 029.25 万元，年均新增利润总额 1 810.27 万元；项目税前财务内部收益率约为 25.90%、税前投资回收期约为 4.4 年（静态）。

二、投资目的

公司的战略目标为持续围绕做优做强做大主业，致力于成为国际一流的电子信息基础产品整合配套供应商及解决方案提供商……本次投资旨在通过持续优化产品结构调整，加快产能规模扩张和技术水平提高，提高生产效能，确保公司中长期战略规划顺利实施以及公司的行业竞争地位。

三、投资风险、对策及对公司的影响

（一）财务风险

……

（二）市场风险

……

（三）原材料供应风险

……

四、备查文件

公司第八届董事会 2017 年第四次会议决议。

特此公告。

广东风华高新科技股份有限公司董事会
2017年10月26日

（资料来源：风华高科．关于投资主营产品技改扩产项目的公告[EB/OL]．东方财富网．编者已做修改。）

思考：广东风华高新科技股份有限公司主营产品技改扩产项目建设期现金流量有哪些？经营现金流量如何测算？

想一想

在确定现金流量时，如果项目投资的投入资金分别为自有资金与借入资金，对项目现金流量的影响有何不同？

职业能力选择与判断

一、单项选择题

1. 投资项目的建设起点至终点之间的时间段为（　　）。

A. 项目建设期　　B. 项目生产经营期
C. 项目计算期　　D. 项目试运行期

2. 项目投资总额与原始总投资的关系是（　　）。

A. 前者与后者相同　　B. 前者不小于后者
C. 前者小于后者　　D. 没有任何关系

3. 现金流量又称现金流动量。在项目投资决策中，现金流量是指投资项目在计算期内各项（　　）的统称。

A. 现金流入量　　B. 现金流出量
C. 现金流入量与现金流出量　　D. 现金净流量

4. 付现经营成本与经营成本的关系是（　　）。

A. 经营成本=付现经营成本+折旧费用等
B. 付现经营成本=经营成本+折旧费用等
C. 经营成本=付现经营成本
D. 经营成本与付现经营成本没有任何关系

5. 已知某投资项目的某年收现营业收入为1 000万元，该年经营总成本为600万元，折旧费用为100万元，在不考虑所得税的情况下，该年营业现金净流量为（　　）。

A. 400万元　　B. 500万元　　C. 600万元　　D. 700万元

二、多项选择题

1. 建设期资本化利息是指在建设期发生的与（　　）有关的借款利息。

A. 存货　　B. 流动资产
C. 固定资产　　D. 无形资产

2. 当建设期不为零时，建设期各年内的现金净流量可能（　　）。

A. 小于0　　B. 等于0　　C. 大于0　　D. 等于1

3. 下列项目中，属于现金流入量的是（　　）。

A. 营业收入　　B. 残值回收额

C. 流动资金回收额　　D. 建设投资

4. 在经营期的任何一年内的现金净流量等于（　　）。

A. 原始投资额的负值　　B. 原始投资与资本化利息

C. 该年现金流入量与流出量之差　　D. 该年利润加折旧费用、摊销费用和利息

5. 使各年利润分布与现金流量分布不同的因素是（　　）。

A. 折旧方法　　B. 存货计价方法

C. 间接计入费用分配方法　　D. 收现率

三、判断题

1. 由于建设期资本化利息并未实际支付，所以它不属于建设投资的范畴，不能作为现金流出量的内容。（　　）

2. 财务管理中的现金流量与财务会计中的现金流量含义一致。（　　）

3. 假定每年的赊销额与回收以前年度的款项相等，则该年的销售收入等于该年的收现营业收入。（　　）

4. 一个投资方案在项目计算期内任一年度的现金净流量都等于该年的利润、折旧费用、摊销费用、借款利息和回收额之和。（　　）

5. 资本化利息不应该被计算为建设期项目现金流出量。（　　）

单项任务训练

1. 资料：某企业拟新建一项固定资产，需要投入资金 200 万元，按直线法折旧，使用年限为 6 年，终结点的净残值为 20 万元。在建设点一次性投入借入资金 200 万元，建设期为 1 年，发生建设期资本化利息 12 万元。预计投产后，每年可增加营业收入 80 万元，增加付现成本 30 万元。借款利息在生产经营期的前两年平均偿还。

要求：计算各年现金净流量（假定收回残值与预计净残值相等，所得税税率为 25%）。

2. 资料：城达科技公司有一投资项目需要投入固定资产 300 万元，建设期资本化利息为 50 万元，经营期为 5 年，固定资产期满残值收入 30 万元。该项目投产以后，预计年营业收入 160 万元，年经营成本 60 万元。经营期每年支付借款利息 35 万元，经营期结束时还本。该企业采用直线法计提折旧，所得税税率为 25%，资金成本为 10%。

要求：计算该投资项目建设期现金净流量、经营期现金净流量及终结点现金净流量。

学习任务三　项目投资决策评价指标的计算与分析

知识准备与业务操作

一、项目投资决策评价指标的类型

项目投资决策评价的指标主要有静态投资回收期、投资利润率、净现值、净现值率、现值指数、内含报酬率等。根据不同分类依据，其可被分为以下类别。

（一）按是否考虑货币时间价值分类

其可分为非贴现评价指标和贴现评价指标两大类。

非贴现评价指标是指在计算过程中不考虑货币时间价值因素的指标，又称静态指标。与非贴现评价指标相反，贴现评价指标在计算过程中充分考虑和利用货币时间价值，因此贴现评价指标又称动态指标。

（二）按指标性质不同分类

其可分为在一定范围内数值越高越好的正指标和越低越好的反指标两大类。

投资利润率、净现值、净现值率、现值指数和内含报酬率属于正指标。静态投资回收期属于反指标。

（三）按指标数量特征分类

其可分为绝对量指标和相对量指标。

绝对量指标包括以时间为计量单位的静态投资回收期指标和以价值量为计量单位的净现值指标。相对量指标包括净现值率、现值指数、内含报酬率等指标。除现值指数以指数形式表现外，其余指标为百分比指标。

（四）按指标重要性分类

评价指标按在决策中所处的地位，可分为主要指标、次要指标和辅助指标。

净现值、内含报酬率等为主要指标，静态投资回收期为次要指标，投资利润率为辅助指标。

（五）按指标计算的难易程度分类

评价指标按计算的难易程度可分为简单指标和复杂指标。

投资利润率、静态投资回收期、净现值率和现值指数为简单指标。净现值和内含报酬率为复杂指标。

二、静态投资回收期的计算与分析

（一）静态投资回收期的含义

静态投资回收期是指以投资项目经营现金净流量抵偿原始投资所需要的全部时间。它有“包括建设期的投资回收期”和“不包括建设期的投资回收期”两种形式。

（二）计算方法

包括建设期的投资回收期（PP）满足以下关系式：

$$\sum_{t=0}^{PP} NCF_t = 0$$

（1）若至某年年末时累计现金净流量恰好为零，则该年限为包括建设期的投资回收期。

（2）若至第 N+1 年年末时累计现金净流量大于零，至第 N 年年末时累计现金净流量小于零，则包括建设期的投资回收期为：

$$PP = N + \frac{\text{第}N\text{年尚未收回的投资}}{\text{第}N+1\text{年的现金净流量}}$$

（3）若经营期间前若干年每年的现金净流量相等且累计大于原始投资，则包括建设期的投资回收期可简化计算为：

$$PP = 建设期 + \frac{原始投资}{投产前若干年每年相等的现金净流量}$$

（三）决策方法

静态投资回收期小于或等于投资者预期的投资回收期时，项目具备财务可行性。投资者预期的投资回收期通常不高于项目计算期的一半，即包括建设期的投资回收期小于或等于项目计算期的一半时，项目具备财务可行性。

（四）指标特征

（1）不考虑货币时间价值，不考虑回收期满后继续发生的现金流量。

（2）该指标属于反指标，通常指标值越低越好。

（3）该指标在投资项目决策评价指标体系中，属于次要指标。

业务操作　　　　计算项目静态投资回收期

如果某项目的现金净流量如表 5-1 所示，试计算该项目的静态投资回收期。

表 5-1　　　　某项目现金净流量表

年份	0	1	2	3	4	5
NCF_i	-150	40	50	50	60	70

操作步骤

该项目的静态投资回收期可通过下列步骤计算。

首先，计算该项目的累计现金净流量，如表 5-2 所示。

表 5-2　　　　某项目累计现金净流量表

年份	0	1	2	3	4	5
$\sum NCF_i$	-150	-110	-60	-10	50	120

其次，通过累计现金净流量可知，该项目的投资回收期满足：$3 \leqslant P \leqslant 4$，根据公式有：

$$P=3+10\div60=3.17（年）$$

业务操作　　　　计算项目静态投资回收期

根据【业务操作——估算项目投资现金流量】，试计算该项目的静态投资回收期。

操作步骤

不包括建设期的静态投资回收期=350÷103.5=3.38（年）

包括建设期的静态投资回收期=3.38+2=5.38（年）

三、投资利润率的计算与分析

（一）投资利润率的含义

投资利润率又称投资报酬率（ROI），是指投资项目投产期间的年平均净利润与投资项目的投资总额之间的比率，一般以百分比表示。

（二）投资利润率的计算公式

$$ROI=P/I$$

式中，P 表示年平均净利润，I 表示投资总额。

（三）决策方法

（1）如果投资项目的投资利润率高于企业要求的最低收益率或无风险收益率，则该投资项目可行。

（2）如果投资项目的投资利润率低于企业要求的最低收益率或无风险收益率，则该投资项目不可行。

（3）在多个投资项目的互斥性决策中，投资利润率越高，说明该投资项目的投资效果越好，故应该选择投资利润率高的投资项目。

知识链接 5-3　　基准收益率原则

项目财务基准收益率（IC）是项目财务内部收益率指标的基准判据，也是判断项目在财务上是否可行的最低标准，还是用作计算财务净现值的折现率。因此，财务基准收益率是否合理，对决策项目在财务上是否可行至关重要。如果把该值确定得过高，就有可能使一些本来在财务上合理的项目因财务评价不可行而被拒之；反过来，如果把该值确定得过低，又有可能把一些财务上不具备生存能力的项目放行，造成投资的损失和浪费。

财务基准收益率设立的原则：如果有行业发布本行业的基准收益率，即以其作为项目的基准收益率；如果没有行业规定，则由项目评价人员设定。设定方法：一是通过参考本行业一定时期的平均收益水平并考虑项目的风险系数确定；二是按项目占用的资金成本加一定的风险系数确定。

业务操作　　计算项目投资利润率

根据【业务操作——估算项目投资金流量】，试计算该项目的投资利润率。

操作步骤

投资利润率=49.5÷350=14.14%（不包括建设期）

四、净现值及相关指标的计算与分析

（一）净现值及相关指标的含义

1. 净现值

净现值是指在项目计算期内，以投资者要求的必要报酬率或资金成本率作为折现率计算的各年现金净流量现值的代数和。其实质为投资项目全部现金流入量现值之和与全部现金流出量现值的差额。

2. 净现值率

净现值率是指投资项目的净现值占原始投资现值的比率，能够反映投资的效率，净现值率越高，说明投资效果越好。

3．现值指数

现值指数亦称获利指数，是指投产后各年现金净流量的现值之和与原始投资现值的比值，同样可用于反映投资效果。其值等于“1+净现值率”。

（二）指标值计算

1．净现值

$$净现值(NPV)=\sum_{t=0}^{n}NCF_t\times(P/F,I,t)$$

特殊情况：当建设期为零且每年的现金净流量相等时，可利用年金计算现值。即：

净现值（NPV）=-投资额（-*I*）+每年等额的现金净流量（NCF）×年金现值系数（*P*/*A*，*i*，*n*）

2．净现值率

$$净现值率\ (NPVR)=\frac{净现值\ (NPV)}{原始投资现值\ (I)}$$

3．现值指数

$$现值指数\ (PI)=\frac{投产后各年现金净流量值}{原始投资现值}$$

对于同一个项目，净现值大于等于零，则必然净现值率大于等于零，现值指数大于等于 1；反之，对于同一个项目，净现值小于零，则必然净现值率小于零，现值指数小于 1。

（三）决策原则与方法

对于独立项目，若净现值、净现值率大于或等于零，现值指数大于等于 1，则项目具备财务可行性。

（四）指标特征

（1）考虑了货币的时间价值。

（2）考虑了项目计算期内全部的现金流量。

（3）不能直接反映投资项目的实际收益率。

业务操作　　计算项目投资的净现值、净现值率和现值指数

根据【业务操作——估算项目投资现金流量】，试计算该项目的净现值、净现值率和现值指数。

操作步骤

净现值=-300-50（*P*/*F*，10%，2）+103.5×[（*P*/*A*，10%，7）-（*P*/*A*，10%，2）]
　　+80×（*P*/*F*，10%，7）
　　=-300-50×0.826+103.5×（4.868-1.736）+80×0.513 =-341.3+365.202
　　≈23.90（万元）

净现值率=23.90÷350 ≈ 7%

现值指数= 365.202÷341.3=1.07

五、内含报酬率的计算与分析

（一）内含报酬率的含义

内含报酬率是指项目投资实际可望达到的收益率，它是现金流入量现值等于现金流出量现值时的折现率，也就是净现值为零时的折现率。

（二）指标值计算

根据定义，内含报酬率满足下式：

$$NPV=\sum_{t=0}^{n}[NCF_t（P/F，IRR，t）]=0$$

式中，NPV为净现值，IRR为内含报酬率，n为项目计算期，NCF_t为第t年的现金净流量，（P/F，IRR，t）为第t年的复利现值系数。

因为IRR为未知量，要使NPV=0，应通过试算的方法进行求解，试算过程如下。

任选一个利率值代入试算，若结果大于零，进一步提高利率进行试算；若结果小于零，进一步降低利率进行试算。如此进行多次试算，如果代入试算的某一利率恰使得上式值为零，则该利率就是所求内含报酬率；若试算至某一利率使上式值小于零（或大于零），再降低（或提高）一个百分点使上式值大于（或小于）零，则所求内含报酬率为两利率之间的一个值，可利用内插法进行求解。设满足上述条件的两个利率分别为R_1、R_2，对应的净现值分别为NPV_1、NPV_2，利用内插法求得IRR为：

$$IRR=R_1+(R_2-R_1)\cdot\frac{0-NPV_1}{NPV_2-NPV_1}$$

若投资项目符合以下两个条件，则可用简化方法求解内含报酬率：①项目全部投资于建设起点一次投入，建设期为零；②投产后每年现金净流量相等，即经营期内现金净流量为普通年金，则内含报酬率满足：

$$I=NCF×（P/A，IRR，n）$$

其中：I为原始投资额，NCF为每年的现金净流量，（P/A，IRR，n）为年金现值系数。

通过上式，可以求出年金现值系数，再通过查年金现值系数表，结合内插法，即可求得内含报酬率。

（三）决策方法

若内含报酬率大于或等于投资者要求的必要报酬率，则项目具备财务可行性。

（四）指标特征

（1）能反映货币时间价值。

（2）能反映项目的实际收益率。

（3）属于正指标，其值越高越好。

（4）计算过程复杂。

业务操作　　　　计算项目投资的内含报酬率

根据【业务操作——估算项目投资现金流量】，试计算该项目的内含报酬率。

操作步骤

设I=10%

净现值=−300−50（P/F，10%，2）+103.5×[（P/A，10%，7）−（P/A，10%，2）]
+80×（P/F，10%，7）
=−300−50×0.826+103.5×[4.868−1.736]+80×0.513=−341.3+365.202
≈23.90（万元）

设 I=12%

净现值=−300−50（P/F，12%，2）+103.5×[（P/A，12%，7）−（P/A，12%，2）]

+80×（P/F，12%，7）

=−300−50×0.797+103.5×[4.564−1.690] +80×0.452

=−339.85+333.619

=−6.23（万元）

则，$\mathrm{IRR}=R_1+(R_2-R_1)\dfrac{0-\mathrm{NPV}_1}{\mathrm{NPV}_2-\mathrm{NPV}_1}$=11.59%

业务链接 5-3　　单一投资项目的财务可行性分析

（1）如果某一投资项目的评价指标同时满足以下条件，则可以断定该投资项目无论从哪个方面看都具备财务可行性。这些条件是：

NPV≥0;

NPVR≥0;

PI≥1;

IRR≥i（i 为资金成本或投资项目的行业基准利率）;

投资回收期低于或等于标准投资回收期：$P \leqslant P_0$（其中 P_0 为标准投资回收期）;

ROI≥基准投资利润率。

（2）如果某一投资项目的评价指标同时不满足上述条件，即：

NPV<0，NPVR<0，PI<1，IRR<i，$P>P_0$，ROI<基准投资利润率，就可以断定该投资项目无论从哪个方面看都不具备财务可行性，毫无疑问，企业此时应当放弃该投资项目。

（3）当静态投资回收期（次要指标）或投资利润率（辅助指标）的评价结论与净现值等主要指标的评价结论发生矛盾时，应当以主要指标的结论为准。

如果在评价过程中发现某项目的主要指标 NPV≥0，NPVR≥0，PI≥1，IRR≥i，但次要或辅助指标 $P>P_0$ 或 ROI<基准投资利润率，则可断定该项目基本上具有财务可行性；相反，如果出现 NPV<0，NPVR<0，PI<1，IRR<i 的情况，即使 $P \leqslant P_0$ 或 ROI≥基准投资利润率，也可基本断定该项目不具有财务可行性。

案例分析 5-3　　福达股份关于全资子公司项目投资的公告

桂林福达股份有限公司（以下简称“公司”）全资子公司桂林福达曲轴有限公司（以下简称“福达曲轴”）拟投资 2.5 亿元新建年产 40 万件曲轴的自动化生产线技术改造项目，用于生产发动机曲轴产品。

本项目建设期约为 15 个月（从 2017 年 3 月至 2018 年 5 月），2018 年 6 月项目建成投产。项目建设完成后，达产年可实现新增销售收入 2.5 亿元，年缴增值税 1 232.57 万元，年缴营业税金及附加 123.26 万元，年利润总额 3 353.87 万元，具有较好的经济效益。

本项目总投资收益率为 13.42%，税后项目投资回收期为 7.21 年。本项目是福达曲轴充分利用自身的优势，引进先进生产设备，提高技术装备水平，扩大生产规模，满足市场需求，促进企业做大做强的需要而实施的。本项目投资实施可进一步增强企业盈利能力，提高产品市场竞争力，促进公司持续健康发展，符合公司总体的发展战略，不会损害公司及股东特别是中小股东的利益。

本项目是公司基于长远发展规划和市场发展前景、经多次研究论证后审慎提出的，有较高的可行性，但在项目实施过程中或项目完成后，若国家的产业政策发生重大变更、市场环境发生不利变化、公司产品投产后市场开拓不顺利，则本项目存在可能无法实现预期收益的风险。

桂林福达股份有限公司董事会

2017年3月14日

（资料来源：福达股份．福达股份关于全资子公司项目投资的公告[EB/OL]．东方财富网．编者已做修改。）

思考：根据该公司的公告你能判断出该项目是否可行吗？如果不能判断，还需要哪些指标才可判断项目？

想一想

在运用投资利润率、静态投资回收期、净现值、净现值率、现值指数和内含报酬率等指标评价项目投资时，应该如何决策？

职业能力选择与判断

一、单项选择题

1. 下列指标中，属于静态评价指标的是（　　）。

A. 投资回收期　B. 净现值　C. 净现值率　D. 内部收益率

2. 已知某新建项目的现金净流量：NCF_0=−100万元，NCF_1=−50万元，$NCF_{2\sim5}$=25万元，$NCF_{6\sim10}$=40万元。则包括建设期的投资回收期为（　　）。

A. 5年　B. 5.25年　C. 6年　D. 6.25年

3. 能使投资方案的净现值为0的折现率是（　　）。

A. 净现值率　B. 内部收益率　C. 投资利润率　D. 资金成本率

4. 下列指标中，属于绝对指标的是（　　）。

A. 净现值　B. 净现值率　C. 投资利润率　D. 内部收益率

5. 在只有一个投资方案的情况下，如果该方案不具备财务可行性，则（　　）。

A. 净现值＞0　B. 净现值率＜0　C. 内部收益率＞0　D. 内部收益率＜0

二、多项选择题

1. 对于单个投资项目，当净现值大于0时，（　　）关系成立。

A. 净现值率大于0　B. 内部收益率大于0

C. 各年现金流入量大于现金流出量　D. 该项目具有财务可行性

2. 下列指标中属于贴现指标的是（　　）。

A. 投资回收期　B. 净现值　C. 现金流量　D. 内部收益率

3. 下列因素中，影响内部收益率的是（　　）。

A. 银行利率　B. 资金成本率　C. 投资项目计算期　D. 初始投资金额

4. 下列属于评价投资项目的主要指标有（　　）。

A. 净现值　　　B. 净现值率　　　C. 内部收益率　　　D. 投资回收期

5. 净现值属于（　　）。

A. 正指标　　　B. 反指标　　　C. 绝对指标　　　D. 相对指标

三、判断题

1. 判断投资方案财务可行性的主要指标有净现值、净现值率、内部收益率、投资回收期，不包括投资利润率。（　　）

2. 净现值是指在项目计算期内，按投资者要求的必要报酬率或资金成本率作为折现率计算的各年净现金流量现值的代数和。（　　）

3. 评价指标按性质不同，可分为折现指标和非折现指标两大类。（　　）

4. 静态投资回收期简称回收期，是指投资项目收回原始总投资所需要的时间，即以投资项目经营现金净流量抵偿原始总投资所需要的全部时间。它是一个辅助指标。（　　）

5. 分别利用净现值、净现值率、内部收益率指标对某单一独立项目进行评价，会得出相同结论。（　　）

单项任务训练

1. 资料：某企业拟新建一项固定资产，需要投入资金 200 万元，按直线法折旧，使用年限为 6 年，终结点的净残值为 20 万元。在建设点一次性投入借入资金 200 万元，建设期为 1 年，发生建设期资本化利息 12 万元。预计投产后，每年可增加营业收入 80 万元，增加付现成本 30 万元。借款利息在生产经营期的前两年平均偿还。

要求：计算该项目的净现值、净现值率、现值指数和内含报酬率（假定收回残值与预计净残值相等，所得税税率为 25%，资金成本率为 8%）。

2. 资料：某投资项目累计现金净流量如表 5-3 所示。

表 5-3　　　　某投资项目累计现金净流量表　　　　单位：万元

年份	0	1	2	3	…	7	8	…	12
累计现金净流量	−200	−300	−300	−240	…	−30	30	…	350

要求：

（1）计算该项目的静态投资回收期；

（2）说明该项目的建设期是多少年？资金的投资方式如何？生产经营期为多少年？

3. 资料：城达科技公司有一投资项目需要投入固定资产 300 万元，建设期资本化利息为 50 万元，经营期为 5 年，固定资产期满残值收入 30 万元。该项目投产以后，预计年营业收入 160 万元，年经营成本 60 万元。经营期每年支付借款利息 35 万元，经营期结束时还本。该企业采用直线法计提折旧。所得税税率为 25%，资金成本率为 10%。

要求：

（1）计算该投资项目静态投资回收期；

（2）计算该投资项目的净现值、净现值率及现值指数；

（3）根据计算结果，评价该投资项目的可行性。

项目小结

项目投资是对特定项目进行的一种长期投资行为。对工业企业来讲，投资主要分为新建项目投资和更新改造项目投资两大类。项目投资具有投资规模较大，投资回收时间较长、投资风险较大等特点。项目投资的决策程序一般为：投资项目的提出、投资项目的可行性分析、投资项目决策和投资项目的实施与控制。

现金流量是指该项目投资引起的现金流入量和现金流出量的统称，它可以动态反映该投资项目投入和产出的相对关系。为方便投资项目现金流量的确定，有以下假设：财务可行性分析假设、全投资假设、建设期间投入全部资金假设、经营期和折旧年限一致假设、时点指标假设。在进行项目投资决策分析时，通常用现金流出量、现金流入量和现金净流量来反映项目投资的现金流量。现金流出量是指由于项目投资引起的企业现金支出的增加额；现金流入量是指由于项目投资引起的企业现金收入的增加额；现金净流量（Net Cash Flow，NCF）则是在一定时期内现金流入量减去现金流出量的差额。

项目投资决策评价的指标主要有静态投资回收期、投资利润率、净现值、净现值率、现值指数、内含报酬率等。静态投资回收期是指在不考虑货币时间价值的情况下，收回全部投资额所需要的时间。投资利润率又称投资报酬率（ROI），是指投资项目投产期间的年平均净利润与投资项目的投资总额之间的比率。净现值是指在项目计算期内，以投资者要求的必要报酬率或资金成本率作为折现率计算的年现金净流量现值的代数和。净现值率（NPVR）是指投资项目的净现值占原始投资现值的比率。现值指数亦称获利指数，是指投产后各年现金净流量的现值之和与原始投资现值的比值。内含报酬率是指项目投资实际可望达到的收益率，亦是净现值等于零时的折现率。

如果某一投资项目的评价指标同时满足 NPV≥0、NPVR≥0、PI≥1、IRR≥i、$P \leqslant P_0$（其中 P_0 为标准投资回收期）与 ROI≥基准投资利润率，则该项目可行；反之，都不满足这些条件，则肯定不可行。当静态投资回收期（次要指标）或投资利润率（辅助指标）的评价结论与净现值等主要指标的评价结论发生矛盾时，应当以主要指标的结论为准。

项目案例分析

情景与背景：华为公司为改变产品结构，开拓新市场领域，拟开发新产品，为此，需要购买价值 110 万元的新生产线一条，该生产线的建设期为 1 年，可使用期限为 10 年，期满时有残值收入 10 万元；另需要购买一项专利权，价值 10 万元，专利权的摊销期限为 10 年，在建设期期末时投入；同时，建设期期末投入流动资金 5 万元开始生产。投资者要求的报酬率是 10%。投产后，每年预计外购原材料 20 万元，支付工资 15 万元，其他费用 5 万元，每年预计营业收入 80 万元。企业适用的所得税税率为 25%。

要求：请你仔细阅读该案例资料，分析并完成以下问题。

1. 根据资料分析华为公司的投资类型？
2. 分析项目投资决策应考虑的主要因素。
3. 分析投资项目包括的内容。
4. 指出项目投资的期限、投资方式。

项目综合实训

一、实训要求

1. 能根据投资项目主客观条件，准确计算与分析投资项目每年的现金净流量。
2. 能准确计算投资项目的投资利润率和静态投资回收期，并准确评价项目。
3. 能准确计算投资项目的净现值、净现值率、现值指数和内含报酬率，并准确评价项目。
4. 能够对本次实训活动进行总结，在此基础上按照规范格式撰写《项目投资分析与决策实训报告》。

二、实训条件

在财务管理实训室进行，要求配备计算机和财务软件、相关实训用具等。

三、实训材料

某工业项目需要原始投资1 250万元，其中固定资产投资1 000万元，开办费投资50万元，流动资金投资200万元。建设期为1年，建设期发生与购建固定资产有关的资本化利息100万元。固定资产和开办费于建设起点投入，流动资金于完工时，即第1年年末投入。该项目寿命期10年，固定资产按直线法折旧，期满有100万元净残值；开办费于投产当年一次摊销完毕；流动资金于终结点一次收回。投产后每年获得的息税前利润分别为120万元、220万元、270万元、320万元、260万元、300万元、350万元、400万元、450万元和500万元。

问题：

（1）请你为该项目编制一份简要的现金流量分析报告，报告主要包括以下内容：①该项目的项目计算期、固定资产原值、固定资产年折旧；②该项目的建设期现金净流量；③该项目的运营期所得税前现金净流量；

（2）运用投资利润率和静态投资回收期对该项目进行评价；

（3）运用净现值和内含报酬率对该项目进行评价。

项目综合评价

项目评价记录表

姓　　名：__________　班　　级：__________　评价时间：__________

评价指标		评价标准	所占比例	分值
活动过程 Σ80	职业能力 Σ35	信息处理能力	5%	
		解决问题能力	5%	
		革新创新能力	5%	
		职业能力训练成绩	20%	
	专业能力 Σ45	正确分析项目投资的内容	15%	
		准确分析项目投资现金流量	15%	
		准确分析项目投资决策评价指标并计算相应指标值	15%	
团队合作 Σ20	工作计划	计划设置及实施	5%	
	过程实施	配合及解决问题	5%	
	合作交流	小组成员间的交流与合作	5%	
	资源利用	资源使用及组织	5%	
综合得分				
教师评语		签名： 年　月　日		
学生意见		签名： 年　月　日		

项目六

证券投资管理

知识目标

① 了解证券及证券投资的含义与种类

② 了解证券投资的目的与投资程序

③ 理解股票、债券、基金投资的风险和收益

④ 了解证券投资的组合的风险及收益率

能力目标

① 掌握股票投资决策分析方法，能够对股票投资和投资组合做出决策

② 能够通过对债券投资价值及投资收益率的计算对债券投资做出决策

③ 能够通过计算基金的投资收益率，做出基金投资决策

④ 能够通过证券投资组合降低证券投资风险

项目引导案例

“水泥老大”海螺水泥炒股赚 18.6 亿元　贡献三成净利润

7 月 22 日，海螺水泥发布半年报称，上半年净利润为 67.17 亿元，其中通过减持其所持有的同行业上市公司股票获利 18.6 亿元，占净利润的近三成。

海螺水泥为安徽省最大企业，同时也是世界最大的水泥企业。凭借在水泥行业的竞争力，长期以来，海螺水泥是安徽省内最赚钱的上市公司。2017 年上半年，海螺水泥还展现出了它不为人知的“财技”。

据半年报，海螺水泥减持新力金融股票 362 万股，占新力金融已发行股份数量的比例为 1.49%；减持青松建化股票 14 602.8 万股，占比 10.59%；减持冀东水泥股票 18 770 万股，占比 13.93%。通过减持前述相关股票，海螺水泥实现投资收益 18.6 亿元。资料显示，前述三家公司均以水泥为主业，是海螺水泥的“同行”。

数据显示，2017 年年初，海螺水泥持有新力金融、冀东水泥、青松建化和西部水泥 4 家上市公司的股票数量分别为 0.54 亿股、21.61 亿股、8.14 亿股和 14.5 亿股，对应持股比例分别为 9%、13.93%、10.59%和 21.17%。2017 年上半年，公司减持了新力金融 1.49%股份，减持后持股比例降至 7.51%。对于青松建化和冀东水泥，海螺水泥则进行了悉数“清仓”。

记者注意到，海螺水泥对冀东水泥的减持时机相当“精准”。冀东水泥为华北地区最大水泥企业之一，今年 4 月，国务院宣布设立雄安新区的消息之后，冀东水泥成为受益最大的“雄安概念股”之一。就在冀东水泥因“雄安概念”而大涨的 4 月 12 日至 28 日期间，海螺水泥减持冀东水泥 1.33 亿股。

（资料来源：赵毅波.“水泥老大”海螺水泥炒股赚 18.6 亿元 贡献三成净利润[EB/OL]. 腾讯网. 编者已做修改。）

问题：进行证券投资有可能获得丰厚的利润，也有可能发生较大的亏损。作为非证券公司或证券投资基金，一般企业为什么要进行证券投资？在进行证券投资时该如何决策？

学习任务一　认知证券投资的基础知识

知识准备与业务操作

一、证券投资的种类与特征

证券是各类记载并代表一定权利的法律凭证的统称，用以证明持券人有权依其所持证券记载的内容取得应有的权益。股票、债券、基金证券、票据等都是证券。

证券投资是指投资者以获取投资收益或控股为目的将资金用于购买股票、债券等金融资产的投资行为。证券投资和实物资产投资不同，实物资产投资是购买固定资产或流动资产等实物资产的投资行为，属于直接投资；证券投资是指购买股票、债券等金融资产的投资行为，属于间接投资。

（一）证券投资种类

证券投资按投资对象不同，可以分为以下几种。

1. 债券投资

债券投资是指投资者将资金投入各种债券中，如国债、公司债券和短期融资债券等。相对于股票投资，债券投资一般风险较小，能获得稳定收益，但要注意投资对象的信用等级。

2．股票投资

股票投资是指投资者以购买其他企业发行的股票作为投资，如购买普通股、优先股。股票投资风险比较大，收益也相对较高。

3．基金投资

基金投资是指投资者通过购买基金份额或收益凭证来获取收益的投资方式。这种方式可使投资者享受专家服务，有利于分散风险，获得较多投资收益。

4．组合投资

组合投资是指投资者将资金同时投放于债券、股票和基金等多种证券中，这样可分散证券投资风险。组合投资是投资者投资证券时常用的投资方式。

想一想

股票投资、债券投资和基金投资有何区别？

（二）证券投资的特征

证券投资具有风险大、流动性强、交易成本低等特征。

1．风险大

证券相对于实物资产来说，受人为因素影响较大，且没有相应的实物做保证，其价值受政治、经济环境等各种因素的影响较大，因此价格经常变动，投资风险较大。

2．流动性强

证券资产的流动性明显高于实物资产，当投资者进行投资或转让投资时只要以适当的价格委托买卖就行了。

3．交易成本低

证券交易过程快速、简捷，成本较低。以上海证券交易所的A股为例，交易费用为：佣金（各券商不同，最高为成交额的3‰）+印花税（成交额的1‰）+过户费（1元/1 000股）。

知识链接 6-1　　如何知道上市公司证券的交易费用

在我国，有两大证券交易所，分别是上海证券交易所和深圳证券交易所，不同交易所和不同证券的交易费用是不一样的。大家可登录相关网站进行查询。

二、证券投资的目的

1．充分利用闲置资金

在企业生产经营活动中，有时出现资金短缺，有时出现资金闲置。当出现资金闲置时，可以将闲置资金暂时投资于有价证券；当出现资金短缺时，可以将证券出售换回企业所需资金。从事季节性经营的企业在一年内的某些月份有剩余资金，在另外几个月份则会出现现金短缺，这些企业通常在现金有剩余时购入证券，在现金短缺时出售证券。

2．为了取得对相关企业的控制权

如果证券投资比例达到国家法律规定的可以取得被投资企业控制权的程度，那么，投资者就可以取得被投资企业的控制权。

3. 满足未来的财务需求

假如企业在不久的将来有一笔现金需求，如建一座厂房或归还到期债务，那么可以将现有资金投资于证券，以便到时出售，获得所需要的现金。

4. 获得长期稳定的投资收益

有时企业拥有大量闲置资金，且在较长时间内没有大量现金支出计划，也没有收益较多的项目投资，那么企业就可以利用这笔资金进行长期证券投资。与短期投资不同，长期证券投资的收益主要来自投资期间内的现金形式的利息、股利和价值增长。

案例分析 6-1　　上市公司购买理财产品的行为应被规范和监管

最近，多家媒体关注到一个现象，即数百家上市公司 2016 年动用几千亿元资金购买各类理财产品。在国家强调深化供给侧结构性改革、振兴实体经济的当下，在此类现象看上去合乎“市场化”原则的背后，其实藏着不小的隐忧，对此必须加以规范和从严监管。

根据 Wind 数据统计显示，2016 年有 767 家上市公司购买了包括银行理财、结构性存款等各类存款、证券公司理财产品、私募、信托、基金专户以及逆回购等理财产品，总金额达 7 629 亿元。

多数上市公司是用资本市场募集的闲置资金购买理财产品。如果做一个分类，那么上市公司的闲置资金主要包括闲置的募集资金和自有资金，前者包括闲置的计划性募集资金和超募资金，其中超募资金属于计划外资金，长期处于闲置状态。从 2016 年的情况看，7 629 亿元的理财产品认购额中，资金来源于募集闲置资金、自有资金的比例分别达 58%、42%。这就是说，购买理财产品的资金中，一多半是通过股票市场募集的闲置资金，这些资金本来应当被投入到实体经济项目中去，而现在大多被用于购买“金融产品”。其中，资金“脱实向虚”的动向已十分明了。

上市公司作为理财市场的购买方或需求方，应当牢牢坚守做大做强主业的原则，在此原则下坚持理性投资，适度购买理财产品。上市公司作为公众公司，其稳健经营和理性投资行为不仅关系到公司持续安全较快发展，而且关系到广大投资者的利益。因此，其应比大量非上市公司更加关注做大做强自己的主业，即以做大做强实体经济为根本宗旨，成为实体经济企业持续健康发展的标杆。在此前提下，企业才能用闲置的自有资金理性购买适量的理财产品。切不可舍本逐末，盲目地、过度地投资理财产品或配置金融资产。实体经济企业只有做大做强本业，才能具备核心竞争力。

（资料来源：卓尚进. 上市公司购买理财产品的行为应被规范和监管[EB/OL]. 网易. 编者已做修改。）

思考：非金融类公司进行证券投资的目的是什么？应该如何处理证券投资与主业的关系？

三、证券投资程序

投资者初次进行证券投资，投资程序一般如下。

（一）开户

证券投资大多数要在证券交易所内进行，一般的投资者不能直接进入交易所进行证券交易的买卖。投资者必须委托有资格进入证券交易所进行证券交易买卖的证券商代为买卖证券。因此，投资者应该首先确定证券商。选定后，投资者按照《交易市场业务试行规则》的规定，在证券商处开立账户。投资者开立的账户有证券账户和资金账户，其中资金账户的资金由证券商代为转存银行，利息自动转入该账户。当账户具有足够资金时，投资者即可委托证券商购买证券。

（二）委托买卖

投资者开立账户后就可以委托证券商进行证券买卖了，投资者在委托买卖时必须说明委托的内容，委托的主要内容如下。

1. 购买证券的名称

投资者应该考虑各种证券的营利性、流动性和风险性，正确选择投资对象。

2. 买进的数量及价格

买进的价格分为市价委托价格和限价委托价格等。

3. 委托的有效期

投资者要说明委托是当天有效还是几日内有效，一般为当天有效的委托居多。

（三）清算交割

证券交易成功后，买卖双方要按交易的数量和价格进行相互交换证券和价款。投资者买入股票，买卖成交后要向股票的卖方交付价款，收取股票；而卖方则要向投资者交付股票，收取价款，这一过程为证券的交割。投资者进行交割时并不是逐笔进行的，一般采用清算制度，即将投资者买卖证券的数量、金额相互抵销，然后就抵销后的净额进行交割。这种抵销金额，只支付净额的办法就是清算制度。

（四）过户

过户是指投资者买进股票后，持所买股票到发行公司办理变更股东名册登记的手续。过户后，新股东即可享有发行公司的一切股东权益，股票的委托交易过程至此终结。但是，现在由于结算公司实行证券集中存管和无纸化交收，股票的过户手续在清算交割后就已经由计算机自动完成，因此投资者无须专门到证券营业部办理股票过户手续。

业务链接 6-1　　我国 A 股、基金、债券的基本交易规则

竞价原则：价格优先、时间优先。成交时，价格优先的原则为：较高价格买进申报优先于较低价格买进申报，较低价格卖出申报优先于较高价格卖出申报。成交时，时间优先的原则为：买卖方向、价格相同的，先申报者优先于后申报者。先后顺序按交易主机接受申报的时间确定。

股票交易的单位为股，每 100 股为 1 手，委托买卖必须以 100 股或其整数倍进行。债券以人民币 1 000 元面额为 1 手。债券回购以 1 000 元标准券或综合券为 1 手。100 股以下的零股交易只能卖出不能买入，且只能一次性委托卖出零股。

计价单位：股票为“每股价格”，基金为“每份基金价格”，债券为“每百元面值的价格”，债券回购为“每百元资金到期年收益”。

A 股、基金和债券的申报价格最小变动单位为 0.01 元人民币；B 股上交所为 0.001 美元、深交所为 0.01 港元；债券回购上交所为 0.005 元人民币、深交所为 0.01 元人民币。

交易时间：上午 9∶15～9∶25 为集合竞价时间；上午 9∶30～11∶30，下午 1∶00～3∶00 为连续竞价时间。

委托方式：人工、电话、磁卡、热自助、网上交易、远程交易等。

职业能力选择与判断

一、单项选择题

1. 一般认为，企业进行长期债券投资的主要目的是（　　）。
   A. 控制被投资企业　　B. 调剂现金余额
   C. 获得稳定收益　　D. 增强资产流动性
2. 投资短期证券的投资者最关心（　　）。
   A. 证券的现实指数　　B. 证券市场价格的变动
   C. 发行公司当期可分派的收益　　D. 发行公司经营理财状况的变动趋势
3. 下列哪项证券投资能使投资者获得被投资企业的控制权（　　）。
   A. 债券　　B. 普通股股票　　C. 优先股股票　　D. 认股权证
4. 证券的哪一特征可能导致证券投资面临较大风险和获得较高收益？（　　）
   A. 流动性强　　B. 不形成实物资产
   C. 价格不稳定　　D. 交易成本低
5. 证券组合投资是指将资金投向于（　　）。
   A. 债券　　B. 股票　　C. 期货　　D. 多种证券

二、多项选择题

1. 证券投资相对于实物资产投资而言的特点是（　　）。
   A. 流动性强　　B. 交易成本高　　C. 价值不稳定　　D. 投资风险小
2. 企业进行证券投资的目的是（　　）。
   A. 充分利用闲置资金　　B. 为了取得对相关企业的控制权
   C. 满足未来的财务需求　　D. 获得长期稳定的投资收益
3. 企业初次进行证券投资，其投资程序一般为（　　）。
   A. 开户　　B. 委托买卖　　C. 清算交割　　D. 过户
4. 投资者要进行证券投资，必须开立账户，开立的账户是（　　）。
   A. 证券账户　　B. 资金账户　　C. 股票账户　　D. 基金账户
5. 证券投资的对象可以是（　　）。
   A. 股票　　B. 债券　　C. 基金　　D. 以上三者的组合

三、判断题

1. 在财务管理中，证券投资与项目投资均属于投资，区别仅在于投资的对象不同。（　　）
2. 证券投资是购买股票、债券等金融资产的投资行为，属于间接投资。（　　）
3. 证券投资的唯一目的就是获利。（　　）
4. 证券价格波动大对于证券投资来说是一个不利因素。（　　）
5. 证券投资亏损的主要原因之一是证券投资交易成本高。（　　）

单项任务训练

1. 请分析工业企业进行证券投资的目的。
2. 请介绍证券投资的基本程序。

学习任务二 债券投资决策

知识准备与业务操作

一、债券的特征

债券作为一种重要的金融工具，具有如下特征。

（一）偿还性

债券一般都规定有偿还期限，发行人必须按约定的条件偿还本金并支付利息。

（二）流通性

债券一般都可以在流通市场上自由转让。

（三）安全性

与股票相比，债券通常规定固定的利率，与企业绩效没有直接联系，收益比较稳定，风险较小。此外，在企业破产时，债券持有者有优先于股票持有者的、对企业剩余资产的索取权。

（四）收益性

债券的收益性主要表现在两个方面，一是投资债券可以给投资者定期或不定期带来利息收入，二是投资者可以利用债券价格的变动，买卖债券赚取差额。

在企业投资的过程中，企业投资的目的是提高收益，降低风险。企业决定是否购买某种债券，必须先进行收益评价，即评价其收益和风险。评价债券收益水平的指标主要有两个，即债券的价值和债券的到期收益率。

二、债券价值的计算与决策

债券的当前价值为债券未来现金流入量现值之和。因为债券付息方式不同，其价值计算方式也不同。

（一）分期付息债券的价值计算公式

$$V=\sum P\times i\times（P/A，k，t）+P\times（P/F，K，t）$$

式中，V为债券当前价值，P为债券面值，i为票面利率，k为当前市场利率，即投资者要求的必要报酬率，t为当前至债券到期日的时间，若当前为债券的发行日，则t为债券的期限。

（二）单利计息、到期一次还本付息的债券价值计算公式

$$V=\sum(P+P\times i\times t)\times（P/F，i，t）$$

式中，各字母含义同（一）。

（三）零息票据价值计算公式

$$V=P（P/F，i，n）$$

式中，各字母含义同（一）。

（四）债券投资决策方法

债券投资决策方法：当债券价值大于或等于当前市场价格时，值得投资；当债券价值低于当前

市场价格时，不应投资。

业务操作　　　　确定债券投资价值

某公司欲投资购买债券，其要求的报酬率为 6%，目前市场上有三家公司的债券可供挑选：①神州公司债券，债券面值 1 000 元，5 年期，票面利率为 8%，每年付息一次，到期还本，债券的发行价格为 1 100 元。②神龙公司债券，债券面值 1 000 元，5 年期，票面利率为 8%，单利计息，到期一次还本付息，债券的发行价格为 1 050 元。③神凤公司债券，债券面值 1 000 元，5 年期，为零息票据，发行价格为 600 元，到期还本。

请分析：三家公司债券的价值分别是多少？是否值得投资？

操作步骤

三家公司债券的价值分别计算如下。

神州公司债券价值 V=1 000×8%×（P/A，6%，5）+1 000×（P/F，6%，5）
=80×4.212 4+1 000×0.747 3=1 084.29（元）

神龙公司债券价值 V=1 000×（1+5×8%）×（P/F，6%，5）
=1 000×1.4×0.747 3=1 046.22（元）

神凤公司债券价值 V=1 000×（P/F，6%，5）
=1 000×0.747 3=747.3（元）

投资决策：因为神州公司债券价值 1 084.29 元，低于其发行价格 1 100 元，因此不值得投资；神龙公司债券价值 1 046.22 元，低于其发行价格 1 050 元，因此也不值得投资；神凤公司债券价值 747.3 元，高于其发行价格 600 元，因此值得投资。

三、债券投资收益率的计算与决策

债券投资收益率的计算涉及短期债券投资收益率和长期债券投资收益率，通常对短期债券投资收益率的计算可不考虑货币的时间价值。

（一）短期债券投资收益率

短期债券投资收益率=（债券卖出价−债券买入价+持有期间所得利息）/债券买入价

（二）长期债券投资收益率

对长期债券投资收益率的计算应考虑货币时间价值，应通过折现的方式求出。持有至到期的债券投资，其投资收益率即为债券的内含报酬率，其计算同于项目投资内含报酬率的计算，即满足债券投资未来现金流量现值等于其当前市价时的折现率。

1. 对分期付息的债券而言，持有至到期收益率满足以下计算公式：

$$p=\sum P\times i\times(P/A,\ R,\ t)+P\times(P/F,\ R,\ t)$$

式中，p 为债券当前市场价格，P 为债券面值，R 为要求的投资报酬率，其他字母含义同前。

2. 对到期一次还本付息的债券而言，持有至到期收益率满足以下计算公式：

$$p=\sum(P+P\times i\times t)\times(P/F,\ R,\ t)$$

式中，各字母含义同前。

3. 零息票据持有至到期的收益率满足以下计算公式：

$$p=P\times(P/F,\ R,\ t)$$

式中，各字母含义同前。

（三）债券投资收益率的决策方法

债券投资收益率的决策方法：当债券投资收益率大于或等于当前市场利率（投资者要求的报酬率）时，可投资，否则不可投资。

业务操作　　计算债券投资收益率

某公司欲投资购买债券，其要求的报酬率为6%。神凤公司债券面值1 000元，期限为5年，为零息票据，发行价格为600元，到期还本。若该公司在购入神凤公司的债券2年后，以800元的价格出售，则投资收益率为多少？

操作步骤

$$600=800\times(P/F, R, 2)$$

$$(P/F, R, 2)=600\div800=0.75$$

查复利现值系数表知 R 为14%时，系数为0.769 5，R 为16%时，系数为0.743 2，采用内插法即可算出 R 的值。

$$\frac{R-14\%}{16\%-14\%}=\frac{0.75-0.769\ 5}{0.743\ 2-0.769\ 5}$$

得：$R=14\%+(16\%-14\%)\times\dfrac{0.75-0.7624}{0.7432-0.7624}$

$=15.29\%$

即：若公司持有神凤公司债券两年后出售，实际收益率为15.29%。

想一想

如何评价债券投资的风险？

四、债券投资风险评价与信用评级

（一）债券投资风险评价

债券投资的风险主要包括违约风险、利率风险、购买力风险、流动性风险和期限性风险。

1. 违约风险

违约风险是指借款人无法按时支付债券利息和偿还本金的风险。

一般来讲，财政部发行的国库券，由于有政府做担保，所以没有违约风险。除中央政府以外的地方政府和公司发行的债券或多或少都有违约风险。造成企业违约的原因主要有：①政治、经济形势发生重大变化；②发生自然灾害；③企业经营不善、成本高、浪费多；④企业在市场竞争中失败，主要客户消失；⑤企业财务管理失误，不能及时清偿到期债务。避免违约风险的方法是不买质量差的债券。

2. 利率风险

债券的利率风险是指由于利率变动而使投资者遭受损失的风险。债券的价格将随利率的变动而变动。一般而言，银行利率下降，则债券价格上涨；银行利率提高，则债券价格下跌。由于债券价格会随利率变动，即使没有违约风险的国库券也有利率风险。

3．购买力风险

购买力风险是指由于通货膨胀而使货币的购买力下降的风险。在通货膨胀期间，购买力风险对于投资者相当重要，一般而言，预期报酬率会提高的资产，其购买力风险低于报酬率固定的资产。因此，收益长期固定的债券受通货膨胀的影响较股票、房地产等资产大。

4．流动性风险

流动性风险也称变现力风险，是指无法在短期内以合理价格卖掉资产的风险。一种能在短期内按市价大量出售的资产是流动性较强的资产，这种资产的流动性风险较小；反之，如果一种资产不能在短期内按市价出售，则属于流动性较差的资产，这种资产的流动性风险较大。一般国库券的变现力较强，其流动性风险较其他公司债券的流动性风险要小。

5．期限性风险

由于债券期限长而给投资者带来的风险，叫期限性风险，又称到期风险。一项投资，到期时间越长，投资人遭受的不确定因素越多，承担的风险越大。所以，一般来说，长期债券的利率要高于短期债券的利率。

但是，有时也会出现相反的情况，这是因为短期债券投资有另一种风险，即购买短期债券的投资人在债券到期时，由于市场利率的下降，找不到获利较高的投资机会，还不如当初投资长期债券，这种风险叫再投资风险。例如，长期债券的利率为8%，短期债券的利率为6%，为减少利率风险，投资者购买了短期债券。在短期债券到期收回现金时，如果利率降到5%，投资者只能找到报酬率大约5%的投资机会，不如当初购买长期债券，现在仍可获得8%的报酬率。这就是债券的再投资风险。

（二）债券信用评级

1．进行债券信用评级的原因

（1）进行债券信用评级最主要的原因是方便投资者进行债券投资决策。投资者购买债券是要承担一定风险的。如果发行者到期不能偿还本息，投资者就会蒙受损失。发行者不能偿还本息是投资者投资债券时面临的最大的风险，即信用风险。债券的信用风险依发行者偿还能力不同而有所差异。广大投资者尤其是中小投资者，由于受时间、知识和信息的限制，无法对众多债券进行分析和选择，因此需要专业机构对准备发行的债券进行客观、公正和权威的评定，也就是进行债券信用评级，以方便投资者决策。

（2）进行债券信用评级的另一重要原因是减少信誉好的发行者的筹资成本。一般来说，资信等级越高的债券，越容易得到投资者的信任，能够以较低的利率被出售；而资信等级低的债券，风险较大，只能以较高的利率被发行。

2．债券信用评级的定义

债券信用评级是指由独立于政府、债券发行单位和证券交易所的专门机构，运用会计、统计等一系列方法，对债券的质量、信誉进行的一项评价等级的工作。

业务链接 6-2　　标准普尔公司和缪勒投资服务公司信用等级评价

目前国际上公认的、最具权威性的信用评级机构主要有美国标准普尔公司和缪勒投资服务公司。上述两家公司负责评级的债券包括地方政府债券、公司债券、外国债券等。由于它们占有详尽的资料，采用先进、科学的分析方法，又有丰富的经验和大量专门人才，因此它们做出的信用等级评价具有权威性。标准普尔公司信用等级标准从高到低分为：

AAA级、AA级、A级、BBB级、BB级、B级、CCC级、CC级、C级。缪勒投资服务公司的信用等级标准从高到低分为：Aaa级、Aa级、A级、Baa级、Ba级、B级、Caa级、Ca级、C级（见表6-1）。前四个级别的债券信誉好，违约风险小，是“投资级债券”，第五级及以下级别的债券信誉差，是“投机级债券”。

表6-1　债券评级说明

标准普尔公司信用等级	缪勒投资服务公司信用等级	品质说明
AAA	Aaa	质量最高
AA	Aa	质量高
A	A	中等偏上
BBB	Baa	中等
BB	Ba	包含投机因素
B	B	彻底的投机性
CCC	Caa	绝对有违约可能
CC	Ca	有违约风险，仅有部分清偿可能
C	C	有违约风险，几乎无清偿可能

美国标准普尔公司和缪勒投资服务公司都是独立的私人企业，不受政府控制，也独立于证券交易所和证券公司。它们所做的信用等级评价不具有向投资者推荐这些债券的含义，只是供投资者决策时参考。因此，它们对投资者负道义上的义务，但并不承担任何法律上的责任。

案例分析6-2　2012年春和集团有限公司公司债券风险提示公告

春和集团有限公司（以下简称“公司”或“春和集团”）于2012年4月24日公开发行5.4亿元2012年春和集团有限公司公司债券（银行间市场债券简称：12春和债，债券代码：1280120；上海证券交易所证券简称：12春和债，证券代码：122683），票面利率7.78%，债券期限6年（同时在第三年年末附加发行人上调票面利率选择权和投资者回售选择权）。依据公司披露的《春和集团有限公司2016年年度业绩预告》，公司财务部门初步估算，预计公司2016年年度经营业绩将继续出现亏损。同时，该经营业绩预测未经注册会计师审计，具体准确的财务数据以公司正式披露的经审计后的《2016年年报》为准。针对上述事项，公司后续将会严格按照相关法律法规的要求做好相关信息披露工作，请投资者密切关注投资风险。

特此公告。

春和集团有限公司

2017年3月6日

（资料来源：春和集团有限公司．2012年春和集团有限公司公司债券风险提示公告[EB/OL]．巨潮资讯网．编者已做修改。）

思考：债券投资风险有哪些风险？

职业能力选择与判断

一、单项选择题

1. 一般认为，企业进行长期债券投资的主要目的是（　　）。
   A. 控制被投资企业　B. 调剂现金余额　C. 获得稳定收益　D. 增强资产流动性
2. 下列能够更好避免购买力风险的证券是（　　）。
   A. 国库券　B. 普通股股票　C. 公司债券　D. 优先股股票
3. 违约风险最大的证券是（　　）。
   A. 政府债券　B. 金融债券　C. 公司股票　D. 公司债券
4. 证券投资者在购买证券时，可以接受的最高价格是（　　）。
   A. 出卖市价　B. 风险价值　C. 内在价值　D. 票面价值
5. 折价发行的债券，其估价公式是（　　）。
   A. $P=F\times(P/F, K, n)+I\times(P/A, K, n)$　B. $P=[F+(F\times i\times n)]\times(P/F, K, n)$
   C. $P=F\times(P/F, K, n)$　D. $P=F\times i\times(P/F, K, n)$

二、多项选择题

1. 与股票投资相比，债券投资的优点有（　　）。
   A. 本金安全性好　B. 投资收益率高　C. 购买力风险低　D. 收入稳定性强
2. 下列说法正确的是（　　）。
   A. 国库券没有违约风险和利息率风险
   B. 债券质量越高，违约风险越小
   C. 购买预期收益率提高的资产可以抵补通货膨胀带来的损失
   D. 债券到期时间越长，利率风险越小
3. 下列风险中，固定利率债券比浮动利率债券风险大的有（　　）。
   A. 违约风险　B. 利息率风险　C. 购买力风险　D. 变现力风险
4. 决定债券收益率的因素主要有（　　）。
   A. 票面利率　B. 持有时间　C. 市场利率　D. 购买价格
5. 造成债券违约的主要原因有（　　）。
   A. 政治经济形势有重大变化　B. 自然灾害
   C. 企业经营不善　D. 企业理财失误

三、判断题

1. 证券期限越长，利息率风险越大，期限性风险也越大。（　　）
2. 证券价格与市场利率的变化方向相同。（　　）
3. 证券投资者不能在未来出售证券的风险就是流动性风险。（　　）
4. 国库券没有购买力风险。（　　）
5. 债券投资的购买力风险最大。（　　）

单项任务训练

1. A企业于2019年1月1日以每张1 020元的价格购买B企业发行的企业债券。该债券的面值为1 000元，期限为3年，票面年利率为10%。购买时市场年利率为8%。不考虑所得税。

要求：

（1）假设该债券一次还本付息，单利计息，利用债券估价模型评价A企业购买此债券是否合算？

（2）假设该债券每年支付一次利息，按复利计算，评价A企业是否可以购买此债券？

（3）假设该债券以800元的价格发行，没有票面利率，到期按面值偿还，则该债券是否值得购买？

2. 云华公司准备购买某种7年期债券，面值10 000元，票面利率为8%，每年付息一次，到期还本。

要求：如果发行时市场利率为6%，试计算债券价格为多少时才值得购买？

学习任务三 | 股票投资决策

知识准备与业务操作

一、股票的特点

股票是股份公司发给股东作为入股凭证并借以取得股息的一种有价证券，它是投资入股的凭证，代表着对一定的经济利益的分配支配权，亦是在市场上可以转让、买卖和流通的一种有价证券。它的基本特点如下。

1. 永久性

永久性即股票投资者的长期性。一旦买入某一公司的股票，投资者就不能中途向公司退股，抽回投资。但是，由于存在股票交易所，投资者可以通过股票交易所卖出或转让股票，收回投资。

2. 参与性

参与性即股票投资者具有参与股份公司经营、赢利分配和承担有限责任的权利和义务。

3. 流通性

股票可以随时在股票市场上被买卖、转让，它也可以作为一种抵押品，所以，股票持有者可以随时进行股票买卖、转让而获得现金。对于无记名股票，持有者只要将股票交付给受让人，即可达到转让的法律效果。记名股票则要在持有者盖章背书后才可被转让。

4. 风险性

风险性即股票投资收益的风险性。股票投资相对于债券投资而言，具有高风险和高收益的特征。该风险一是股价变动和股利收入不确定，二是股东对公司资产的求偿权居于最后。

二、股票投资价值分析与决策

（一）股票投资价值的相关概念

1. 股票的价值

股票的价值是指股票预期的未来现金流入的现值，也称“股票的内在价值”，它是股票的真实价值，也叫理论价值。不准备永久持有的股票的未来现金流入主要包括两部分：每期预期股利和出售时得到的价格收入；而永久持有的股票的未来现金流入只有股利收入。我们用V代表股票的价值。

2. 股票价格

股票本身是没有价值的，仅是一种凭证。它之所以有价格，可以买卖，是因为它能给持有者定期带来收入。股票的价格主要是由预期股利和当时的市场利率决定的，即股利的资本化价值决定了股票价格，另外，股票价格还受整个经济环境变化和投资者心理等复杂因素的影响。我们用P_1代表目前普通股市价。用 P_t 代表在第 t 年年底的价格。用 g 代表股票价格的预期增长率。

3．股利

股利是股息和红利的总称。股利是公司从其税后利润中分配给股东的，是公司对股东投资的一种报酬。股利是股东所有权在分配上的一种体现。股份公司的分配问题主要是股利分配问题。我们用 D 代表股利，D_0 代表最近刚支付的股利，D_t 代表股东预期在第 t 年年底收到的股利。

（二）股票的投资价值及决策

1．股票投资价值的基本模型

计算股票价值的基本模型为：

$$V=\frac{D_1}{(1+R_s)^1}+\frac{D_2}{(1+R_s)^2}+\cdots+\frac{D_n}{(1+R_s)^n}+\cdots$$

$$=\sum_{t=1}^{\infty}\frac{D_t}{(1+R_s)^t}$$

式中，V 为股票的价值；D_t 为第 t 年的股利；R_s 为贴现率，即股票必要的报酬率；t 为年份。

（1）零成长股票的价值

零成长股票是指预期股利金额每年是固定的股票，即 $D_1=D_2=D_3=\cdots=D_n$（n 为∞），则股利支付过程是一个永续年金。由于永续年金的现值由永续年金除以贴现率来决定，故该种股票的价值为：

$$V=\frac{D}{R_s}$$

业务操作　　　　　　　　计算零成长股票价值

某种股票每年股利均为 1 元，投资者要求的最低报酬率为 10%，求该股票的价值。

操作步骤

该股票的价值计算如下。

$$V=\frac{D}{R_s}=\frac{1}{10\%}=10\text{（元）}$$

也就是说，在该股票每年股利为 1 元，市场报酬率为 10%的条件下，当该股票市价为 10 元或 10 元以下时，投资者便可投资。如果当时投资者买入该股票的市价为 10 元，每年获取 1 元的固定股利，则其实际的投资报酬率为：

$$R=\frac{D}{P}=\frac{1}{10}=10\%$$

在实际中，普通股的股利一般不应该是固定不变的，而应当是不断增长的。优先股的股利基本上每年是固定的，所以，零成长股票价值的计算公式非常适合计算优先股股票的价值。

（2）固定成长股票的价值

由于企业是在不断发展的，股票的股利也不应当是不变的。在稳定增长的股利政策下，企业的股利可能会按一定稳定的比例增长。如果企业股利不断稳定增长，并假设每年股利增长率均为 g，目前的股利为 D_0，则第 t 年的股利为：

$$D_t=D_0(1+g)^t$$

若 D_0=2 元，g=8%，则 8 年后的股利为：

$$D_8=2\times(1+8\%)^8=2\times(F/P,\ 8\%,\ 8)$$
$$=2\times1.851=3.702$$

固定成长股票的价值的计算公式为：

$$P=\sum_{t=1}^{\infty}\frac{D_0(1+g)^t}{(1+R_s)^t}$$

当 g 固定时，上述公式可简化为：

$$P=\frac{D_0(1+g)}{R_s-g}=\frac{D_1}{R_s-g}$$

如要计算股票投资的预期报酬率，则只要求出上述公式中 R_s 即可：

$$R_s=\frac{D_1}{P_0}+g$$

业务操作　　计算固定成长股票价值

某企业股票目前的股利为 2 元，预计年增长率为 3%，投资者期望的最低报酬率为 8%，求该股票的内在价值。

操作步骤

该股票的内在价值计算如下。

$$P=\frac{D_0(1+g)}{R_s-g}=\frac{2\times(1+3\%)}{8\%-3\%}$$
$$=41.2（元）$$

若按 41.2 元买进，则下年度预计的投资报酬率为：

$$R_s=\frac{D_1}{P_0}+g$$
$$=\frac{4\times(1+3\%)}{82.4}+3\%$$
$$=8\%$$

（3）非固定成长股票的价值

在现实生活中，任何企业的股利都不可能是绝对固定的。实际上，企业可能在一段时间内成长很快，而在另一段时期内成长较慢，甚至固定不变。在这种情况下，一般要分段计算，才能确定股票的价值。也可以说，计算非固定成长股票价值，实际上就是分段计算固定成长股票价值。

业务操作　　计算非固定成长股票价值

股票市场预期某公司的股票股利在未来的 3 年内高速成长，成长率达到 15%，以后转为正常增长，增长率为 10%，已知该公司最近支付的股利为每股 3 元，投资者要求的最低报酬率为 12%。试计算该公司股票目前的市场价值。

操作步骤

该股票的市场价值可通过如下步骤计算。

首先，计算前 3 年的股利现值。

年份	股利（D_t）		现值系数（12%）	现值（PVD_t）
1	$3\times(1+15\%)$	×	0.892 9	3.080 5
2	$3\times(1+15\%)^2$	×	0.797 2	3.162 9
3	$3\times(1+15\%)^3$	×	0.711 8	3.247 7
合计				9.491 1

其次，计算第 3 年年底该股票的价值。

$$V=D_4/(R_s-g)$$
$$=3\times(1+15\%)^3\times(1+10\%)\div(12\%-10\%)$$
$$=250.94（元）$$

再次，计算第 3 年年底股票价值的现值。

$$PV=250.94\div(1+12\%)^3$$
$$=250.94\times0.711\ 8=178.619（元）$$

最后，将上述两步所计算的现值相加，便能得到目前该股票的价值。

$$V=9.491\ 1+178.619=188.110\ 1（元）$$

2. 股票投资价值决策

当股票价值大于当前股票价格时，股票值得投资；当股票价值小于当前股票价格时，股票不值得投资。

我们需要注意的是：前面研究的股票预期股价和预期报酬率，可能与后来的实际发展有差别，因为我们使用的数据都是预计的，不可能十分精确，而且，股票的价格往往还会受到如利率变化、国家经济状况、整个股市兴衰等因素的影响。但是，这种分析方法在股票投资决策中仍有非常重要的作用，因为它是根据股票价值的差别进行决策的，预测的误差只会影响其绝对值，一般不会影响股票投资的优先次序。因为不可预见和被忽略的因素对所有股票的影响都是相同的，而不是只影响个别股票，它们对选择决策的正确性往往影响不大。所以，该种方法对于股票投资的选择决策具有一定的参考价值。

想一想

评估股票内在价值的模型主要有哪些，各自适用的条件是什么？

三、股票投资收益率的计算与分析

股票的投资收益主要是投资期间的股利收入和买卖价差。根据是否考虑货币时间价值，股票的投资收益率分为名义收益率与实际收益率，前者不考虑货币时间价值，后者要考虑投资收益的货币时间价值。

（一）股票投资的名义收益率

股票投资的名义收益率是指短期投资持有期收益率。

短期投资持有期收益率=（持有期间股利收入+卖价−买价）/买价

短期投资年收益率=短期投资持有期收益率/持有期间

注意：股票投资年数为非整年的，或者持有期不足一年的，持有期间按实际投资天数÷360 天/年，或者按实际投资月数÷12 个月/年计算。

业务操作　　计算股票投资的名义收益率

某人 2011 年 1 月 1 日以 30 元的价格买入 A 股票 1 000 股，3 月 1 日收到每股现金股利 1 元，2011 年 6 月 1 日以 38 元的价格全部卖出。问：该投资者的短期投资持有期收益率是多少？短期投资年收益率是多少？

操作步骤

短期投资持有期收益率=（1+38−30）÷30=30%

短期投资年收益率=30%÷5÷12=71%

（二）股票投资的实际收益率

在考虑货币时间价值的前提下，股票的实际投资收益率为在股票投资期内，使得所有相关现金流量的现值相等的贴现率。即：

$$V=\sum_{t=1}^{n}\frac{D_t}{(1+R_s)^t}+\frac{P_n}{(1+R_s)^n}$$

式中，D_t为股票的投资报酬；P_n为股票的出售价格；R_s为股票投资的收益率；n为投资期限。

业务操作　　计算股票投资的实际收益率

华凤公司在 2010 年 6 月 1 日投资 510 万元购买某种股票 100 万股，在 2011 年、2012 年和 2013 年的 5 月 31 日分别收到每股现金股利 0.5 元、0.6 元和 0.8 元，并于 2013 年 5 月 31 日以每股 6 元的价格将股票全部出售，试计算该项投资的实际收益率。

操作步骤

该项投资的实际收益率可通过如下步骤计算。

$$5.1=\frac{0.5}{(1+R_s)^1}+\frac{0.6}{(1+R_s)^2}+\frac{0.8}{(1+R_s)^3}+\frac{6}{(1+R_s)^3}$$

采用逐步测试法和内插法可得该项投资的收益率：

R_s=17.11%

职业能力选择与判断

一、单项选择题

1. 某公司发行的股票，预期报酬率为 10%，最近刚支付的股利为每股 1 元，估计股利年增长率为 4%，则该种股票的价值为（　　）元。

A. 17.33　　B. 10　　C. 25　　D. 16.67

2. 面值为 60 元的普通股股票，预计年固定股利收入为 6 元，如果折现率为 8%，那么，准备长期持有该股票的投资者能接受的最高购买价格为（　　）元。

A. 60　B. 80　C. 75　D. 66

3. 零成长股票是指股票（公司）的（　　）增长率是0。

A. 销售收入　B. 净利润　C. 资产总额　D. 股利

4. 股票的价值是指（　　）。

A. 股票的内在价值　B. 股票的价格　C. 股息　D. 红利

5. 市盈率是（　　）与每股收益的比值。

A. 每股净资产　B. 每股股票的价格　C. 每股股息　D. 每股销售收入

二、多项选择题

1. 股票投资的缺点有（　　）。

A. 求偿权居后　B. 价格不稳定　C. 收入不稳定　D. 购买力风险大

2. 股票投资的优点有（　　）。

A. 投资收益高　B. 收入不稳定　C. 拥有经营控制权　D. 购买力风险低

3. 计算股票价值的模型包括（　　）。

A. 零成长模型　B. 固定成长模型　C. 非固定成长模型　D. 资本资产定价模型

4. 不准备永久持有的股票的未来现金流入主要包括（　　）。

A. 每期预期股利　B. 出售时得到的价格收入

C. 股票现价　D. 已发放股利

5. 股票的短期投资收益主要来自（　　）。

A. 预期股利　B. 持有期股利　C. 股票售价　D. 股价差

三、判断题

1. 在任何情况下进行股票投资，都必须考虑获利的多少。（　　）

2. 股票投资的永久性是指股票投资后不能转让。（　　）

3. 股票投资的风险要低于国库券的投资风险。（　　）

4. 股票的名义投资收益率为在股票投资期内，使得所有相关现金流量的现值相等的贴现率。（　　）

5. 当股票价值大于当前股票价格时，股票不值得投资。（　　）

单项任务训练

1. 某企业计划利用一笔长期资金投资股票。现有A公司股票和B公司股票可供选择，但该企业只准备投资一家公司的股票，其要求的投资必要报酬率为8%。已知：①A公司股票现行市价为每股9元，上年每股股利为0.20元，预计以后每年以6%的增长率增长；②B公司股票现行市价为每股7元，上年每股股利为0.50元，股利分配政策将坚持固定股利政策。

要求：

（1）用股票估价模型，分别计算A、B公司股票价值；

（2）该企业应如何决策？为什么？

2. 某公司现有100万元资金，拟5年后用于扩大生产规模，现准备进行长期投资，初步决定要么全部购买平价发行的Y债券，要么购买10万股Z股票（每股买价10元）。Y债券的期限为5年，票面利率为8%，每年付息一次，到期一次还本。Z股票为零成长股票，每股每年股利1.1元，第5年年末该股票可以按其内在价值被出售。该公司要求的投资报酬率为10%。

要求：请代该公司做出投资决策。

学习任务四 基金投资决策

知识准备与业务操作

一、证券投资基金的概念

根据《中华人民共和国证券投资基金法》的定义，证券投资基金指一种利益共享、风险共担的集合证券投资方式，即通过发行基金单位，集中投资者的资金，由基金托管人托管，由基金管理人管理和运用资金，从事股票、债券等金融工具投资。

基金投资管理的过程主要是对基金资产进行评估，对收益率进行计算，再结合对基金风险的综合分析进行投资的过程，其目的是为企业提供高效的投资途径，更有效地分散投资风险。

基金投资是专门为投资者服务的，它汇集众多分散资金，通过多元化的投资组合进行投资。

二、识别基金投资的类型

证券投资基金的种类繁多，可按不同方式进行分类。

（一）根据基金受益单位能否随时认购或赎回及转让方式的不同，可分为封闭式基金和开放式基金

1．封闭式基金

封闭式基金是指基金资本总额及发行份数在未发行之前就已确定，在发行完毕后和规定的期限内，不论出现何种情况，基金的资本总额及发行份数都固定不变的投资基金，有时也被称为固定型投资基金。由于封闭式基金的份数不能被追加、认购或赎回，投资者只能通过证券经纪商在证券交易所进行基金的买卖，因此有人又称封闭式基金为公开交易共同基金。发行单位以股利、利息和可实现的资本利得等形式将收益支付给投资者。

2．开放式基金

开放式基金是指发起人在设立时，单位或股份总规模不固定，可视投资者的需求，随时向投资者出售单位或份额，并可应投资者要求赎回发行在外的单位或份额的一种运作方式。投资者既可以通过销售机构购买基金，使基金资产和规模由此相应增加，也可以将所持有的基金份额卖出并收回现金，使得基金资产和规模相应减少。这里所指的开放式基金特指传统的开放式基金，不包括ETF、LOF等新型开放式基金。

3．封闭式基金和开放式基金的区别

（1）基金持有份额的发行方式不一样。封闭式基金为固定的，开放式基金为不固定的。

（2）变现方式不一样。封闭式基金持有者只能通过委托经纪人在市场上出售基金份额的方式变现；开放式基金的持有者则可随时要求发行人按照基金份额的价值赎回股份。

（3）买卖价格不一样。由于封闭式基金份额的转让价格主要取决于市场的需求，因此封闭式基金的市场价格可能会高于或低于其所代表的净资产的价格；开放式基金的赎回价格一定是等于其所代表的净资产价格的。

（4）投资比例不一样。对于封闭式基金，发行单位由于不考虑基金份额的赎回问题，因此可以将募集到的资金全部用于投资；而对于开放式基金，发行单位由于必须保证随时在持有者要求基金赎回份额时拥有足够多的现金和高度流动性的资产，因此不可能将全部募集到的资金用于投资。

（5）投资的绩效不一样。对于开放式基金，发行单位必须保留一定数量现金以备赎回要求，因此从资金运用效率上看，封闭式基金要高于开放式基金。

（二）根据投资基金的组织形式的不同，可分为公司型基金与契约型基金

1. 公司型基金

公司型基金又叫共同基金，指基金本身为一家股份有限公司，公司通过发行股票或受益凭证的方式筹集资金。投资者购买了该公司的股票，就成为该公司的股东，凭股票领取股息或红利，分享投资获得的收益，其特点如下。

（1）共同基金的形态为股份公司，但又不同于一般的股份公司，其业务集中于证券投资信托。

（2）共同基金的资金为公司法人的资本，即股份。

（3）共同基金的结构同一般的股份公司一样，设有董事会和股东大会。基金资产由公司拥有，投资者则是这家公司的股东，也是该公司资产的最终持有人。股东按其所拥有的股份多少在股东大会上行使权利。

（4）公司章程规定，董事会对基金资产负有安全增值之责任。为管理方便，共同基金往往设定基金经理人和托管人。基金经理人负责对基金资产的投资管理，托管人负责对基金经理人的投资活动进行监督。托管人可以（非必须）在银行开设户头，以自己的名义为基金资产注册。为明确双方的权利和义务，共同基金公司与托管人之间有契约关系，托管人的职责被列明在其与共同基金公司签订的“托管人协议”上。如果共同基金出了问题，投资者有权直接向共同基金公司进行追索。

2. 契约型基金

契约型基金又称单位信托基金，指专门的投资机构（银行和企业）共同出资组建一家基金管理公司，基金管理公司作为委托人通过与受托人签订“信托契约”的形式发行受益凭证——“基金单位持有证”来募集社会上的闲散资金。其特点如下。

（1）单位信托是以一项名为“信托契约”的文件组建的一家基金管理公司，在组织结构上，它不设董事会，基金管理公司作为委托公司设立基金，自行或再聘请经理人代为管理基金的经营和运作，并通常指定一家证券公司或承销公司代为处理受益凭证——“基金单位持有证”的发行、买卖、转让、交易、利润分配、收益及本金偿还支付。

（2）受托人接受基金管理公司的委托，并且以信托人或信托公司的名义为基金注册和开户。基金账户完全独立于基金保管公司的账户，纵使基金保管公司因经营不善而倒闭，其债权方也不能动用基金资产。其职责是负责管理、保管处置信托财产、监督基金经理人的投资工作、确保基金经理人遵守公开说明书列明的投资规定，使他们采取的投资组合符合信托契约的要求。在单位信托基金出现问题时，信托人对投资者负索偿责任。

（三）根据投资标的不同，可分为股票基金、债券基金、货币基金、期货基金、期权基金、认股权证基金和专门基金等

1. 股票基金

股票基金是所有基金中最为流行的一种，它是指投资于股票的投资基金，其投资对象通常包括普通股和优先股，其风险程度较个人投资股票市场的风险要低得多，且具有较强的变现性和流动性，因此它也是一种比较受欢迎的基金类型。

2. 债券基金

债券基金是指投资管理公司为稳健型投资者设计的，投资于政府债券、市政公债、企业债券等各类债券的投资基金。债券基金一般情况下定期派息，与股票基金相比，其风险较小，收益较少。

3. 货币基金

货币基金是指由货币存款构成投资组合，协助投资者参与外汇市场投资，赚取较高利息的投资基金。其投资工具包括银行短期存款、国库券、政府公债、公司债券、银行承兑票据及商业票据等。这类基金的投资风险小，投资成本低，安全性和流动性较强，在整个基金市场上属于低风险的安全基金。

4. 期货基金

期货基金是指投资于期货市场以获取较高投资回报的投资基金。由于期货市场具有高风险和高回报的特点，因此投资期货基金，投资者既可能获得较高的投资收益，同时又可能面临较大的投资风险。

5. 期权基金

期权基金就是以期权作为主要投资对象的基金。期权交易就是期权购买者向期权出售者支付一定费用后，取得在规定时期内的任何时候以事先确定好的协定价格，向期权出售者购买或出售一定数量的某种商品合约的权利的一种买卖。

6. 认股权证基金

认股权证基金是指以认股权证为主要投资对象的基金。认股权证是指由股份有限公司发行的，能够按照特定价格在特定时间内购买一定数量该公司股票的选择权凭证。由于认股权证的价格是由公司的股价决定的，一般来说，认股权证的投资风险较通常的股票要大得多，因此，认股权证基金也属于高风险基金。

7. 专门基金

专门基金由股票基金发展演化而成，属于分类行业股票基金或次级股票基金，它包括黄金基金、资源基金、科技基金、地产基金等，这类基金的投资风险较大，收益水平易受到市场行情的影响。

业务链接 6-3　　开放式基金申购和赎回的原则

（1）“未知价”原则，即申购、赎回价格以申请当日的基金单位资产净值为基准进行计算。

（2）“金额申购、份额赎回”原则，即申购以金额申请，赎回以份额申请。

（3）基金存续期间单个基金账户最高持有基金单位的比例不超过基金总份额的10%。由于募集期间认购不足、存续期间其他投资者赎回或分红再投资等原因使单个账户持有比例超过基金总份额的10%时，不强制赎回，但限制追加投资。

（4）基金存续期内，单个投资者申购的基金份额加上上一开放日其持有的基金份额不得超过上一开放日基金总份额的10%，超过部分不予确认。

三、投资基金的价值计算与报价

（一）基金单位净值

基金单位净值是在某一时点每一基金单位（或基金股份）具有的市场价值，计算公式为：

基金单位净值=基金净资产价值总额/基金单位总份额

式中，　基金净资产价值总额=基金资产总额-基金负债总额

（二）基金的报价

封闭式基金的买卖价格受市场供求关系的影响，并不必然反映公司的净资产值。开放式基金的柜台交易价格完全以基金单位净值为基础，开放式基金的交易价格取决于基金的每单位资产净值，

通常有两种报价形式：认购价（卖出价）和赎回价（买入价）。其卖出价一般是基金单位资产净值加5%左右的首次购买费，买入价是基金代表的资产净值减去一定的赎回费，这两种报价基本不受市场供求影响。

基金认购价=基金单位资产净值+首次认购费

基金赎回价=基金单位资产净值-基金赎回费

知识链接 6-2　　开放式基金认购和申购的区别

开放式基金的认购和申购是购买基金在两个不同阶段的说法。投资者在一只基金募集期中购买基金份额，为认购，每单位基金份额净值人民币 1 元。基金募集期结束，基金成立后，投资者根据基金销售网点规定的手续购买基金份额则为申购，此时由于基金净值已反映了其投资组合的价值，因此每单位基金份额净值不一定为 1 元，可能高于或低于 1 元，故同一笔资产认购和申购同一基金得到的基金份额将有可能不同。

认购和申购的费率可能有差别。目前，基金公司通常会设定不同档次的认购和申购费率，即根据投资者购买金额的多少设立不同水平的费率。在同一购买金额下，认购费率和申购费率也可能有所不同，具体情况须查询各基金费率情况说明。

案例分析 6-3　　华泰柏瑞价值增长混合（460005）

华泰柏瑞价值增长混合（460005）基金是一只开放式股票投资基金，成立于 2008 年 7 月 16 日，截至 2017 年 9 月 30 日收盘时份数为 2.807 1 亿份。目前该证券投资基金的日常申购费率如下（见表 6-2）。

表 6-2　　该基金的日常申购费率

适用金额	适用期限	原费率	天天基金优惠费率银行卡购买	活期宝购买
小于 50 万元	—	1.50%	0.15%	0.15%
大于等于 50 万元，小于 100 万元	—	1.20%	0.12%	0.12%
大于等于 100 万元，小于 200 万元	—	1.00%	0.10%	0.10%
大于等于 200 万元，小于 500 万元	—	0.60%	0.06%	0.06%
大于等于 500 万元	—	每笔 1 000 元		

赎回费率如下（见表 6-3）。

表 6-3　　赎回费率

适用期限	赎回费率
小于 1 年	0.50%
大于等于 1 年，小于 2 年	0.25%
大于等于 2 年	0.00%

2017 年 11 月 7 日收盘时，该开放式基金的单位净值为 2.544 6 元。甲投资者在 2017 年 11 月 7 日的申购金额为 1 000 元，乙投资者申请赎回 1 000 份该基金。

思考：请问甲投资者可获得多少份华泰柏瑞价值增长混合基金，乙投资者可得多少现金？

四、基金投资收益率分析

基金投资收益率用以反映基金增值的情况，它通过基金净资产的价值变化来衡量。

$$\text{基金投资收益率}=\frac{\text{年末持有份数}\times\text{基金单位净值年末数}-\text{年初持有份数}\times\text{基金单位净值年初数}}{\text{年初持有份数}\times\text{基金单位净值年初数}}$$

业务操作　　计算投资基金的价值、报价与投资收益率

某基金公司2018年12月31日基金资产账面价值为20 000万元，负债账面价值为5 000万元，基金资产当日的市场价值为30 000万元，基金单位数为10 000万份。假设公司收取首次认购费，认购费率为基金单位资产净值的4%，不再收取赎回费；2019年12月31日该基金单位数为10 000万份，单位资产净值为3元。

要求计算以下指标：①该基金公司基金净资产价值总额；②基金单位资产净值；③基金认购价；④基金赎回价；⑤基金投资收益率。

操作步骤

上述指标计算如下。

（1）该公司基金净资产价值总额=基金资产总额-基金负债总额
=30 000-5 000=25 000（万元）

（2）基金单位资产净值=25 000÷10 000=2.5（元）

（3）基金认购价=基金单位净值+首次认购费=2.5+2.5×4%=2.6（元）

（4）基金赎回价=基金单位净值-基金赎回费=2.5（元）

（5）基金投资收益率=（3-2.5）÷2.5=20%

想一想

如何计算开放式基金的投资收益率？

职业能力选择与判断

一、单项选择题

1. 按照基金规模是否固定，证券投资基金可以被划分为（　　）。
   A. 私募基金和公募基金　　B. 上市基金和不上市基金
   C. 开放式基金和封闭式基金　　D. 契约型基金和公司型基金
2. 一般来说，开放式基金的申购赎回价是以（　　）为基础计算的。
   A. 基金单位资产净值　　B. 基金市场供求关系
   C. 基金发行时的面值　　D. 基金发行时的价格
3. 货币基金的投资对象可以是（　　）。
   A. 期货　　B. 货币　　C. 认股权证　　D. 公司债券
4. 封闭式基金的报价取决于（　　）。
   A. 基金单位资产净值　　B. 基金市场供求关系

C. 基金发行时的面值　　D. 基金发行时的价格

5. 基金收益率用以反映基金增值的情况，它通过（　　）来衡量。

A. 基金的价格　B. 基金的分红　C. 基金的价格变化　D. 基金净资产

二、多项选择题

1. 按照组织形态的不同，证券投资基金可以分为（　　）。

A. 公司型基金　B. 契约型基金　C. 开放式基金　D. 封闭式基金

2. 开放式基金的特点包括（　　）。

A. 份额不固定　　B. 买卖价格取决于基金单位资产净值

C. 基金持有者可以要求发行人赎回　　D. 投资绩效一般低于封闭式基金

3. 证券投资基金的特点一般包括（　　）。

A. 投资收益高于债券投资　　B. 投资风险低于股票投资

C. 是一种间接投资股票或债券的投资　　D. 投资收益由全体投资者按比例分享

4. 一般来说，下列基金的投资风险要低于股票基金（　　）。

A. 债券基金　B. 货币基金　C. 期货基金　D. 期权基金

5. 基金的报价计算公式为（　　）。

A. 基金认购价=基金单位资产净值+首次认购费

B. 基金赎回价=基金单位资产净值-基金赎回费

C. 基金认购价=基金单位资产净值-首次认购费

D. 基金赎回价=基金单位资产净值+基金赎回费

三、判断题

1. 证券投资基金投资的特点之一是利益共享、风险共担。（　　）

2. 投资公司型基金能成为该基金的股东。（　　）

3. 契约型基金也叫共同基金。（　　）

4. 封闭式基金的价格应该等于其单位资产净值。（　　）

5. 货币市场基金的投资目的主要是赚取利息收益。（　　）

单项任务训练

1. 某基金公司目前基金资产账面价值为 40 000 万元，负债账面价值为 10 000 万元，基金资产目前的市场价值为 60 000 万元，基金单位数为 20 000 万份，假设公司收取首次认购费，认购费率为基金资产净值的 4%，不再收取赎回费。

要求：计算以下指标。

（1）该基金公司基金净资产价值总额；

（2）基金单位资产净值；

（3）基金认购价；

（4）基金赎回价。

2. 已知：ABC 基金管理公司旗下管理的 A 基金相关资料如下。

资料一：2018 年 1 月 1 日，A 基金的基金资产总额（市场价值）为 270 000 万元，负债总额（市场价值）为 30 000 万元，基金份数为 80 000 万份。在基金交易中，该公司收取首次认购费和赎回费，认购费率为基金资产净值的 2%，赎回费率为基金资产净值的 1%。

资料二：2018 年 12 月 31 日，A 基金按收盘价计算的资产总额为 267 890 万元，负债总额为 3 450 万元，已售出 100 000 万份基金。

资料三：假定2017年12月31日，某投资者购买该基金2万份，到2018年12月31日，该基金投资者持有的份数不变，预计此时基金单位资产净值为3.05元。

资料四：假设A基金在2018年没有进行过任何分红。

试计算2018年投资该基金的投资收益率是多少？

学习任务五 证券投资组合决策

知识准备与业务操作

一、证券投资组合的概念

证券投资组合又叫证券组合，是指在进行证券投资时，不是将所有的资金都投向单一的某种证券，而是有选择地投向一组证券。这种同时投资多种证券的做法便叫证券的投资组合。

投资风险存在于各个国家的各种证券中，它们随经济环境的变化而不断变化，时大时小，此起彼伏。简单地把资金全部投向一种证券，要承受巨大的风险。因此，证券市场上有这样一句名言："不要把全部鸡蛋放在同一个篮子里。"证券投资组合可以帮助投资者全面捕捉获利机会，降低投资风险。

业务链接6-4　　证券投资基金业的"双十"规定

《中华人民共和国证券投资基金法》规定，单一基金持有一只股票的比例不能超过基金资产净值的10%，同一公司持有一只股票的比例不能超过该公司总股本的10%。这样的"双十"规定决定了公募基金必须同时持有10支以上的股票进行分散投资。持有股票的数量众多，涵盖多个行业和板块，这在一定程度上限制了基金公司研究团队对上市公司的研究深度。这样规定的目的是控制证券投资基金投资的风险。

二、证券投资组合的风险与收益率分析

由于证券投资组合能够降低风险，因此，绝大多数法人投资者都同时投资多种证券。即使个人投资者，一般也持有证券的投资组合而不只是投资某一个公司的股票或债券。所以，投资者必须了解证券投资组合的风险与收益率。

（一）证券投资组合的风险

证券投资组合的风险可以分为非系统性风险和系统性风险。

1．非系统性风险

非系统性风险又叫可分散性风险或公司特有风险，是指某些因素对单个证券造成经济损失的可能性，如公司在市场竞争中的失败等。这种风险可通过证券持有的多样化来抵消，即多买几家公司的股票，其中某些公司的股票收益增加，另一些股票的收益下降，可将风险抵消。因此，这种风险被称为可分散风险。

一般来说，当两种股票完全负相关时，所有的风险都可以被分散；当两种股票完全正相关时，从降低风险的角度来看，分散持有股票没有好处。实际上，大部分股票都是正相关，但又不完全正相关。一般来说，随机取两种股票，相关系数为+0.6左右的最多，对绝大多数两种股票而言，相关

系数位于+0.5～+0.7。在这种情况下，把两种股票组合成证券组合，能降低风险，但不能全部消除风险。不过，如果股票种类较多，则能消除大部分风险，当股票种类足够多时，几乎能消除所有的非系统性风险。

2．系统性风险

系统性风险又称不可分散风险或市场风险，是指由于某些因素给市场上所有的证券都带来经济损失的可能性。例如，宏观经济状况的变化、国家税法的变化、国家财政政策和货币变化、世界能源状况的改变都会使股票收益发生变化。这些风险影响所有的证券，因此，不能通过证券组合被分散。对投资者来说，这种风险是无法消除的，故称不可分散风险。这种风险对不同的企业有不同影响。

不可分散风险通常用β系数来计量。β系数有多种计算方法，实际计算过程十分复杂，幸运的是，β系数一般不需要投资者自己计算，而由一些投资服务机构定期计算并公布。整个证券市场的β系数为1，如果某种股票的风险情况与整个证券市场的风险情况一致，则这种股票的β系数等于1；如果某种股票的β系数大于1，说明其风险大于整个市场的风险；如果某种股票的β系数小于1，说明其风险小于整个市场的风险。单个证券的β系数可以由有关的投资服务机构提供。那么，投资组合的β系数该怎样计算呢？投资组合的β系数是单个证券β系数的加权平均数，权数为各种证券在组合中所占的比重。其计算公式为：

$$\beta_p = \sum_{t=1}^{n} X_i \cdot \beta_i$$

式中，β_p为证券组合的β系数；X_i为证券组合中第i种股票所占比重；β_i为第i种股票的系数；n为证券组合中股票的数量。

通过以上分析，可得出如下结论。

① 股票的风险包括可分散风险和不可分散风险。

② 可分散风险可通过证券组合来消减，可分散风险随证券组合中股票数量的增加而逐渐减少。

③ 股票的不可分散风险由市场变动产生，它对所有股票都有影响，不能通过证券组合来消除。不可分散风险是通过β系数来测量的，一些标准的β值如下。

β=0.5，说明该股票的风险只有整个股票市场风险一半；

β=1.0，说明该股票的风险等于整个股票市场的风险；

β=2.0，说明该股票的风险是整个股票市场风险的两倍。

（二）证券投资组合的风险收益

投资者进行证券组合投资与进行单项投资一样，都要求对承担的风险进行补偿，股票的风险越大，投资者要求的收益就越高。但是，与单项投资不同，进行证券组合投资时，投资者要求补偿的风险只是不可分散风险，而不要求对可分散风险进行补偿。如果有可分散风险的补偿存在，善于科学地进行投资组合的投资者将购买这部分股票，并抬高其价格，所以最后的收益率只反映不能分散的风险。因此，证券组合收益是投资者因承担不可分散风险而要求的，超过时间价值的那部分额外收益。可用下列公式计算：

$$R_p=\beta_p \cdot (K_m-R_F)$$

式中，R_p为证券组合的风险收益率；β_p为证券组合的β系数；K_m为所有股票的平均收益率，也就是由市场上所有股票组成的证券组合的收益率，简称市场收益率；R_F为无风险收益率，一般用政府公债的利息率来衡量。

业务操作　　　　确定证券投资组合的风险收益率

某公司持有由A、B、C三种股票构成的证券组合，它们的β系数分别是2.0、1.0和0.5，它们在证券组合中所占的的比重分别是60%、30%和10%，股票的市场收益率为14%，无风险收益率为10%。请确定该种证券组合的风险收益率。

操作步骤

该证券组合的风险收益率可通过如下步骤计算。

（1）确定证券组合的β系数

$$\beta_p=\sum_{i=1}^{n}X_i\cdot\beta_i$$

$$=60\%\times2.0+30\%\times1.0+10\%\times0.5=1.55$$

（2）计算该证券组合的风险收益率

$$R_p=\beta_p\cdot(K_m-R_F)$$

$$=1.55\times(14\%-10\%)=6.2\%$$

当然，计算出风险收益率后，便可根据投资额和风险收益率计算出风险收益的数额。从以上计算中可以看出，在其他因素不变的情况下，风险收益的多少取决于证券组合的β系数。β系数越大，风险收益就越多；反之，β系数越小，风险收益就越少。

（三）风险和收益率的关系

在西方金融学和财务管理学中，有许多模型论述风险和收益率的关系，其中一个重要的模型为资本资产定价模型（Capital Asset Pricing Model，CAPM）。这一模型为：

$$K_i=R_F+\beta_i\cdot(K_m-R_F)$$

式中，K_i为第i种股票或第i种证券组合的必要收益率；R_F为无风险收益率；β_i为第i种股票或第i种证券组合的β系数；K_m为所有股票或所有证券的平均收益率。

业务操作　　　　确定证券的必要收益率

某公司股票的β系数为1.5，无风险收益率为6%，市场上所有股票的平均收益率为10%，求该公司股票的必要收益率。

操作步骤

该公司的股票收益率计算如下。

$$K_i=R_F+\beta_i\cdot(K_m-R_F)$$

$$=6\%+1.5\times(10\%-6\%)$$

$$=12\%$$

也就是说，该公司股票的收益率达到或超过12%时，投资者肯进行投资。如果低于12%，则投资者不会购买该公司的股票。

三、证券投资组合的策略与方法

从以上分析我们知道，证券投资组合能有效分散风险，那么，投资者在进行证券投资组合时应采用什么策略，用何种方法进行组合呢？现简要说明如下。

（一）证券投资组合策略

证券投资组合理论在发展过程中，形成了各种各样的派别，也形成了不同的组合策略，现介绍其中最常见的几种策略。

1. 保守型策略

这种策略认为，最佳证券投资组合策略是要尽量模拟市场现状，将尽可能多的证券包括进来，以便分散全部可分散风险，得到与市场所有证券的平均收益相同的收益。1976 年，美国先锋基金公司创造的指数信托基金，便是这一策略最典型的代表。这种基金投资标准与普尔（Standard and Poor's）股票价格指数中包含的全部 500 种股票，投资比例与 500 家企业价值比重相同。这种投资组合有以下好处。

① 能分散全部可分散风险。

② 不需要证券投资专业知识。

③ 证券投资的管理费比较低。

但是，这种组合获得的收益不会高于证券市场上所有证券的平均收益。因此，这种策略属于收益不高，风险不大的策略，故被称为保守型策略。

2. 冒险型策略

这种策略认为，与市场完全一样的组合不是最佳组合，只要投资组合做得好，就能取得远远高于平均水平的收益。在这种组合中，一些成长型的股票比较多，而那些低风险、低收益的证券不多。另外，其组合的随意性强，变动频繁。采用这种策略的人认为，收益就在跟前，何必死守苦等。对于追随市场的保守派，他们对这一策略是不屑一顾的。这种策略属于收益高，风险大的策略，因此被称为冒险型策略。

3. 适中型策略

这种策略认为证券的价格特别是股票的价格，是由特定企业的经营业绩决定的。市场上股票价格的一时沉浮并不重要，只要企业经营业绩好，股票价格一定会升到其本来的价值水平上。采用这种策略的人，一般都善于对证券进行分析，如行业分析、企业业绩分析、财务分析等，通过分析，选择高质量的股票和债券，组成投资组合。投资者如果能够较好应用该策略，可获得较高的收益，又不会承担太大风险。进行这种组合的人必须具备丰富的投资经验，拥有进行证券投资的各种专业知识。这种投资策略属于风险不太大，收益却比较高的策略，所以是一种最常见的投资组合策略。各种金融机构、投资基金和企事业单位在进行证券投资时一般都采用此种策略。

（二）证券投资组合的方法

进行证券投资组合的方法有很多，最常见的方法通常有以下几种。

1. 选择足够数量的证券进行组合

这是一种最简单的证券投资组合方法。在采用这种方法时，不是进行有目的的组合，而是随机选择证券，随着证券数量的增加，可分散风险会逐渐减少，当数量足够时，大部分可分散风险都能被分散。根据投资专家估计，在美国纽约证券市场上，随机购买 40 种股票，其大多数可分散风险都能被分散。为了有效地分散风险，每个投资者拥有股票的数量最好不少于 14 种。我国的股票数量还不太多，同时投资于 10 种股票，就能达到分散风险的目的了。

2. 把风险大、风险中等、风险小的证券放在一起进行组合

这种组合方法又称 1/3 法，是指把全部资金的 1/3 投资于风险大的证券，1/3 投资于风险中等的证券，1/3 投资于风险小的证券。一般而言，风险大的证券对经济形势的变化比较敏感。当经济处

于繁荣时期，风险大的证券会使投资者获得高额收益，当经济衰退时，风险大的证券会使投资者遭受巨额损失；相反，风险小的证券对经济形势的变化则不十分敏感，一般都能使投资者获得稳定收益，而不致遭受损失。因此，1/3 法是一种进可攻、退可守的组合方法，虽不会使投资者获得太高的收益，但也不会承担巨大风险，是一种常见的组合方法。

3．把投资收益呈负相关的证券放在一起进行组合

一种股票的收益增加而另一种股票的收益下降的两种股票，被称为负相关股票。把收益呈负相关的股票组合在一起，能有效地分散风险。例如，某企业同时持有一家汽车制造公司的股票和一家石油公司的股票，当石油价格大幅度增加时，这两种股票便呈负相关。因为油价上涨，石油公司的收益会增加，但油价的上涨，会影响汽车的销量，使汽车公司的收益降低。只要选择得当，这样的组合对降低风险有十分重要的意义。

想一想

请说明证券投资组合的常见策略有哪些？

案例分析 6-4　“国家队”和社保基金持仓情况 上市公司中共 126 家

据证券日报报道，随着上市公司半年报披露进入密集期，证金、汇金等“国家队”以及社保基金的持仓情况也渐渐浮出水面。根据同花顺数据统计发现，截至 2017 年 7 月 31 日，在沪深两市已披露半年报的上市公司中，有 126 家公司的前十大流通股股东名单中同时出现“国家队”和社保基金的身影。

分析人士指出，崇尚价值投资的社保基金与“国家队”一向较为看重公司的基本面情况，被共同看好的公司值得投资者密切关注。

通过对上述 126 家公司进一步梳理发现，两类机构投资者共同持有的公司业绩表现普遍较好，逾八成公司半年报净利润实现同比增长。

具体来看，在上述 126 家公司中，有 104 家公司半年报净利润实现同比增长，占比 82.54%。其中，16 家公司半年报净利润实现同比翻番，卫星石化、安纳达、中国铝业等 3 家公司半年报净利润同比增幅在 1 000%倍以上。

截至 7 月 31 日，在上述 126 家公司中，有 52 家公司已披露三季报业绩预告，其中，业绩预喜公司家数达到 49 家，占比 94.23%。其中，13 家公司三季报净利润同比预增幅度超 100%，天山股份三季度净利润预计同比增幅居首，达到 6 138.52%，安纳达（747.82%）、卫星石化（625.74%）、丽珠集团（594.55%）、西部材料（432.8%）等公司三季报净利润同比增幅也有望超过 400%。

思考：基金进行股票投资如何避免大额损失和降低风险？

职业能力选择与判断

一、单项选择题

1. 某公司股票的系数为 2，无风险收益率为 6%，市场上所有股票的平均报酬率为 10%，则该公司股票的报酬率为（　　）。

A. 14%　　B. 26%　　C. 8%　　D. 20%

2. 下列因素引起的风险中，投资者可以通过证券组合予以分散的是（　　）。

A. 通货膨胀　B. 经济危机　C. 企业经营管理不善　D. 利率提高

3. 不会获得太高的收益，也不会承担巨大风险的投资组合方法是（　　）。

A. 选择足够数量的证券进行组合

B. 把具有大、中、小风险的证券放在一起进行

C. 把投资收益呈负相关的证券放在一起进行组合

D. 把投资收益呈正相关的证券放在一起进行组合

4. 如果投资组合包括全部股票，则投资者（　　）。

A. 不承担任何风险　B. 只承担市场风险

C. 只承担公司特有风险　D. 既承担市场风险，又承担公司特有风险

5. 下列关于系数，说法不正确的是（　　）。

A. 系数可用来衡量可分散风险的大小

B. 某种股票的系数越大，风险收益率和预期报酬率也越高

C. 系数反映个别股票的市场风险，系数为 0，说明该股票的市场风险为零

D. 某种股票系数为 1，说明该种股票的风险与整个市场风险一致

二、多项选择题

1. 等量资本投资，当两种股票完全正相关时，把这两种股票合理组合在一起，下列表达不正确的为（　　）。

A. 能适当分散风险　B. 不能分散风险　C. 能分散一部分风险　D. 能分散全部风险

2. 保守型策略的好处有（　　）。

A. 能分散掉所有非系统风险　B. 证券投资管理费比较低

C. 收益较高，风险不大　D. 不需高深证券投资知识

3. 下列关于系数的表述中，正确的有（　　）。

A. 某股票的系数越大，说明其市场风险越大

B. 某股票的系数等于 1，则它的风险程度与整个市场的平均风险相同

C. 某股票的系数等于 2，则它的风险程度是股票市场平均风险的 2 倍

D. 某股票的系数是 0.5，则它的风险程度是股票市场平均风险的一半

4. 证券投资的系统风险包括（　　）。

A. 利息率风险　B. 违约风险　C. 再投资风险　D. 破产风险

5. 关于股票或股票组合的 β 系数，下列说法中正确的是（　　）。

A. 股票的 β 系数反映个别股票相对于平均风险股票的变异程度

B. 股票组合的 β 系数反映股票投资组合相对于平均风险股票组合的变异程度

C. 股票组合的 β 系数是构成组合股票 β 系数的加权平均数

D. 股票的 β 系数用来衡量个别股票的系统风险

三、判断题

1. 有一种股票的系数为 1.5，无风险收益率为 10%，市场上所有股票的平均收益率为 14%，则该种股票的报酬率为 16%。（　　）

2. 系数反映的企业特有风险可通过多元化投资进行分散，而市场风险不能被互相抵消。（　　）

3. 市场风险源于公司之外，表现为整个股市平均报酬率的变动；公司特有风险源于公司本身的商业活动和财务活动，表现为个股报酬率变动脱离整个股市平均报酬率的变动。（　　）

4. 只要证券之间的收益变动不具有完全负相关关系，证券组合的风险就一定小于单个证券风险的加权平均值。（　　）

5. 对于证券投资中的系统性风险，只要多买几家公司的股票，就可以降低其风险程度。（　　）

单项任务训练

1. 某投资者的投资组合中包括三种证券，债券占40%，A股票占30%，B股票占30%，其系数分别为1、1.5和2，市场全部股票的平均收益率为12%，无风险收益率为5%。

要求：

（1）计算投资组合的系数；

（2）计算投资组合的预期收益率。

2. A公司股票的系数为2.5 ，无风险收益率为6%，市场上所有股票的平均报酬率为10%。

要求：

（1）计算该公司股票的预期收益率；

（2）若该股票为固定成长股票，成长率为6%，预计1年后的股利为1.5元，则该股票的价值为多少？

3. 某投资者2019年欲购买股票，现有A、B两家公司可供选择，从A、B公司2018年12月30日的有关会计报表及补充资料中获知，2018年A公司税后净利为800万元，发放的每股股利为5元，市盈率为5倍，A公司发行在外股数为100万股，每股价格为10元；B公司2018年获税后净利400万元，发放的每股股利为2元，市盈率为5倍，其对外发行股数为100万股，每股价格为10元。预期A公司未来5年内股利恒定，在此后转为正常增长，增长率为6%，预期B公司股利将持续增长，年增长率为4%，假定目前无风险收益率为8%，平均风险股票的必要收益率为12%，A公司股票的系数为2，B公司股票的系数为1.5。

要求：

（1）通过计算股票价值并与股票价格比较，判断是否应购买两公司股票；

（2）若投资购买两种股票各100股，该投资组合的预期报酬率为多少？该投资组合的风险如何（综合系数）？

项目小结

证券投资是指投资者将资金投资于股票、债券、基金及衍生证券等资产，从而获取收益的一种投资行为。其具有流动性强、风险大和交易成本低等特点。一般而言，企业进行证券投资的目的主要满足未来财务需求，充分利用闲置资金，获得长期稳定的投资收益和获得相关企业的控制权。证券投资程序一般为开户、委托买卖、清算交割和过户。

债券投资的对象是债券。债券投资具有偿还性、流通性、安全性与收益性等特点。债券投资决策要从债券投资收益率与债券内在投资价值和债券投资风险等方面加以综合分析进行。债券的投资收益率可以分为短期债券投资收益率和长期债券投资收益率，前者不考虑货币时间价值，为债券投资期间获得的利息收益与债券买卖差除以债券投资成本；后者又称债券的到期收益率，这种指标考虑了资金时间价值，通过求得债券现金流入量与流出量相等时的贴现率获得。债券投资的风险主要包括违约风险、利率风险、购买力风险、流动性风险和期限性风险。债券信用评级是指对债券的质量、信誉进行的一项评价等级的工作，它可以降低投资者的投资成本。

股票投资的投资对象是股票，基本特点为：永久性、参与性、流通性与风险性。股票投资决策常用到的概念是：股票的价值、股票价格、股利。股票的投资收益主要是投资期间的股利收入和买卖价差。股票的投资收益率分为名义收益率与实际收益率，前者不考虑货币的时间价值，为持有期间收到的股利和买卖价差之和除以其买价，后者考虑投资收益的货币时间价值，为使所有相关现金流量的现值相等的贴现率。股票的内在价值为股票给投资者带来的现金流量的现值，其模型根据现金流量不同分为零成长股票、固定成长型股票与非固定成长型股票。除此之外，还可以用市盈率法分析股票内在价值。

证券投资基金指一种利益共享、风险共担的集合证券投资方式，即通过发行基金单位，集中投资者的资金，由基金托管人托管，基金管理人管理和运用资金，从事股票、债券等金融工具投资。证券投资基金根据基金受益单位能否随时认购或赎回及转让方式不同，可分为开放式基金和封闭式基金；根据投资基金的组织形式不同，可分为公司型基金与契约型基金；根据投资标的不同，基金可分为股票基金、债券基金、货币基金、期货基金、期权基金、认股权证基金、专门基金等。封闭式基金的买卖价格受市场供求关系的影响，并不必然反映公司的净资产值，开放式基金的柜台交易价格完全以基金单位净值为基础，开放式基金的交易价格取决于基金的每单位资产净值，通常有两种报价形式：认购价（卖出价）和赎回价（买入价）。基金投资收益率用以反映基金增值的情况，它通过基金净资产的价值变化来衡量。

证券投资组合又叫证券组合，是指在进行证券投资时，不是将所有的资金都投向单一的某种证券，而是有选择地投向一组证券。这种同时投资多种证券的做法便叫证券的投资组合。证券投资组合能够降低风险。证券投资组合的风险可以分为两种性质完全不同的风险，即非系统性风险和系统性风险，后者通常用 β 系数来计量，β 系数越大，系统风险越大。证券组合投资要求补偿的风险只是不可分散风险，而不要求对可分散风险进行补偿。投资组合的风险与收益率的关系可以用资本资产定价模型来表示。为了降低风险，证券投资组合可采取以下策略：保守型策略、冒险型策略与适中型策略。证券投资组合的方法有以下几种：选择足够数量的证券进行组合，把风险大、风险中等、风险小的证券放在一起进行组合和把投资收益呈负相关的证券放在一起进行组合。

项目案例分析

情景与背景：华泰柏瑞价值增长混合基金2018年第三季度末持仓前十的股票。

表6-4所示为华泰柏瑞价值增长混合基金2018年第三季度股票投资明细（截至2018年9月30日）。

表6-4　　华泰柏瑞价值增长混合基金2018年第三季度股票投资明细

序号	股票代码	股票名称	最新价	涨跌幅	占净值比例	持股数（万股）	持仓市值（万元）
1	000537	广宇发展	13.86	−1.70%	1.32%	71.16	946.37
2	300274	阳光电源	19.79	0.82%	1.26%	53.65	902.88
3	000932	*ST 华菱	8.34	2.71%	1.25%	100.00	895.00
4	000488	晨鸣纸业	17.11	0.41%	1.12%	40.90	802.10
5	000830	鲁西化工	12.66	4.80%	1.11%	71.67	796.98
6	600418	江淮汽车	10.21	0.10%	1.10%	70.00	788.90
7	000980	众泰汽车	14.25	4.09%	1.10%	57.43	787.39
8	000951	中国重汽	16.19	−0.06%	1.04%	39.17	745.84
9	002456	欧菲光	23.81	1.67%	1.03%	35.00	741.54
10	600801	华新水泥	12.87	0.00%	1.03%	51.30	740.30

要求：请仔细查看华泰柏瑞价值增长混合基金 2018 年第三季度末持仓前十的股票，结合所学知识和技能回答下列问题。

（1）基金为什么要分散持股？

（2）在该基金持仓前十的股票中任何一只价格上涨或下跌 10%，会导致基金净值发生明显变化吗？为什么？

项目综合实训

一、实训要求

1. 能正确计算和分析股票的价值，并做出是否投资的决策。
2. 能准确计算和分析基金投资的价值、报价和基金收益率，并做出是否投资的决策。
3. 能准确分析和计算证券投资组合的风险与收益率，并做出是否投资的决策。
4. 能够对本次实训活动进行总结，在此基础上按照规范格式撰写《证券投资价值分析与决策实训报告》。

二、实训条件

在财务管理实训室进行，要求配备计算机和财务软件、相关实训用具等。

三、实训材料

1. 投资者李美安于 2018 年 7 月 5 日在杭州广发证券营业部开设了一个 A 股股票账户，并与证券公司达成一致意见：投资者进行股票买卖支付给证券公司的交易佣金为成交金额的万分之五，最低 5 元起。2018 年 7 月 20 日，李美安投入资金 50 000 元，2018 年 7 月 26 日，他以每股 12.04 元的价格（不含各种交易费用）购入 1 000 股苏宁电器股票（股票代码：002024）；2018 年 7 月 28 日，他以每股 11.77 元的价格（不含各种交易费用）购入 1 000 股鄂尔多斯股票（股票代码：600295）；2018 年 7 月 30 日，他又以 16.10 元的价格（不含各种交易费用）购入 1 000 股大同煤业股票（股票代码：601001）。2018 年 8 月 4 日，李美安以每股 12.78 元的价格（不含各种交易费用）出售其持有的 1 000 股苏宁电器股票；2018 年 8 月 9 日，他以每股 12.45 元的价格（不含各种交易费用）出售其持有的 1 000 股鄂尔多斯股票；2018 年 8 月 10 日，他以每股 17.25 元的价格（不含各种交易费用）出售其持有的 1 000 股大同煤业股票。

财务顾问吴斌计算苏宁电器的投资收益率为：

=[（12.78×1 000−12.78×1 000×0.001−12.78×1 000×0.000 5）−12 058.06]/12 058.06=5.83%，这个收益率与 5 年期银行定期存款利率（5.5%/年）接近，但银行存款没有风险，而股票价格多变动，投资者亏损的可能性很大，因此，不值得进行股票投资。

问题：

（1）吴斌的这种观点正确吗？

（2）请指出李美安通过股票账户进行 A 股股票交易，支付的交易费用有哪些？该如何计算？

（3）计算 2018 年 7 月 26 日、7 月 28 日和 7 月 30 日李美安账户上的人民币余额分别是多少？

（4）计算李美安投资苏宁电器、鄂尔多斯和大同煤业等股票在各自投资期间的名义投资收益率（一年按 360 天计算）是多少？

（5）计算从 2018 年 7 月 20 日到 2018 年 8 月 10 日，李美安投入资金 50 000 元的名义投资收益率是多少？

2. 某基金公司发行的是开放式基金，2018 年相关资料如表 6-5 所示。

表 6-5　　2018 年某基金相关资料

项目	年初	年末
基金资金账面价值（万元）	1 000	1 200
负债账面价值（万元）	300	320
基金市场账面价值（万元）	1 500	2 000
基金单位（万份）	500	600

假设公司收取首次认购费，认购费为基金净值的 5%，不再收取赎回费。

问题：

（1）该基金年初的基金净资产价值总额、基金单位净值、基金认购价和基金赎回价分别是多少？

（2）该基金年末的基金净资产价值总额、基金单位净值、基金认购价和基金赎回价分别是多少？

（3）该基金年末的投资收益率分别是多少？

项目综合评价

项目评价记录表

姓　名：__________　班　级：__________　评价时间：__________

评价指标		评价标准	所占比例	分值
活动过程 ∑80	职业能力 ∑35	信息处理能力	5%	
		解决问题能力	5%	
		数字应用能力	5%	
		职业能力训练成绩	20%	
	专业能力 ∑45	正确做出债券投资决策	10%	
		正确做出股票投资决策	10%	
		正确做出基金投资决策	10%	
		做出合理的证券投资组合决策	15%	
团队合作 ∑20	工作计划	计划设置及实施	5%	
	过程实施	配合及解决问题	5%	
	合作交流	小组成员间的交流与合作	5%	
	资源利用	资源使用及组织	5%	
综合得分				
教师评语		签名： 年　月　日		
学生意见		签名： 年　月　日		

项目七 营运资金管理

知识目标

1. 理解营运资金的含义及持有意义
2. 了解最佳现金持有量及现金日常管理方法
3. 了解信用政策的内涵及作用
4. 了解经济订货批量模型及意义

能力目标

1. 能够结合企业具体情况设计并执行最佳的营运资金政策
2. 能够用多种方法确定企业的最佳现金持有量和日常管理方法
3. 能够制定合理的信用政策
4. 能够用经济订货批量模型确定企业存货数量

项目引导案例

关于北京胜龙科技股份有限公司营运资金不足的风险提示性公告

东海证券股份有限公司（以下简称“东海证券”或“主办券商”）作为北京胜龙科技股份有限公司（证券代码：430016，证券简称：胜龙科技，以下简称“胜龙科技”或“公司”）的持续督导主办券商，在持续督导过程中发现如下情况。

（一）经营业绩下滑、持续亏损

……

（二）营运资金不足

根据胜龙科技2017年半年报未经审计的财务报表显示，截至2017年6月30日，公司营运资金为-638 733.64元，且期末货币资金余额131 551.15元，如无持续稳定的资金流入，将不足以支持公司日常营运资金的支付，未来可能出现拖欠员工工资、无法偿还债务的风险，公司的持续经营能力存在重大不确定性。

根据主办券商与公司管理层的沟通情况，公司经营业绩下滑、持续亏损及营运资金不足的原因及改进措施如下。

1. 公司营运资金不足的主要原因

报告期内所服务的客户大多是国有集团企业，这些客户的特点是采购决策流程时间长，要求提供服务在前，以致公司先行研发，客户后期结算，造成公司前期投入大而应收账款周转期较长。同时，因为供应商或企业内部管理的原因，公司提前偿还了供应商的货款，导致企业应付账款周转期缩短。

2. 公司拟采取的应对措施

公司将加强对流动资产和流动负债的管理，加快存货和应收账款的周转速度，尽量减少资金的长期占用，制定相应的营运资金、应收账款、预付货款控制制度，加强对应收账款的管理，及时收回应收账款，降低应收账款回收风险，严格控制预付货款，提高企业资金使用效率。

综上，主办券商提醒广大投资者注意投资风险。

特此公告。

东海证券股份有限公司
2017年8月28日

（资料来源：东海证券．关于北京胜龙科技股份有限公司经营业绩下滑、持续亏损及营运资金不足的风险提示性公告[EB/OL]．东方财富网．编者已做修改。）

北京胜龙科技股份有限公司营运资金不足可能会带来哪些危害？公司如何解决营运资金不足的问题？本项目介绍有关营运资金管理的内容。

学习任务一 认知营运资金管理的基础知识

知识准备与业务操作

一、营运资金的含义

营运资金有广义和狭义之分。

广义的营运资金又称总营运资金，是指一家企业投放在流动资产上的资金，具体包括现金、有价证券、应收账款、存货等被占用的资金。这是一个具体的概念，主要被用来研究企业资产的流动性和周转状况。对控制这些具体营运资金，确定其持有状况等的管理，是企业日常财务管理中的重要部分。

狭义的营运资金是流动资产与流动负债的差额。这是一个抽象的概念，并不特指某项资产，但它是判断和分析企业流动资金运作状况和财务风险程度的重要依据，这个概念主要在研究企业的偿债能力和财务风险时使用。

二、营运资金的特点

企业要想有效管理营运资金，就必须认真研究营运资金的特点，以便在企业营运资金运作过程中采取有针对性的措施。营运资金一般有以下特点。

（一）营运资金周转期短

企业占用在营运上的资金，周转速度较快，周转期较短，通常在 1 年或 1 个营业周期内被收回。因此，企业在营运资金的供应上，可以根据这一特点，采用短期筹资方式来解决，如短期银行借款、商业信用等。

（二）营运资金形态多样且数量波动大

营运资金的实物形态除了按货币资产、储备资产、生产资产、成品资产、结算资产之顺序转化外，其占用的数量也会随企业内外经营条件的变化而变化，时高时低，波动很大。因此，企业在流动资产管理上，必须要对各项流动资产合理配置，并根据波动情况，随时调整其数量。

（三）营运资金变现性强

营运资金中的大部分资产一般都具有较强的变现能力，在企业出现紧急状况时，相比长期资产，这些资产更容易变现，可满足企业在生产经营中的紧急需求。

（四）营运资金来源渠道多、期限选择灵活

营运资金的来源渠道多，筹集形式也多，期限选择较为灵活。

业务链接 7-1　　零营运资金管理

“零营运资金管理”指通过减少在流动资产上的投资，使营运资金占企业总营业额的比重趋于最小，便于企业把更多的资金投入到收益较高的固定资产或长期投资上；通过大量举借短期负债来满足营运资金需求，降低企业资金成本的一种管理方法。以零营运资金为目标，对企业营运资金实行的“零营运资金管理”，已成为 20 世纪 90 年代以来企业财务管理中一个卓有成效的方法。随着现代企业制度改革的深化和企业经营管理的加强，企业理财的重要性也与日俱增，因此，“零营运资金管理”的方法对企业有着十分重要的借鉴意义。

想一想

什么是营运资金？营运资金有何特点？

三、管理营运资金的目的

营运资金管理是企业总资产管理的一个重要组成部分，所以，管理营运资金的目的必须与企业整体财务管理的目的相契合。

一般来说，管理营运资金的目的是通过管理活动的实施，保证企业营运资金具有足够的流动性，并同时努力提高企业的盈利能力。

流动性是蕴含于企业经营过程中动态意义上的偿付能力，也是企业资产运用的固有特征。保持营运资金具有适度的流动性可使企业应付日常经营需要和具有良好的偿债能力。

企业管理营运资金的基本目标就是最大限度地服务于企业的长远财务规划，围绕经营活动现金流量的创造，实现企业价值最大化。当然，流动资产自身没有创造现金流量的能力，对企业价值的形成没有直接影响。但是，在资本投资性质及效率既定的情况下，无能的、低效的营运资金管理却会在很大程度上抵减企业经营活动现金流量的创造力。因此，企业应合理确定现金持有量，保持良好的流动资产结构，加快应收账款的回收等，使企业整个营运资金按照营运资金政策预定的目标进行运营，促使企业实现价值最大化。

为达到这一目的，在营运资金管理中，企业要做好以下几点。

（1）合理确定企业营运资金的占用数量。

（2）合理确定短期资本的来源结构。

（3）加快资本周转，提高资本的利用效率。

归纳起来，企业要做出两个基本决策：一是确定流动资产的最佳投资水平；二是为维持这一水平而进行适当的短期融资和长期融资。

由于资金筹集内容在项目三中已被详细阐述，故本项目主要阐述第一个问题，即流动资产的最佳投资水平。

案例分析 7-1　　蓝海华腾：关于使用募集资金补充营运资金的公告

公司向社会公开发行人民币普通股 1 300 万股，每股发行价格为人民币 18.75 元，募集资金总额为人民币 243 750 000.00 元，扣除部分证券承销费和保荐费人民币 21 400 000.00 元后的募集资金为人民币 222 350 000.00 元，另扣除公司自行支付的保荐费、中介机构费和其他发行费用人民币 8 540 000.00 元后，募集资金净额为人民币 213 810 000.00 元。

公司募集资金项目中“其他与主营业务相关的营运资金”的实施主体为公司自身，公司履行完毕必要的审议程序后，拟将本项目结余募集资金净额人民币 79 933 740.83 元自募集资金专户转入公司一般结算户，用于补充公司营运资金。

一、补充营运资金的合理性和必要性

1. 现有业务持续发展、募集资金投资项目顺利实施需要补充营运资金。随着业务的发展，公司在研发、采购、生产、销售等经营环节均需要较大数额的营运资金，用于支付原材料、库存商品和经营性应收项目占用的资金以及管理费用和销售费用支出。另外，公司募集资金投资项目的顺利实施也需要较多的营运资金投入作为后续支持。

2. 加强技术研发、人才引进，进一步提高技术创新能力需要补充营运资金……公司需要不断加强技术研发和引进人才，从而需要较多的营运资金投入。

3. 加大电动汽车电机控制器业务投入需要补充营运资金……公司需要加大电动汽车电机控制器业务投入，用于技术研究、产品开发和市场开拓，从而需要较多的营运资金投入。

……

四、本次补充营运资金对公司的影响

本次补充营运资金，较难在短期内产生较大的经济效益。但从长期来看，补充营运资金，一方面可以减少债务融资，降低利息支出等财务费用，提高公司盈利能力；另一方面可以满足公司业务规模扩大带来的资金需求，进一步推动公司主营业务发展，提高公司资金实力和抵抗风险的能力。本次补充营运资金，符合募集资金使用安排，不存在变相改变募集资金投向和损害股东利益的情况。

深圳市蓝海华腾技术股份有限公司

董事会

2017年5月12日

（资料来源：蓝海华腾．关于使用募集资金补充营运资金的公告[EB/OL]．东方财富网．编者已做修改。）

思考：企业管理营运资金的目的是什么？企业一般的营运资金有哪些来源渠道？

职业能力选择与判断

一、单项选择题

1. 企业在生产经营过程中不需要正式安排，由于结算程序的原因而自然形成一部分货款的支付时间晚于形成时间的流动负债是指（　　）。

A. 自发性负债　　B. 人为性负债　　C. 或有负债　　D. 实际负债

2. 广义的营运资金是指占用在（　　）的资金。

A. 流动资产　　B. 存货　　C. 现金　　D. 应收账款

3. 永久性流动资产是指满足企业一定时期生产经营最低需要的那部分流动资产，如（　　）。

A. 企业保留的最低库存　　B. 企业的在产品

C. 企业购入的原材料　　D. 企业旺季生产的产品

4. 流动负债不包括（　　）。

A. 短期借款　　B. 未分配利润　　C. 应付股利　　D. 应付工资

5. 营运资金的特点不包括（　　）。

A. 营运资金周转期短　　B. 营运资金形态多样且数量波动大

C. 营运资金变现性强　　D. 营运资金投资风险大

二、多项选择题

1. 流动资产按占用时间可分为（　　）。

A. 应收账款　　B. 永久性流动资产　　C. 波动性流动资产　　D. 储备资产

2. 营运资金的内容包括（　　）。

A. 流动资产的管理　　B. 流动负债的管理

C. 债券筹资管理　　D. 项目投资管理

3. 常见的自发性负债包括（　　）。

A. 短期借款　　B. 短期融资券　　C. 应付账款　　D. 应付票据

4. 营运资金的特点有（　　）。

A. 营运资金周转期短　　B. 营运资金形态多样且数量波动大

C. 营运资金变现性强　　D. 营运资金来源多渠道、期限选择灵活

5. 一般来说，管理营运资金的目的是通过管理活动的实施，(　　)。

A. 保证企业具有足够的流动性　　B. 努力提高企业的盈利能力

C. 保证企业有足够的偿债能力　　D. 首先保证企业实现利润最大化

三、判断题

1. 营运资金管理就是流动资产管理。(　　)

2. 企业应该尽可能减少流动资产。(　　)

3. 营运资金的变现能力较差。(　　)

单项任务训练

1. 请分析营运资金的特点。

2. 请分析如何做好营运资金管理。

学习任务二 | 现金管理

知识准备与业务操作

一、现金持有的动机与成本

现金是可以立即投入流动的交换媒介。它的首要特点是普遍的可接受性，即可以有效地立即用来购买商品、货物、劳务或偿还债务。因此，现金是企业中流动性最强的资产。

属于现金的项目包括企业的库存现金、各种形式的银行存款和银行本票、银行汇票。

（一）持有现金的动机

1. 交易动机

交易动机是指企业为满足生产经营活动中的各种支付需要（如购买原材料、支付工资、偿还利息、支付现金股利等）而持有现金。由于企业在生产经营活动中不可能始终保持现金收入与现金支出相等，因此，保持一定的现金余额以应付各种日常开支是必要的。通常情况下，企业的销售量越多，要保持的现金余额也越多。

2. 预防动机

预防动机是指企业保持一定的现金余额以应付意外的现金需求。企业在生产经营活动中的正常现金需要量可通过资金预测和计划来估算，但许多意外事件的发生将会影响和改变企业的正常现金需要量。例如，自然灾害、生产事故、客户款项不能如期支付以及国家政策的某些突然变化等，这些都会打破企业原先预计的现金收支平衡。因此，企业需要保持一定的额外现金余额来应付可能发生的意外情况。一般来讲，企业保持的出于预防动机的现金余额的多少取决于以下几个因素：①现金收支预测的可靠程度；②企业的临时借款能力；③企业其他流动资产（如有价证券等）的变现能力；④企业对意外事件发生可能性大小的判断和风险承受能力。

3. 投机动机

企业持有现金的另一个可能的动机是投机，即通过在证券市场上的炒作或原材料市场的投机买卖来获取投机收益。例如，当企业预计原材料价格将较大幅度上涨时，可利用手中多余的现金以目前较低价格购入原材料，使自身少受影响。投机动机只是企业确定现金余额所要考虑的次要因素之一，其现金持有数量往往与企业在金融市场上的投资机会和企业对待风险的态度有关。

（二）持有现金的成本

持有现金的成本是指因持有现金付出的各种代价，具体包括以下几项。

1. 机会成本

机会成本是指因持有现金而丧失的再投资收益，一般可用企业投资收益率来表示。假设某企业的投资收益率为 10%，年平均持有现金 50 万元，则该企业每年持有现金的机会成本为 5 万元（50×10%）。机会成本与现金持有量正相关，即现金持有越多，机会成本越高。

2. 管理成本

管理成本是指企业为因管理现金而发生的管理费用，如管理人员工资和安全措施费等。管理成本具有固定成本的性质，它与现金持有量之间无明显的比例关系。

3. 转换成本

转换成本是指现金与有价证券在转换过程中发生的固定成本，如经纪人佣金，税金和其他管理成本，一般只与交易的次数有关，而与现金持有量的多少无关。

4. 短缺成本

短缺成本是指企业因现金短缺而遭受的损失，如不能按时支付购料款而造成的信用损失；不能按期缴纳税款而被罚的滞纳金等。短缺成本随现金持有量的增加而减少，即与现金持有量负相关。

二、现金管理的目的与内容

（一）现金管理的目的

现金管理的目的是在保证企业生产经营所需现金的同时，节约使用现金，并从暂时闲置的现金中获得最多的收益。现金管理应力求做到既保证企业交易所需资金，降低风险，又不使企业有过多的闲置资金，以增加收益。

业务链接 7-2　　现金管理的焦点

现金管理的焦点是现金盈利性和安全性之间的矛盾，从盈利角度考虑，企业应尽可能少地持有现金，力求避免资金闲置和资金利用率低给企业造成潜在损失，即要求尽力降低现金持有的机会成本。从安全性角度看，企业则应尽可能地保持较充足的资金储备，力求避免各种资金短缺成本的发生，保证企业生产经营活动正常运转，这是企业存在和发展的前提。所以企业的现金管理就是要处理好现金机会成本和短缺成本之间的关系。对由于现金不足和现金多余给企业造成的利弊影响做出权衡，使矛盾在良好的现金管理措施下得以化解。

（二）现金管理的内容

现金管理的内容包括以下几部分。

1. 最佳现金持有量的确定

从理论上讲，最合理的现金持有量是能使企业因持有现金付出的代价最少，即机会成本最少，又能满足企业现金需求的最佳持有量，这是现金管理的重点。

2. 编制现金预算

定期编制现金预算，合理安排现金收支，及时反映企业现金的余缺情况，是现金管理的又一重要内容。

3. 现金的日常管理

建立和完善现金收支管理制度，运用科学的管理手段，实现现金考核。

三、确定最佳现金持有量

最佳现金持有量是指使持有现金所付出的代价最少，又不影响企业正常生产经营的现金持有量。它的确定方法主要有成本分析模式和存货分析模式两种。

（一）成本分析模式

成本分析模式是根据对企业持有现金的机会成本、管理成本和短缺成本来确定最佳现金持有量的方法。其计算公式为：

现金总成本=机会成本+管理成本+短缺成本

成本分析模式通过对机会成本、管理成本和短缺成本进行分析，找出三种成本之和最低时的现金持有量，此时的现金持有量就是最佳现金持有量。现金总成本、机会成本、管理成本、短缺成本和现金持有量之间的关系如图 7-1 所示。

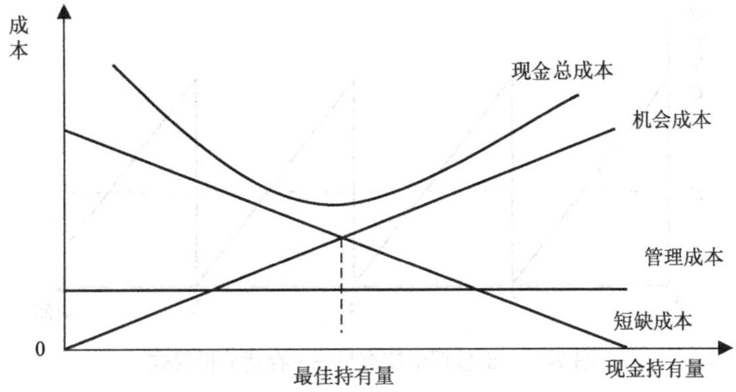

图 7-1　现金总成本、机会成本、管理成本、短缺成本和现金持有量的关系

业务操作　　**成本分析模式下最佳现金持有量的确定**

某企业为寻求最佳现金持有量，现拟定四种现金持有方案，如表 7-1 所示。

表 7-1　　某企业现金持有方案　　单位：元

	甲方案	乙方案	丙方案	丁方案
现金持有量	25 000	50 000	75 000	100 000
机会成本	3 750	7 500	11 250	15 000
管理成本	10 000	10 000	10 000	10 000
短缺成本	12 000	6 500	2 500	0
现金总成本	25 750	24 000	23 750	25 000

注：该企业的投资收益率为 15%。

请确定最佳现金持有量。

操作步骤

最佳现金持有量通过下列步骤确定。

由表 7-1 可知，四个方案中丙方案的现金总成本最低，因此，该企业的最佳现金持有量是 75 000 元。

成本分析模式适用范围广泛，尤其适用于现金收支波动较大的企业，但是持有现金的短缺成本较难被准确预测。

（二）存货分析模式

存货分析模式是将现金看作企业的一种特殊存货，按照存货管理中的经济批量法原理确定企业最佳现金持有量的方法。这一模式最早由美国经济学家 W·J·Baumol 于 1952 年提出，故又被称为“鲍莫模型”。

存货分析模式是在下列假设基础上测算最佳现金持有量的：①企业未来年度的现金需求总量可以预测；②可通过出售短期有价证券获得所需现金；③现金支出是均匀的，而且每当现金余额接近零时，短期证券可随时转换为现金。可用图 7-2 加以说明。

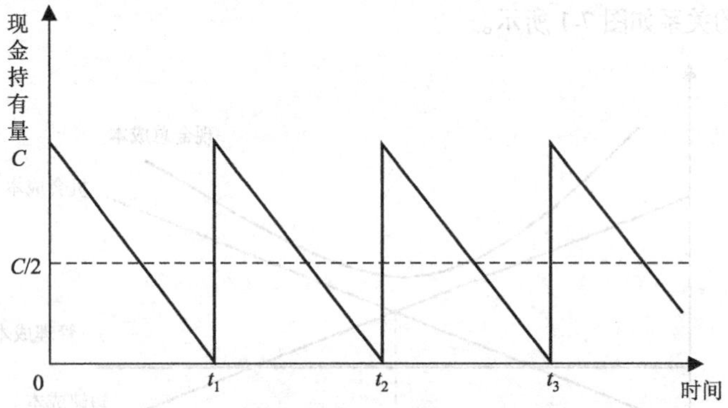

图 7-2 最佳现金持有量——存货分析模式

在图 7-2 中，企业现金支出在某一时期内是比较稳定的，C 为企业最高现金持有量，在每隔时间 t 内，C 被均匀地消耗掉，企业便可通过出售短期有价证券获得 C 来补足，如此不断反复。

存货分析模式的目标是计算出能使现金总成本最少的 C 值。在此模式中，现金总成本包括以下两部分。

1．现金持有成本

它是指因持有现金而放弃的收益，即持有现金就不能获得有价证券的利息收益，又称机会成本，它与现金持有量成正比。

2．现金转换成本

它是指现金与有价证券在转换过程中发生的固定成本，如经纪人佣金、税金和其他管理成本，一般只与交易的次数有关，而与现金持有量的多少无关。

如果现金持有量多，则持有成本较高，但由于转换次数减少，所以转换成本可降低；反之，现金持有量少，则持有成本较低，但转换成本又会增加。最佳现金持有量就是使两种成本之和最低时的现金持有量。

假设：TC 为现金总成本

C 为现金持有量

R 为短期有价证券的利率

F 为每次的转换成本

T 为一定时期现金总需求量

$$TC=\frac{C}{2}R+\frac{T}{C}F$$

现金总成本、持有成本和转换成本的关系如图 7-3 所示。

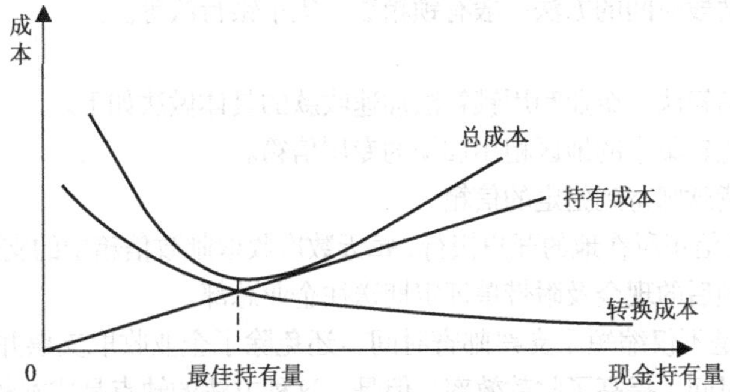

图 7-3　现金总成本、持有成本和转换成本的关系

在图 7-3 中，现金总成本与现金持有量呈 U 形曲线关系，可用导数的方法求出最小值。其计算公式为：

$$最佳现金持有量\ C^*=\sqrt{\frac{2TF}{R}}$$

业务操作　　存货分析模式下最佳现金持有量的确定

某企业预计全年现金需要量为 16 000 元，现金与有价证券的转换成本为每次 50 元，有价证券的年利率为 10%。请计算最佳现金持有量。

操作步骤

最佳现金持有量计算如下。

$$C^*=\sqrt{\frac{2\times16000\times50}{10\%}}=4000\text{（元）}$$

存货分析模式的优点是计算结果比较精确，但它是以现金支出均匀发生，现金持有成本和转换成本易于预测为前提条件的，当企业现金收支波动较大时，这种方法的应用就受到了限制。

想一想

最佳现金持有量的确定方法主要有成本分析模式、存货分析模式，这两种方法的主要区别是什么？

四、现金日常管理

企业在确定了最佳现金持有量后，还应采取各种措施，加强对现金的日常管理，如尽量加速收款、缩短账款收回时间，控制支出，对闲置现金进行投资管理，以提高现金的使用效益。

（一）加速收款、缩短账款收回时间

加速收款主要是指尽可能缩短从客户汇款或开出支票，到企业收到客户汇款或将支票兑换的时

间。企业加速收款不仅要尽量使客户早付款，而且要尽快将这些款项转化为可用现金。企业账款收回的时间一般包括客户给企业邮寄支票的时间、企业收到支票并将支票交付银行的时间和支票结算的时间。前两段时间的长短不但与客户、企业、银行之间的距离有关，而且与收款的效率有关。在实际工作中，缩短这两段时间的方法一般有锁箱法、集中银行法等。

1．锁箱法

锁箱法又称邮政信箱法。企业利用锁箱法加速收款的具体做法如下。

（1）企业在业务比较集中的地区租用加锁的专用信箱。

（2）通知客户将货款邮寄到指定的信箱。

（3）企业授权邮政信箱所在地的开户银行，每天数次收取邮政信箱中的支票并存入该企业账户，然后将扣除补偿性余额后的现金及附带单证定期送往企业总部。

该种方法的优点是不仅缩短了支票邮寄时间，还免除了企业收取支票并将支票送存银行的手续，因而缩短了收款时间，提高了收款效率。但是，这种方法的缺点是成本较高，被授权开启邮政信箱的当地银行除了要收取补偿性余额外，还要收取额外服务劳务费。

是否采用锁箱法要看节约资金带来的收益与增加的费用支出孰多孰少。如果增加的费用小于收益，则可采用该方法；反之，就不宜采用。

2．集中银行法

这是一种通过设立多个收款中心代替在企业总部设立的单一收款中心，以加速账款回收的方法，其作用是缩短从客户寄出支票到现金进入企业账户的时间。

具体做法如下。

（1）企业指定一个主要开户行（通常是总部所在地）为集中银行，并选择收款业务较多的若干地区设立若干收款中心。

（2）企业通知客户将货款直接汇给当地收款中心，当地收款中心收款后立即将款项存入当地银行。

（3）当地银行在扣除补偿性余额后立即将款项汇入企业总部所在地的开户行，即集中银行。

这种方法能大大缩短客户邮寄支票的时间和支票兑现的时间。但是，采用这种方法，企业须在多处设立收款中心，从而增加了相应的费用支出。因此，企业应对设立收款中心的成本和效益进行权衡，合理确定收款中心的数量和设置地点。

（二）控制支出

企业在收款时，应尽量加快收款速度，而在控制现金支出时，应尽量延迟现金支出时间。企业对现金支出的控制主要包括在金额上和时间上的控制。控制现金支出的方法有以下几个。

1．合理利用现金“浮游量”

所谓现金“浮游量”，是指企业账户上的现金余额与银行账户上列示的存款余额之间的差额。从企业开出支票，到收款人将支票送存银行，至银行将款项划出企业账户，通常需要一定的时间。现金在这段时间的占用量为现金“浮游量”。因此，“浮游量”实际上是由于企业与银行双方在款项接受和划转上的时间差造成的。如果正确预测“浮游量”并加以利用，可节约大量现金，但是，一定要控制好使用的时间，否则会发生银行存款透支。

知识链接 7-1　　空头支票

空头支票是指支票持有人请求付款时，出票人在付款人处实有的存款不足以支付票据金额的支票。《中华人民共和国票据法》规定，支票出票人签发的支票金额不得超过其在付款人处实有的存款金额，即不得签发空头支票，这就要求出票人自出票日起至支付完毕止，保证其在付款人处的存款账户中有足以支付支票金额的资金。对签发空头支票骗取财物的，要依法追究刑事责任。如果签发空头支票骗取财物的行为情节轻微，不构成犯罪，要依照国家有关规定给予行政处罚。

2. 推迟支付应付款

为了最大限度利用现金，企业在不影响自身信誉的前提下，可采取一定措施，尽可能推迟应付款的支付时间。例如，企业在采购材料时，卖方的付款条件是"2/10，*N*/30"，如果企业资金宽裕，应争取享受折扣，在第10天付款；如果企业资金较紧张，无法享受折扣，则应争取在第30天付款。这样，在不同情况下，企业可以最大限度利用这笔现金。

3. 改进工资支付方式

企业通常会为支付工资而设立一个专门的存款账户。为了减少这一存款数额，企业可以预先估计从开出支付工资支票到银行兑现的具体时间，合理安排工资存款账户的存款数额，达到节约使用现金的目的。

4. 力争现金流量同步

现金流量同步是指企业应尽量使现金流入和现金流出发生的时间趋于一致，这可使企业持有的交易性现金余额降到最低。为此，企业可通过合理进行现金预算，并依照现金预算安排现金流入和现金流出，尽量使现金流入和流出同步。

（三）对闲置现金进行投资管理

企业在筹资和经营中，会产生大量的现金，这些现金在用于资本投资或其他业务活动前，通常会被闲置一段时间。企业可将暂时闲置的现金投资于流动性高、风险性低的短期有价证券，以获取利息收入或资本利得。在货币市场上，企业通常可选择国库存券、短期融资券、可转让存单等证券进行投资。

案例分析 7-2　　通灵珠宝关于使用闲置自有资金购买理财产品的公告

一、委托理财概述

在不影响公司日常经营活动，确保资金安全性、流动性的前提下，为提高公司闲置自有资金的使用效率，增加公司资金收益，公司拟使用闲置自有资金购买理财产品，具体情况如下。

1. 投资额度

公司及子公司使用总额不超过人民币4亿元的闲置自有资金购买低风险和保本浮动收益型理财产品，在上述额度内，资金可以滚动使用。

2. 投资品种

投资的理财产品主要为低风险和保本浮动收益型理财产品。

3. 资金来源

公司闲置自有资金，不会影响公司正常经营所需的流动资金。

4. 审批程序和有效期

根据《公司章程》第112条的相关规定，该事项属于董事长审批事项，无须提交董事会和股东大会审议。公司董事长授权经营管理层负责具体实施上述理财事宜，授权期限自

2017 年 11 月 1 日至 2018 年 10 月 31 日。

二、对公司日常经营的影响

公司及子公司使用闲置自有资金投资理财产品，是在保障公司正常生产经营资金需求的情况下实施的，不会影响公司日常资金周转需要，不会影响公司主营业务的正常开展。适度投资理财产品，有利于提高资金使用效率，增加公司资金收益，有利于公司更好发展。

特此公告

莱绅通灵珠宝股份有限公司董事会

2017 年 10 月 31 日

（资料来源：通灵珠宝．通灵珠宝关于使用闲置自有资金购买理财产品的公告[EB/OL]．东方财富网．编者已做修改。）

思考：通灵珠宝采用理财产品替代现金的好处是什么？

职业能力选择与判断

一、单项选择题

1．现金作为一种资产，它的（　　）。

A．流动性强，盈利性也好　　B．流动性强，盈利性差

C．流动性差，盈利性好　　D．流动性差，盈利性也差

2．下列现金成本中，属于固定成本性质的是（　　）。

A．现金管理成本　　B．机会成本

C．转换成本中的委托手续费　　D．现金短缺成本

3．企业置存现金的原因，主要是为了满足（　　）。

A．交易性、预防性、收益性需要　　B．交易性、投机性、收益性需要

C．交易性、预防性、投机性需要　　D．预防性、收益性、投机性需要

4．在一定时期内现金需求总量一定时，与现金持有量呈反方向变动的成本是（　　）。

A．管理成本　　B．机会成本　　C．短缺成本　　D．委托买卖佣金

5．在确定最佳现金持有量时，利用成本分析模式和存货分析模式均须考虑的因素是（　　）。

A．持有现金的机会成本　　B．固定性转换成本

C．现金短缺成本　　D．现金保管费用

二、多项选择题

1．确定最佳现金持有量的方法包括（　　）。

A．存货分析模式　　B．现金周转期模式

C．成本分析模式　　D．随机模式

2．企业持有现金总额通常小于因交易、预防、投机三种动机各自所需现金持有量的简单相加，其原因有（　　）。

A．现金可在各动机中调剂使用

B．企业存在可随时借入的信贷资金

C．满足各种动机所需现金的存在形态可以多样化

D．现金与证券可以互相转换

3．为了提高现金的使用效率，企业应加速收款，为此，可采取的方法有（　　）。

A．加快资金向开户银行集中的速度　　B．减少客户付款的邮寄时间

C．缩短收款支付兑现的时间间隔　　D．尽量使用现金“浮游量”

4. 企业运用存货分析模式确定最佳现金持有量的假设依据包括（　　）。

A. 所需现金只能通过银行借款取得　　B. 预算期内现金需求总量可以预测

C. 现金支出过程比较稳定　　D. 可以知悉证券利率及转换成本

5. 因持有现金不足导致不能按时支付购料款而造成的信用损失，属于现金的（　　）。

A. 机会成本　　B. 管理成本　　C. 转换成本　　D. 短缺成本

三、判断题

1. 在利用成本分析模式和存货分析模式确定最佳现金持有量时，都可以不考虑现金管理成本的影响。（　　）

2. 由于现金的收益能力较差，企业不宜保留过多的现金。（　　）

3. 在利用存货分析模式计算最佳现金持有量时，一般不考虑机会成本。（　　）

4. 集中银行法能加速现金回收，但只有当分散收账收益净额为正时企业采用此法才有利，否则会得不偿失。（　　）

5. 企业持有的现金余额应大于或等于出于各种动机所需现金余额之和。（　　）

单项任务训练

1. 资料：某企业有四种现金持有方案，如表 7-2 所示。

表 7-2　　某企业四种现金持有方案

项目 \ 方案	甲	乙	丙	丁
现金持有量（元）	15 000	25 000	35 000	45 000
机会成本率（%）	10	10	10	10
短缺成本（元）	8 500	4 000	3 500	2 200

要求：计算该企业的最佳现金持有量。

2. 资料：某公司现金收支平衡，预计全年（按 360 天计算）现金需求量为 250 000 元，现金与有价证券的转换成本为每次 500 元，有价证券年利率为 10%。

要求：

（1）计算最佳现金持有量；

（2）计算在最佳现金持有量下的全年现金总成本、全年现金转换成本和全年现金持有机会成本。

学习任务三　应收账款管理

知识准备与业务操作

一、应收账款的功能与成本

（一）应收账款的功能

应收账款的功能主要体现在以下三个方面。

1. 增加销售量

随着企业面对的经营环境越来越复杂，为了增加销售量，获取更多利润，企业一般都会采取赊销政策，这就必须对应收账款进行投入。

2. 提高市场占有率或开拓新市场

生产企业为了提高市场占有率或开拓新市场，一般都会采用较优惠的信用条件推进销售，以提高竞争力。当企业力图占领某一市场时，就可能把有利的信用条件当作工具来增加产品的市场份额。

3. 减少存货

在某些产品的销售淡季，企业的产成品存货积压较多，企业持有产成品存货要支付管理费、财产税和保险费等成本费用；相反，企业持有应收账款则无须支付上述费用。这些企业在淡季一般会采用较优惠的信用条件进行销售，以便把存货转化为应收账款，降低各种费用的支出。

（二）持有应收账款的成本

1. 管理成本

持有应收账款的管理成本是指企业对应收账款进行管理而耗费的开支，是应收账款成本的重要组成部分。管理成本主要包括：对顾客信用情况调查的费用、收集信息的费用、催收账款的费用和账簿的记录费用等。

2. 机会成本

持有应收账款的机会成本是指将资金投资于应收账款而不能进行其他投资所丧失的收益。这一成本的高低通常与企业维持赊销业务需要的资金数量、资金成本率有关。其计算公式为：

应收账款的机会成本=日赊销额×应收账款平均收现期×销售成本率×资金成本率

3. 坏账成本

坏账成本是指由于某种原因导致应收账款不能收回而给企业造成的损失，这一成本与应收账款数量成正比。

想一想

应收账款的机会成本应该如何计算？

案例分析 7-3　　露天煤业：关于申请办理国内保理业务的公告

露天煤业（以下简称“公司”）拟办理有追索权的国内保理业务，保理融资款用于公司日常生产经营支出，此项业务能够缓解公司的资金压力，保证公司正常生产经营，促进公司发展。该业务已经公司第五届董事会第六次会议审议通过，尚需提交股东大会审议。

一、保理业务的主要内容

保理融资金额：公司作为销货方将向购货方销售商品所产生的应收账款转让给银行，与银行办理国内保理业务，预计此项保理融资在2017年的累计发生额不超过15亿元人民币。

保理期限：每笔业务的融资期限为6个月或1年。

保理融资利息：按照每笔应收账款期限适用的中国人民银行公布的同期同档次人民币贷款基准利率，向上浮动不超过10%。

二、主要责任

……

三、独立董事意见

……

四、相关说明

……

五、备查文件

……

内蒙古霍林河露天煤业股份有限公司

董事会

2017 年 3 月 29 日

（资料来源：露天煤业. 关于申请办理国内保理业务的公告[EB/OL]. 东方财富网. 编者已做修改。）

思考：公司为什么要发放应收账款？应收账款保理有哪些好处？

二、制定信用政策

应收账款的信用政策是指对应收账款的管理政策，包括信用标准、信用条件、收账政策。

（一）信用标准

1. 信用标准的含义

信用标准是客户要享有企业商业信用应具备的最低条件，如果客户达不到信用标准，便不能享受或较少享受企业的信用，企业信用标准的高低将直接影响企业的销售收入和销售利润。

2. 决策要点

信用标准如果定得较高，即仅信用好的客户可享受赊销待遇，其结果有二，一是可以使坏账损失减小，应收账款的机会成本降低；二是企业将丧失一部分来自信用较差客户的销售收入和销售利润，这就要求企业权衡得失，较为准确地对不同客户制定相应的信用标准。

制定信用标准的定量依据是估计客户的信用等级和坏账损失率；定性依据是客户的资信程度，也就是要评估客户赖账的可能性，这可以通过“5C”系统来进行。“5C”系统是评估顾客信用品质，即品质（Character）、能力（Capacity）、资本（Capital）、抵押（Collateral）和条件（Conditions）的系统。

（1）品质。指客户的信誉，即履行偿债义务的可能性。企业必须设法了解客户的付款历史，看其是否有按期如数付款的一贯做法，与其他往来企业的关系是否良好，这是衡量客户是否信守契约的重要标准，也是决定是否赊销的首要条件。

（2）能力。即流动资产与流动负债的比例关系。客户的流动资产与流动负债的比率越高，流动资产转化为现金支付款项的能力就越强。同时，还应注意客户资产的质量，看其变现能力如何，以判断客户的偿付能力。

（3）资本。指客户的经济实力和财务状况，它是客户偿还债务的最终保障。

（4）抵押。指客户不能支付款项时能被用作抵押的资产，这对不知底细的客户或信用状况有争议的客户尤为重要。

（5）条件。指可能影响客户付款能力的社会经济环境。这主要看客户是否有应付不利经济环境的应变能力。例如，经济不景气会对客户的付款能力产生什么影响，客户会如何应对等。

（二）信用条件

当我们根据信用标准决定给予客户信用优惠时，就要考虑具体的信用条件了。信用条件是指企业要求客户支付赊销款项的条件，包括信用期限、现金折扣及折扣期限等。信用条件的基本表示方式为“2/10，*N*/30”，意思是：若客户能在发票开出后的 10 日内付款，可以享受 2%的现金折扣；如果放弃现金折扣优惠，则全部款项必须在 30 日内付清。在此，30 天为信用期限，10 天为折扣期限，2%为现金折扣率。

1．信用期限决策

（1）信用期限的含义

信用期限是企业为客户规定的最长付款时间，即企业允许的客户从购货到付款之间的时间间隔。

（2）决策要点

通常延长信用期限，可以在一定程度上提高销售量，但信用期限过长会使企业成本增加：一是使平均收账期延长，占用在应收账款上的资金相应增加，引起机会成本的增加；二是引起坏账成本和管理成本的增加。

企业是否给客户延长信用期限，主要看延长信用期限增加的销售利润是否超过增加的成本费用。

业务操作　　最佳信用期限决策

某企业目前采用现金交易销售方式，每年销售产品 120 000 件，单位售价为 15 元，变动成本率为 60%，固定成本为 10 000 元。为了提高产品销售量，企业拟订了两个信用条件备选方案，假设有价证券利息率为 20%，试为该企业做出信用期限决策。有关资料如表 7-3 所示。

表 7-3　　某企业信用期限备选方案

备选方案	信用条件	增加销售量	坏账损失率	收账费用（元）
A	*N*/30	25%	3%	22 000
B	*N*/60	32%	4%	30 000

操作步骤

某企业信用期限的决策过程如下。

根据以上资料，进行如下计算，如表 7-4 所示。

表 7-4　　某企业 A、B 备选方案比较　　单位：元

	A 方案（*N*/30）	B 方案（*N*/60）
年赊销额	120 000×15×（1+25%）=2 250 000	120 000×15×（1+30%）=2 340 000
变动成本	2 250 000×60%=1 350 000	2 340 000×60%=1 404 000
边际收益	2 250 000−1 350 000=900 000	2 340 000−1 404 000=936 000
信用成本		
机会成本	2 250 000÷360×30×60%×20%=22 500	2 340 000÷360×60×60%×20%=46 800
坏账成本	2 250 000×3%=67 500	2 340 000×4%=93 600
收账成本	22 000	30 000
小计	112 000	170 400
净收益	900 000−112 000=788 000	936 000−170 400=765 600

以上计算表明，A 方案增加的净收益较多，故应采用 A 方案。

2. 现金折扣和折扣期限决策

（1）现金折扣的含义

现金折扣是企业为了鼓励客户尽早（在规定的期限内）付款而给予的价格扣减。现金折扣包括两方面的内容：一是折扣期限，即在多长时间内给予折扣；二是折扣率，即在折扣期内给予客户多少折扣，如“2/10，*N*/30”表示赊销期限为30天，如果客户在10天内付款，则可享受2%的折扣。

（2）决策要点

现金折扣实际上是对现金收入的扣减，企业决定是否提供以及提供多大程度的现金折扣的依据是提供折扣后所得收益是否大于提供现金折扣的成本。在信用条件优化选择中，现金折扣能降低机会成本、管理成本和坏账成本，同时也要企业付出一定代价，即现金折扣成本。

信用条件优化的要点是：增加的销售利润能否超过增加的机会成本、管理成本、坏账成本和现金折扣成本之和。

业务操作　　确定现金折扣政策

根据【业务操作——最佳信用期限决策】的资料，如果该企业采用A方案，但为了加速应收账款回收，决定提供现金折扣，将信用条件改为“2/10，1/20，*N*/30”（C方案），预计有60%的客户可享受2%的折扣，20%的客户可享受1%的折扣，坏账损失率下降到2%，收账费用下降到10 000元。试做出是否采用现金折扣方案的决策。

操作步骤

某企业现金折扣的决策过程如下。

根据以上资料，进行如下计算，如表7-5所示。

表7-5　　某企业信用政策比较　　单位：元

	A方案（*N*/30）	C方案（2/10，1/20，*N*/30）
年赊销额	2 250 000	2 250 000
变动成本	1 350 000	1 350 000
边际收益	900 000	900 000
信用成本		
机会成本	225 000	12 000（*）
坏账成本	67 500	2 250 000×2%=45 000
收账成本	22 000	10 000
现金折扣成本		2 250 000×（60%×2%+20%×1%）=31 500
小计	112 000	98 500
净收益	788 000	900 000−98 500=801 500

*2 250 000÷360×（60%×10+20%×20+20%×30）×60%×20%=12 000（元）

以上计算表明，C方案比A方案对企业更为有利，因此可以采用现金折扣的方案。

（三）收账政策

1. 收账政策的含义

收账政策是指企业向客户收取逾期未付款项的收账策略与措施。企业的信用政策影响坏账损失，为了避免或减少坏账损失，提高收款效率，企业应制定收款政策。一般企业为了提高产品销售量，增强竞争能力，常对客户的未付款项规定一个允许拖欠的期限，超过规定期限，企业就将进行各种形式的催收。

2．决策要点

如果企业制定的收账政策过于宽松，会导致逾期未付款的客户拖延更长时间，对企业不利；收账政策过严，催收过急，有可能伤害无意拖欠的客户，影响企业未来的销售和利润。因此，企业在制定收账政策时必须十分谨慎，做到宽严适度。

企业无论采用何种方式对拖欠款催收，都要付出一定的代价，即收账费用。一般来说，随着收账费用的增加，坏账损失会逐渐减少，但收账费用不是越多越好，因为收账费用增加到一定数额后，坏账损失不再减少，这说明在市场经济条件下不可能没有坏账。投入多少收账费用，要在权衡增加的收账费用和减少的坏账损失后做出决定。

三、应收账款日常管理

企业在制定信用政策后，对于已经发生的应收账款，企业还应进一步加强日常管理工作，及时发现问题，采取有力措施进行分析、控制。管理措施主要包括调查客户信用状况、分析应收账款的账龄、组织应收账款回收和建立坏账准备。

（一）调查客户信用情况

调查客户信用情况是指通过收集有关信息资料，对客户的偿债能力和主观愿望做出判断和估计，以便企业制定正确、合理的信用政策。调查客户信用状况的方法主要有两个。

1．直接调查

这是企业调查人员通过对客户当面采访、询问等方式获取信用资料的一种方法。这种方法的优点是保证收集资料的准确性和及时性，但若不能得到被调查客户的诚意合作，则会使调查资料不完整或部分失真。

2．间接调查

这是企业通过信用评估机构、银行等取得客户信用资料，了解客户信用情况的一种调查方法。这些信用资料的主要来源渠道如下。

（1）财务报表。这是信用资料的主要来源，它包括资产负债表、利润表、现金流量表及有关说明。通过对客户的流动性、支付能力和经营业绩等方面的分析，企业基本上可以掌握客户的财务状况和盈利水平。

（2）信用评估机构。许多国家都有从事信用评估的专门机构，这些机构的评估方法先进，调查细致，秩序合理，可信度较高。

（3）银行。银行是信用资料的一个重要来源，每个银行都设有信用部，并为其客户提供服务。企业可以通过银行了解客户的一些信用情况。

（4）其他。财税部门、消费者协会、工商管理部门、证券交易部门等，都是企业了解客户信用状况的渠道。

（二）分析应收账款的账龄

企业已发生的应收账款的时间有长有短，对于已经超过信用期限的应收账款要特别关注。一般来说，逾期时间越长，款项催收越困难，形成坏账的可能性越大。因此，企业应定期对应收账款的账龄进行分析，密切注意应收账款的回收情况，以加强对应收账款的监督和控制。

分析企业应收账款的账龄，主要是通过定期编制应收账款账龄分析表来进行，如表7-6所示。

表 7-6　应收账款账龄分析表

应收账款账龄	账户数量	金额（万元）	比重（%）
信用期内	100	80	42.11
超过信用期 1 个月内	50	40	21.05
超过信用期 2 个月内	40	30	15.79
超过信用期 3 个月内	30	20	10.53
超过信用期半年内	20	10	5.26
超过信用期 1 年内	10	5	2.63
超过信用期 1 年以上	15	5	2.63
合计	265	190	100

从账龄分析表中可以看出，企业的应收账款在信用期内及超过信用期各时间档次的金额及比重，即账龄结构。应收账款的账龄结构是指各账龄应收账款的余额占应收账款总余额的比重。一般来讲，拖欠时间越长，收回的难度越大，也越可能形成坏账。企业通过账龄结构分析，做好信用记录，可以研究与制定新的信用政策和收账政策。

（三）组织应收账款回收

这主要包括以下两个方面内容。

1．确定合理的收账程序

催收账款的程序一般是：信函通知、电话催收、派人面谈、法律行动。当客户拖欠账款时，要先给客户发送一封通知信件；然后，可寄出一封意思明确的信件；接着则可通过电话催收；如再无效，企业的收账员可直接与客户面谈，协商解决；最后如果谈判不成，就只好由企业的律师采取法律行动。

2．确定合理的讨债方法

客户拖欠货款的原因比较多，可概括为两大类：无力偿付和故意拖欠。

当客户无力偿付时，要进行具体分析：如果客户确实遇到暂时困难，经过努力可以东山再起，企业应帮助客户渡过难关，以便收回账款；如果客户遇到严重困难，已濒临破产，则应及时向法院起诉，以期在破产清算时得到债权的部分清偿。

故意拖欠是指客户虽然有能力付款，但为了无偿使用或其他目的，想方设法不付款，这时则需要确定合理的讨债方法，以达到收回货款的目的。常见的讨债方法有讲理法、疲劳战术法、激将法、软硬兼施法等。

（四）建立坏账准备

无论企业采取怎样严格的信用政策，只要存在商业信用行为，坏账损失的发生就无法避免。一般来说，确定坏账损失的标准主要有两个。

（1）因债务人破产或者死亡，以其破产财产或者遗产清偿后，仍然不能收回的应收账款。

（2）债务人逾期未履行偿债义务，且具有明显特征表明账款无法收回。

企业的应收账款只要符合上述任何一个条件，就应作为坏账损失被处理。为了适应市场经济的需要，增强企业的风险意识，企业应遵循谨慎性原则，对预先可能的坏账损失进行估计，并建立坏账准备金制度。提取坏账准备金，不仅可以增强企业抵御坏账风险的能力，而且也有利于企业的资金周转，提高经济效益。

业务链接 7-3　　应收账款保理

应收账款保理是指企业将应收账款按一定折扣卖给第三方（保理机构），获得相应的融资款，以利于现金的尽快取得。从理论上讲，保理可以分为有追索权保理（非买断型）和无追索权保理（买断型）、明保理和暗保理、折扣保理和到期保理。

（1）有追索权保理是指销售合同并不真正被转让给银行，银行只是拿到该合同的部分收款权，一旦采购商最终没有履行合同的付款义务，银行有权向销售商要求付款。无追索权保理是指银行将销售合同完全买断，并承担全部的收款风险。

（2）明保理是指银行和销售商需要将销售合同被转让的情况通知采购商，并签订银行、销售商、采购商之间的三方合同。暗保理是指销售商为了避免让采购商知道自己因流动资金不足而转让应收账款，并不将债权转让情况通知采购商，货款到期时仍由销售商出面催款，再向银行偿还借款。

（3）折扣保理又称融资保理，即在销售合同到期前，银行将剩余未收款部分先预付给销售商，一般不超过全部合同额的70%~90%。到期保理是指银行并不提供预付账款融资，而是在赊销到期时才支付，届时不管货款是否收到，银行都必须向销售商支付货款。

职业能力选择与判断

一、单项选择题

1. 某企业预测的年度赊销收入净额为600万元，应收账款收账期为30天，变动成本率为60%，资金成本率为10%，则应收账款的机会成本为（　　）万元。

A. 10　　B. 6　　C. 3　　D. 2

2. 企业预计赊销额将由6 000万元变为9 000万元，收账期由60天变为90天，变动成本率为80%，资金成本率为10%，则该企业应收账款占用资金的应计利息增加额为（　　）万元。

A. 80　　B. 180　　C. 100　　D. 50

3. 对信用期限的叙述不正确的是（　　）。

A. 延长信用期会使销售额增加，产生有利影响

B. 延长信用期会增加应收账款

C. 延长信用期一定会导致利润增加

D. 延长信用期会增加坏账损失和收账费用

4. 将资金投资于应收账款而不能进行其他投资所丧失的收益是指应收账款的（　　）。

A. 坏账成本　　B. 机会成本　　C. 转换成本　　D. 管理成本

5. 放宽信用标准带来的好处是（　　）。

A. 降低坏账成本　　B. 降低机会成本　　C. 增加利润　　D. 增加销售收入

二、多项选择题

1. 企业提供比较优惠的信用条件，可增加销售量，但也会付出一定代价，主要有（　　）。

A. 应收账款机会成本　　B. 坏账损失

C. 收账费用　　D. 现金折扣成本

2. 企业对客户进行信用评估时应当考虑的因素主要包括（　　）。

A. 信用品质　　B. 偿付能力　　C. 资本和抵押品　　D. 经济状况

3. 在其他情况不变的情况下，缩短应收账款周转天数，有利于（　　）。

A. 提高资产的流动性　　B. 缩短现金周转期

C. 企业减少资金占用　　D. 企业扩大销售规模

4. 假设某企业预测的年度赊销额为 3 000 000 元，应收账款平均收账天数为 60 天，变动成本率为 60%，资金成本率为 10%。下列说法正确的有（　　）。

A. 应收账款平均余额为 500 000 元　　B. 维持赊销业务所需的资金为 300 000 元

C. 维持赊销业务所需的资金为 30 000 元　　D. 应收账款的机会成本为 30 000 元

5. 企业因持有应收账款发生的费用包括（　　）。

A. 坏账成本　　B. 管理成本　　C. 机会成本　　D. 现金折扣

三、判断题

1. 应收账款的机会成本等于年赊销净额和资金成本率的乘积。（　　）

2. 现金折扣是企业为了鼓励客户提前还款而给予的价格优惠，是信用条件的组成因素。（　　）

3. 应收账款周转速度较快，一定量资金所能维持的赊销额就越多，或者一定赊销额所需要的资金就越少。（　　）

4. 由于竞争引起的应收账款属于商业信用，由于销售和收款的时间差而形成的应收账款不属于商业信用。（　　）

5. 提高现金折扣会减少企业利润。（　　）

单项任务训练

1. 某公司的年赊销收入为 720 万元，平均收账期为 60 天，坏账损失为赊销额的 10%，年收账费用为 5 万元。该公司认为通过增加收账人员等措施，可以使平均收账期降为 50 天，坏账损失降为赊销额的 7%。假设公司的资金成本率为 6%，变动成本率为 50%。

要求：计算为使上述变更经济上合理，新增收账费用的上限（每年按 360 天计算）。

2. A 公司是一家商业企业。由于目前的收账政策过严，不利于扩大销售范围，且收账费用较高，该公司正在研究修改现行的收账政策。现有甲和乙两个放宽收账政策的备选方案，有关数据如表 7-7 所示。

表 7-7　　A 公司现行收账政策与甲、乙两方案的比较

项目	现行收账政策	甲方案	乙方案
销售额（万元/年）	2 400	2 600	2 700
收账费用（万元/年）	40	20	10
所有账户的平均收账期	2 个月	3 个月	4 个月
所有账户的坏账损失率	2%	2.5%	3%

已知 A 公司的销售毛利率为 20%，应收账款投资要求的最低报酬率为 15%。坏账损失率是指预计年度坏账损失和销售额的百分比。假设不考虑所得税的影响。

要求：通过计算分析，回答应否改变现行的收账政策？如果要改变，应选择甲方案还是乙方案？

3．某公司预计的年度赊销收入为 6 000 万元，信用条件是“2/10，1/20，*N*/60”，变动成本率为 65%，资金成本率为 8%，收账费用为 70 万元，坏账损失率为 4%。预计拥有 70%赊销额的客户会利用 2%的现金折扣，拥有 10%赊销额的客户会利用 1%的现金折扣。一年按 360 天计算。

要求：计算下列各项指标。

（1）年赊销净额；
（2）信用成本前收益；
（3）平均收账期；
（4）应收账款机会成本；
（5）信用成本后收益。

学习任务四 存货管理

知识准备与业务操作

存货是指公司在生产经营过程中为销售或者耗用而储备的资产。在企业流动资产中，存货占的比重较大，一般占流动资产的40%～60%。存货的被利用程度对企业财务状况的影响极大。因此，加强存货规划和控制，使存货保持在最佳水平上，便成为财务管理的一项重要内容。

一、存货的功能与成本

（一）存货的功能

存货的功能是指存货在生产经营过程中的作用，具体表现在以下几个方面。

1．保证正常生产经营活动

生产过程中需要的原材料是生产中必需的物质资料。由于目前各厂商的分工协作、信息交流等不够完善和需求的不确定性，为了保证生产顺利进行，企业必须适当地储备一些生产所需的存货，从而有效防止停工待料事件的发生，维持生产的连续性。同时，在存货生产不均衡和商品供求波动时，储备的存货可起到缓和矛盾的作用。

2．适应市场变化要求

由于市场的需求处于变化之中，一旦市场需求下降，会导致企业的存货积压，而市场需求增加，则可能导致存货不足。适量的原材料存货和在制品、半成品存货是企业生产正常进行的前提和保障。所以适当储备存货能增强企业在生产和销售方面的机动性，以及适应市场变化的能力。

3．便于均衡组织生产

对于季节性产品，生产所需材料的供应具有季节性的企业，为实行均衡生产，降低生产成本，就必须适当储备一定的半成品存货或保持一定的原材料存货。

4．可以降低进货成本

很多企业为扩大销售规模，对购货方提供较优厚的商业折扣政策，即购货达到一定数量时，便在价格上给予相应的折扣优惠。企业采取批量集中进货，可获得较多的商业折扣。此外，增加每次购货的数量，减少购货次数，可以降低采购费用支出。

（二）存货成本

1．取得成本

取得成本是指为取得某种存货而支出的成本，通常用TC_a来表示。它又可分为订货成本和购置成本。

（1）订货成本，是指取得存货订单的成本，如办公、电报和电话等费用支出。订货成本有一部分与订货次数无关，如常设机构的基本开支等，为订货的固定成本，用F_1表示；另一部分与订货次数有关，如邮资和差旅费等，为订货的变动成本，每次订货的变动成本用K表示；订货次数等于存

货年需求量 D 与每次进货量 Q 之商。订货成本的计算公式为：

$$订货成本=F_1+\frac{D}{Q}K$$

（2）购置成本，是指存货本身的价值，一般用年需求量与单价的乘积来确定。如果年需求量用 D 表示，单价用 U 表示，则购置成本为 DU。

订货成本与购置成本之和，便为存货的取得成本。

$$\mathrm{TC}_a=F_1+\frac{D}{Q}K+\mathrm{DU}$$

2. 储存成本

储存成本指为保存存货而发生的成本，包括存货占用资金应计的利息（即机会成本）、仓储成本、保险费用、存货破损和变质损失等，通常用 TC_c 表示。

储存成本可分为固定成本和变动成本。固定成本与存货数量的多少无关，如仓库折旧、仓库职工的工资等，常用 F_2 表示。变动成本与存货的数量有关，如存货资金的应计利息、存货的破损和变质损失、存货的保险费用等，其单位变动成本可用 K_c 表示。由此，储存成本的公式为：

$$\mathrm{TC}_c=F_2+K_c\frac{Q}{2}$$

3. 缺货成本

缺货成本是指由于存货供应中断而造成的损失，包括材料供应中断造成的停工损失、产成品库存缺货造成的拖欠发货损失和丧失销售机会的损失等。缺货成本用 TC_s 表示。

如果以 TC 表示与存货相关的总成本，则：

$$\mathrm{TC}=\mathrm{TC}_a+\mathrm{TC}_c+\mathrm{TC}_s=F_1+\frac{D}{Q}K+\mathrm{DU}+F_2+K_c\frac{Q}{2}+\mathrm{TC}_s$$

企业使存货最优化，就是使上式中的 TC 值最小。

案例分析 7-4　　朗科科技：关于处置呆滞存货实物的公告

为使得物料管理更加规范合理化，根据《企业会计准则》《深圳证券交易所创业板上市公司规范运作指引》的要求，公司拟对 2009 年 1 月 1 日及以前年度至 2014 年 12 月 31 日形成的，因技术变化、产品更新等原因造成的部分呆滞存货进行实物处置。公司将遵循依法合规、账销案存的原则，以打包变卖方式处置实物。拟处置的第五批存货账面原值人民币 380.65 万元，其中已计提存货跌价准备 380.65 万元，存货账面净值 0 万元。由于拟处置的存货主要为研发新产品及定制产品余料、已经停产的产品，经市场询价，预计可收回的价值极低。本次处置实物后，减少 2017 年度利润总额 0 万元（未扣除可收回金额），具体如下。

一、处置的原因

1. 部分存货为研制新产品余料，未转入正常生产消耗，不合理占用仓储面积。

2. 部分存货为客户定制订单的余料或客户取消订单后的物料，当时未及时清理实物，不合理占用仓储面积。

3. 部分存货为停产产品的剩余物料，当时未及时清理实物，不合理占用仓储面积。

4. 处置以上实物后，可节约仓储面积约 20 平方米。

二、处置呆滞存货对当期利润的影响

本次处置呆滞存货后，将减少 2017 年度利润总额 0 万元（未扣除可收回金额）。若本议案获董事会审议通过，公司将对该部分存货采用打包变卖的方式进行实物处置，收回金额计入当期收入，账面核销存货净值计入当期成本。

……

（资料来源：朗科科技. 关于处置呆滞存货实物的公告[EB/OL]. 东方财富网. 编者已做修改。）

思考：从财务管理的角度出发，存货成本有哪些？朗科科技处置积压存货对存货成本会产生什么样的影响？

二、存货控制

取得存货、管理存货，使存货在使用和周转过程中相关成本最小，效益最大，这就是对存货的控制。控制存货的方法有多种，以下介绍经济批量基本模型以及对该模型的扩展。

（一）经济批量基本模型

经济批量是指能够使一定时期与存货相关的总成本达到最小时的进货数量。通过上述对存货成本的分析可知，在不考虑数量折扣的情况下，决定存货经济批量的成本因素主要包括变动性订货成本（简称订货成本）、变动性储存成本（简称储存成本）及允许缺货时的缺货成本。不同的成本项目与经济批量呈现着不同的变动关系。减少进货批量，增加进货次数，在使储存成本降低的同时，也会导致订货成本与缺货成本的提高。相反，增加经济批量，减少进货次数，尽管有利于降低订货成本与缺货成本，但同时会造成储存成本的提高。因此，如何协调各项成本之间的关系，使其总和最低，是企业组织进货须解决的主要问题。

经济批量基本模型是建立在若干基本假设基础上的，主要有以下几个。

（1）企业在一定时期的进货总量可以较为准确地被预测；

（2）存货的耗用或者销售比较均匀；

（3）存货的价格稳定，且不存在数量折扣，进货日期完全由企业自行决定，且每当存货量将为零时，下一批存货均能马上到位；

（4）仓储条件及所需现金不受限制；

（5）不允许出现缺货情形；

（6）所需存货市场供应充足，不会因买不到所需存货而影响其他方面。由于企业不允许缺货，即每当存货数量降至零时，下一批存货会随即被购入，故不存在缺货成本。

此时与存货订购批量、批次直接相关的就是订货成本和储存成本两项，则有：

与存货相关的总成本=订货成本+储存成本

设与存货相关的总成本为 T_c，存货年需求量为 D，每次订货的变动性订货成本为 K，每次订货量为 Q，存货年单位变动性储存成本为 K_c，则：

$$T_c=\frac{D}{Q}\cdot K+\frac{Q}{2}\cdot K_c$$

显然，每次订货量少，则储存成本低，但必然导致订货次数增多，引起订货成本增加；反之，每次订货量多，则储存成本高，但可使订货次数减少，订货成本降低。可见，每次订货量太多或太少都不好。存货控制就是要寻求最优的订货量 Q，使全年与存货相关的总成本达到最小值，这个 Q 就是经济订货量，或称经济批量。求 T_c 的极大和极小值，可用微分方法对 T_c 求导，把 Q 看成自变量，而把 D、K、K_c 看成常量，然后，令 T_c 的导数等于0即可得到：

最优经济批量　　$Q=\sqrt{2DK/K_c}$

最小与存货相关的总成本 $T_c=\sqrt{2DKK_c}$

最优经济批量出现在变动性订货成本和变动性储存成本之和最小，也即变动性订货成本和变动性储存成本相等时，如图 7-4 所示。

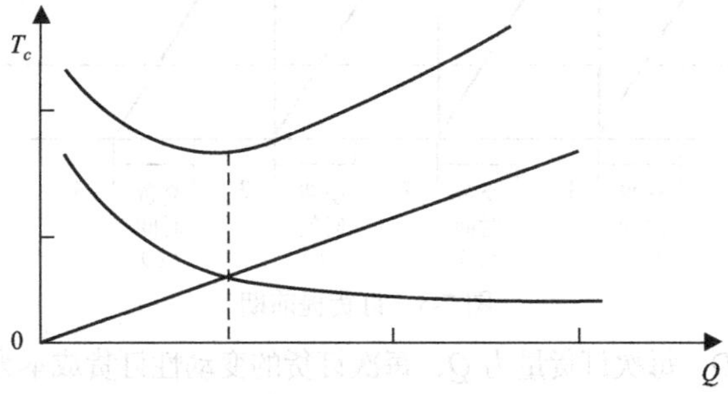

图 7-4　不同经济批量的成本变动情况

业务操作　　**确定存货经济批量**

华为公司经预计 2013 年共需 PTC 电子元器件原料 360 000 千克，该原料的单位购置成本 10 元，单位存货年储存成本 10 元，平均每次订货成本 2 000 元。请确定公司最佳经济批量。

操作步骤

最优经济批量 $=\sqrt{2DK/K_c}=\sqrt{2\times360\,000\times2\,000/10}=12\,000$（千克）

最小与存货相关的总成本 $=\sqrt{2DKK_c}=\sqrt{2\times360\,000\times2\,000\times10}=120\,000$（元）

（二）对经济批量基本模型的扩展

经济批量基本模型是在众多假设条件下建立的，但现实生活中企业很难具备这些假设条件。为使模型更接近于实际情况，具有较高的可用性，我们须逐一放宽假设条件，同时改进模型。

1．订货提前期

一般情况下，企业对存货不能做到随时用随时补充，因此不能等存货用完再去订货，而需要在没有用完时提前订货。在提前订货的情况下，企业再次发出订货单时，尚有存货的库存量，称为再订货点，用 R 表示。它的数量等于交货时间（L）和每日平均需求量（d）的乘积：

$$R=L\cdot d$$

即企业在尚存 R 存货时，就应当再次订货，等到下批所订货物到达时，原有库存刚好用完。此时，有关存货的每次订货批量、订货次数、订货间隔时间等并无变化，与瞬时补充时相同。订货提前期的情形如图 7-5 所示。这就是说，订货提前期对经济批量并无影响，可仍以原来瞬时补充情况下的经济批量为订货批量，只不过在达到再订货点 R 时即发出订货单罢了。

2．陆续到货模型

在经济批量基本模型中，我们做了六项基本假设，其中有一项是每当存货量将为零时，下一批存货均能马上到位，然而实际未必如此，事实上，各批存货可能陆续入库，使存量陆续增加。尤其是产成品入库和在产品转移，几乎总是陆续供应和陆续耗用的。为此，我们就需要分析在存货陆续到达情况下的最优决策。

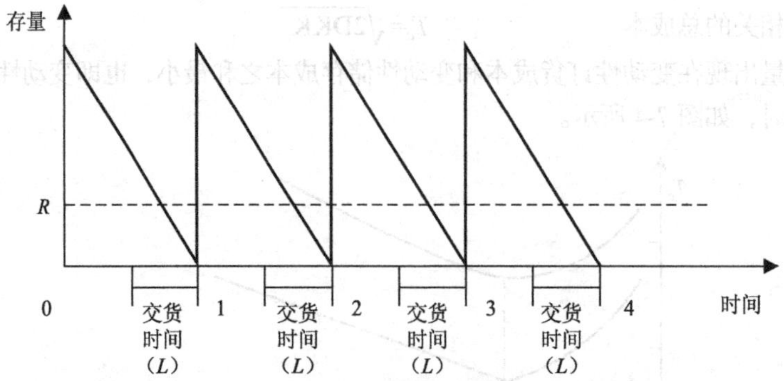

图 7-5　订货提前期

设存货年需求量为 D，每次订货量为 Q，每次订货的变动性订货成本为 K，存货年平均单位变动性储存成本为 K_c，存货每日到货量为 x，每日耗用量为 y，则一次订货，边进库、边消耗时经济批量的计算方法是：

$$库存形成周期=\frac{Q}{x}$$

$$入库期间消耗量=\frac{Q}{x}\cdot y$$

$$最高库存量=Q-\frac{Qy}{x}=\frac{Q}{x}(x-y)$$

$$平均库存量=\frac{1}{2}\left(Q-\frac{Qy}{x}\right)=\frac{Q}{2x}(x-y)$$

$$订购成本=\frac{D}{Q}\cdot K$$

$$储存成本=\frac{Q}{2x}\times(x-y)\cdot K_c$$

与存货相关的总成本 $=\frac{D}{Q}\cdot K+\frac{Q}{2x}\cdot(x-y)\cdot K_c$，即：

$$T_c=\frac{D}{Q}\cdot K+\frac{Q}{2x}\cdot(x-y)\cdot K_c$$

以 Q 为自变量，对 T_c 求导，并令其为零时求得：

$$Q=\sqrt{\frac{2DK}{\frac{x-y}{x}\cdot K_c}}$$

3. 商业折扣模型

经济批量模型中的存货价格稳定且不存在数量折扣的假设有可能与实际不符，为此我们分析讨论存在商业折扣的最优决策。

设采购单价为 P，这时采购成本随采购批量变动，是决策的一项相关成本。与存货相关的总成本 T_c 为：

$$T_c=P\cdot D+\frac{D}{Q}\cdot K+\frac{Q}{2}\cdot K_c$$

本模型可按下述步骤求最优解。

（1）按经济批量模型求出经济批量。

（2）按商业折扣条款查出与步骤（1）求得的经济批量对应的采购单价及与存货相关的总成本。

（3）按商业折扣条款中采购单价低于步骤（2）求得的采购单价的各档次的最低批量对应的与存货相关的总成本。

（4）比较各与存货相关的总成本，最低的为最优解。

想一想

什么是存货经济批量？建立经济批量基本模型的基本假设条件是什么？

三、存货的 ABC 分析法

企业生产的产品通常是多种多样的，所需要的材料物资更是多达几种、几十种甚至几百种。这些材料物资品种繁杂多样，规格型号各异，单价高低悬殊，企业对其存量多少要求不等，须占用较大数额的资金。不同的材料物资占用的资金量也各不相同，而企业的资源是有限的，为使企业有限的人力、财力和物力资源发挥更大作用，使存货控制能够突出重点，区别对待，常采用 ABC 分析法。

ABC 分析法就是将全部材料物资按品种数量的多少及其价值占材料物资总价值的比重大小，按一定标准分析后依次划分为 A、B、C 三类，采取有区别、分主次的办法和措施对各类材料物资进行相应的控制和管理。

（一）ABC 分析法对材料物资的划分标准

A 类：品种数量占全部材料物资品种数量的 5%～10%，实物价值占全部材料物资总价值的 70%～80%。

B 类：品种数量占全部材料物资品种数量的 15%～25%，实物价值占全部材料物资总价值的 15%～20%。

C 类：品种数量占全部材料物资品种数量的 65%～80%，实物价值占全部材料物资总价值的 5%～10%。

（二）对三类存货的控制方法

为了对 ABC 三类存货进行有效控制，在上述分类的基础上，应根据具体情况分清主次、抓住重点、区别对待，用不同的要求和措施控制不同类别的材料物资。

1. A 类材料物资存货

A 类材料物资品种数量虽少，但占用的成本金额较多，是日常控制的重点，必须计算每个品种或每个类别的经济批量和订货次数，使日常存量达到最优水平。

企业应采用定期订货控制法，建立一套科学、完善的盘存制度，应用周期检查控制法，及时、准确掌握实际库存量、未来需求量、提前期、订货点等，以保证日常控制工作的正常进行。此外，还应注意该类材料物资的市场价格变动趋势，做好市场预测与分析，适当调整订货量，使每次订货量符合实际需要。

2. B 类材料物资存货

B 类材料物资的品种数量和成本金额介于 A 类和 C 类之间，对其的控制不必像 A 类那样严格，也不宜过于宽松，仍然需要制定一套相应的管理制度。例如，按大类确定订购数量和储备定额，根据 B 类材料物资的不同情况采取灵活的库存控制方法。对占用金额较多的材料物资或多用途的材料物资可计算其经济批量，采用周期检查法，对占用金额较少且市场可随时购买的一般性材料物资，则按计划采用准时存货控制方法。

3．C 类材料物资存货

C 类材料物资的品种数量较多而占用的成本金额较少，对其采取一般控制，不要求专门计算存货量，企业可根据具体情况，规定最大储存量和最小储存量，也可适当增加每次订货量。对 C 类材料物资的日常控制可采用分档控制法。

职业能力选择与判断

一、单项选择题

1．下列项目中，属于存货储存成本的是（　　）。

A．进货差旅费　　B．存货占用资金的应计利息

C．由于材料供应中断造成的停工损失　　D．采购人员工资

2．某企业全年需用 A 材料 2 400 吨，每次的订货成本为 400 元，每吨材料年储存成本为 12 元，则每年最佳订货次数为（　　）次。

A．12　　B．6　　C．3　　D．4

3．在存货经济批量基本模型中，（　　）的变化与经济批量的变化同方向。

A．订货提前期　　B．保险储备量　　C．每批订货成本　　D．每件年储存成本

4．因采购存货而发生的邮资和差旅费构成了存货的（　　）。

A．取得成本　　B．订货的固定成本

C．订货的变动成本　　D．缺货成本

5．下列不属于存货经济批量模型基本假设的是（　　）。

A．企业一定时期的进货总量难以预测　　B．存货的耗用或者销售比较均匀

C．仓储条件及所需现金不受限制　　D．所需存货市场供应充足

二、多项选择题

1．在确定经济批量时，下列表述中正确的有（　　）。

A．随每次进货批量的变动，订货成本和储存成本呈反方向变化

B．储存成本的高低与每次进货批量成正比

C．订货成本的高低与每次进货批量成反比

D．年变动储存成本与年变动订货成本相等时的采购批量，即为经济批量

2．下列存货储存成本与决策相关的有（　　）。

A．存货资金的应计利息　　B．存货残损或变质损失

C．仓库折旧费　　D．存货的保险费用

3．下列各项中，与经济批量有关的因素是（　　）。

A．每日消耗量　　B．每日供应量　　C．储存变动成本　　D．订货提前期

4．某零件年需求量 16 200 件，日供应量 60 件，一次订货成本 25 元，单位储存成本 1 元/年。假设一年为 360 天。需求是均匀的，不设置保险库存并且按照经济批量进货，则（　　）。

A．经济批量为 1 800 件　　B．最高库存量为 450 件

C．平均库存量为 225 件　　D．与进货批量有关的总成本为 600 元

5．缺货成本包括（　　）。

A．材料供应中断造成的停工损失　　B．产成品库存缺货造成的拖欠发货损失

C．主观估计的商誉损失　　D．紧急额外购入成本

三、判断题

1. 如果存货市场供应不充足，即使满足其他有关的基本假设条件，也不能利用经济批量基本模型。（ ）

2. 能够使企业的订货成本、储存成本和缺货成本之和最低的进货批量，便是经济批量。（ ）

3. 经济批量与确定合理的保险储备量相关。（ ）

4. 经济批量影响缺货成本，但不影响保险储备成本。（ ）

5. 如果经济批量基本模型的其他条件都满足，计算经济批量的其他数据都相同，则集中到货时的与经济批量相关的存货总成本一定会大于存货陆续供应和使用时的与经济批量相关的总成本。（ ）

单项任务训练

1. 某企业每年需要耗用甲材料 5 000 千克，该材料的单位购置成本为 8 元，单位存货年变动储存成本为 3 元，平均每次订货成本为 1 200 元。

要求：

（1）计算经济批量；

（2）计算最佳订货次数；

（3）计算最佳订货周期；

（4）计算与批量有关的存货总成本；

（5）计算经济批量占用的资金；

（6）假设材料的订货提前期为 4 天，保险储备量为 50 千克，计算再订货点。

2. 甲公司是计算机经销商，预计 2019 年年度需求量为 7 200 台，购进平均单价为 3 000 元，平均每日供货量为 100 台，每日销售量为 20 台（一年按 360 天计算），单位缺货成本为 100 元。与订货和储存有关的成本预计如下。

（1）采购部门全年办公费为 10 万元，平均每次差旅费为 2 000 元，每次装卸费为 200 元；

（2）仓库职工的工资每月为 3 000 元，仓库年折旧为 6 万元，每台计算机平均占用资金 1 500 元，银行存款利息率为 2%，平均每台计算机的破损损失为 200 元，每台计算机的保险费用为 210 元；

（3）从发出订单到第一批货物运到需要的时间可能为：8 天（概率 10%），9 天（概率 20%），10 天（概率 40%），11 天（概率 20%），12 天（概率 10%）。

要求：

（1）计算经济批量、送货期和订货次数；

（2）确定合理的保险储备量和再订货点；

（3）计算 2019 年与批量相关的存货总成本；

（4）计算 2019 年与储备存货相关的总成本（单位：万元）。

项目小结

营运资金有广义和狭义之分，广义的营运资金又称总营运资金，是指一家企业投放在流动资产上的资金。狭义的营运资金是流动资产与流动负债的差额。企业对营运资金的持有状况和管理水平直接关系到企业的盈利水平和财务风险两个方面。营运资金的内容则包括了流动资产的管理和流动负债的管理。营运资金具有周转期短、形态多样且数量波动大、变现性强与营运资金来源渠道多、期限选择灵活的特点。一般来说，管理营运资金的目的是通过管理活动的实施，保证企业营运资金具有足够的流动性，并同时努力提高企业的盈利能力。

企业持有现金的动机包括交易动机、预防动机和投机动机。持有现金的成本是指因持有现金付出的各种代价，具体包括机会成本、管理成本、转换成本和短缺成本。最佳现金持有量可以通过成本分析模式（它是根据对企业持有现金的机会成本、管理成本和短缺成本确定最佳现金持有量的方法），也可以通过存货分析模式（它是将现金看作企业的一种特殊存货，按照存货管理中的经济批量法的原理，确定企业最佳现金持有量的方法）来确定。企业在确定了最佳现金持有量后，还应采取各种措施，加强对现金的日常管理，尽量加速收款、缩短账款收回时间，控制支出，对闲置现金进行投资管理，以提高现金的使用效益。

应收账款主要有以下功能：增加销售量、提高市场占有率或开拓新市场以及减少存货。持有应收账款的成本包括：管理成本、机会成本和坏账成本。企业管理应收账款的重点就是要根据企业的实际情况和客户不同的信誉情况制定合理的信用政策，这是企业信用管理的重要内容。信用政策由信用标准、信用条件和收账政策三部分组成。企业在制定信用政策后，对于已经发生的应收账款，企业还应进一步加强日常管理工作，及时发现问题，采取有力措施进行分析、控制。管理措施主要包括调查客户信用状况、分析应收账款的账龄、组织应收账款回收和建立坏账准备。

存货的功能是指存货在生产经营过程中的作用，具体表现为：保证正常生产经营活动、适应市场变化要求、便于均衡组织生产和降低进货成本。存货的成本包括：取得成本、储存成本与缺货成本。企业存货最优化的关键在于确定经济批量，后者是指在一定时期内储存成本和订货成本之和最小时（不考虑缺货成本）的采购批量。再订货点就是订购下一批存货时本批存货的储存量。

项目案例分析

情景与背景：大力公司现有甲、乙、丙、丁四个现金持有量方案，它们各自的机会成本、短缺成本和管理成本如表7-8所示。

表7-8　　大力公司现金持有量备选方案

项目＼方案	甲	乙	丙	丁
现金持有量（元）	60 000	120 000	180 000	240 000
机会成本率（%）	8	8	8	8
短缺成本（元）	22 400	12 950	4 500	0
管理成本（元）	45 000	45 000	45 000	45 000

假设该公司的有价证券投资收益率为8%。

问题：

计算这四个现金持有量方案各自的总成本，并为大力公司做出最佳现金持有量决策提供建议。

项目综合实训

一、实训要求

1. 能根据主客观条件，较为准确地分析并计算持有应收账款的成本。
2. 能根据主客观条件，准确地制定信用政策。
3. 能根据主客观条件，制定应收账款管理策略。
4. 能够对本次实训活动进行总结，在此基础上按照规范格式撰写《企业营运资金管理实训报告》。

二、实训条件

在财务管理实训室进行，要求配备计算机和财务软件、相关实训用具等。

三、实训材料

海生公司于1990年注册登记成立，主要生产和销售家用电器。在成立初期，公司凭借产品质量过硬、售后服务周到等优势，在市场中不断扩大销售范围、扩展经营领域。公司财务总监方先生属于风险厌恶者，对于风险一般采取规避态度，因此，公司的信用政策非常严格，对于客户的信用状况要求很高。鉴于当时的市场供求环境和竞争程度，公司的销售未受到很大影响，客户的数量仍然呈现逐步增加的趋势。

但是，随着市场经济的发展，家电企业不断涌现，竞争对手不断增加，家电行业的竞争逐渐加剧，此时海生公司的销售开始出现下滑态势。公司管理当局为此召开会议，分析产生这种情况的原因。与会人员，包括总经理高先生、财务总监方先生、技术总监王先生、销售部门经理姚先生等，经过调研取证、讨论分析，发表了各自的意见。

技术总监王先生通过对现有证据的充分分析认为，公司产品在质量、功能、品种、特性等方面处于行业前列，而且公司的生产技术亦在不断更新，已经采用了FMS（弹性制造系统），可以依据市场需求的变化调整生产，因而销售下滑的原因不在于技术。

销售部门经理姚先生通过在销售过程中获得的客户反馈证实了王先生的所说，并且姚先生依据销售部对市场进行的调研指出，公司售后服务周到，得到了现有客户的认可；公司在销售环节采取了有奖销售、商业折扣等促销手段，然而成效不大，客户数量有减无增，主要原因是公司信用政策过于严格，信用期限短，信用评定标准太高，提供的信用优惠政策范围限制较多。同时，姚先生还指出，家电行业的主要客户是家电销售超市和销售公司，由于家电产品的单位价格比较高，因而这些客户为了避免占用大量资金，在管理上倾向于先赊购商品，待商品售出后再结算货款。然而，海生公司由于信用政策严格，使得部分客户望而生怯。因此，姚先生建议，适当放宽现有信用政策，延长信用期限，降低信用标准，以吸引更多客户。姚先生将矛头指向了财务总监方先生，方先生对此陈述了自己的观点。

方先生认为，放宽信用政策、延长信用期限、降低信用标准，虽然可以增加销售量，但也会将一些信用较差的客户引入公司，使得客户群内鱼龙混杂，不利于公司管理，而且会加大发生坏账的可能性，增加公司的机会成本、坏账损失和后期收账费用，因此这样做有可能得不偿失。

在双方僵持不下时，总经理高先生决定，由财务总监方先生、销售部门经理姚先生牵头组成工作小组，对放宽信用政策后公司收益变化的情况进行调研分析，并在3个月内提交分析报告，届时公司将依据该报告做出相应决策。

会议后，财务总监方先生、销售部门经理姚先生立即商讨并研究成立了工作小组，该小组成员由财务、销售、市场调研等部门的工作人员组成。工作小组成立后，方先生、姚先生召开会议商榷工作方案，分配工作任务。最后工作小组制订出工作计划，该计划的简要内容如下：①首先，由市场调研部门对现在的市场状况进行调查分析，收集同行业企业的信用政策信息，并进行分类总结，以供参考；②其次，由销售部门依据市场调研部门的调查结果及销售情况的历史资料，对在不同信用政策情况下，本公司的销售状况进行市场分析预测，估算赊销收入金额；③再次，以销售部门的预测为基础，由财务部门会同信用管理等相关部门，对在不同信用政策下，本公司的收益、成本费用等进行预测和计算分析；④最后，依据财务部门的计算分析结果，形成分析报告，提交管理当局决策。

按照工作计划，小组成员开始分头行动。经过两个多月的努力，小组成员的数据采集工作结束了，基本的数据情况如下。

1. 公司目前执行的信用政策

信用期限为30天；不提供现金折扣；信用等级为A^+和A的客户可赊销。公司目前的年赊销收入为

2 000万元，坏账损失率为3%，年收账费用为50万元。公司的变动成本率为40%，资金成本率为15%。

2. 公司可选择的信用政策方案有三个

A方案：信用期限延长至60天，将可赊销客户的信用等级放宽为A^+、A、A^-三个，仍然不提供现金折扣。在这种信用政策下，公司的年赊销收入额将增至3 500万元，坏账损失率为5%，年收账费用为80万元。

B方案：信用期限延长至90天，将可赊销客户的信用等级放宽为A^+、A、A^-、B^+四个，并为在30天内付款的客户提供2%的现金折扣。在这种信用政策下，公司的年赊销收入额将增至5 500万元，约有40%的客户享受现金折扣优惠，此时的坏账损失率为10%，年收账费用为120万元。

C方案：信用期限延长至120天，将可赊销客户的信用等级放宽为A^+、A、A^-、B^+四个，并为在30天内付款的客户提供5%的现金折扣，为在60天内付款的客户提供2%的现金折扣。在这种信用政策下，公司的年赊销收入额将增至6 500万元，约有20%的客户享受5%的现金折扣优惠，约有30%的客户享受2%的现金折扣优惠，此时的坏账损失率为15%，年收账费用为250万元。

问题：

（1）计算公司目前信用政策的收益；

（2）分别计算A、B、C三种信用政策的收益；

（3）你建议公司采取哪一种信用政策？

（4）海生公司的信用政策决策在营运资金管理方面有哪些启示？

项目综合评价

项目评价记录表

姓　名：________ 班　级：________ 评价时间：________

评价指标		评价标准	所占比例	分值
活动过程 Σ80	职业能力 Σ35	解决问题能力	5%	
		信息处理能力	5%	
		数字应用能力	5%	
		职业能力训练成绩	20%	
	专业能力 Σ45	正确进行现金管理	15%	
		正确进行应收账款管理	15%	
		正确进行存货管理	15%	
团队合作 Σ20	工作计划	计划设置及实施	5%	
	过程实施	配合及解决问题	5%	
	合作交流	小组成员间的交流与合作	5%	
	资源利用	资源使用及组织	5%	
综合得分				
教师评语		签名： 年　月　日		
学生意见		签名： 年　月　日		

项目八 收益分配管理

知识目标

① 了解利润分配的内容与程序
② 理解不同股利政策的内涵，比较不同股利政策的适用范围
③ 了解不同种类的股利
④ 了解股票股利和股票回购、股票分割对企业的影响

能力目标

① 能够按合法的程序分配企业利润
② 能够比较不同股利政策，选择适合企业的股利政策
③ 能够根据企业的实际情况，选择适合的股利支付形式
④ 能够分析股票股利、股票分割和股票回购对企业、股东的影响

项目引导案例

A股上市公司分红大盘点：中国平安超格力和茅台

近期，监管层表态今后要更加注意上市公司的现金分红，并强调会对长期不分红的“铁公鸡”上市公司采取硬措施，而这一表态或将对二级市场的投资方向产生深远的影响。

通过统计近五年来A股上市公司的累计分红金额，发现在前30名中仅有中国石油、中国石化、民生银行、中国平安、双汇发展5家上市公司能做到连续分红。另从同期的净利润复合增长率来看，中国平安以26.23%的增速位列第一，双汇发展排在第二。

有市场人士分析认为，市场上能够稳定增长且坚持分红的上市公司的确不多，市场资金或加速从无业绩支撑的“铁公鸡”中抽身，转而关注那些连续多年主动分红派息，坚持回馈投资者的优质蓝筹股。

4月8日，证监会主席刘士余在中国上市公司协会第二届会员代表大会上指出，从长期看，如果上市公司不对股东分红，就是击鼓传花，没有给股东带来任何股息红利。而从国际经验看，连续稳定的现金分红往往是上市公司财务和经营状况稳定的信号；如果上市公司长期无正当理由不分红，也可能是财务数据造假、内部人控制的信号。

此次，刘主席的讲话向市场传递出多个重要信息：1. 上市公司进行分红是基本的社会责任，要主动承担相应的社会责任，今后相关部门会对“铁公鸡”采取相应硬措施；2. 上市公司连续分红、主动分红获得监管层肯定，这既是彰显上市公司实力与经营状况的重要信号，也是体现上市公司社会责任的重要方面，A股优质蓝筹股或将吸引更多投资者的关注；3. 引导市场投资方向加快转向价值投资，更加注重企业基本面情况，注重上市公司的经营质量和分红情况，这从中长期看有利于稳定市场，避免出现大幅波动。

业内人士认为，长期投资者更关注企业的股息红利派发情况，即投资者既能够分享企业成长带来的成长溢价，还能分享到企业的经营红利。

（资料来源：中国经济网. A股上市公司分红大盘点：中国平安超格力和茅台[EB/OL]. 网易. 编者已做修改。）

公司在实现盈利后，向股东分配利润时应该如何决策？股利分配对公司和股东会产生什么样的影响？本项目分析收益分配政策。

收益分配管理是对企业收益与分配的主要活动及形成的财务关系的组织与调节，是企业将一定时期内创造的经营成果合理地在企业内、外部各利益相关者之间进行有效分配的过程。

学习任务一　认知收益分配的基础知识

知识准备与业务操作

一、收益分配的含义

企业的收益分配有广义和狭义两种概念。广义的收益分配是指对企业的收入和净利润进行分配，包含两个层次的内容：第一层次是对企业收入的分配；第二层次是对企业净利润的分配。狭义的收益分配则仅仅是指对企业净利润的分配。

企业通过经营活动取得收入后，要按照补偿成本、缴纳所得税、提取公积金、向投资者分配利润等顺序进行收益分配。对于企业来说，收益分配不仅是资产保值、保证简单再生产的手段，而且也是资产增值、实现扩大再生产的工具。收益分配可以满足国家政治职能与组织经济职能的需要，是处理所有者、经营者等各方之间物质利益关系的基本手段。

二、收益分配的原则

收益分配作为一项重要的财务活动，应当遵循以下原则。

（一）依法分配原则

企业的收益分配必须依法进行。为了规范企业的收益分配行为，维护各利益相关者的合法权益，国家颁布了相关法规。这些法规规定了企业收益分配的基本要求、一般程序和重要比例，企业应当认真执行，不得违反。

业务链接 8-1　　关于修改上市公司现金分红若干规定的决定

上市公司现金分红是实现投资者投资回报的重要形式，对于培育资本市场长期投资理念，增强资本市场的吸引力和活力，具有十分重要的作用。为了引导和规范上市公司现金分红，现就有关事项决定如下。

一、在《上市公司章程指引（2006 年修订）》第一百五十五条中增加一款，作为第二款："注释：公司应当在章程中明确现金分红政策，现金分配政策应保持连续性和稳定性。"

二、在《关于加强社会公众股股东权益保护的若干规定》第四条第（一）项中增加规定："上市公司可以进行中期现金分红。"

三、将《上市公司证券发行管理办法》第八条第（五）项"最近三年以现金或股票方式累计分配的利润不少于最近三年实现的年均可分配利润的百分之二十"修改为："最近三年以现金方式累计分配的利润不少于最近三年实现的年均可分配利润的百分之三十"。

……

八、本决定自 2008 年 10 月 9 日起施行。《关于规范上市公司行为若干问题的通知》（证监上字〔1996〕7 号）同时废止。

（二）分配与积累并重原则

企业的收益分配必须坚持分配与积累并重的原则。企业通过经营活动赚取收益，既要保证企业简单再生产的持续进行，又要不断积累企业扩大再生产的财力基础。恰当处理分配与积累之间的关系，留存一部分净收益以供未来分配之需，能够增强企业抵抗风险的能力，同时，也可以提高企业经营的稳定性与安全性。

案例分析 8-1　4 家酒企上市分红超百亿元　贵州茅台分红 436 亿元成酒企"分红王"

贵州茅台上市 16 年来，实现净利润合计 1 061.6 亿元，而其分红金额为 436.48 亿元，分红占全部净利润的比重为 41.11%；五粮液上市以来实现净利润合计 614.89 亿元，分红占净利润的比重为 31.54%；洋河股份上市以来的净利润合计为 356.96 亿元，分红占净利润的比重为 40.63%；泸州老窖上市以来的净利润为 227.77 亿元，分红占净利润的比重为 65.52%；山西汾酒上市以来的净利润为 68.36 亿元，分红占净利润的比重为 47.13%；古井贡酒上市以来的净利润为 51.18 亿元，分红占净利润的比重为 30.5%。

另外，老白干酒（22.540 0.00，0.00%）、青青稞酒、金徽酒、伊力特、迎驾贡以及口子窖6家公司上市以来的分红占净利润的比重分别为42.21%、30.63%、8.25%、55.69%、33.33%和16%。从分红占净利润的比重来看，14家酒企上市以来的分红占净利润的比重超过30%，占19家公司的比重为73.68%。

在业内人士看来，上市公司分红是回报股东的一种行为，现金分红的多少会影响投资者对该公司的满意度和忠诚度，因此，优秀的上市公司保持着年年分红的记录，而投资者作为价值投资者与上市公司实现共赢。

（资料来源：夏芳．4家酒企上市分红超百亿元 贵州茅台分红436亿元成酒企“分红王”[EB/OL]．新浪网．编者已做修改。）

思考：公司应当如何合理安排收益分配？

（三）兼顾各方利益原则

企业的收益分配必须兼顾各方的利益。企业是经济社会的基本单元，企业的收益分配涉及国家、企业股东、债权人、职工等多方面的利益。正确处理各方之间的关系，协调矛盾，对企业的生存、发展是至关重要的。企业在进行收益分配时，应当统筹兼顾，维护各利益相关者的合法权益。

（四）投资与收益对等原则

企业进行收益分配应当体现“谁投资谁受益”、收益多少与投资比例相对等的原则。这是正确处理投资者利益关系的关键。企业在向投资者分配收益时，应本着平等一致的原则，按照投资者投资额的比例进行分配，不允许任何一方随意多分多占，从根本上实现收益分配的公开、公平和公正，保护投资者的利益。

想一想

收益分配有何意义？

三、收益分配的程序

根据《中华人民共和国公司法》的规定，公司进行利润分配涉及的项目包括盈余公积和股利两部分，公司税后利润分配的顺序如下。

（一）弥补亏损

公司法定公积金不足以弥补公司前期亏损的，应先用当期利润弥补亏损。弥补亏损后即可得出本年累计盈利或亏损。如为累计亏损，则不能进行后续的分配。

（二）提取法定盈余公积金

经计算本年有盈利的，按抵减年初累计亏损后的本年净利润计提法定盈余公积金。提取盈余公积金的基数，不是累计盈利，也不一定是本年的税后利润。只有在不存在年初亏损的情况下，才能按本年税后利润计算提取。这样规定的目的是使企业不能用资本发放股利和提取盈余公积金。法定盈余公积金按照10%提取，法定盈余公积金达到注册资本的50%时，可不再提取。法定盈余公积可用于弥补亏损、扩大公司生产经营规模或转增资本，但企业用法定盈余公积金转增资本后，法定盈余公积金的余额不得低于公司注册资本的25%。

（三）提取任意盈余公积金

任意盈余公积金按照公司章程或股东会议决议提取和使用，其目的是控制向投资者分配利润的数额以及调整各年利润，通过这种方法对向投资者分配的利润加以限制和调节。

（四）向投资者分配利润或股利

净利润扣除上述项目后，再加上以前年度的未分配利润，即为可供普通股分配的利润。公司应按照同股同权、同股同利的原则，向普通股股东支付股利。

根据《中华人民共和国公司法》的规定，股东会、股东大会或者董事会违反相关规定，在公司弥补亏损和提取法定公积金之前向股东分配利润的，股东必须将违反规定分配的利润退还给公司。

业务操作

ABC 公司 2010 年开业，历年的税前利润如表 8-1 所示（假设无其他纳税调整事项，企业所得税税率为 25%）。

表 8-1 ABC 公司历年税前利润表

年度	税前利润（元）	年度	税前利润（元）
2010	−100 000	2014	+10 000
2011	+40 000	2015	+10 000
2012	−30 000	2016	+10 000
2013	+10 000	2017	+40 000
		2018	+20 000

请回答：

（1）2016 年应否缴纳所得税？应否提取盈余公积金？

（2）2017 年应否缴纳所得税？应否提取盈余公积金？

（3）2018 年应否提取盈余公积金？可否给股东分配股利？

操作步骤

（1） 按照税法的规定，本年发生的亏损可以用以后 5 年内的税前利润弥补，抵减所得税，即使以后 5 年内的某年没有盈利，也连续计算，并且在用税前利润补亏时，按照“先亏先补”的原则进行，即先发生的亏损先弥补。本题中 2010 年发生的亏损 100 000 元，只能用 2016 年以前（不含 2016 年）的税前利润弥补，不能用 2016 年以后（含 2016 年）的税前利润弥补，共计弥补 70 000 元，还有 30 000 元未弥补；2012 年的亏损 30 000 元在 2016 年之前没有得到弥补，可以用 2016 年的税前利润弥补，由于 2016 年的税前利润 10 000 元不足弥补 2012 年的亏损 30 000 元，所以，2016 年不需要缴纳所得税。

按照规定，如果本年的净利润（或亏损）与年初未分配利润（或亏损）合并得出的结果（即可供分配利润）为负数，则不能进行利润分配。本题中，2016 年年初时的未分配利润为（−100 000+40 000−30 000+10 000+10 000+10 000）=−60 000（元）。由于 2016 年不需要缴纳企业所得税，所以，2016 年的净利润等于 2016 年的税前利润 10 000 元，2016 年的净利润与年初未分配利润合并得出的可供分配利润为−60 000+10 000=−50 000（元），因为是负数，所以，2016 年不能进行利润分配，因此，2016 年不能计提盈余公积。

（2）2012 年年未被弥补的亏损 20 000 元可以用 2017 年的税前利润 40 000 元弥补，由于 2017 年的税前利润 40 000 元弥补亏损后还剩余 20 000 元，所以，2017 年应该缴纳企业所得税，应该缴纳的企业所得税为 20 000×25%=5 000（元），2017 年的净利润=40 000−8 000=35 000（元）。

本例中，2017 年年初时的未分配利润为−50 000 元，2017 年的净利润与年初未分配利润合并得出的可供分配利润为−50 000+35 000=−15 000（元），因为是负数，所以，2017 年不能进行利润分配，因此，2017 年不能计提盈余公积。

（3）本题中，2018 年年初的未分配利润为−15 000 元，2018 年应该缴纳的所得税为 20 000×25%=5 000（元），2018 年的净利润为 20 000−5 000=15 000（元），2018 年的净利润与 2018 年年初的未分配利润合并后的可供分配利润为−15 000+15 000=0（元），因为是零，所以，2018 年不能进行利润分配，因此，2018 年不能计提盈余公积，不能给股东分配股利。

职业能力选择与判断

一、单项选择题

1. 狭义的收益分配是指对（　　）的分配。

A. 息税前利润　　B. 营业利润　　C. 利润总额　　D. 净利润

2. 公司在弥补亏损后再计提法定盈余公积金，这是遵守了（　　）。

A. 依法分配原则　　B. 分配与积累并重原则

C. 兼顾各方利益原则　　D. 投资与收益对等原则

3.《中华人民共和国公司法》规定，当年净利润抵补亏损后按（　　）计提法定盈余公积金。

A. 1%　　B. 5%　　C. 10%　　D. 25%

4. 法定盈余公积金可用于弥补亏损、扩大公司生产经营规模或转增资本，但企业用法定盈余公积金转增资本后，法定盈余公积金的余额不得低于公司注册资本的（　　）。

A. 1%　　B. 5%　　C. 10%　　D. 25%

5. 公司当年税前利润最多可以先用来弥补前（　　）年的亏损，之后再按所得税税率缴纳所得税。

A. 1　　B. 3　　C. 5　　D. 10

二、多项选择题

1. 下列说法不正确的是（　　）。

A. 只要本年净利润大于 0，就可以进行利润分配

B. 只要可供分配利润大于 0，就必须提取法定盈余公积金

C. 不存在用法定盈余公积金支付股利的可能

D. 提取法定盈余公积金的基数是本年的税后利润

2. 法定盈余公积金可以用于（　　）。

A. 弥补亏损　　B. 发放股利

C. 扩大公司生产经营规模　　D. 转增资本

3. 股利分配应遵守的原则是（　　）。

A. 依法分配原则　　B. 分配与积累并重原则

C. 兼顾各方利益原则　　D. 投资与收益对等原则

4. 任意盈余公积金按照公司章程或股东会议决议提取和使用，其主要目的是（　　）。

A. 增加公司的资本积累　　B. 控制向投资者分配利润的数额

C. 调整各年利润　　D. 遵循法律规定

5. 公司实现收益后，提取法定盈余公积金应该在（　　）之后进行。

A. 税前补亏　　B. 税后补亏　　C. 缴纳所得税　　D. 向投资者分配股利

三、判断题

1. 应该按照抵减年初累计亏损后的本年净利润计提法定盈余公积金，"补亏"要符合税法的规定。（　　）

2. 可以用资本发放股利，但不能在没有累计盈余的情况下提取公积金。（　　）

3. 法定盈余公积金达到注册资本的50%时，可不再提取。（　　）

4. 收益分配中提取的盈余公积金和未分配利润都成了公司的留存收益。（　　）

5. 企业在进行收益分配时应将对股东的回报放在第一位考虑。（　　）

单项任务训练

1. 资料：晨辉股份有限公司某年度有关资料如下。

（1）公司本年年初未分配利润贷方余额为181.92万元，本年息税前利润为800万元，适用的企业所得税税率为25%。

（2）公司股东大会决定本年度按10%的比例计提法定盈余公积金，按10%的比例计提任意盈余公积金，本年按可供投资者分配利润的40%向普通股股东发放现金股利。

要求：计算以下财务指标。

（1）该公司本年度净利润；

（2）该公司本年应计提的盈余公积金；

（3）该公司本年年末可供投资者分配的利润；

（4）该公司每股支付的现金股利。

2. 资料：华夏公司开始经营的前8年中实现的税前利润（发生亏损以"-"号表示）如表8-2所示。

表8-2　　华夏公司税前利润　　单位：万元

	第1年	第2年	第3年	第4年	第5年	第6年	第7年	第8年
利润	-100	-40	30	10	10	10	60	40

假设除弥补亏损以外无其他纳税调整事项，该公司的企业所得税税率一直为25%，华夏公司按规定享受连续5年税前利润弥补亏损的政策，税后利润（弥补亏损后）按10%计提法定盈余公积金，公司不提取任意盈余公积金。

问题：

该公司在第7年时是否需要缴纳企业所得税？是否可以提取法定盈余公积金？

学习任务二　制定股利政策

知识准备与业务操作

股利政策不仅影响股东财富，而且影响资本市场上企业的形象和股票价格，更影响企业的长短期利益，因此，合理的股利政策对企业及股东来讲是非常重要的。

一、股利政策的类型

（一）剩余股利分配政策

1．剩余股利分配政策的含义

剩余股利分配政策是指公司生产经营获得的净利润首先应满足公司的资金需求，如果还有剩余，则分配股利；如果没有剩余，则不分配股利。在实际应用时，很多公司都有最佳的目标资本结构，公司的股利政策不应当破坏该目标资本结构。

2．确定股利分配额的步骤

根据这一政策，公司按如下步骤确定股利分配额。

（1）根据公司投资计划确定公司最佳资本预算；

（2）根据公司目标资本结构及最佳资本预算预计公司资金需求中需要的权益资本数额；

（3）尽可能用留存收益满足资金需求中需要增加的股东权益数额；

（4）留存收益在满足公司股东权益增加需求后，如果有剩余再发放股利。

3．剩余股利分配政策的优缺点

（1）剩余股利分配政策的优点。①留存收益优先保证再投资的需要，从而有助于降低再投资的资金成本。②保持最佳资本结构，实现企业价值长期最大化。

（2）剩余股利分配政策的缺点。①股利发放额每年随投资机会和盈利水平的波动而波动，即使在盈利水平不变的情况下，股利也将与投资机会的多寡呈反方向变动关系，投资机会越多，股利发放额越少；反之，投资机会越少，股利发放额越多。在投资机会维持不变的情况下，股利发放额将因公司每年盈利的波动而同方向波动。②剩余股利分配政策不利于投资者安排收入与支出，也不利于公司树立良好的形象，一般适用于公司初创阶段。

业务操作　　计算剩余股利分配政策下的股利分配额

假设某公司2018年的税后净利润为2 000万元，2019年的投资计划需要资金2 200万元，公司的目标资本结构为权益资本占60%，债务资本占40%，求2018年可以发放的现金股利。

操作步骤

2018年可以发放的现金股利可通过如下步骤计算得到。

按照目标资本结构的要求，公司投资计划需要的权益资本额为：

2 200×60%=1 320（万元）

公司当年全部可用于分配的净利润为2 000万元，除了满足上述投资计划所需的权益资本外，还有剩余可用于分配股利。2018年可以发放的股利为：

2 000−1 320=680（万元）

（二）固定或稳定增长的股利政策

1．固定或稳定增长的股利政策的含义

固定或稳定增长的股利政策是指公司将每年派发的股利固定在某一特定水平或是在此基础上维持某一固定比率逐年稳定增长。公司只有确信未来的盈利增长不会发生逆转时，才会宣布实施固定或稳定增长的股利政策。

在固定或稳定增长的股利政策下，首先应确定的是股利分配额，而且该分配额一般不随资金需求的波动而波动。

2．固定或稳定增长的股利政策的优缺点

（1）固定或稳定增长的股利政策的优点。①它能将公司未来的获利能力、财务状况以及管理层对公司经营的信心等信息传递出去。它传递给股票市场和投资者一个公司经营状况良好、管理层对未来充满信心的信号，这有利于公司在资本市场上树立良好的形象、增强投资者的信心，进而有利于稳定公司股价。②有利于吸引那些打算做长期投资的股东，这部分股东希望投资所得能够成为稳定的收入来源，以便安排各种经常性的消费和其他支出。

（2）固定或稳定增长的股利政策的缺点。①在这种政策下的股利分配额只升不降，股利支付与公司盈利相脱离，即不论公司盈利多少，均应按固定的乃至固定增长的比率派发股利。②公司在发展过程中，难免会出现经营状况不好或进入短暂的困难时期，如果这时仍执行固定或稳定增长的股利政策，那么派发的股利金额大于公司实现的盈利，必将侵蚀公司的留存收益，影响公司现有的资本，给公司的财务运作带来很大压力，最终影响公司正常的生产经营活动。

业务操作　　计算在固定或稳定增长的股利政策下的股利分配额

甲公司执行的是固定股利政策，2017 年税后净利润为 2 000 万元，现金股利分配额为 500 万元，则 2018 年公司分配的股利为多少？

乙公司执行的是稳定增长股利政策，现金股利分配额为 500 万元，公司的固定股利增长率为 10%，则 2018 年乙公司分配的股利为多少？

操作步骤

甲公司 2018 年分配的现金股利为 500 万元。

乙公司 2018 年分配的现金股利为 500×（1+10%）=550（万元）。

（三）固定股利支付率政策

1．固定股利支付率政策的含义

固定股利支付率政策是指公司将每年净收益的某一固定百分比作为股利分派给股东。这一百分比通常称为股利支付率，股利支付率一经确定，一般不得随意变更。固定股利支付率越高，公司留存收益越少。

2．固定股利支付率政策的股利分配步骤

在这一股利政策下，只要公司的税后利润一经计算确定，派发的股利也就相应确定了。

3．固定股利支付率政策的优缺点

（1）固定股利支付率政策的优点。①股利与公司盈余紧密结合，体现了投资与收益对等的股利分配原则。②由于公司的获利能力在年度间是经常变动的，因此每年的股利也应当随着公司收益的变动而变动，并保持分配与留存收益有一定的比例关系。采用固定股利支付率政策，公司每年按固定的比例从税后利润中支付现金股利，从企业支付能力的角度看，这是一种稳定的股利政策。

（2）固定股利支付率政策的缺点。①传递的信息容易成为公司的不利因素。因为波动的股利向市场传递的信息就是公司未来收益前景不明确、不可靠等，很容易给投资者带来公司经营状况不好、投资风险较大的不良印象。②容易使公司面临较大的财务压力。如果公司现金流量状况不太好，却还要按固定比率支付股利，就很容易给公司造成较大的财务压力。③缺乏财务弹性。④合适的固定股利支付率的确定难度大。

业务操作　　**计算在固定股利支付率政策下的股利分配额**

某公司长期以来采用固定股利支付率政策进行股利分配，确定的股利支付率为 40%。2018 年税后利润为 1 000 万元，如果仍然继续执行固定股利支付率政策，求公司本年度将要支付的股利。

操作步骤

公司 2018 年度将要支付的股利为：1 000×40%=400（万元）

（四）低正常股利加额外股利政策

1．低正常股利加额外股利政策的含义及股利分配步骤

低正常股利加额外股利政策是指企业事先设定好一个较低的正常股利额，每年除了按正常的股利额向股东发放现金股利外，还在企业盈利情况较好、资金较为充裕的年度向股东发放高于每年度正常股利的额外股利。

在低正常股利加额外股利政策下，首先应确定的是较低的正常股利分配额，而且该分配额一般不随资金需求的波动而波动；然后再根据公司盈利情况和资金情况，确定是否向股东发放高于正常股利的额外股利以及额外股利的分配额。

2．低正常股利加额外股利政策的优点

（1）该政策赋予公司一定的灵活性，使公司在股利发放上留有余地和具有较大的财务弹性，同时，公司每年可以根据具体情况，确定不同的股利发放数额，以完善公司的资本结构，进而实现公司的财务目标。

（2）有助于稳定股价，增加投资者信心。

3．低正常股利加额外股利政策的缺点

（1）各年公司的盈利波动使得额外股利不断变化，时有时无，造成分派的股利不同，容易给投资者带来公司收益不稳定的感觉。

（2）公司在较长时期持续发放的额外股利，可能会被股东误认为是“正常股利”，公司一旦取消了这部分额外股利，可能使股东认为公司财务状况恶化，进而可能引起公司股价下跌的不良后果。而对那些盈利随着经济周期波动较大的公司或行业，这种股利政策也许是一种不错的选择。

想一想

企业如何根据自身特点制定股利分配方案？

二、股利支付形式

股利分配方案的制定涉及选择股利政策、确定股利支付水平、确定股利支付形式等环节。财务管理人员应在明确收益分配基本政策的前提下，结合企业实际情况，制定股利分配方案。

按照股份有限公司对股东支付股利形式的不同，常见股利支付形式分为以下四类。

（一）现金股利

现金股利是指以现金支付的股利，它是股利支付的最常见的方式。发放现金股利将同时减少公司资产负债表上的留存收益和现金，所以公司选择支付现金股利时，除了要有足够的留存收益外，还要有足够的现金。而充足的现金往往会成为公司发放现金股利的主要制约因素。

（二）财产股利

财产股利是以现金以外的其他资产支付的股利，主要是以公司拥有的其他公司的有价证券，如公司债券、公司股票等，作为股利发放给股东。

案例分析 8-2　　潍柴动力：2017 年度中期 A 股分红派息实施公告

公告日期：2017-10-14

证券代码：000338

证券简称：潍柴动力

公告编号：2017-043

潍柴动力股份有限公司（以下简称“本公司”）四届六次董事会根据本公司章程和 2016 年度股东周年大会的授权，审议通过了 2017 年度中期分红派息方案：以本公司总股本 7 997 238 556 股为基数，向全体股东每 10 股派发现金红利人民币 1.50 元（含税），不实施以法定盈余公积金转增股本。

……

A 股分红派息股权登记日、除权除息日

1. 股权登记日：2017 年 10 月 19 日

2. 除权除息日：2017 年 10 月 20 日

……

四、分红派息对象

截至 2017 年 10 月 19 日下午深圳证券交易所收市后，中国结算深圳分公司登记在册的本公司全体 A 股股东。H 股股东分红派息事宜，请参见本公司于 2017 年 9 月 14 日在香港联合交易所有限公司网站发布的相关公告。

（资料来源：潍柴动力. 2017 年度中期 A 股分红派息实施公告[EB/OL]. 东方财富网. 编者已做修改。）

思考：上市公司分配股利要经过哪些程序，分给哪类股东？

（三）负债股利

负债股利是以负债方式支付的股利，公司通常将应付票据作为负债股利支付给股东，有时也以发行公司债券作为负债股利发放。

财产股利和负债股利实际上都是现金股利的替代品，但目前这两种股利在我国公司实务中极少出现。

（四）股票股利

股票股利是公司以增发股票的方式支付的股利，我国在实务中通常也称其为“红股”。股票股利对公司来说，并没有现金流出企业，也不会导致公司的财产减少，只是将公司的留存收益转化为股本。但是，股票股利会增加流通在外的股票数量，同时，降低股票的每股价值。它不会改变公司的股东权益总额，但会改变股东权益的构成。

业务链接 8-2　　什么是含权、含息股、填权和贴权

上市公司在宣布董事会、股东大会的分红、配股方案后，尚未正式进行分红、配股工作，股票未完成除权、除息前就被称为“含权”“含息”股票。股票在除权后被交易，交易市价高于除权价，取得分红或配股者得到市场差价而获利，为填权。交易市价低于除权价，取得分红、配股者没有得到市场差价，造成浮亏，则为贴权。

注：除权、除息价均由交易所在除权日当天公布。

三、股利发放日程安排

公司在选择股利政策、确定股利支付数额和方式后，应当进行股利的发放。公司股利的发放必须遵循相关的要求，按照日程安排进行。一般情况下，股利的发放需要按照下列日程进行。

（一）预案公布日

上市公司分派股利时，首先要由董事会制订分红预案，包括本次分红的数量、分红的方式，股东大会召开的时间、地点及表决方式等，以上内容由公司董事会向社会公开发布。

（二）股利宣布日

董事会制订的分红预案经过股东大会讨论。只有讨论通过后，才能公布正式分红方案及实施的时间。

（三）股权登记日

这是由公司在宣布分红方案时确定的一个具体日期。凡是在此指定日期收盘前取得了公司股票，成为公司在册股东的投资者都可以享受公司分派的股利。在此日之后取得股票的股东则无权享受已宣布的股利。

（四）除息日

在除息日，股票的所有权和领取股息的权利分离，股利权利不再从属于股票，所以在这一天购入公司股票的投资者不能享有已宣布发放的股利。另外，由于失去了“附息”的权利，在除息日，股价会下跌，下跌的幅度约等于分派的股息。

（五）股利发放日

这是公司按照公布的分红方案向登记在册的股东实际支付股利的日期。

业务操作　　股利发放的日程安排确定

某上市公司于2018年4月10日公布2017年度的最后分红方案，其发布的公告如下：“2018年4月9日在深圳召开的股东大会，通过了2018年4月2日董事会关于每股分派0.2元的2017年股息分配方案。股权登记日为4月25日，除息日是4月26日，股东可以在5月10日至25日之间通过深圳交易所按交易方式领取股息。特此公告。”

那么，该公司的股利发放日程安排如图8-1所示。

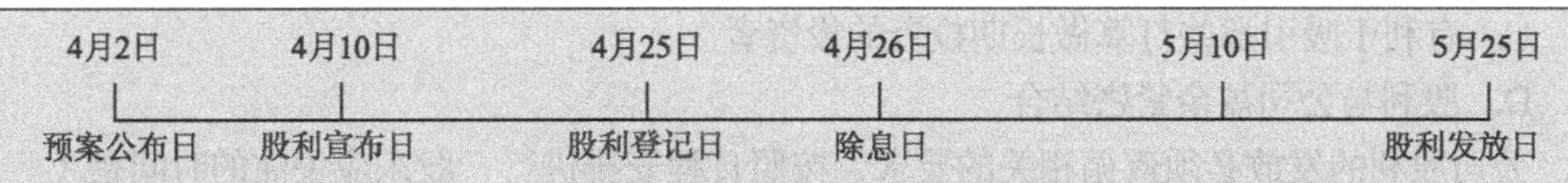

图 8-1 股利发放的日程安排

职业能力选择与判断

一、单项选择题

1. 股利分配涉及的方面很多，如股利支付程序中各日期的确定、股利支付比率的确定、股利支付形式的确定、支付现金股利所需资金的筹集方式的确定等。其中，最主要的是确定（　　）。

A. 股利支付程序中的各日期　　B. 股利支付比率

C. 股利支付形式　　D. 支付现金股利所需资金的筹集方式

2. 下列说法不正确的是（　　）。

A. 处于经营收缩阶段的公司，由于资金短缺，因此多采取低正常股利加额外股利政策

B. 在通货膨胀时期公司的股利政策往往偏紧

C. 盈余不稳定的公司一般采取低正常股利加额外股利政策

D. 举债能力弱的公司往往采取较紧的股利政策

3. 主要依靠股利维持生活的股东最赞成的公司股利政策是（　　）。

A. 剩余股利分配政策　　B. 固定或稳定增长的股利政策

C. 固定股利支付率政策　　D. 低正常股利加额外股利政策

4. 关于股利分配政策，下列说法中不正确的是（　　）。

A. 剩余股利分配政策能充分利用筹资成本最低的资金资源，保持理想的资本结构

B. 固定或稳定增长的股利政策有利于公司股票价格的稳定

C. 固定股利支付率政策体现了风险投资与风险收益的对等

D. 低正常股利加额外股利政策不利于股价的稳定和上涨

5. 某公司现有发行在外的普通股 100 万股，每股面额 1 元，资本公积 100 万元，未分配利润 800 万元，股票市价 20 元；若按 10%的比例发放股票股利并按市价折算，公司资本公积的报表列示将为（　　）万元。

A. 100　　B. 190　　C. 290　　D. 300

二、多项选择题

1. 股利支付的方式包括（　　）。

A. 现金股利　　B. 财产股利　　C. 负债股利　　D. 股票股利

2. 下列说法中正确的是（　　）。

A. 具有较强举债能力的公司往往采取较宽松的股利政策

B. 盈余相对稳定的公司有可能支付较高的股利

C. 资产流动性较差的公司往往支付较低的股利

D. 有良好投资机会的公司往往少发股利

3. 低正常股利加额外股利政策的基本特点是：体现了（　　）两者的统一。

A. 现实性　　B. 灵活性　　C. 对等性　　D. 稳定性

4. 剩余股利分配政策的优点是（　　）。

A. 留存收益优先保证再投资的需要，从而有助于降低再投资的资金成本

B. 保持最佳的资本结构，实现企业价值的长期最大化

C. 有利于吸引那些打算做长期投资的投资者

D. 股利与公司盈余紧密结合

5. 公司股利的发放必须遵循相关的要求，按照日程安排进行，股东应关注的时间是（　　）。

A. 预案公布日　B. 股利宣布日　C. 股权登记日　D. 除息日

三、判断题

1. 为了保护投资者的利益，我国不允许发放负债股利。（　　）

2. 以公司拥有的其他企业的债券作为股利支付给股东属于负债股利支付方式。（　　）

3. 依靠股利维持生活的股东，往往要求公司支付较高的股利。（　　）

4. 在剩余股利分配政策下，"保持目标资本结构"是指一年中始终保持同样的资本结构。（　　）

5. 具有较高债务偿还需要的公司，一定会减少支付股利。（　　）

单项任务训练

1. 某公司2018年年终利润分配前的股东权益项目资料如下。

股本——普通股（每股面值2元）1 000万元；

资本公积 4 000万元；

未分配利润 2 000万元；

所有者权益合计 7 000万元；

公司股票的每股现行市价为14元。

假设2018年净利润为500万元，期初未分配利润为1 500万元，按规定，本年应该提取10%的法定盈余公积金，2019年预计需要增加投资资本600万元，目标资本结构为权益资本占60%，债务资本占40%，公司采用剩余股利分配政策。请计算每股股利。

2. 顺达公司2017年度提取法定盈余公积金和公益金后的净利润为800万元，2017年支付股利320万元。2019年度投资计划所需资金700万元，公司的目标资本结构为自有资金占60%，借入资金占40%。

要求：

（1）若公司实行剩余股利分配政策，如果2018年的净利润与2017年的净利润相同，则该公司2018年度可向投资者发放多少股利？

（2）若公司实行固定或稳定增长的股利政策，固定股利增长率为10%，如果2018年的净利润比2017年的净利润净增5%，则该公司2018年度向投资者支付的股利为多少？

（3）若公司实行固定股利支付率政策，公司每年按40%的比例分配股利，如果2012年的净利润比2017年的净利润净增5%，则该公司2018年度应向投资者分配的股利为多少？

（4）若公司实行低正常股利加额外股利政策，规定当净利润增长5%时，将增长后净利润的1%作为额外股利，如果2018年的净利润增长5%，则该公司2018年度应向投资者支付的股利为多少？

学习任务三　股票股利、股票分割与股票回购

知识准备与业务操作

一、股票股利

股票股利尽管不直接增加股东的财富，也不增加企业的价值，但对股东和公司都有特殊意义。

（一）股票股利对股东的影响

在上市公司分红时，我国股票投资者普遍都偏好红股。对于股东来说，采取红股的形式分配利润将优于不分配利润。这种方式不会改变股东的持股比例，也不增减股票的含金量，但红股却有可能提高股票投资者的经济效益。其根据如下：（1）上市公司发放股票股利时，股东不必承担纳税义务。（2）在股票供不应求阶段，送红股增加了股东的股票数量，在市场炒作下有利于股价的上涨，从而有助于提高股东的价差收入。（3）送红股以后，股票的数量增加了，同时由于除权降低了股票的价格，购买这种股票的门槛也降低了，进而改变了股票的供求关系。

对股东来说，股票股利的优点主要有以下几个。

1. 获得股票价值相对提高的利益

公司发放股票股利后其股价一般并不等比例下降，在发放少量股票股利（如2%～3%）后，大体不会引起股价的立即变化。这可使股东得到股票价值相对提高的好处，即填权好处。

2. 发放股票股利往往预示着公司将会有较大发展

发放股票股利通常由成长中的公司所为，因此投资者往往认为发放股票股利预示着公司将会有较大发展，利润将大幅度增加，足以抵消增发股票带来的消极影响，这种心理会稳定住股价甚至导致股价上涨。

3. 使得股东可以从中获得纳税上的好处

股东在需要现金时，可以将分得的股票股利出售，有些国家的税法规定，出售股票所要缴纳的所得税税率比收到现金股利所要缴纳的所得税税率低，这使股东可以从中获得纳税上的好处。

发放股票股利后，由于增加了股份数，每股净资产会下降。与此同时，如果股票市场价格的下跌幅度大于每股净资产下降的幅度，则会给股东造成实质性的损失，这就是股票股利对股东而言的最大缺点。

（二）股票股利对公司的影响

1. 有利于控制现金流出

发放股票股利一方面可以使股东得到享受公司盈余的好处，另一方面使公司留存了大量现金，便于进行再投资，这有利于公司的长远发展。

2. 发放股票股利可以降低每股市场价格

在公司盈余和现金股利不变的情况下，降低每股市场价格会吸引更多的投资者。

3. 发放股票股利往往会向投资者传递公司将会继续发展的信息

这可以提高投资者对公司的信心，在一定程度上稳定股票价格。

但是，公司采用股票股利支付形式，有可能被认为是公司现金周转不灵的征兆。特别是当公司财务报表反映的投资收益率低于投资者的预期或投资项目运转不良时，尤其如此，这会影响公司的财务形象和再筹资能力，降低投资者对公司的信心，导致公司股价下跌。

业务操作　　**分析股票股利对公司和股东的影响**

某上市公司在2018年发放股票股利前，其资产负债表上的股东权益账户情况如下。

股东权益：

普通股（面值1元，流通在外2 000万股）	2 000万元
资本公积	4 000万元
盈余公积	2 000万元
未分配利润	3 000万元

股东权益合计　　11 000 万元

假设该公司宣布发放 30%的股票股利，现有股东每持 10 股，即可获赠 3 股普通股。请分析计算股票股利对公司及股东的影响。

操作步骤

1. 股票股利对公司的影响

该公司发放的股票股利为 600 万股，随着股票股利的发放，未分配利润中有 600 万元的资金要转移到普通股的股本账户中，因而普通股股本由原来的 2 000 万元增加到 2 600 万元，而未分配利润的余额由 3 000 万元减少至 2 400 万元，但该公司的股东权益总额并未发生改变，仍是 11 000 万元，股票股利发放之后，资产负债表上股东权益部分如下。

股东权益:	
普通股（面值 1 元，流通在外 2 600 万股）	2 600 万元
资本公积	4 000 万元
盈余公积	2 000 万元
未分配利润	2 400 万元
股东权益合计	11 000 万元

2. 股票股利对股东的影响

假设一位股东在派发股利前持有公司普通股 3 000 股，那么，他拥有的股权比例为:

$$3\ 000 \div 20\ 000\ 000 = 0.015\%$$

派发股利后，他拥有的股票数量和股份比例为:

$$3\ 000 + 900 = 3\ 900（股）$$

$$3\ 900 \div 26\ 000\ 000 = 0.015\%$$

通过上例可以说明，由于公司的净资产不变，而股票股利派发前后每一位股东的持股比例也不发生变化，那么他们所持股份所代表的净资产也不会发生变化。

二、股票分割

（一）股票分割的概念

股票分割又称拆股，是指股份公司用某一特定数额的新股按一定比例交换一定数额的、流通在外的股份的行为。例如，将原来的 1 股股票交换成 5 股股票。

股票分割不属于某种股利支付方式，但其产生的效果与发放股票股利近似，因而在此介绍一下。从会计角度看，股票分割对公司资本结构、资产账面价值、股东权益各账户（普通股、资本公积、留存收益等）等都不产生影响，只是使公司发行在外的股票总数增加，每股股票代表的账面价值降低，因此，股票分割与发放股票股利的作用非常相似，都是在不增加股东权益的情况下增加股票的数量。所不同的是，股票分割导致的股票增加量可以远大于发放股票股利的，而且在会计处理上也有所不同。从实务上看，由于股票分割与股票股利非常相似，所以一般要根据证券管理部门的具体规定对两者加以区分。有的国家证券管理部门规定，发放 25%以上的股票股利即属于股票分割。

（二）股票分割的意义

1. 降低公司股票价格

由于股票分割是在不增加股东权益的情况下增加流通中的股票数量，分割后每股股票代表的股东权益的价值将降低，每股股票的市场价格也将相应降低。当股票的市场价格过高时，股票交易会因每手交易所需的资金量太大而受到影响，特别是许多小户、散户，因资金实力有限而难以入市交易，使这类股票的流通性降低，股东人数减少。因此，许多公司在其股价过高时采用股票分割的方法降低股票的交易价格，提高公司股票的流通性，增加股东人数。

2. 传递长期发展良好的信号

一般而言，股票分割往往是成长中的公司所为，因此，企业进行股票分割往往被视为一种利好消息而影响股票价格，这样公司股东就能从股份中获得相对收益。

3. 增加股东的现金股利

股票分割在有些情况下也会增加股东的现金股利。尽管股票分割后各股东持有的股数增加，但持股比例不变，持有股票的总价值不变。不过，只要股票分割后每股现金股利的下降幅度小于股票分割幅度，股东仍能多获现金股利。

4. 有助于公司并购的实施

在并购另一家公司前，先将本公司的股票分割，可以提高对被并购公司股东的吸引力。

5. 为新股发行做准备

在新股发行前利用股票分割降低股价，有利于提高股票的可转让性和促进市场交易，由此可增加投资者对股票的兴趣，使新发行的股票畅销。

尽管股票分割与发放股票股利都能达到降低股价的目的，但一般来讲，公司只有在股价剧烈上涨且预期难以下降时，才采用股票分割的办法降低股价，而在股价上涨幅度不大时，往往通过发放股票股利的方式将股价维持在理想的范围之内。

业务操作　　分析股票分割对公司和股东的影响

某上市公司在2018年年末，资产负债表上的股东权益账户情况如下。

股东权益：	（单位：万元）
普通股（面值10元，流通在外1 000万股）	10 000
资本公积	20 000
盈余公积	4 000
未分配利润	5 000
股东权益合计	39 000

假设该公司按照 1∶5 的比例进行股票分割。股票分割后，股东权益有何变化？每股的净资产是多少？

操作步骤

股票分割后股东权益情况如下。

股东权益：	（单位：万元）
普通股（面值2元，流通在外5 000万股）	10 000
资本公积	20 000
盈余公积	4 000
未分配利润	5 000
股东权益合计	39 000

每股净资产为：39 000÷（1 000×5）=7.8（元/股）

想一想

股票股利与股票分割有什么异同？

三、股票回购

（一）股票回购的概念

股票回购是指上市公司从股票市场上购回本公司一定数额发行在外的股票的行为。公司在股票回购完成后可以将回购的股票注销，但在绝大多数情况下，公司将回购的股票作为“库藏股”保留，仍属于发行在外的股票，但不参与每股收益的计算和收益分配。库藏股日后可移作他用（如雇员福利计划、发行可转换债券等），或在公司需要资金时被出售。

（二）股票回购的意义

1. 稳定公司股价

过低的股价无疑将对公司经营造成严重影响，股价过低使人们对公司的信心下降，使消费者对公司产品产生怀疑，削弱公司出售产品、开拓市场的能力。在这种情况下，公司回购股票以支撑股价，有利于改善公司形象，股价在上涨过程中，投资者又会重新关注公司的运营情况，消费者对公司产品的信任增加，公司也有了进一步配股融资的可能。因此，在股价过低时回购股票是维护公司形象的有力途径。在西方国家，股票回购也是政府稳定股市的重要手段之一。

案例分析 8-3　　金信诺：关于股票回购进展情况的公告

深圳金信诺高新技术股份有限公司（以下简称“金信诺”或“公司”）于2017年8月18日召开2017年第三次临时股东大会，逐项审议通过关于回购公司股票的相关议案，自此次股东大会审议通过回购股票方案之日起12个月内，公司将以自有资金择机进行股票回购，回购资金总额不超过人民币2 800万元，回购股票价格不超过人民币28元/股，本次回购的股票将作为后期实施公司股票奖励计划、员工持股计划或股权激励计划的股票来源。

根据《深圳证券交易所上市公司以集中竞价方式回购股份业务指引》中的相关规定，公司于每个月的前3个交易日内公告回购进展情况。现将公司回购进展情况公告如下。

首次股票回购完成后，公司于2017年9月25日通过股票回购专用证券账户以集中竞价交易方式再次回购10万股，占公司目前总股本的比例约为0.022%，占本次拟回购总数量100万股的10%，成交价格为23.00元/股，此次回购支付的资金金额为2 300 000.00元（不含手续费）。

截至2017年10月10日，公司通过股票回购专用证券账户，以集中竞价交易方式累计回购股票30万股，占公司目前总股本的比例约为0.067%，占本次拟回购总数量100万股的30%，最高成交价为23.00元/股，最低成交价为21.40元/股，支付的资金总金额为6 671 532.00元（不含手续费）。

公司后续将根据市场情况继续实施本回购计划，敬请广大投资者注意投资风险。

特此公告。

深圳金信诺高新技术股份有限公司董事会

2017年10月10日

（资料来源：金信诺. 关于股票回购进展情况的公告[EB/OL]. 东方财富网. 编者已做修改。）

思考：什么是股票回购？公司进行股票回购的动机有哪些？

2. 帮助股东从股票回购中获得少纳税或推迟纳税的好处

在美国，现金股利要按普通收入所得税率纳税，而资本利得可以较低的优惠税率纳税。股东通过回购股票得到的现金只有在回购价格超出股东的购买价格时才须纳税，并且是按照较低的优惠税率缴纳的。股票回购使得股东能够以缴纳较低的资本利得税取代获得现金股利必须缴纳的较高的普通个人所得税。由于个人资本利得税低于股利收入税，且可延期支付，这加大了公司以股票回购代替现金股利支付的动力。我国股利的个人所得税税率为20%，而股票转让所得的个人所得税还未征收，股东将来需要卖出股票换取现金时，只须付出一定比例的佣金、过户费和印花税。因此，通过股票回购，用提高股价的方式代替向股东支付现金股利，对公司和股东均有好处。

3. 分配公司超额现金

如果公司的现金超过投资机会的需要量，公司又没有较好的投资机会可以使用该笔现金时，则可以分配股利。出于对股东避税、控股等多种因素的考虑，公司可通过股票回购而非现金股利的方式进行分配。这是因为，股票回购会引起每股收益和每股市价的提高。假定市盈率不变，每股收益和每股市价的提高会使股东持有的股票的总价值随之增加，从而起到分配超额现金的作用。

4. 反收购措施

股票回购在国外是一种重要的反收购措施，此举有助于公司管理者避开竞争对手企图收购的威胁。股票回购导致股价上涨和公司流通在外的股票数量减少，从而使收购方获得控制公司的法定股份比例变得更为困难；股票回购后，公司流通在外的股票少了，可以防止浮动股票落入进攻公司手中（不过，由于持有回购股票的股东无表决权，回购后进攻公司的持股比例也会有所提高，因此公司须将回购股票再卖给稳定股东，才能起到反收购的作用）；在反收购战中，目标公司通常在股价上涨后实施股票回购，此举使得目标公司流动资金减少，财务状况恶化，减弱了公司被作为收购目标的吸引力。

5. 改善资本结构，追求财务杠杆利益

当公司管理当局认为，其权益资本在整个公司资本结构中所占的比例过大，资产负债率过小时，就有可能利用留存收益或通过对外举债来回购公司发行在外的普通股，实践证明，这是一种迅速提高资产负债率的好方法。

用现金或是增加债务回购股票，都会改变公司的资本结构，提高财务杠杆比率。在现金回购方式下，假定公司中长期负债规模不变，伴随股票回购而来的是股权资本在公司资本结构中的比重下降，公司财务杠杆比率提高；公司在用增加债务回购股票时，一方面使中长期负债增加，另一方面使股权资本比重下降，公司财务杠杆比率提高。

（三）股票回购的负面效应

股票回购是一把双刃剑，我们在正确认识股票回购的积极意义时，也必须对股票回购的负效应有清晰认识。

1. 财务风险效应

一般来说，股票回购因减少总股本，在利润预期不变的情况下，可以增加每股利润，从而使股价上涨。但是，具体到某一公司，如果利用债务资金回购股票，会使资产负债率提高，企业债务负担增加，财务风险加大。所以，在一般情况下，上市公司不应仅仅为了追求财务杠杆效应而进行股票回购，高资产负债率的公司更应如此。

2. 支付风险效应

由于股票回购需要大量的现金支出，因此不可避免地会为上市公司带来很大的支付压力。一次性支付巨额资金用于股票回购，将不可避免地为公司的正常运营带来一定影响，使公司面临严峻的支付风险。

3．容易导致内幕交易，进而操纵股价

公司可能利用股票回购操纵股价，误导投资者，导致证券的管理混乱，损害社会股东的利益。

总之，虽然从各种法规上看，股票回购不一定可行，但是从理论上讲，它确实是股份公司可以采用的一种股利支付、调整资本结构、筹集资金、企业兼并和掌握控制权的有效方法。

职业能力选择与判断

一、单项选择题

1．某公司现有发行在外的普通股100万股，每股面额1元，资本公积100万元，未分配利润800万元，股票市价20元；若按10%的比例发放股票股利并按市价折算，公司资本公积的报表列示将为（ ）万元。

A．100　B．190　C．290　D．300

2．某股份公司目前的每股收益和每股市价分别为2.4元和24元，现拟实施10送2的送股方案，如果盈利总额不变，市盈率不变，则送股后的每股收益和每股市价分别为（ ）元。

A．2和20　B．2.4和24　C．1.8和18　D．1.8和22

3．下列关于股票股利对股东的意义，叙述不正确的是（ ）。

A．如果发放股票股利后股价不立即发生变化，会使股东得到股票价值相对提高的好处

B．发放股票股利会使投资者认为公司将会有较大发展，有利于稳定股价甚至使股价略有上涨

C．股东可因此得到税收上的好处

D．降低每股价值，吸引更多的投资者

4．股份公司用某一特定数额的新股按一定比例交换一定数额的流通在外的股份的行为被称为（ ）。

A．股票回购　B．股票股利　C．股票分割　D．发行新股

5．股票回购不改变（ ）。

A．股价　B．资产总额　C．流通在外的股数　D．每股面值

二、多项选择题

1．下列关于发放股票股利的说法，不正确的是（ ）。

A．直接增加股东的财富　B．对公司股东权益总额产生影响

C．改变每位股东所持股票的市场价值总额　D．改变股东权益内部项目的比例关系

2．发放股票股利对股价的影响包括（ ）。

A．可能不会引起股价立即变化　B．可能会稳定住股价甚至使股价略有上涨

C．可能加剧股价的下跌　D．可能导致股价大幅上涨

3．股票分割后（ ）。

A．公司价值不变　B．股东权益内部结构发生变化

C．股东权益总额不变　D．每股面额降低

4．股票分割对股东的意义包括（ ）。

A．股票分割后，只要每股现金股利的下降幅度小于股票分割幅度，股东仍能多获得现金股利

B．股票分割向社会传递有利消息，降低了股价，反而促使购买股票的人增加，股价上扬，进而增加股东财富

C．降低股价，传递有利消息，吸引更多的投资者

D．传递继续发展的消息

5. 股票回购会减少公司的资产总额以及股东权益，但也能够起到以下作用（　　）。

A. 稳定公司股价

B. 帮助股东从股票回购中获得少纳税或推迟纳税的好处

C. 降低股价，传递有利消息，吸引更多的投资者

D. 分配公司超额现金

三、判断题

1. 发放股票股利会引起每股利润下降，每股市价也可能下跌，因而每位股东所持的股票市场总价值也将下降。（　　）

2. 股票分割比股票股利能更大幅度降低股价。（　　）

3. 股票分割与股票股利对公司股东权益的影响完全一样。（　　）

4. 股票股利能直接增加股东财富。（　　）

5. 股票回购一定会损害股东的利益。（　　）

单项任务训练

1. 某公司 2018 年年终利润分配前的股东权益项目资料如下。

股本——普通股（每股面值 2 元）	1 000 万元；
资本公积	4 000 万元；
未分配利润	2 000 万元；
股东权益合计	7 000 万元；

公司股票的每股现行市价为 14 元。

要求：计算回答下述三个互不关联的问题。

（1）如若按 1 股换 4 股的比例进行股票分割，计算股东权益各项目数额、普通股股数；

（2）假设利润分配不改变市净率，公司按每 10 股送 1 股的方案发放股票股利，并按新股股数发放现金股利，且希望普通股市价达到每股 12 元，计算每股现金股利应是多少？

（3）假设 2018 年净利润为 500 万元，期初未分配利润为 1 500 万元，按规定，本年应该提取 10%的法定盈余公积金，计算最高可分配的每股股利额。

2. ABC 公司 2018 年全年实现净利润 1 200 万元，年末股东权益账户余额如下。

股本（每股面值 2 元）	1 000 万元
资本公积	2 000 万元
盈余公积	500 万元
未分配利润	1 500 万元
合计	5 000 万元

要求：求解以下互不相关的问题。

（1）若公司决定发放 20%的股票股利（按照市价折算），股票目前的市价为 5 元/股，并按发放股票股利后的股数支付现金股利每股 0.1 元，计算发放股票股利后的普通股股数、每股账面价值、每股收益和每股市价；

（2）假设按照 1 股换 2 股的比例进行股票分割，股票分割后净利润不变、市净率不变，计算分割后的每股面额、普通股股数、每股账面价值、每股收益和每股市价。

项目小结

收益分配管理是对企业收益与分配的主要活动及形成的财务关系的组织与调节，是企业将一定

时期内创造的经营成果合理地在企业内、外部各利益相关者之间进行有效分配的过程。收益分配管理作为现代企业财务管理的重要内容之一，对于维护企业与各相关利益主体的财务管理、提高企业价值具有重要意义。收益分配作为一项重要的财务活动，应当遵循：依法分配原则、分配与积累并重原则、兼顾各方利益原则、投资与收益对等原则。收益分配的一般程序是弥补亏损、提取法定盈余公积金、提取任意盈余公积金与向投资者分配利润或股利。

股利支付方式可以采用现金股利、股票股利、财产股利和负债股利四种方式，前两种比较常见，后两种在实务中较少采用。股利支付要经过预案公布日、股利宣布日、股权登记日、除息日、股利发放日五个阶段。股利政策有剩余股利分配政策、固定或稳定增长的股利政策、固定股利支付率政策及低正常股利加额外股利政策，每一种股利政策都有其各自的优劣势。

股票股利并不会使企业资产和权益减少，只会使股东权益内部结构发生变化，即企业股本增加，未分配利润减少，但总的股东权益不变。股票分割是将大面值股票分割成小面值股票的过程，股票分割的主要目的是便于股票的流通转让。股票回购是指公司出资购回其发行的、流通在外的股票，是替代现金股利的一种方法。股票股利、股票分割和股票回购都会对公司资产、负债和股东权益及结构产生影响，也会对公司股价和投资者利益产生影响。

项目案例分析

情景与背景：格林美股份有限公司2016年年度分红派息、转增股本实施公告。

一、股东大会审议通过利润分配及资本公积转增股本方案等情况

1. 格林美股份有限公司（以下简称“公司”），2016年年度利润分配方案已获2017年4月28日召开的2016年年度股东大会审议通过，详见2017年4月29日公司发布的相关决议公告。公司2016年年度利润分配方案为：以公司总股本2 935 315 646股为基数，向全体股东每10股派发现金红利0.1元（含税）。同时以资本公积转增股本，向全体股东每10股转增3股。

……

4. 本次实施分配方案的时间距离公司股东大会审议通过的时间未超过两个月。

二、本次实施的利润分配及资本公积转增股本方案

1. 发放年度、发放范围

（1）发放年度：2016年度

（2）发放范围：……

2. 含税及扣税情况

本公司2016年年度利润分配方案为：以公司现有总股本2 935 315 646股为基数，向全体股东每10股派0.10元人民币现金（含税）；同时，以资本公积向全体股东每10股转增3股。

[注：根据先进先出的原则，以投资者证券账户为单位计算持股期限，持股1个月（含1个月）以内，每10股补缴税款0.02元；持股1个月以上至1年（含1年）的，每10股补缴税款0.01元；持股超过1年的，不需补缴税款。]

分红前本公司总股本为2 935 315 646股，分红后总股本增至3 815 910 339股。

三、分红派息日

本次利润分配股权登记日为：2017年5月18日，除息日为：2017年5月19日，股利发放日为：2017年5月19日，新增可流通股票的上市日期为：2017年5月19日。

四、分红派息对象

本次分派对象为：截至2017年5月18日下午深圳证券交易所收市后，在中国结算深圳分公司登记在册的本公司全体股东。

五、分配、转增股本的方法

……

七、调整相关参数

本次实施转增股本后，按新股本 3 815 910 339 股摊薄计算，2016 年年度每股净收益为 0.07 元。

八、有关咨询办法

……

特此公告

格林美股份有限公司
董事会
二〇一七年五月十二日

要求：请仔细阅读《格林美股份有限公司 2016 年年度分红派息、转增股本实施公告》，结合所学知识和技能回答下列问题。

（1）请说明格林美股份有限公司 2016 年年度利润分配的日程安排？

（2）甲投资者在 2017 年 5 月 19 日上午开盘时拥有 2 000 股格林美股票，开盘后卖掉其中 1 000 股，除此之外，当天无其他格林美的交易，问甲投资者在 5 月 19 日下午收盘时实际拥有多少股格林美股票？

（3）乙投资者 2017 年 5 月 18 日下午没有持有格林美股票，于 2017 年 5 月 19 日上午 9:30 购得 1 000 股格林美股票，全天再无与格林美的其他股票交易，问乙投资者在 5 月 19 日下午收盘时实际拥有多少股格林美股票？

项目综合实训

一、实训要求

1. 能根据主客观条件，较为准确地比较与分析剩余股利分配政策、固定或稳定增长的股利政策、固定股利支付率政策和低正常股利加额外股利政策。

2. 能根据主客观条件，设计适合公司的最佳股利政策。

3. 能根据主客观条件，选择适合公司的股利支付方式。

4. 能够对本次实训活动进行总结，在此基础上按照规范格式撰写《企业收益分配管理实训报告》。

二、实训条件

在财务管理实训室进行，要求配备计算机和财务软件、相关实训用具等。

三、实训材料

华夏股份有限公司是一家从事药品制造的上市公司。上市 5 年来，公司一直保持较好的发展势头和较高的盈利水平，每年的净利润基本上以 10%的速度持续增长。公司总股本为 8 000 万股。近 5 年来，公司每年均分配现金股利，没有分配股票股利，也没有实施资本公积转增股本的方案。2016 年，公司实现净利润 5 800 万元，分配现金股利 2 610 万元。2017 年，公司实现税后利润 8 400 万元，尚未分配。2017 年年末，公司的资本结构为权益资本占 55%，债务资本占 45%。公司 2018 年准备提高生产能力，需要增加资本 10 000 万元。2018 年年初，公司董事会讨论了 2017 年度的股利分配方案。财务部门设计了以下几种利润分配方案。①采用稳定增长的股利政策，每年分配的现金股利按照 10%的速度稳定增长。②采用固定股利支付率政策，保持上年的股利支付率。③如果公司管理当局认为，目前公司的资本结构是较为理想的资本结构，公司将继续采用剩余股利分配政策。2018 年，公司投资对债务资本的需求通过长期借款来满足，对权益资本的需求通过 2017 年的留存收益来满足，多余的利润分配现金股利。④采用低正常股利加额外股利政策，公司确定的低正常股利为每股 0.30 元；由于 2017 年的盈利状况较为理想，考虑再额外增加每股 0.20 元的股利。

华夏股份有限公司 2018 年 2 月 28 日公布了 2017 年年度报告，并提出了 2017 年年度的利润分配预案：以 2017 年年末的总股本为基数，向全体股东每 10 股派发现金股利 0.5 元；同时提出了按 10∶3 的比例以资本公积转增股本的方案。2018 年 3 月 26 日，公司召开股东大会，审议通过了公司 2017 年年度利润分配及资本公积转增股本的方案。公司董事会于 2018 年 4 月 13 日发布分红派息公告称：“以 2017 年年末总股本 205 085 492 股为基数，每 10 股转增 3 股派 0.5 元（含税）。股权登记日为 2018 年 4 月 18 日，除息日为 2018 年 4 月 19 日，新增可流通股票上市日为 2018 年 4 月 20 日，现金股利发放日为 2018 年 4 月 26 日。”

问题：

1. 针对财务部设计的各种利润分配方案，分别计算该公司 2017 年应分配的现金股利。
2. 写出华夏股份有限公司股利发放的具体日程安排。
3. 如果某一股东在 2018 年 4 月 20 日购入该公司 1 000 股流通股，那么该股东是否可以享受此次股利分配？

项目综合评价

项目评价记录表

姓　　名：____________　　班　　级：____________　　评价时间：____________

评价指标		评价标准	所占比例	分　值
活动过程 Σ80	职业能力 Σ35	信息处理能力	5%	
		解决问题能力	5%	
		革新创新能力	5%	
		职业能力训练成绩	20%	
	专业能力 Σ45	合理制定股利政策	20%	
		进行股票股利决策	15%	
		进行股票分割与股票回购决策	10%	
团队合作 Σ20	工作计划	计划设置及实施	5%	
	过程实施	配合及解决问题	5%	
	合作交流	小组成员间的交流与合作	5%	
	资源利用	资源使用及组织	5%	
综合得分				
教师评语		签名： 年　月　日		
学生意见		签名： 年　月　日		

项目九 财务预算

知识目标

1. 了解财务预算的作用和全面预算体系的构成
2. 熟悉弹性预算、零基预算和滚动预算的概念、优缺点及适用范围
3. 掌握财务预算及经营预算和特种决策预算的编制程序

能力目标

1. 能够编制弹性预算、零基预算和滚动预算
2. 能够编制企业经营预算
3. 掌握财务预算及业务预算和特种决策预算的编制程序

项目引导案例

内蒙古霍林河露天煤业股份有限公司2017年度财务预算

风险提示：内蒙古霍林河露天煤业股份有限公司（以下简称“公司”）2017年度财务预算并不代表公司的盈利预测，能否实现取决于市场状况变化、经营团队的努力程度等多种因素，存在很大的不确定性，请投资者特别注意。

结合公司2017年度经营计划，编制公司2017年度财务预算，具体如下。

2017年年末预计资产总额157.24亿元，负债总额54.67亿元，所有者权益总额102.57亿元，资产负债率34.77%，流动比率0.87，速动比率0.80。

2017年利润情况如下。

营业收入636 518万元

其中：主营业务收入628 637万元

营业成本398 869万元

其中：主营业务成本396 300万元

营业税金及附加57 193万元

销售费用2 301万元

管理费用30 970万元

财务费用11 875万元

资产减值损失5万元

投资收益2 765万元

营业外收入229万元

营业外支出1 733万元

实现利润总额136 566万元

内蒙古霍林河露天煤业股份有限公司

2017年3月29日

（资料来源：露天煤业. 内蒙古霍林河露天煤业股份有限公司2017年度财务预算[EB/OL]. 东方财富网. 编者已做修改。）

学习任务一　认知财务预算的基本知识

知识准备与业务操作

一、财务预算的作用

财务预算是一系列专门反映企业在未来一定预算期内预计财务状况和经营成果，以及现金收支等价值指标的各种预算的总称，包括现金预算、预计利润表、预计资产负债表等内容。

编制财务预算是企业财务管理的一项重要工作，它具有以下作用。

（一）明确目标

企业的总目标可以通过财务目标得到体现，而财务预算则是具体化的财务目标。通过财务预算的编制，企业总目标被分解落实成各部门的具体目标，分门别类、有层次地表达为企业在销售、生产、成本和费用、收入和利润等方面量化的具体目标。

（二）协调各部门的工作

各级各部门因职责不同，往往会出现冲突。企业通过财务预算的编制，围绕企业的财务目标，可以综合平衡解决各部门的冲突，统筹兼顾，全面安排，确定对企业整体最优的方案，把企业经营过程中的各个环节、各个方面的工作严密组织起来，使各部门的工作协调一致。

（三）有利于控制与考核

企业制订的预算是控制经济活动的依据和衡量其合理性的标准，实际偏离预算的差异不仅是控制的依据，也是评定各预算执行单位工作业绩的重要标准。将实际数与预算数对比进行考核，比本期实际数与以往实际数的对比考核更具有现实意义，因为超过上年或历史先进水平，只能说明有进步，而不说明这种进步已经达到了应有的程度。

（四）合理配置资源

每家企业的资源都是有限的，应该被合理、有效的运用。通过编制财务预算，可以将资源优先分配给获利能力强的部门、项目及产品，从而使企业的资源配置更加合理、有效。

二、预算的分类与预算体系

（一）预算的分类

企业预算可以按不同标准被分类。

1．根据预算内容不同可以分为业务预算（即经营预算）、专门决策预算、财务预算

（1）业务预算是指与企业日常经营活动直接相关的经营业务的各种预算。它主要包括销售预算、生产预算、直接材料采购预算、直接人工预算、制造费用预算、产品生产成本预算、销售及管理费用预算等。

（2）专门决策预算又称特种决策预算，指企业不经常发生的、一次性的重要决策预算。例如，资本支出预算（又称长期决策预算），其编制依据可以追溯到决策前收集到的有关资料，只不过预算比决策估算更细致、更精确一些。

（3）财务预算是指在计划期内反映企业有关预计现金收支、财务状况和经营成果的预算。财务预算作为全面预算体系的最后环节，是从价值方面总括地反映企业业务预算与专门决策预算的结果，故亦被称为总预算，其他预算则相应被称为辅助预算或分预算。

2．根据预算期的长短不同可分为长期预算和短期预算

通常预算期在 1 年以内（含 1 年）的预算为短期预算，预算期在 1 年以上的则为长期预算。

（二）预算体系

企业应该对一定期间的生产经营活动有一个总体规划，全面预算是对企业总体规划的数量说明。图 9-1 所示是企业全面预算体系的简化版。由图 9-1 可以看出，各预算之间的主要联系：企业以经营目标为基础，确定本年度的销售预算，并结合企业财力确定资本支出预算等专门决策预算，根据“以销定产”的原则，以销售预算为年度预算的编制起点，进一步确定生产预算，然后延伸到材料采购、直接人工和制造费用等预算，各个业务预算和专门决策预算为企业的现金预算提供了依据。预计利润表和预计资产负债表在最后编制，是前面各种业务预算和专门决策预算以及现金预算的综合。

可见，财务预算是企业全面预算体系中的最后环节，可以从价值方面总括地反映经营期决策预算与业务预算的结果，因此它在企业的全面预算体系中具有重要的地位。

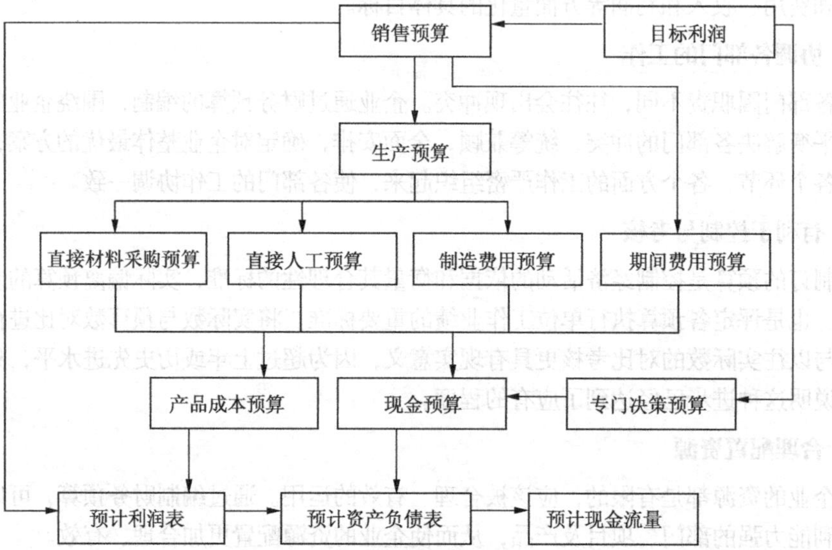

图 9-1　全面预算体系

财务预算以财务预测的结果为根据，受到财务预测质量的制约。同时，财务预算必须服从决策目标的要求，是决策目标的具体化、系统化和定量化，能够明确规定企业有关生产经营人员各自的职责及相应的奋斗目标。而且，财务预算是财务控制的先导，其量化指标可作为日常控制与业绩考核的依据，成为奖勤罚懒、评估优劣的准绳。

想一想

从本质上说，预算属于计划范畴，与财务计划有相似之处，但又不等于财务计划。请指出预算与财务计划在内容上的主要区别。

三、财务预算的编制程序

企业编制预算，一般应按照“上下结合、分级编制、逐级汇总”的程序进行。具体分为以下步骤。

（一）下达目标

企业董事会或经理办公会根据对企业发展战略和预算期经济形势的初步预测，在决策的基础上提出下一年度企业财务预算目标，包括销售目标、成本费用目标、利润目标和现金流量目标，并确定财务预算编制的政策，由预算管理层下达至各部门。

（二）编制上报

各部门按照预算管理层下达的财务预算目标和政策，结合自身特点以及预测的执行条件，提出详细的本部门财务预算方案，上报企业财务管理部门。

（三）审查平衡

企业财务管理部门对各部门上报的财务预算方案进行审查、汇总，提出综合平衡建议。在审查、平衡过程中，预算管理层应当进行充分协调，对发现的问题提出初步调整意见，并反馈给各有关部门予以修正。

（四）审议批准

企业财务管理部门在各部门修正调整的基础上，编制企业财务预算方案，报预算管理层讨论。对于不符合企业发展战略或者财务预算目标的事项，企业预算管理层应当责成有关部门进一步修订、调整。在讨论、调整的基础上，企业财务管理部门正式编制企业年度财务预算草案，提交董事会或总经办审议批准。

（五）下达执行

企业财务管理部门将董事会或总经办审议批准的年度总预算，分解成一系列的指标体系，由财务预算管理层逐级下达至各部门执行。

职业能力选择与判断

一、单项选择题

1. 下列关于财务预算的说法，不正确的是（　　）。

A. 财务预测以财务预算为根据

B. 财务预算具有规划、沟通和协调、资源分配、营运控制和绩效评估功能

C. 财务预算的编制需要以财务预测的结果为根据，并受财务预测质量的制约

D. 财务预算必须服从决策目标的要求，使决策目标具体化、系统化、定量化

2. 下列不属于日常业务预算的是（　　）。

A. 经营决策预算　　B. 制造费用预算

C. 应交增值税、销售税金及附加预算　　D. 管理费用预算

3. 企业不经常发生的、一次性的重要决策预算包括（　　）。

A. 销售预算　　B. 生产预算　　C. 材料采购预算　　D. 资本支出预算

4. 财务预算作为全面预算体系的最后环节，它是以（　　）总括地反映企业业务预算与专门决策预算的结果，故亦被称为总预算。

A. 数量形式　　B. 综合形式　　C. 实物形式　　D. 价值形式

5. 年度预算的起点一般是（　　）。

A. 销售预算　　B. 生产预算　　C. 材料采购预算　　D. 资产负债表预算

二、多项选择题

1. 财务预算是一系列专门反映企业在未来一定预算期内预计财务状况和经营成果，以及现金收支等价值指标的各种预算的总称，下列属于财务预算的有（　　）。

A. 现金预算　　B. 财务费用预算　　C. 预计利润表　　D. 预计利润分配表

2. 全面预算具体包括（　　）。

A. 经营决策预算　　B. 投资决策预算　　C. 日常业务预算　　D. 财务预算

3. 财务预算的主要作用包括（　　）。

A. 明确工作目标　　B. 协调部门关系　　C. 控制日常活动　　D. 考核业绩标准

4. 在下列各项中，属于日常业务预算的有（　　）。

A. 销售预算　　B. 现金预算　　C. 生产预算　　D. 销售费用预算

5. 预算期在 1 年或 1 年以内的预算有（　　）。

A. 销售预算　　B. 现金预算　　C. 生产预算　　D. 资本支出预算

三、判断题

1. 财务预算作为全面预算体系中的最后环节，可以从价值方面总括地反映经营期决策预算与业务预算的结果，财务预算属于总预算的一部分。（　　）

2. 财务预算具有资源分配的功能。（　　）

3. 资本支出预算也涉及现金支出，因此也属于财务预算。（　　）

4. 预计利润表和预计资产负债表在最后编制，因此这两个预算不重要。（　　）

5. 企业财务管理部门应该对各部门上报的财务预算方案进行审查、汇总，提出综合平衡建议。（　　）

单项任务训练

1. 请分析一家企业的全面预算体系构成及财务预算的地位。

2. 请分析企业编制预算的程序。

学习任务二　编制预算

知识准备与业务操作

一、编制业务预算

业务预算（Operating Budget）是反映企业在计划期内日常发生的各种具有实质性的基本活动的预算。业务预算是在经营预测和短期经营决策的基础上，对企业在预算期内投入资金的取得、成本费用的发生和利润的实现等进行的合理调节与全面安排，是控制企业未来一定期间生产经营活动的有效手段，是强化企业内部管理的必要环节。它主要包括销售预算、生产预算、直接材料采购预算、直接人工预算、制造费用预算、产品生产成本预算、销售及管理费用预算等。

（一）编制销售预算

销售预算是指在销售预测的基础上，根据企业年度目标利润确定的预计销售量、销售单价和销售收入等参数编制的，用于规划预算期销售活动的一种业务预算。在以销定产的经营思想指导下，销售预算是日常业务预算的起点，其他预算均以销售预算为基础。

在编制过程中，应根据有关年度内各季度市场预测的销售量和售价，确定预算期的销售收入（有时要同时预计销售税金），其中包括前期应收销货款的收回，以及本期销售货款的收入，它主要为编制“现金预算”提供必要资料。

某种产品的预计销售收入=该种产品的预计单价×该产品的预计销售量

预算期现金收入=预算期现销收入+前期应收账款收回

业务操作　　**编制销售预算**

假如汇全公司预计2018年度各季销售量分别为3 000件、3 500件、4 000件、3 500件，销售单价为80元。每季度销售收入的45%于当季收到现金，其余的55%于下一季度收到现金，此外，年初应收账款为12 000元。现根据以上资料编制销售预算，如表9-1所示。

表 9-1　　2018 年度销售预算

摘要		第一季度	第二季度	第三季度	第四季度	全年
预计销售量（件）		3 000	3 500	4 000	3 500	14 000
单位销售价格（元）		80	80	80	80	80
预计销售收入（元）		240 000	280 000	320 000	280 000	1 120 000
预计现金收入	应收账款（年初）（元）	120 000				120 000
	第一季度销售收入（元）	108 000	132 000			240 000
	第二季度销售收入（元）		126 000	154 000		280 000
	第三季度销售收入（元）			144 000	176 000	320 000
	第四季度销售收入（元）				126 000	126 000
现金收入合计（元）		228 000	258 000	298 000	302 000	1 086 000

（二）编制生产预算

销售预算确定以后，就可以根据预计销售量按产品名称、数量编制生产预算了。生产预算主要是为了具体规划企业在预算期内的产品生产活动，确定预算期内产品生产的实际数量及具体分布情况而编制的预算。在编制生产预算时，需要注意的是，生产量、销售量和期末存货量之间应保持一定的比例关系，以避免储备不足、产销脱节或超储积压等。

预算期产品的预计生产量可按下列公式计算：

预计生产量=预计销售量+预算期期末存货量−预算期期初存货量

业务操作　　**编制生产预算**

假如汇全公司各季度的期末存货量按下季度销售量的 20%计算，预算期（年）末存货量为 650 件，预算期内甲产品每季季初存货与其上季度的季末存货数量相同，预算期（年）初存货数量为 600 件。根据有关资料编制的该公司 2018 年度的生产预算如表 9-2 所示。

表 9-2　　2018 年度生产预算　　单位：件

摘要	第一季度	第二季度	第三季度	第四季度	全年
预计销售量	3 000	3 500	4 000	3 500	14 000
加：预算期期末存货量	700	800	700	650	650
预计需要量合计	3 700	4 300	4 700	4 150	14 650
减：期初存货量	600	700	800	700	600
预计生产量	3 100	3 600	3 900	3 450	14 050

在生产预算期中要注意两种相互关系：一是某个时期产品的预算期期末存货量和下期的期初产成品存货量相等；二是产成品的预算期期末存货量与下一期预计销售量之间的相互关系。一般来说，如果某期的预计销售量大，那么，企业必须在上期保留相应的期末存货量，或者说，必须有相应的期初存货量，否则，企业不能在某期的期初适应销售量增加的变化。等到当期生产出来产品再供应市场，往往就会错失良机。反之，如果某期预计销售量要减少，那么，在上期只须保留较少的期末存货就够了。

从表 9-2 数据可见，由于甲产品在预算期内各季销售量不同，所以各季度内生产量也不尽一致。

由于在预算期内受期初、期末存货量的影响，甲产品的销售总量与生产总量也不相同，存货在销售量与生产量之间起着调节作用。还必须指出，在编制年度、季度生产预算以后，企业还应根据具体情况按月安排生产进度。

（三）编制直接材料采购预算

编制生产预算以后，就可按具体生产安排编制直接材料采购预算，因为材料的耗用与采购量的多少取决于生产量的大小。编制直接材料采购预算时，除以生产预算为主要依据外，还要注意使材料的采购量、耗用量和库存量之间应保持一定的比例关系，以避免材料的供应不足或超储积压。预计材料采购量的计算公式如下：

材料预计采购量=预算期预计生产需要量+预算期期末预计材料库存量−预算期期初预计材料库存量

为了方便现金预算的编制，材料采购预算中通常还包括预算期间与材料采购相关联的预期现金支出计算，即上期采购材料将由本期支付的现金（期初应付账款）和本期采购材料应由本期支付的现金，借以确定各个期间应支付的材料采购款项。

业务操作　　编制直接材料采购预算

假如汇全公司生产的甲产品每件耗用A材料4公斤，A材料的价格为3元/公斤，材料贷款于当季支付55%，于下季度支付45%，各季季末材料库存量按下一季度材料需要量的20%计算，预算期期初、期末材料库存量分别为2 480千克、2 600千克。预算期内各季季初材料库存量与上季季末库存量相同，设应付材料账款年初余额为18 360元，根据上述资料编制的材料采购预算如表9-3所示。

表9-3　　2018年度汇全公司直接材料采购预算

摘要		第一季度	第二季度	第三季度	第四季度	全年
预计生产量（件）		3 100	3 600	3 900	3 450	14 050
单位产品用料量（千克）		4	4	4	4	4
材料需要量（千克）		12 400	14 400	15 600	13 800	56 200
加：期末预计材料库存量（千克）		2 880	3 120	2 760	2 600	2 600
预计需要量合计（千克）		15 280	17 520	18 360	16 400	58 800
减：期初预计库存量（千克）		2 480	2 880	3 120	2 760	2 480
预计材料采购量（千克）		12 800	14 640	15 240	13 640	56 320
单位材料价格（元）		3	3	3	3	3
预计采购材料金额（元）		38 400	48 920	45 720	40 920	168 960
预计现金支出	应付账款（年初余额）（元）	18 360				18 360
	第一季度采购金额（元）	21 120	17 280			38 400
	第二季度采购金额（元）		24 156	19 764		43 920
	第三季度采购金额（元）			25 146	20 574	45 720
	第四季度采购金额（元）				22 506	22 506
现金支出合计（元）		39 480	41 436	44 910	43 080	168 906

由表9-3可知，生产预算与材料采购预算之间有密切联系，材料耗用量的多少取决于生产活动的规模和期初、期末库存量的多少。

（四）编制直接人工预算

直接人工预算也是以生产预算为基础进行编制的。根据生产预算中预计生产量和生产单位产品需用的工时，计算出各期所需的直接人工工时，再乘以每小时平均工资率就可以计算出各期预计的直接人工成本。生产单位产品所需的直接人工工时，可根据历史资料或规定的劳动定额资料进行预算。如生产中直接人工工种有多种，应先按工种类别分别计算，然后进行汇总。

业务操作　　编制直接人工预算

假如汇全公司生产产品需用直接人工5小时，每小时直接人工成本4元。假定其他直接支出已被归入直接人工成本统一核算，不分别反映直接工资与其他直接支出。另外，直接人工成本均须用现金开支，故不必单独列示，根据有关资料编制的直接人工预算如表9-4所示。

表9-4　汇全公司直接人工预算2018年度

摘要	第一季度	第二季度	第三季度	第四季度	全年
预计生产量（件）	3 100	3 600	3 900	3 450	14 050
生产单位产品所需直接人工工时	5	5	5	5	5
所需直接人工工时	15 500	18 000	19 500	17 250	70 250
每小时平均工资率	4	4	4	4	4
直接人工总额	62 000	72 000	78 000	69 000	281 000

（五）编制制造费用预算

制造费用预算指除直接材料和直接人工以外的其他一切生产费用的预算。在编制制造费用预算时，可按变动成本法将预算期内除直接材料、直接人工成本以外的预计生产成本（即制造费用）分为变动部分和固定部分，并确定变动性制造费用分配率标准，以便将其在各产品间分配；固定部分的预算总额作为期间成本，可以不必分配。预算分配率的计算公式如下：

预算分配率=变动性制造费用÷相关分配标准预算

式中分母可在生产预算或直接人工预算中选择，多品种条件下，一般按后者进行分配。

业务操作　　编制制造费用预算

根据前述【业务操作】中生产预算、直接人工预算等资料，编制汇全公司制造费用预算，如表9-5所示。

表9-5　2018年度汇全公司制造费用预算　单位：元

项目	金额	项目	金额
变动性制造费用		固定性制造费用	
间接人工	24 000	折旧费	28 100
间接材料	26 000	维修费	22 000
维修费	10 000	管理人员工资	35 000
水电费	12 000	保险费	6 800
润滑材料	7 000	办公费	6 400
其他	5 300	合计	98 300
合计	84 300	其中：付现成本	70 250
预算分配率①	1.2	各季数②	17 562.5

续表

项目	第一季度	第二季度	第三季度	第四季度	全年
直接人工工时	15 500	18 000	19 500	17 250	70 250
分配率	1.2	1.2	1.2	1.2	1.2
变动性制造费用	18 600	21 600	23 400	20 700	84 300
固定性制造费用	17 562.5	17 562.5	17 562.5	17 562.5	70 250
现金支出合计	36 162.5	39 162.5	40 962.5	38 262.5	154 550

①：预算分配率=84 300÷70 250=1.2（元/人工/小时）

②：各季数=70 250÷4=17 562.5（元/季）

说明：制造费用中，绝大部分须在当期用现金支付，但也有一部分是以前年度已经支付的。要在预算期内分摊的，如固定资产折旧，以前发生或已经支付尚未摊销的待摊费用等，也可能还有一部分是由当期负担，但要以后支付的预提费用，在编制制造费用现金支出预算时，该部分费用应被扣除。

（六）产品生产成本预算

该预算又叫产品成本预算，它是反映在预算期内各种产品生产成本的一种业务预算。这种预算是在生产预算、直接材料采购预算、直接人工预算和制造费用预算的基础上编制的，通常反映各产品单位生产成本与总成本，有时还要反映年初、年末产品存货预算。亦有人主张分季反映各期生产总成本和期初、期末存货成本的预算水平。在这种情况下，各季期末存货计价的方法应保持不变。

业务操作　　编制产品成本预算

假如汇全公司按变动成本法计算损益，产成品和年末产成品存货只负担变动成本。甲产品的在产品及自制半成品期初、期末数均为零，产成品期初变动成本为40元/件，现根据前述有关资料编制产品生产成本预算，如表9-6所示。

表9-6　2018年度汇全公司产品生产成本预算

成本项目	甲产品全年产量14 050件			总成本合计（元）
	单耗（千克）	单价（元）	单位成本（元）	
直接材料	4	3	12	168 600
直接工资及其他直接支出	5	4	20	281 000
变动性制造费用	5	1.2	6	84 300
变动生产成本合计			38	533 900

产成品存货	数量（件）	单位成本（元）	总成本合计（元）
年初存货	600	40	24 000
年末存货	650	38	24 700

（七）销售及管理费用预算

销售及管理费用预算是指在预算期内凡属制造业务范围以外，在销售业务和日常管理活动中发生的各项费用的预算，也称营业费用预算。它类似于制造费用预算，因此编制方法与制造费用预算的编制方法相似，区分变动费用和固定费用两部分。对于该预算中某些重大费用开支项目，企业还应编制单项明细预算，详细列出各有关的明细项目及费用数额。例如，广告费可再具体被列示电视、广播、报纸、杂志等各种广告费，这里不再举例说明。

业务操作　　编制销售及管理费用预算

假如汇全公司负责销售及管理的部门根据预算期间的具体情况及前述有关资料，编制销售及管理费用预算（在实务中，该项预算分别按销售费用、管理费用和财务费用三个部分编制，本例为简化起见合并编制），则销售及管理费用预算如表 9-7 所示。

表 9-7　　2018 年度汇全公司销售及管理费用预算

项目	金额	说明
变动性销售及管理费用（元）		
运输费（元）	25 000	
销售人员工资（元）	20 000	每销售一件甲产品应分摊
办公费（元）	6 000	=56 000÷14 000
其他（元）	5 000	=4（元）
合计（元）	56 000	
固定性销售及管理费用（元）		
行政管理人员工资（元）	25 000	
广告费（元）	20 000	各季应分摊
保险费（元）	15 000	=70 000÷4
其他（元）	10 000	=17 500（元）
合计（元）	70 000	
销售及管理费用总计	126 000	

季度	1	2	3	4	全年合计
预计销售量（件）	3 000	3 500	4 000	3 500	14 000
单位销售及管理费（元）	4	4	4	4	4
小计（元）	12 000	14 000	16 000	14 000	56 000
固定性销售及管理费用(元）	17 500	17 500	17 500	17 500	70 000
合计（元）	29 500	31 500	33 500	31 500	126 000

二、编制特种决策预算

特种决策预算是指企业为不经常发生的长期投资决策项目或一次性专门业务编制的预算。一般可分为长期决策预算和一次性专门业务预算两类。

长期决策预算又称资本支出预算，它是根据经过审核批准的各个长期投资决策项目编制的预算，其中，须详细列明投资项目在寿命周期内各年的现金流出与流入量。对于资本支出预算的格式和内容，各企业不尽相同。

财务部门为了满足正常业务经营和资本支出的需要，同时也为了提高资金使用效率，往往对库存现金制定最低和最高限额。因为库存现金过少，容易使企业发生债务到期不能清偿，影响企业信誉的情况，甚至面临破产倒闭的危险；而库存现金过多，则会出现资金得不到充分利用，失去许多创利机会的情况。因此，财务部门在日常理财活动中就会发生筹措、投放资金等一次性业务。

业务操作　　编制长期决策预算

假如汇全公司在预算期间第一季度购置车床一台，计30 000元，估计可使用8年，期满残值1 000元；购置铣床一台，购价50 000元，估计可使用10年，期满残值5 000元。第四季度购置磨床一台，购价50 000元，估计可使用10年，期满残值5 000元。根据上述资料编制的长期决策预算如表9-8所示。

表9-8　　2018年度汇全公司资本支出预算　　单位：元

项目	第一季度	第二季度	第三季度	第四季度	全年合计
固定资产投资					
车床	30 000				30 000
铣床	50 000				50 000
磨床				50 000	50 000
合计	80 000			50 000	130 000

业务操作　　编制一次性专门业务预算

假如汇全公司财务部门根据在预算期间的现金收支情况，预计第一季季初须向银行借款60 000元，借款年利率为10%，还款同时支付所还款项的利息，第二、第三季季末可分别归还贷款30 000元及利息，第二、第三季度归还借款利息共计3 750元[第二季度借款利息：30 000×10%×6÷12=1 500（元），第三季度借款利息：30 000×10%×9÷12=2 250（元）]。另外根据税法规定，预算期间每季季末预付所得税25 000元，全年100 000元。又根据董事会决定，预算期间每季季末支付股利20 000元，全年共80 000元。现根据以上有关资料，编制一次性专门业务预算，如表9-9和表9-10所示。

表9-9　　2018年度汇全公司一次性专门业务预算（1）　　单位：元

专门业务名称	资金		日期			本金	利率	利息
	来源	去向	1月月初	6月月末	9月月末			
筹措资金	银行		60 000			60 000	10%	1 500
归还借款		银行		30 000	30 000	60 000	10%	2 250

表9-10　　2018年度汇全公司一次性专门业务预算（2）　　单位：元

专门业务名称	支付对象	支付日期				合计
		第一季季末	第二季季末	第三季季末	第四季季末	
预付所得税	税务局	25 000	25 000	25 000	25 000	100 000
预付股利	股东	20 000	20 000	20 000	20 000	80 000

三、编制现金预算

现金预算是用来反映在预算期内现金流转状况的预算。现金预算由以下四部分组成。

1. 现金收入

其包括期初现金余额和在预算期内可能发生的现金收入，如销售收入、收回应收账款、票据贴现等。

2. 现金支出

其包括在预算期内可能发生的各项现金支出，如支付购买材料款、支付工资、制造费用和销售及管理费用，上交所得税、购置设备费和支付股利等。

3. 现金盈余或不足

将现金收入合计与现金支出合计进行轧抵，差额为正数，说明收大于支，现金有盈余，可用于归还银行借款或购置短期证券；差额为负数，说明收小于支，现金不足，须向银行借款或采用其他方法筹资。

4. 资金的筹集与运用

其包括在预算期内预计向银行借款的数额（或需要向外界投放的数额）和偿还借款和支付利息（或收回放款及利息）等事项。

综上所述，现金预算的构成内容是：

期初现金余额+本期现金收入=本期可动用现金数

本期可动用现金数-本期现金支出数=本期现金收支差额

预计期末现金余额=本期现金收支差额+借入款项-偿还款项-利息

编制现金预算的主要目的在于加强对预算期间现金流量的预算控制，合理调度资金，保证企业各个时期的资金需要。

现金预算的编制期间越短越好，西方国家中有不少企业按周或旬编制现金预算，甚至还有的按天编制。一般还是按年度分季或季度分月编制。

业务操作　　编制现金预算

假如汇全公司是按年度分季度编制现金预算的，该公司规定在预算期间季度最低库存现金余额为 10 000 元，最高现金余额为 70 000 元，现根据以上各种预算中的有关资料，编制汇全公司 2018 年度现金预算，如表 9-11 所示。

表 9-11　　汇全公司 2018 年度现金预算　　单位：元

项目	第一季度	第二季度	第三季度	第四季度	全年合计	资料来源
期初现金余额						
加：现金收入	24 000	19 857.5	17 259	40 636.5	101 753	
收回应收账款及销售收入	228 000	258 000	298 000	302 000	1 086 000	表 9-1
现金收入合计	252 000	277 857.5	315 259	342 636.5	1 187 753	
减：现金支出						
直接材料	39 480	41 436	44 910	43 080	168 906	表 9-3
直接人工	62 000	72 000	78 000	69 000	281 000	表 9-4
制造费用	36 162.5	39 162.5	40 962.5	38 262.5	154 550	表 9-5
销售及管理费用	29 500	31 500	33 500	31 500	126 000	表 9-7
所得税	25 000	25 000	25 000	25 000	100 000	表 9-10
购置固定资产	80 000			50 000	130 000	表 9-8
支付股利	20 000	20 000	20 000	20 000	80 000	表 9-10

续表

项目	第一季度	第二季度	第三季度	第四季度	全年合计	资料来源
现金支出合计	292 142.5	229 098.5	242 372.5	276 842.5	1 040 456	
收支余缺	（40 142.5）	48 759	72 886.5	65 794	69 544	
资金筹措及运用：						
向银行借款	60 000				60 000	表9-9
偿还银行借款		（30 000）	（30 000）		（60 000）	表9-9
支付利息		（1 500）	（2 250）		（3 750）	表9-9
期末现金余额	19 857.5	17 259	40 636.5	65 794	65 794	

想一想

现金预算有哪些组成部分？

四、编制预计财务报表

（一）编制预计利润表

预计利润表是以货币为单位，全面综合地表现预算期内经营成果的利润计划。预计利润表的编制是在企业全部产、销活动预算及现金预算编制后进行的。该表既可以按季编制，亦可按年编制。

业务操作　　编制预计利润表

根据前述预算有关资料，按变动成本法编制汇全公司2018年度预计利润表，如表9-12所示。

表9-12　　2018年度预计利润表　　单位：元

项目	金额	资料来源
销售收入	1 120 000	表9-1
减：产品销售成本（变动成本）	533 900	表9-6
变动性销售及管理费用	56 000	表9-7
边际贡献	532 000	
减：固定性制造费用	98 300	表9-5
固定性销售及管理费用	70 000	表9-7
财务费用	3 750	表9-9
利润总额	359 900	
减：所得税费用	100 000	表9-11
净利润	259 900	

想一想

预计利润表与销售预算二者的因果关系如何？

（二）编制预计资产负债表

预计资产负债表主要是以货币单位反映企业预算期期末财务状况的总括性预算。编制时，以期初的资产负债表为基础，结合现金预算、预计利润表等有关资料，根据各项资产、负债和权益在预算期期末的余额分析计算填列。

业务操作　　编制预计资产负债表

假如汇全公司在预算期期初（2017年度）的资产负债表如表9-13所示。

表9-13　　2017年度资产负债表　　单位：元

项目	期初	项目	期末
流动资产：		流动负债：	
货币资金	24 000	应付账款	18 360
应收账款	120 000	负债合计	18 360
存货	30 240		
流动资产合计	174 240	股东权益：	
非流动资产：		股本	200 000
固定资产	260 000	未分配利润	415 880
无形资产	200 000	股东权益合计	615 880
非流动资产合计	460 000		
资产总计	634 240	负债和股东权益总计	634 240

现根据期初资产负债表及在预算期间各项预算中的有关资料，编制预计资产负债表，如表9-14所示。

表9-14　　预计资产负债表（2018年12月31日）　　单位：元

项目	期初数	期末数	项目	期初数	期末数
流动资产：			流动负债：		
货币资金	24 000	65 794	应付账款	18 360	18 414
应收账款	120 000	154 000	流动负债合计	18 360	18 414
存货	30 240	32 500			
流动资产合计	174 240	252 294			
非流动资产：			股东权益：		
固定资产	260 000	361 960	股本	200 000	200 000
无形资产	200 000	200 000	未分配利润	415 880	595 780
非流动资产合计	460 000	561 960	股东权益合计	615 880	795 780
资产总计	63 440	814 254	负债和股东权益总计	634 240	814 194

表9-14中各项数字来源说明如下。

（1）货币资金：如表9-9所示，第四季度期末现金余额。

（2）应收账款：如表9-1所示，第四季度预计销售收入的55%即280 000×55%=154 000元。

（3）存货：第四季季末预计材料库存量为2 600千克（见表9-3），即存货余额=2 600×

3=7 800元再加上第四季季末产成品为650件（见表9-6），即存货余额=650×38=24 700元。预计资产负债表上存货余额为32 500元。

（4）固定资产：预算期内购置固定设备花费130 000元（见表9-8），加上期初资产负债表上原余额300 000元，合计为430 000元。

（5）累计折旧：预算期内计提折旧28 100元（见表9-5），加上期初资产负债表上的原累计折旧40 000元，合计为68 100元。

（6）应付账款：如表9-3所示，第四季度预计采购材料金额的45%，即40 920×45%=18 414元。

（7）未分配利润：	期初资产负债表的未分配利润	415 880元
	加：预算期间所获利润总额（见表9-12）	259 900元
	减：预算期间预付股利（见表9-10）	80 000元
	预计资产负债表上未分配利润余额	595 780元

编制资产负债表的目的，在于判断预算反映的财务状况的稳定性和流动性。如果通过对预计资产负债表的分析，发现某些财务比率不佳，必要时可修改有关预算，以改善财务状况。因为已经编制了现金预算，通常没有必要再编制现金流量表预算。

职业能力选择与判断

一、单项选择题

1. 某企业编制“销售预算”，已知上上期的销售收入为600万元，上期的销售收入为800万元，预计预算期销售收入为1 000万元，销售收入的60%于当期收现，40%于下期收现，假设不考虑其他因素，则本期期末应收账款的余额为（　　）万元。

A. 720　　B. 600　　C. 1 080　　D. 960

2. 某商业企业编制“应交税金及附加预算”时，采用简捷法预计应交增值税，预计10月不含税销售收入总额为100万元，不含税采购额为60万元，适用的增值税税率为16%，该企业应交增值税估算率为7%，则预计10月应交增值税为（　　）万元。

A. 6.4　　B. 7　　C. 17　　D. 10.2

3. 某企业编制“直接材料采购预算”，预计第四季度期初应付账款为7 000元，第四季度期初直接材料库存量500千克，该季度生产需用量1 500千克，预计期末库存量为400千克，材料单价（不含税）为10元，若材料采购货款有50%在本季度内付清，另外50%在下季度付清，增值税税率为16%，则该企业预计资产负债表年末“应付账款”项目为（　　）元。

A. 15 120　　B. 7 000　　C. 8 190　　D. 14 000

4. 下列预算中只使用实物量计量单位的是（　　）。

A. 现金预算　　B. 预计资产负债表　　C. 生产预算　　D. 销售预算

5. 下列项目中，本质上属于日常业务预算，但因其需要根据现金预算的相关数据编制，因此被纳入财务预算的是（　　）。

A. 财务费用预算　　B. 预计利润表　　C. 销售费用预算　　D. 预计资产负债表

二、多项选择题

1. 某期现金预算中假定出现了正值的现金余缺额，且超过额定的期末现金余额，单纯从财务预算调剂现金余缺的角度看，该期可以采用的措施有（　　）。

A. 偿还部分借款利息　　B. 偿还部分借款本金

C. 抛售短期有价证券　　　　　　　　　D. 购入短期有价证券

2. 已知A公司在预算期间，销售当季度收回货款60%，下季度收回货款30%，下下季度收回货款10%，预算年度期初应收账款金额为28万元，其中包括上年第三季度销售的应收账款4万元，第四季度销售的应收账款24万元，则下列说法正确的有（　　）。

A. 上年第四季度的销售额为60万元

B. 上年第三季度的销售额为40万元

C. 上年第三季度销售的应收账款4万元在预计年度第一季度可以被全部收回

D. 第一季度收回的期初应收账款为24万元

3. 下列关于本期经营现金收入的计算公式中，正确的有（　　）。

A. 本期经营现金收入=本期销售收入（含销项税）+期初应收账款-期末应收账款

B. 本期经营现金收入=本期销售收入（含销项税）+期初应付账款-期末应付账款

C. 本期经营现金收入=本期销售本期收现部分（含销项税）+以前期赊销本期收现的部分

D. 本期经营现金收入=本期销售收入（含销项税）-期初应收账款+期末应收账款

4. 现金预算的编制基础包括（　　）。

A. 销售预算　　B. 投资决策预算　　C. 销售预算　　D. 预计利润表

5. 下列（　　）是在生产预算的基础上编制的。

A. 直接材料采购预算　　　　　　　　　B. 直接人工预算

C. 产品成本预算　　　　　　　　　　　D. 管理费用预算

三、判断题

1. 现金预算也称现金收支预算，是以日常业务预算和特种决策预算为基础编制的反映现金收支情况的预算。现金预算中的现金收入主要反映经营性现金收入，现金支出则同时反映经营性现金支出和资本性现金支出。编制现金预算需要以日常业务预算和财务预算为依据。（　　）

2. 预计资产负债表是指用于总括反映企业在预算期期末财务状况的一种财务预算。预计资产负债表中的项目均应在前述各项日常业务预算和特种决策预算的基础上分析填列。（　　）

3. 在财务预算的编制过程中，编制预计财务报表的正确程序是：先编制预计资产负债表，然后再编制预计利润表。（　　）

4. 特种决策预算包括经营决策预算和投资决策预算，特种决策预算的数据要直接纳入日常业务预算体系，同时也将影响现金预算等财务预算。（　　）

5. 编制生产预算的关键是正确确定预计销售量。（　　）

单项任务训练

1. 星海公司2018年度预算期间的简略销售情况如表9-15所示，若销售当季度收回货款60%，次季度收款35%，第三季度收款5%，预算年度期初应收账款金额为22 000元，其中包括上年度第三季度销售的应收款4 000元，第四季度销售的应收账款18 000元。

表9-15　　　　星海公司2018年度预算期间销售情况表

季度	1	2	3	4	合计
预计销售量（件）	2 500	3 750	4 500	3 000	13 750
销售单价（元）	20	20	20	20	20

要求：根据上述资料编制预算年度的销售预算，并填写表9-16。

表 9-16　　星海公司预算年度销售预算

项目		一季度	二季度	三季度	四季度
预计销售量	预计销售量（件）	2 500	3 750	4 500	3 000
	销售单价（元/件）	20	20	20	20
	预计销售金额（元）	（1）	（2）	（3）	（4）
	本年期初应收账款收现（元）	（5）	（6）		
	一季度销售收现（元）	（7）	17 500	2 500	
	二季度销售收现（元）		45 000	（8）	3 750
	三季度销售收现（元）			54 000	31 500
	四季度销售收现（元）				36 000

2. 某企业 2018 年度现金预算部分数据如表 9-17 所示，假定该企业规定各季季末必须保证的最低现金余额为 5 000 元。

表 9-17　　某企业 2018 年度现金预算部分数据表　　单位：元

摘要	一季度	二季度	三季度	四季度	全年
期初现金余额 加：现金收入	8 000	70 000	96 000		321 000
可动用现金合计	68 000			100 000	
减：现金支出					
直接材料	35 000	45 000	30 000		113 000
制造费用	8 000	30 000	10 000	35 000	36 000
购置设备	2 000	8 000	2 000	2 000	
支付股利		2 000			
现金支出合计		85 000			
现金结余（不足）	（2 000）		11 000		
现金筹集与运用					
银行借款（期初）	–	15 000	–	–	
归还本息（期末）		–		（17 000）	
现金筹集与运用合计					
期末现金余额					

要求：

将该企业 2018 年度现金预算中未列金额的部分逐一填列完整。

学习任务三　编制弹性预算、零基预算和滚动预算

知识准备与业务操作

一、编制弹性预算

（一）弹性预算的概念

弹性预算是相对固定预算（或静态预算）而言的。所谓固定预算，是指根据预算期内正常的、

可实现的某一业务量（如生产量、销售量）作为唯一基础编制的预算。上一任务中介绍的预算就属于固定预算。由于固定预算存在机械呆板、可比性差的缺点，用其编制的预算不利于正确控制、考核和评价企业预算的执行情况。固定预算只适于那些业务量水平较为稳定的企业或非营利组织编制预算时采用。

弹性预算又称变动预算或滑动预算，是为克服固定预算的缺点而设计的。它是指企业在不能准确预测业务量的情况下，根据成本、数量和利润之间有规律的数量关系，按照一系列业务量水平编制的、有伸缩性的预算。

编制弹性预算依据的业务量可以是产量、销售量、销售额、机器工时、直接人工工时、材料消耗量和直接人工成本等，只要这些数量关系不变，弹性预算可以持续被使用较长时期，不必每月重复编制。

（二）弹性预算的编制步骤

编制弹性预算的基本步骤如下。

1．选择业务量

选择业务量包括选择业务量计量单位和业务量范围两部分内容。业务量计量单位应根据企业的具体情况进行选择。一般情况下，以手工操作为主的车间，可选用直接人工工时为计量单位，而不是选用机器工时；制造单一产品（或零部件）的企业（或部门）可选用产品（或零部件）的产量为计量单位；制造多种产品（或零部件）的企业（或部门），可以选用直接人工工时和机器工时为计量单位；修理部门可选用直接修理工时为计量单位。应该注意的是，应选择通俗易懂而且比较容易收集的业务量计量单位。例如，直接人工工时比直接人工成本容易使人了解，直接人工工时的数据比机器工时的数据容易收集。

2．确定适用的业务量范围

业务量范围是指弹性预算适用的业务量区间。业务量范围的选择应根据企业的具体情况而定。一般来说，可定在正常生产能力的70%～120%，或以历史上最高业务量和最低业务量为其上下限。

3．逐项研究并确定各项费用（或利润）与业务量之间的数量关系

4．计算各项预算费用（或利润），并用一定方式表达出来

制造费用与销售及管理费用的弹性预算，均可按下列弹性预算公式进行计算：

$$成本的弹性预算=固定成本预算数+\Sigma（单位变动成本预算数\times 预计业务量）$$

但是，两者略有区别，制造费用的弹性预算是按照生产业务量（生产量、机器工作小时等）编制的，销售及管理费用的弹性预算是按照销售业务量（销售量、销售收入）编制的。

（三）弹性预算的特点及适用范围

弹性预算与固定预算相比，有两个显著特点。

1．预算范围广

弹性预算能够反映预算期内与一定相关范围内的可预见的多种业务量水平相对应的不同预算额，从而扩大了预算的适用范围，便于预算指标的调整。弹性预算不再是只适应一个业务量水平的一个预算，而是能够随业务量水平的变动进行机动调整的一组预算。

2．可比性强

在预算期实际业务量与计划业务量不一致的情况下，可以将实际指标与实际业务量相应的预算额进行对比，从而能够使预算执行情况的评价与考核建立在更加客观、可比的基础上，便于更好发挥预算的控制作用。

弹性预算主要适用于编制各种间接费用（如制造费用、销售费用和管理费用等）的预算，有些企业也将其用于利润预算。

业务操作　　　　编制弹性预算

新华公司第一车间的月正常生产能力为 20 000 机器工作小时，2018 年 1 月制造费用资料如表 9-18 所示。

表 9-18　　1 月制造费用一览表

项目	变动费用率（元/小时）	预算固定成本（元）
间接材料	0.5	
间接人工	1.5	4 000
维修费用	2	5 000
电费	0.45	
水费	0.3	
电话费	0.25	1 000
折旧费		10 000

当生产能力达到 90%时，固定成本中的间接人工增加 12.5%、维修费用增加 10%、折旧费增加 40%

要求：根据上述资料，按正常生产能力的 80%、90%、100%和 110%分别编制该月的制造费用弹性预算。

操作步骤

新华公司制造费用预算如表 9-19 所示。

表 9-19　　制造费用弹性预算

部门：第一车间

预算期：2018 年 1 月　　20 000 机器工作小时

费用项目	变动费用率（元/小时）	生产能力（机器工作小时）			
		80%	90%	100%	110%
		16 000	18 000	20 000	22 000
变动性制造费用					
间接材料	0.5	8 000	9 000	10 000	11 000
间接人工	1.5	24 000	27 000	30 000	33 000
维修费用	2	32 000	36 000	40 000	44 000
电费	0.45	7 200	8 100	9 000	9 900
水费	0.3	4 800	5 400	6 000	6 600
电话费	0.25	4 000	4 500	5 000	5 500
小计		80 000	90 000	100 000	111 000
固定性制造费用					

续表

费用项目	变动费用率（元/小时）	生产能力（机器工作小时）			
		80%	90%	100%	110%
		16 000	18 000	20 000	22 000
间接人工		4 000	4 000	4 000	4 500
维修费用		5 000	5 000	5 000	5 500
电话费		1 000	1 000	1 000	1 000
折旧费		10 000	10 000	10 000	14 000
小计		20 000	20 000	20 000	25 000
合计		100 000	90 000	120 000	135 000
小时费用率		6.25	6.9	6	6.14

从表 9-19 可知，当生产能力超过 100%达到 110%时，固定费用中的有些费用项目将发生变化，间接人工、维修费用各增加 500 元，折旧费增加 4 000 元。这说明固定成本超过一定的业务量范围，成本总额也会发生变化，并不是一成不变的。

从弹性预算中也可以看出，当生产能力达到 100%时，小时费用率是 6 元，为最低，说明企业充分利用生产能力。当产品销路没有问题时，应向这个目标努力，从而使成本降低，利润增加。

假定该企业 1 月实际生产能力达到 90%，有了弹性预算，就可以据此与实际成本进行比较，衡量业绩，并分析差异。

二、编制零基预算

（一）零基预算的概念

零基预算是相对增量预算而言的预算。增量预算是指以基期成本费用水平为基础，结合预算期业务量水平及有关降低成本的措施，通过调整有关原有费用项目而编制的预算。它是以过去的经验为基础，即承认过去发生的一切都是合理的，主张不需要在预算内容上做较大改进，而是因循沿袭以前的预算项目。这种预算可能导致保护落后，滋长预算中的“平均主义”和“简单化”，不利于企业未来的发展。因此，为克服增量预算的缺点相关人员设计了零基预算。

零基预算的全称为“以零为基数编制的计划与预算”。早在 1924 年，美国农业部曾经使用这一预算，但未广泛推行。目前零基预算已被西方国家公认为管理间接费用的一种有效方法。

在编制零基预算时，对所有的预算支出均以零字为基础，不考虑以往情况如何，从根本上研究、分析每项费用是否有支出的必要和支出数额的大小。

（二）零基预算的编制步骤

编制零基预算按以下步骤进行。

1. 确定基层预算单位

它是指厂部以下的工作单位，可以是传统的基层预算单位，也可以是成本中心等。

2. 制订项目计划

做出基层单位的项目计划，说明每个活动项目的任务、目标以及所需费用情况。

3．制订预算方案

由基层预算单位对本身的业务活动做具体分析，并提出一整套业务方案。

4．进行“费用—效益分析”

对每个业务活动项目进行“费用—效益分析”，权衡得失，列出优先顺序，分成等级。

5．分配资金、落实预算

按照上一步骤确定的层次顺序，结合预算期可动用的资金分配资金。这样既能保证各基层单位主要生产经营活动的进行，又能使那些经济效益较高的项目优先得到保证，还可以避免资金分配的盲目性和平均主义，使预算得到落实。

（三）零基预算的优缺点及适用范围

1．零基预算具有以下优点

（1）不受现有费用项目限制。零基预算可以促使企业有效地进行资源分配，将有限的资金用在刀刃上。

（2）能够调动各方面降低费用的积极性。零基预算可以充分调动各级管理人员的积极性、主动性和创造性，促进各项工作的预算部门精打细算，量力而行，合理使用资金，提高资金的利用效率。

（3）有助于企业未来发展。该预算以“零”为出发点，目标明确，没有限制，利于企业面向未来发展考虑问题。

案例分析 9-1　　年底为何突击花钱

眼看到了年底，企业预算提上了日程，明年的预算不仅令财务部门着急，其他部门也加快了执行预算的脚步。江西一家混凝土预制构件厂生产科李科长和小马为今年的预算正犯愁，小马汇报：“今天突击花掉 86 755 元，离预算还差 32 561 元。”李科长提示：“上周厂里开会要求把预算结余的钱交到厂部。”

小马犯了难：“这能行吗？这些钱是咱们生产科一年到头省下来的，上交了，明年哪还会批这么多预算？”李科长灵机一动：“这么办，下半个月想办法花掉这些钱，留下几千元上交。你很聪明，这样明年的预算才不至于滑坡，抽时间做一份明年的预算，别让生产科的兄弟们吃了亏。”

记者采访了多家企业，尤其是采访了北京某企业顾问有限公司的财务顾问温某后发现，很多企业的预算治理存在类似现象：“许多人感慨，预算治理的弊病是管得不好还不如不管。例如，今年的招待费花了 6 万元，明年财务预算给多少招待费？怎么也得给 8 万元吧？如果是 8 万元，但到了十一月只花了 5.5 万元，剩下的 2.5 万元怎么办？年底肯定要花掉。年初抢指标，年末抢花钱，预算不但没有起到控制费用的目的，相反，成为诱导费用扩张的重要手段。”

（资料来源：圣才学习网．如何做好财务预算[EB/OL]．2010.04.）

思考：如何克服这类预算的弊病？

2．零基预算的缺点

零基预算往往存在着编制工作量大、难度高、费用较昂贵的缺点。为克服零基预算的缺点，简化预算编制的工作量，不需要每年都编制零基预算，而是每隔几年才按此法编制一次预算。

3．零基预算的适用范围

零基预算特别适用于产出较难辨认的服务性部门。

业务操作　　编制零基预算

新宇公司销售和管理人员结合2018年度的企业目标和部门的具体任务反复讨论，一致认为预算期间须发生下列费用项目及预计开支。

（1）房屋租金　2 000元
（2）旅差费　800元
（3）办公用品　1 200元
（4）运费　1 500元
（5）广告费　5 000元
（6）保险费　2 500元
（7）工资　4 000元
（8）培训费　3 000元
合计　20 000元

要求：根据上述资料，编制2018年度的零基预算。

操作步骤

先将新宇公司2018年度的广告费和培训费根据历史资料进行“成本—效益分析”，其结果如表9-20所示。

表9-20　费用成本—效益分析表　单位：元

明细项目	成本金额	收益金额
广告费	1	24
培训费	1	36

然后经反复讨论研究，将案例中的八个费用项目按性质、特点及重要程度，排出如下层次与顺序。

房屋租金、差旅费、办公用品、保险费、工资等是完成目标必不可少的费用支出，按预算的全额拨付，应列第一层次；

培训费属于智力方面的投资，可根据预算期间企业财力的负担情况，酌情增减，与广告费比较，其成本效益率较大，应列第二层次；

广告费同样根据预算期间企业财力的负担情况，酌情增减，又因为它的成本收益率小于培训费，应列第三层次。

假定该企业，预算期间对销售及管理费用可动用的财力资源为18 000元，那么就应根据以上排列层次和顺序，分配资金，落实预算。

房屋租金（2 000元）、差旅费（1 500元）、办公用品（1 200元）、保险费（2 500元）、工资（4 000元）、运费（1 500元），合计为12 700元，必须全额保障，则可动用的资金为：18 000−12 700=5 300（元）。

再按成本收益率的比例将可动用资金分配给培训费及广告费。

培训费可分配的资金：5 300×36÷（24+36）=3 180（元）

广告费可分配的资金：5 300×24÷（24+36）=2 120（元）

三、编制滚动预算

（一）滚动预算的概念

弹性预算和零基预算的编制时间一般以一年为限，为定期预算，其优点是能够使预算期间与会计年度相一致，便于将实际数与预算数进行对比，有利于分析评价和考核预算的执行结果，但也存在盲目性、滞后性和间断性的缺点。为克服定期预算的缺点，就产生了滚动预算。

滚动预算又称连续预算或永续预算，是指在编制预算时，将预算期与会计年度脱离开，随着预算的执行不断延伸补充预算，逐期向后滚动，使预算期永远保持为 12 个月的新预算。

（二）滚动预算的编制

长计划短安排是编制滚动预算的主要方式。在编制滚动预算时，可采用逐月滚动、逐季滚动和混合滚动三种方法。

逐月滚动是指在预算编制过程中，以月份为预算的编制和滚动单位，每个月调整一次预算的方法。利用该法编制的预算比较精确，但编制的工作量太大。

逐季滚动是指在预算编制过程中，以季度为预算的编制和滚动单位，每个季度调整一次预算的方法。与逐月滚动相反，采用该方法编制预算的工作量少，但预算的精度较差。

混合滚动是前两种方式的结合，是指在预算编制过程中，同时使用月份和季度作为预算的编制和滚动单位的方法。在具体操作过程中，先按季度滚动编制预算，在执行预算的当季，再按月份具体编制各月份的预算。该方法做到了长计划短安排、远略近详，适当减少了编制预算的工作量。

总之，编制预算究竟要采取哪种方法，应根据实际需要而定。

（三）滚动预算的优缺点

滚动预算较传统的定期预算具有以下优点。

1．具有较好的连续性、完整性和稳定性

一方面，滚动预算在时间上不再受日历年度的限制，能够连续不断地规划未来的经营活动，不会造成预算的人为间断，能保持预算的完整性和连续性，从动态预算中把握企业的未来；另一方面，可以使企业管理人员了解未来 12 个月内企业的总体规划与近期预算目标，能够确保企业管理工作的稳定性。

2．及时性强

滚动预算能根据前期预算的执行情况，结合各种因素的变动影响，及时调整与修订近期预算，使之更切合实际，充分发挥预算的指导和控制作用。

3．透明度高

编制预算实现了与日常管理的紧密衔接，可以使管理人员始终能够从动态的角度把握企业近期的规划目标和远期的布局，使预算具有较高的透明度。

采用滚动预算唯一的缺点就是预算编制工作比较繁重。

业务操作　　**编制滚动预算利润表**

新宇公司生产甲产品，2018 年预计销售量如表 9-21 所示。

表 9-21　　2018 年甲产品预计销量表　　单位：只

月份	销售量	月份	销售量
1	1 000	7	1 300
2	1 200	8	1 200
3	1 000	9	1 200
4	1 200	10	900
5	1 200	11	1 000
6	1 300	12	1 000

甲产品单位售价 100 元，单位产品变动成本 40 元，变动性销售和管理费 5 元，每月固定性制造费用 5 000 元，固定性销售和管理费用 3 000 元，所得税税率为 25%。

要求：根据上述资料，编制新宇公司 2018 年度的滚动预算。

操作步骤

根据新宇公司 2018 年度的相关资料，编制的该年度滚动预算利润表如表 9-22 所示。

表 9-22　　新宇公司 2018 年度滚动预算利润表　　单位：元

项目	第一季度			第二季度	第三季度	第四季度	合计
	1 月	2 月	3 月				
销售收入	100 000	120 000	100 000	370 000	370 000	290 000	1 370 000
减：变动成本							
变动制造成本	40 000	48 000	40 000	148 000	148 000	116 000	548 000
变动性销售和管理费用	5 000	6 000	5 000	18 500	18 500	15 500	68 500
边际贡献	55 000	66 000	55 000	203 000	203 000	158 500	740 500
减：固定成本							
固定性制造费用	5 000	5 000	5 000	15 000	15 000	15 000	60 000
固定性销售和管理费用	3 000	3 000	3 000	9 000	9 000	9 000	36 000
税前利润	47 000	58 000	47 000	179 500	179 500	134 500	645 500
减：所得税	11 750	14 500	11 750	44 875	44 875	33 625	161 375
税后利润	35 250	43 500	35 250	134 625	134 625	100 875	484 125

想一想

增量预算与零基预算二者的主要区别是什么？

职业能力选择与判断

一、单项选择题

1. 在下列预算中，能够适应多种业务量水平并能克服固定预算缺点的是（　　）。

A. 弹性预算　　B. 增量预算　　C. 零基预算　　D. 流动预算

2. 不受已有费用项目和开支水平限制，并能够克服增量预算缺点的预算是（　　）。

A. 弹性预算　　B. 固定预算　　C. 零基预算　　D. 滚动预算

3. 可以保持预算的连续性和完整性，并能克服传统定期预算缺点的预算是（　　）。

A. 弹性预算　　B. 零基预算　　C. 滚动预算　　D. 固定预算

4. 某企业按百分比法编制弹性利润预算表，预算销售收入为800万元，变动成本为600万元，固定成本为130万元，营业利润为70万元；如果预算销售收入达到1 000万元，则预算营业利润为（　　）万元。

A. 120　　B. 87.5　　C. 270　　D. 100

5. 固定预算的致命缺点是（　　）。

A. 过于机械呆板　　B. 可比性差

C. 计算量大　　D. 可能导致保护落后

二、多项选择题

1. 理论上，弹性预算适用于编制全面预算中所有与业务量有关的预算，但在实务中，主要用于编制弹性成本（费用）预算和弹性利润预算，尤其是编制费用预算。编制弹性成本（费用）预算的主要方法包括（　　）。

A. 公式法　　B. 列表法　　C. 图示法　　D. 百分比法

2. 增量预算的缺点包括（　　）。

A. 受原有费用项目限制，可能导致保护落后

B. 滋长预算中的“平均主义”和“简单化”

C. 不利于企业未来发展

D. 工作量大

3. 相对固定预算而言，弹性预算的优点有（　　）。

A. 成本低　　B. 工作量小　　C. 可比性强　　D. 适用范围广

4. 滚动预算按照预算编制和滚动的时间单位不同可分为（　　）。

A. 逐月滚动预算　　B. 逐季滚动预算　　C. 逐年滚动预算　　D. 混合滚动预算

5. 滚动预算的优点包括（　　）。

A. 透明度高　　B. 及时性强　　C. 连续性好　　D. 完整性突出

三、判断题

1. 与传统的定期预算方法相比，按滚动预算方法编制的预算具有透明度高、及时性强、连续性好，以及完整性和稳定性突出的优点；其主要缺点是编制的工作量较大。（　　）

2. 从实用的角度看，弹性预算适用于编制全面预算中所有与业务量有关的预算。（　　）

3. 零基预算是指在编制预算时，对于所有的预算支出均以零字为基础，不考虑其以往情况如何，从根本上研究、分析每项费用是否有支出的必要和支出数额的大小。（　　）

4. 在编制零基预算时，企业应以现有的费用水平为基础。（　　）

5. 增量预算与零基预算相比能够调动各部门降低费用的积极性。（　　）

单项任务训练

1. 某公司制造费用的成本性态如表9-23所示。

表 9-23　　其公司制造费用成本性态表

成本项目	间接人工	间接材料	维修费用	折旧费用	其他费用
固定部分（元）	6 000	1 000	220	100	880
单位变动率（元/小时）	1.0	0.6	0.15		0.05

（1）若企业正常生产能力为 10 000 小时，试用列表法编制该企业生产能力在 70%～110%范围内的弹性制造费用预算（间隔为 10%）。

（2）若企业 5 月实际生产能力只达到正常生产能力的 80%，实际发生的制造费用为 23 000 元，则其制造费用的控制业绩为多少？

2. 大华公司生产 A 产品，2018 年预计销售量如表 9-24 所示。

表 9-24　　2018 年 A 产品预计销量表　　单位：件

月份	销售量	月份	销售量
1	10 000	7	13 000
2	12 000	8	12 000
3	10 000	9	12 000
4	12 000	10	9 000
5	12 000	11	10 000
6	13 000	12	10 000

A 产品单位售价 100 元，单位产品变动成本 40 元，变动性销售和管理费用 5 元，每月固定性制造费用 50 000 元，固定性销售和管理费用 30 000 元，所得税税率为 25%。

要求：根据上述资料，编制大华公司 2018 年度利润表的滚动预算（按季度滚动）。

项目小结

财务预算是一系列专门反映企业在未来一定预算期内预计财务状况和经营成果，以及现金收支等价值指标的各种预算的总称，包括现金预算、预计利润表、预计资产负债表等内容。

编制财务预算是企业财务管理的一项重要工作，它起到了明确目标、协调各部门工作、有利于控制与考核和合理配置资源的作用。根据预算内容不同，企业预算可以分为业务预算（即经营预算）、专门决策预算、财务预算；根据预算期的长短不同，可分为长期预算和短期预算。各预算之间的主要联系：企业以经营目标为基础，确定本年度的销售预算，并结合企业财力确定资本支出预算等专门决策预算，根据“以销定产”的原则，以销售预算为年度预算的编制起点，进一步确定生产预算，然后延伸到直接材料采购、直接人工和制造费用等预算，各个业务预算和专门决策预算为企业的现金预算提供了依据。预计利润表和预计资产负债表在最后编制，是前面各种业务预算和专门决策预算以及现金预算的综合。编制预算的具体步骤分为：下达目标、编制上报、审查平衡、审议批准与下达执行。

业务预算（Operating Budget）是反映企业在计划期内日常发生的各种具有实质性的基本活动的预算。业务预算是在经营预测和短期经营决策的基础上，对企业在预算期内投入资金的取得、成本费用的发生和利润的实现等进行的合理调节与全面安排，是控制企业未来一定期间生产经营活动的有效手段，是强化企业内部管理的必要环节。它主要包括销售预算、生产预算、直接材料采购预算、直接人工预算、制造费用预算、产品生产成本预算、销售及管理费用预算等。现金预算是用来反映企业在预算期内现金流程状况的预算。预计财务报表包括预计利润表和预计资产负债表。预计利润表是在各项经营预算的基础上，根据权责发生制编制的损益表。预计资产负债表与实际的资产负债表内容、格式相同，只不过数据是反映预算期末的财务状况。

弹性预算是以在预算期内正常的、可实现的某一业务量水平为基础编制的预算，具有预算范围广、可比性强的特点，适用于编制各种间接费用或利润的预算，但编制的工作量较大。

在编制零基预算时，不考虑以往情况如何，从根本上分析每项费用支出及支出数额大小的必要性和合理性，因而具有目标明确，没有限制，有助于企业未来发展的优点；但也存在编制工作量大、难度高和费用较昂贵的缺点。其特别适于产出较难辨认的服务性部门。

滚动预算指在编制预算时，将预算期与会计年度脱离开，随着预算的执行不断延伸补充预算，逐期向后滚动，使预算期永远保持为12个月的新预算。其具有较好的连续性、完整性和稳定性，还具有及时性强、透明度高的特点。

项目案例分析

情景与背景：劲拓股份2017年财务预算报告。

深圳市劲拓自动化设备股份有限公司（以下简称“公司”或“本公司”）根据公司制定的战略发展目标，参照公司近年来的经营业绩及现时生产能力，结合公司2017年度市场营销计划及生产经营计划，按照合并报表口径，根据《企业会计准则》及相关规定，对2017年主要财务指标进行了测算，编制了2017年度财务预算报告，具体如下。

一、预算编制的前提条件

1. 公司遵循的法律、行政法规、政策及经济环境不发生重大变化。

2. 现行主要税率、汇率、银行贷款利率不发生重大变化。

3. 公司所处行业形势、市场环境、主要产品和原材料的市场价格和供求关系不发生重大变化。

4. 无其他人力不可抗拒及不可预测因素造成的重大不利影响。

二、财务预算及说明

1. 营业收入：45 603万元，同比增长39%，主要考虑现有机型销售平稳增长，同时计划推出新品带动营业收入增加。

2. 营业费用与管理费用合计：9 524万元，同比增长20.00%，主要是2017年销售规模扩大而相应增加相关费用。

3. 净利润：7 002万元，同比增长34%，主要是销售增长带来毛利增加，控制费用增幅低于收入增幅，从而带来净利润增长。

特别提示：本预算仅为公司2017年度经营目标的预算，并不代表公司2017年度的盈利预测，能否实现取决于市场状况变化、经营团队的努力程度等多种因素，存在很大的不确定性，敬请投资者注意投资风险！

该事项已经公司第三届董事会第四次会议审议通过，尚需提交2016年度股东大会审议。

深圳市劲拓自动化设备股份有限公司董事会

2017年4月28日

（资料来源：劲拓股份. 深圳市劲拓自动化设备股份有限公司 2017年财务预算报告[EB/OL]. 东方财富网. 编者已做修改。）

要求：请仔细阅读《深圳市劲拓自动化设备股份有限公司2017年财务预算报告》，结合所学知识回答下列问题。

（1）该公司编制2017年预算的依据是什么？

（2）该公司2017年的预算有什么作用？

项目综合实训

一、实训要求

1. 能正确分析与编制销售预算
2. 能正确分析与编制生产预算
3. 能正确分析与编制直接材料采购预算
4. 能正确分析与编制直接人工预算
5. 能正确分析与编制制造费用预算
6. 能正确分析与编制产品生产成本预算
7. 能正确分析与编制销售及管理费用预算
8. 能正确分析现金收入、现金支出及现金余缺，并正确编制现金预算
9. 能准确分析与编制预计利润表
10. 能够对本次实训活动进行总结，在此基础上按照规范格式撰写《财务预算编制实训报告》

二、实训条件

在财务管理实训室进行，要求配备计算机和财务软件、相关实训用具等。

三、实训材料

天元公司生产经营甲产品，2018 年年初应收账款和各季度预测的销售价格和销售数量等资料如表 9-25 所示。

表 9-25　　天元公司 2018 年年初应收账款和各季度预测销售数据

季度		1	2	3	4	应收账款年初值(元)	收现率	
							当季度	下季度
甲产品	预测单价（元）	65	65	65	65	19 000	60%	40%
	预测销售量（件）	800	1 000	1 200	1 000			

天元公司年初产成品库存量 80 件，年末产成品库存量 120 件，预计季末产成品库存量占下季度销量的 10%。另外，年初产成品单位成本为 40 元。

天元公司生产甲产品使用 A 材料，第 1、2、3 季度生产甲产品对 A 材料的消耗定量均为 3 千克/件，第 4 季度的消耗定量为 4 千克/件。年初 A 材料库存量为 1 500 千克，年末库存量为 1 800 千克，预计期末材料库存量占下季度需求量的 20%，材料价款当期支付 60%，下期支付 40%。应付账款年初余额 4 400 元，材料销售单价为 4 元。

天元公司单位产品工时定额为 3 小时，单位工时工资率前 3 季度均为 3 元/小时，第 4 季度为 4 元/小时。全部费用当季支付。

天元公司变动制造费用的工时分配率为 1.2，预计年度固定性制造费用合计 6 000 元，其中折旧费用为 1 200 元。须用现金支付的费用当季支付。

天元公司变动性管理和销售费用的单位产品标准费用额为 4，全年的固定性管理和销售费用为 10 000 元，其中折旧费用为 2 000 元。须用现金支付的费用当季支付。

天元公司季度末现金最低限额为 2 000 元。银行借款利息为 5%。预计缴纳全年所得税费用为 10 000 元，各季度平均分配。期初现金余额为 2 400 元。产成品存货采用先进先出法计价。

问题：请仔细阅读天元公司的有关资料，编制业务预算、现金预算和预计利润表。

项目综合评价

项目评价记录表

姓　　名：____________　班　　级：____________　评价时间：____________

评价指标		评价标准	所占比例	分值
活动过程 Σ80	职业能力 Σ35	数字应用能力	5%	
		信息处理能力	5%	
		革新创新能力	5%	
		职业能力训练成绩	20%	
	专业能力 Σ45	正确编制业务预算	15%	
		编制专门决策预算	10%	
		编制现金预算	10%	
		编制预计财务报表	10%	
团队合作 Σ20	工作计划	计划设置及实施	5%	
	过程实施	配合及解决问题	5%	
	合作交流	小组成员间的交流与合作	5%	
	资源利用	资源使用及组织	5%	
综合得分				
教师评语		签名： 年　月　日		
学生意见		签名： 年　月　日		

项目十 财务分析

知识目标

① 理解财务分析的内容及作用

② 掌握常见的财务分析方法

③ 理解偿债能力、盈利能力、营运能力和发展能力的财务指标以及比率的意义

④ 理解杜邦分析体系及其机制

能力目标

① 能够运用各种财务分析方法发现并分析企业财务问题

② 能够计算常见财务比率，通过财务比率发现问题

③ 能够运用杜邦分析体系分析企业财务问题

项目引导案例

2017 年出版传媒上市公司上半年经营情况分析报告

根据上市公司 2017 年半年度报告，对内地主板和创业板上市的 35 家出版传媒公司（出版公司 11 家、发行公司 6 家、报业公司 4 家、印刷公司 10 家、新媒体公司 4 家）经营情况分析如下。

出版传媒上市公司经营规模持续扩大，净利润高速增长，总体保持稳健发展态势。截至 2017 年 6 月月底，35 家出版传媒上市公司拥有资产总额达到 2 602.02 亿元，较期初增长 3.57%；所有者权益 1 751.30 亿元，较期初增长 4.55%；上半年实现营业收入 654.17 亿元，同比增长 0.96%；净利润 105.22 亿元，同比增长 37.14%。新媒体公司、发行公司、印刷公司净利润增速超 40%。截至 2017 年 6 月月底，35 家出版传媒上市公司资产负债率为 33.16%，较期初降低 0.62 个百分点，杠杆率持续下降，个别公司长期偿债能力提高明显。分大类看，10 家印刷公司资产负债率 46.40%，提高 1.84 个百分点，明显高于其他类型出版传媒上市公司。其他大类出版传媒上市公司资产负债率均出现不同程度的下降。

除此之外，出版传媒上市公司发展还呈现以下特征。

传媒行业编印发主业挺拔，利润贡献稳定。自有版权图书策划和发行业务等主营业务板块收入同比增速超 40%，成为拉动公司业绩高速增长的主要动力。

坚持双效统一，社会影响力彰显。报告期内，出版传媒上市公司持续发挥党的宣传舆论阵地作用，突出思想内涵和价值导向。

报刊业务全线下滑，部分报业公司寻求转型。传统报刊业务发展形势依然严峻，全部 4 家报业公司传统报刊发行及广告业务均出现不同程度下滑，拉低公司整体业绩。部分报业公司积极实施资产重组，寻求转型发展。

新业态领域动作频繁，融合发展成效初显。网络游戏、新媒体业务、教育培训业务、游戏业务、数字内容增值服务和移动视频等业务业绩快速增长，渐成公司稳健发展的加速器和新的利润增长极。一批新业态项目陆续落地，平台化、全产业链布局逐渐形成。

（资料来源：国家新闻出版广电总局. 2017 年出版传媒上市公司上半年经营情况分析报告[EB/OL]. 国家新闻出版广电总局网. 编者已做修改。）

财务分析可以使投资者更深刻地认识与评价企业的财务活动及其效果，为投资者的决策提供重要依据。

学习任务一 认知财务分析的基础知识

知识准备与业务操作

一、财务分析的意义

财务分析是以企业财务报告及其他相关资料为主要依据，对企业的财务状况和经营成果进行评价和剖析，反映企业在运营过程中的利弊得失和发展趋势，从而为改进企业财务管理工作和优化经济决策提供重要的财务信息。财务分析是企业财务管理的重要内容和基本手段之一，它是人们认识、了解财务活动最根本的手段之一。

财务分析对企业各方面关系利益者都具有重要意义。企业的投资者、经营者或债权人等，都十分关心财务分析的结果。虽然不同人关心的问题不相同，对财务分析的要求和目的也必然会有差异，但归纳起来，财务分析的基本目的是从各个方面对企业进行一个总体评价，而其他的作用实际是一种派生的目标。因此从评价的角度看，财务分析应该包括以下几个方面内容。

（一）评价企业财务状况

财务分析应根据财务报表等综合核算资料，对企业整体和各个方面的财务状况做综合和细致的分析，并对企业的财务状况做出评价。财务分析应让相关人员全面了解企业资产的流动性状态是否良好，资本结构和负债比例是否恰当，现金流量状况是否正常等，最后说明企业长短期的偿债能力是否良好，从而评价企业长短期的财务风险与经营风险，为企业投资者和管理当局等提供有用的决策信息。

（二）评价企业盈利能力

偿债能力和盈利能力是企业财务评价的两大基本指标。在企业偿债能力既定的情况下，企业应追求最强的盈利能力，这是企业的重要经营目标。是否长期具有良好和持续的盈利能力是一家企业综合素质的基本表现。企业要生存和发展，就必须能获得较高的利润，这样才能在激烈的竞争中立于不败之地。企业的投资者、债权人和经营者等都十分关心企业的盈利能力，同时只有盈利能力强的企业才能保持良好的偿债能力。财务分析应从整体部门和不同项目对企业盈利能力做深入分析和全面评价，不但要看绝对数，也要看相对数，不但要看目前的盈利水平，还要比较过去和预测未来的盈利水平。

（三）评价企业资产管理水平

企业资产作为企业生产经营活动的经济资源，其管理效率的高低直接影响企业的盈利能力和偿债能力，也表明了企业综合经营管理水平的高低。财务分析应对企业资产的占有、配置、利用水平、周转状况和获利能力等，做全面和细致的分析，不能只看总体的管理水平，还要看部门和个别的管理水平的高低；不能只看绝对数，还要看相对数；不能只看现在的盈利状况，还要看对企业长远发展的促进作用。

（四）评价企业成本费用水平

从长远来看，企业的盈利能力和偿债能力与企业的成本费用管理水平密切相关。凡是经营良好的企业，一般都有较高的成本费用控制能力。财务分析应对企业一定时期的成本费用的耗用情况做全面的分析和评价，不但要从整个企业和全部产品的角度进行综合分析，还要对企业的具体职能部门和不同产品做深入分析，对成本费用耗费的组成结构进行细致分析，这样才能真正说明成本费用增减变动的实际原因。

（五）评价企业未来发展能力

企业的投资者、债权人或企业管理当局等，都十分关心企业的未来发展能力，因为这不但关系到企业的命运，也直接与他们的切身利益有关。只有通过全面、深入和细致的财务分析，才能对企业未来的发展趋势做出正确的评价。企业进行财务分析时应根据企业偿债能力和盈利能力、资产管理水平和成本费用水平，及企业其他相关的财务和经营方面的各项资料，对企业中长期的经营前景做出合理的预测和正确的评价。这不但能为企业管理当局和投资者等的决策提供重要的依据，也能避免由于决策失误而给企业造成重大损失。

案例分析 10-1　　上市公司三季度盈利情况向好 部分行业毛利率触底回升

摩根·士丹利华鑫基金发布的报告显示，截至 2017 年 10 月 29 日，A 股共有 2 469 家上市公司披露三季报，占上市公司总数的72.53%。从各个板块的披露情况来看，创业板以及中小企业板披露比例较高，披露率均在80%以上。从行业来看，披露率比较高的主要是钢铁、建材、计算机和食品饮料行业。这些板块的披露率基本在80%以上，而银行业、非银行金融行业、地产行业的披露率最低，都在60%以下。

从全部A股（除金融、石油、石化）的净利润增速与营收增速来看，净利润增速保持增速上涨（43.87%，好于二季度的35.17%），且上涨幅度大于营业收入的上涨幅度（从二季度的24.89%上升至25.25%），说明A股（除金融、石油、石化）的盈利能力环比改善的增速上升。

从财务数据来分析，盈利能力走强的原因主要有两个：三项费用的大幅改善以及毛利率的触底回升。与第二季度相比，第三季度的盈利能力的大幅提高的原因为毛利率的修复，这一方面反映了实体层面的稳步发展，另一方面也预示了更强的盈利增速动力。从ROE来看，整体的ROE同比增加3.14%。从一级行业来看，第三季度净利润同比增速较第二季度增加较多的行业有：化工、电气设备、食品饮料、纺织服装、医药生物、休闲服务、轻工制造、计算机、通信等。

（资料来源：经济日报．上市公司三季度盈利情况向好 部分行业毛利率触底回升[EB/OL]．搜狐网．编者已做修改。）

思考：摩根·士丹利华鑫基金对2017年上半年上市公司的盈利能力分析包括哪些内容，运用了哪些方法？

二、财务分析的内容

财务分析信息的需求者主要包括企业所有者、企业债权人、企业经营决策者和政府等。不同主体出于不同的利益考虑，对财务分析信息有着各自不同的要求。

企业所有者作为投资者，关心其资本的保值和增值状况，因此较为重视企业的盈利能力。

企业债权人因不能参与企业剩余收益分配，首先关注的是投资的安全性，因此更重视企业的偿债能力。

企业经营决策者必须对企业经营理财的各个方面，包括运营能力、偿债能力、盈利能力及发展能力都应有详尽了解和掌握。

总的来看，财务分析的基本内容包括偿债能力分析、运营能力分析、盈利能力分析和发展能力分析，四者是相辅相成的关系。

三、财务分析的局限性

（一）财务报表本身的局限性

财务报表是公司会计系统的产物。每家公司的会计系统都受到会计环境和公司会计战略的影响，这使得财务报表会扭曲公司的实际情况。

会计的环境因素包括会计规范和会计的管理、税务与会计的关系、外部审计、会计争端处理的法律系统、资本市场结构、公司治理结构等，这些因素是决定公司会计系统质量的外部因素。会计环境的缺陷会导致会计系统有缺陷，使之不能反映公司的实际状况。会计环境的变化会导致会计系统的变化，影响财务数据的可比性。例如，会计规范要求以历史成本报告资产，使财务数据不代表其现行成本或变现价值；会计规范要求假设币值不变，使财务数据不按通货膨胀率或物价水平调整；会计规范要求遵循谨慎原则，使会计预计损失而不预计收益，有可能少计收益和资产；会计规范要求按年度分期报告，只报告短期信息，不提供反映长期潜力的信息等。

会计战略是公司根据环境和经营目标做出的主观选择，各公司会有不同的会计战略。公司会计战略包括决定会计政策的选择、会计估计的选择、补充披露的选择以及报告具体格式的选择。不同的会计战略会导致不同公司财务报告的差异，并影响其可比性。例如，对同一会计事项的账务处理，会计准则允许使用几种不同的规则和程序，公司可以自行选择，包括存货计价方法、折旧方法、对外投资收益的确认方法等。虽然财务报表附注对会计政策的选择有一定的表述，但报表使用人未必能完成可比性的调整工作。

由于以上两方面的原因，财务报表存在以下三方面的局限性：①财务报表没有披露公司的全部信息，管理层拥有更多的信息，得到披露的只是其中的一部分；②已经披露的财务信息存在会计估计误差，不一定是对真实情况的准确计量；③管理层的各项会计政策选择，使财务报表会扭曲公司的实际情况。

（二）财务报表的可靠性问题

只有根据符合规范的、可靠的财务报表，才能得出正确的分析结论。所谓“符合规范”是指除了以上局限性以外，没有更进一步的虚假陈述。外部分析人员很难认定是否存在虚假陈述，财务报表的可靠性问题主要依靠注册会计师解决。但是，注册会计师不能保证财务报表没有任何错报和漏报，而且并非所有注册会计师都是尽职尽责的。因此，分析人员必须自己关注财务报表的可靠性，对可能存在的问题保持足够的警惕。

外部的分析人员虽然不能认定是否存在虚假陈述，但是可以发现一些“危险信号”。对于存有危险信号的报表，分析人员要进行更细致的考察或获取有关的其他信息，对报表的可靠性做出判断。

常见的危险信号有以下几个。

1. 财务报表的形式不规范

不规范的报表其可靠性也应受到怀疑。分析人员要注意财务报表是否有遗漏，若报表违背了充分披露原则，很可能是公司不想讲真话；要注意是否及时提供财务报表，不能及时提供报表暗示公司当局与注册会计师存在分歧。

2. 要注意分析数据的反常现象

如果无合理的反常原因，则要考虑数据的真实性和一贯性是否有问题。例如，原因不明的会计调整，可能是公司利用会计政策的灵活性“修饰”报表；与销售相比应收账款异常增加，可能存在提前确认收入问题；报表中收益与经营现金流量的缺口增加，报表中收益与应税收益之间的缺口增加，可能存在盈余管理等。

3. 要注意大额的关联方交易

这些交易的价格缺乏客观性，会计估计有较大主观性，可能存在转移利润的动机。

4. 要注意大额资本利得

在经营业绩不佳时，公司可能通过出售长期资产、债转股等交易实现资本利得。

5. 要注意异常的审计报告

无正当理由更换注册会计师，或审计报告中附有保留意见，则暗示公司的财务报告可能粉饰过度。

知识链接 10-1　　四种基本类型审计意见的审计报告

注册会计师根据审计结果和被审计单位对有关问题的处理情况，会形成不同的审计意见，并出具四种基本类型审计意见的审计报告。

1．无保留意见的审计报告

无保留意见是指注册会计师对被审计单位的会计报表，依照我国注册会计师独立审计准则的要求进行审查后确认：被审计单位采用的会计处理方法遵循了会计准则及有关规定；会计报表反映的内容符合被审计单位的实际情况；会计报表内容完整、表述清楚，无重要遗漏；报表项目的分类和编制方法符合规定要求，因而对被审计单位的会计报表无保留地表示满意。无保留意见意味着注册会计师认为会计报表的反映是合法、公允和一贯的，能满足非特定多数利害关系人的共同需要。

2．保留意见的审计报告

保留意见是指注册会计师对会计报表的反映有所保留的审计意见。注册会计师经过审计后，认为被审计单位会计报表的反映就其整体而言是恰当的，但还存在下述情况之一时，应出具保留意见的审计报告：个别重要财务会计事项的处理或个别重要会计报表项目的编制不符合《企业会计准则》和国家其他有关财务会计法规的规定，而且被审计单位拒绝进行调整；因审计范围受到局部限制，无法按照独立审计准则的要求取得应有的审计证据；个别会计处理方法的选用不符合一贯性原则。

3．否定意见的审计报告

否定意见与无保留意见正相反，是指注册会计会认为会计报表不能合法、公允、一贯地反映被审计单位财务状况、经营成果和现金流动情况。注册会计师经过审计后，认为被审计单位的会计报表存在下述情况之一时，应当出具否定意见的审计报告：会计处理方法的选用严重违反《企业会计准则》和国家其他有关财务会计法规的规定，被审计单位拒绝进行调整；会计报表严重歪曲了被审计单位的财务状况、经营成果和现金流动情况，而且被审计单位拒绝进行调整。

4．无法（拒绝）表示意见的审计报告

无法表示意见是指注册会计师对被审计单位会计报表的合法性、公允性和一贯性无法发表意见。注册会计师在审计过程中，由于审计范围受到委托人、被审计单位或客观环境的严重限制，不能获取必要的审计证据，以致无法对会计报表整体反映发表审计意见时，应当出具无法表示意见的审计报告。

（三）比较基础问题

在比较分析时必然要选择比较的参照标准，包括本公司的历史数据、同业数据和计划预算数据。

横向比较时需要使用同业标准。同业的平均数只有一般性的指导作用，不一定有代表性，不是合理性的标志。选一组有代表性的公司数据求其平均数，作为同业标准，可能比以整个行业数据的平均数为同业标准更有意义。近年来，更重视以竞争对手的数据作为分析基础。不少公司实行多种经营，没有明确的行业归属，同业比较更加困难。

趋势分析以本公司的历史数据为比较基础。历史数据代表过去，并不一定合理。经营环境是变化的，今年比上年利润增多了，不一定说明已经达到应该达到的水平，甚至不一定说明管理有了改进。会计规范的改变会使财务数据失去直接可比性，要恢复其可比性成本很高，有时也缺乏必要的信息。

实际与预算的差异分析，以计划预算数据为比较基础。实际和预算出现差异，可能是执行中有问题，也可能是预算不合理，区分两者并非易事。

总之，对比较基础本身要准确理解，并且要在限定意义上使用分析结论，避免简单化和绝对化。

想一想

财务分析有何局限性?

职业能力选择与判断

一、单项选择题

1. 财务分析的主要内容不包括（　　）。

A. 偿债能力分析　B. 营运能力分析　C. 盈利能力分析　D. 融资能力分析

2. 所有者在进行企业财务分析时最关注的是（　　）。

A. 企业的支付能力　B. 企业的发展能力

C. 投资的回报率　D. 企业社会贡献的多少

3. 财务分析的对象是（　　）。

A. 财务报表　B. 财务报告　C. 财务活动　D. 财务效率

4. 从企业债权人角度看，财务分析的最直接目的是评价（　　）。

A. 企业的盈利能力　B. 企业的营运能力　C. 企业的偿债能力　D. 企业的增长能力

5.（　　）意味着注册会计师认为会计报表的反映是合法、公允和一贯的，能满足非特定多数利害关系人的共同需要。

A. 无保留意见　B. 保留意见　C. 否定意见　D. 无法表示意见

二、多项选择题

1. 财务分析的内容包括（　　）。

A. 偿债能力分析　B. 营运能力分析　C. 盈利能力分析　D. 现金流量分析

2. 财务分析的依据包括（　　）。

A. 资产负债率　B. 利润表

C. 现金流量表　D. 财务报告及其他相关资料

3. 财务报表存在（　　）问题，导致财务分析具有局限性。

A. 会计核算要求以历史成本报告资产

B. 会计规范要求按年度分期报告，只报告短期信息

C. 财务报告没有披露公司的全部信息

D. 管理层的各项会计政策选择，使财务报表会扭曲公司的实际情况

4. 财务分析应该具有以下几个方面的作用（　　）。

A. 评价企业财务状况　B. 评价企业盈利能力

C. 评价企业资产管理水平　D. 评价企业成本费用水平

5.（　　）意味着财务报表可能不可靠。

A. 财务报表的形式不规范　B. 大额的关联方交易

C. 大额资本利得　D. 数据的反常现象

三、判断题

1. 财务活动及结果都可以直接或间接地通过财务报表反映体现。（　　）

2. 企业的投资者、债权人或企业管理当局等，都十分关心企业的未来发展能力。（　　）

3. 财务报表有可能会扭曲公司的实际情况。（　　）

4. 如果会计报表严重歪曲了被审计单位的财务状况、经营成果和现金流动情况，会计师事务所可以出具无法（拒绝）表示意见的审计报告。 （ ）

5. 在比较分析时必然要选择比较的参照标准，横向比较时应该使用同业标准。 （ ）

单项任务训练

1. 请简要说明财务分析的内容。
2. 请简要说明财务分析的意义。

学习任务二 财务分析的基本方法

知识准备与业务操作

一、趋势分析法

趋势分析法又称水平分析法，是将两期或连续数期财务报告中相同指标进行对比，确定其增减变动的方向、数额和幅度，以说明企业财务状况和经营成果的变动趋势的一种方法。采用这种方法，可以分析引起变化的主要原因和变动的性质，并预测企业未来的发展前景。

趋势分析法的具体运用方式主要有以下三种。

（一）重要财务指标的比较

它是将不同时期财务报告中的相同指标或比率进行比较，直接观察其增减变动情况及变动幅度，考察其发展趋势，预测其发展前景。

对不同时期财务指标的比较，可以通过以下两种比率。

1. 定基动态比率

它是以某一时期的数额为固定的基期数额计算出来的动态比率。其计算公式为：

$$定基动态比率=分析期数额\div固定基期数额$$

2. 环比动态比率

它是以每一分析期的前期数额为基期数额计算出来的动态比率。其计算公式为：

$$环比动态比率=分析期数额\div前期数额$$

案例分析 10-2　　三桶油半年报全部出炉　中石化最赚钱　日赚 1.5 亿元

8 月 27 日晚间，中国石化发布 2017 年半年报。公司上半年归属于母公司净利润 270.92 亿元，同比增长 40.7%；营业收入 11 658.37 亿元，同比增 32.6%；基本每股收益 0.224 元，同比增长 40.9%。上半年拟每股派息 0.1 元。

根据半年报，2017 年上半年，公司勘探及开发事业部把低成本发展贯穿于生产经营全过程，收到了较好成效。上半年经营亏损为 183 亿元，同比减亏 36 亿元。但是炼油事业部抓好成品油质量升级，优化产品结构，提高毛利水平，实现经营收益 294 亿元，同比减少 32 亿元。

2017 年上半年，公司炼油毛利为 473.7 元/吨（销售收入减去原油、原料油费用以及所得税以外的税金，除以原油及原料油的加工量），同比降低 7.9%。主要归因于去年同期国际原油价格触及国内成品油价格调整下限，成品油价格调整低于原料成本下降幅度，本期无此影响，产品价格与原料成本价差收窄。

中国石化表示，公司一体化的业务结构使各业务板块之间产生较强的协同效应，能够持续提高企业资源的深度利用和综合利用效率，具有较强的抗风险能力和持续盈利能力。

（资料来源：李春莲. 三桶油半年报全部出炉 中石化最赚钱 日赚 1.5 亿元[EB/OL]. 新浪网. 编者已做修改。）

思考：相比 2016 年上半年，中国石化经营状况发生变化的原因是什么？

（二）会计报表的比较

会计报表的比较是将连续数期会计报表的金额并列起来，比较相同指标的增减变动金额和幅度，据以判断企业财务状况和经营成果发展变化的一种方法。会计报表的比较具体包括资产负债表比较、利润表比较、现金流量表比较等。比较时，既要计算表中有关项目增减变动的相对额，又要计算增减变动的百分比。

（三）会计报表项目构成的比较

这是在会计报表比较的基础上发展而来的。它是将会计报表中的某个总体指标作为 100%，再计算各组项目占该总体指标的百分比，从而比较各个项目百分比的增减变动，以此判断有关财务活动的变化趋势。这种方法比前述两种方法更能准确地分析企业财务活动的发展趋势。它既可用于同一企业不同时期财务状况的纵向比较，又可用于不同企业之间的横向比较。同时，这种方法能消除不同时期（不同企业）之间业务规模差异的影响，有利于分析企业的耗费水平和盈利水平。

（四）采用趋势分析法时要注意的问题

在采用趋势分析法时，必须注意以下问题。

（1）用于进行对比的各个时期的指标在计算口径上必须一致；

（2）剔除偶发性项目的影响，使作为分析的数据能反映正常的经营状况；

（3）应用例外原则，应对某项有显著变动的指标做重点分析，研究其产生的原因，以便采取对策，趋利避害。

二、比率分析法

比率分析法是指利用财务报表中两项相关数值的比率揭示企业财务状况和经营成果的一种分析方法。在财务分析中，比率分析法的应用比较广泛，因为只采用有关数值的绝对值对比不能深入揭示事物的内在矛盾，而比率分析是从财务现象到财务本质的一种深化，它比趋势分析法更科学，更具可比性。

（一）比率的类型

根据分析的目的和要求的不同，比率分析法中的比率主要有以下三种。

1. 构成比率

构成比率又称结构比率，是某个经济指标的各个组成部分与总体的比率，反映部分与总体的关系。其计算公式为：

$$构成比率=某个组成部分数额\div总体数额$$

利用构成比率，可以考察总体中某个部分的形成和安排是否合理，以便协调各项财务活动。

2. 效率比率

它是某项经济活动中所费与所得的比率，反映投入与产出的关系。利用效率比率指标可以进行得失比较，考察经营成果，评价经济效益。例如，将利润项目与销售成本、销售收入、资本等项目加以对比，可计算出成本利润率、销售利润率以及资本利润率指标，可以从不同角度比较企业获利能力的高低及增减变化情况。

3．相关比率

它是根据经济活动客观存在的相互依存、相互联系的关系，以某个项目和与其有关但又不同的项目加以对比所得的比率，反映有关经济活动的相互关系。利用相关比率指标，可以考察有联系的相关业务安排得是否合理，以保障企业营运活动能够顺畅进行。如将流动资产与流动负债加以对比，计算出流动比率，就可以判断企业的短期偿债能力。

（二）采用比率分析法时要注意的问题

比率分析法的优点是计算简便，计算结果容易判断，而且可以使某些指标在不同规模的企业之间进行比较，甚至也能在一定程度上超越行业间的差别进行比较。采用这一方法，对比率指标的使用应该注意以下几点。

1．对比项目的相关性

计算比率的子项和母项必须具有相关性，把不相关的项目进行对比是没有意义的。在构成比率指标中，部分指标必须是总体指标这个大系统中的一个小系统；在效率比率指标中，投入与产出必须有因果关系；在相关比率指标中，两个对比指标也要有内在联系，才能评价有关经济活动之间是否协调均衡，安排是否合理。

2．对比口径的一致性

计算比率的子项和母项必须在计算时间、范围等方面保持口径一致。

3．衡量标准的科学性

运用比率分析法，需要选用一定的标准与之对比，以便对企业的财务状况做出评价。通常而言，科学合理的对比标准有：①预定目标，如预算指标、设计指标、定额指标、理论指标等；②历史标准，如上期实际、上年同期实际、历史先进水平以及有典型意义的时期实际水平等；③行业标准，如主管部门或行业协会颁布的技术标准、国内外同类企业的先进水平、国内外同类企业的平均水平等；④公认标准。

三、因素分析法

因素分析法也称因素替换法、连环替代法，它是用来确定几个相互联系的因素对分析对象——综合财务指标或经济指标的影响程度的一种分析方法。采用这种方法的出发点在于，当有若干因素对分析对象发生影响作用时，假定其他各个因素都无变化，顺序确定每一个因素单独变化所产生的影响。

（一）因素分析法的分类

因素分析法具体有以下两种。

1．连环替代法

连环替代法是将分析指标分解为各个可以计量的因素，并根据各个因素之间的依存关系，顺次用各因素的比较值（通常是实际值）替代基准值（通常是标准值或计划值），据以测定各因素对分析指标的影响。

2．差额分析法

差额分析法是连环替代法的一种简化形式，它是利用各个因素的比较值与基准值之间的差额计算各因素对分析指标的影响。

业务操作　　　　因素替换法的运用

某公司采用计时工资制度，丙产品的直接人工费用计划与实际对比如表 10-1 所示。

表 10-1　　某公司丙产品直接人工费用计划与实际对比表

项目	单位产品所耗工时（小时）	小时工资率	直接人工费用（元）
本年计划	42	6	252
本月实际	37.2	6.66	247.75
费用差异			4.25

要求：计算该公司直接人工费用差异的影响因素并做简要分析。

操作步骤

从表 10-1 中可以看出，直接人工费用本月实际比本年计划低 4.25 元，而且所耗工时和小时工资率都有变动，可以使用差额计算法进行计算。

（1）单位产品所耗工时变动的影响：（37.2−42）×6=−28.8（元）

（2）小时工资率变动的影响：（6.66−6）×37.2=24.55（元）

（3）两因素影响程度：−28.8+24.55=−4.25（元）

上述分析计算表明，此产品直接人工费用的降低是由于工时消耗降低引起的，而小时工资率却提高并且抵消了大部分节约工时所产生的人工费用降低额，在保证产品质量的前提下，工时的节约主要是劳动生产率提高的结果。

（二）采用因素分析法时要注意的问题

因素分析法既可以全面分析各因素对某一经济指标的影响，又可以单独分析某个因素对某一经济指标的影响，在财务分析中应用颇为广泛。在应用这一方法时必须注意以下几个问题。

1．因素分解的关联性

确定构成经济指标的因素，必须是客观上存在因果关系，要能够反映形成该项指标差异的内在构成原因，否则就失去了其存在价值。

2．因素替代的顺序性

替代因素时，必须按照各因素的依存关系，排列成一定的顺序并依次替代，不可随意加以颠倒，否则就会得出不同的计算结果。一般而言，确定正确排列因素替代程序的原则是，按分析对象的性质，从诸因素相互依存关系出发，使分析结果有助于分清责任。

3．顺序替代的连环性

连环替代法在计算每一个因素变动的影响时，都是在前一次计算的基础上，采用连环比较的方法确定因素变化影响结果的。因为只有保持计算程序上的连环性，才能使各个因素影响之和等于分析指标变动的差额，以全面说明分析指标变动的原因。

4．计算结果的假定性

采用连环替代法计算的各因素变动的影响数会因替代计算顺序不同而有差别，因而计算结果不免带有假定性，即它不可能使每个因素计算的结果都绝对准确。它只是在某种假定前提下的影响结果，离开了这种假定前提条件也就不会是这种影响结果。为此，财务人员在分析时应力求使这种假定是合乎逻辑的假定，是具有实际经济意义的假定。这样，计算结果的假定性才不至于妨碍分析的有效性。

想一想

应用因素分析法时需要注意哪些问题？

职业能力选择与判断

一、单项选择题

1. 环比动态比率是以每一分析期的（　　）数额为基期数额计算出来的动态比率。

A. 当期　　B. 前一期
C. 前三期的平均值　　D. 下一期的预测值

2. 效率比率是某项经济活动中所费与所得的比率，反映（　　）关系。

A. 投入与产出　　B. 有关经济活动相互
C. 部分与总体　　D. 不同活动对比

3. 对于连环替代法中各因素的替代顺序，传统的排列方法是（　　）。

A. 主要因素在前，次要因素在后
B. 影响大的因素在前，影响小的因素在后
C. 不能明确责任的在前，可以明确责任的在后
D. 数量指标在前，质量指标在后

4. 将不同时期财务报告中的相同指标或比率进行比较，直接观察其增减变动情况及变动幅度，考察其发展趋势，预测其发展前景的方法是（　　）。

A. 水平分析法　　B. 比率分析法　　C. 因素分析法　　D. 综合分析法

5. 会计报表的比较，具体包括（　　）比较。

A. 资产总额　　B. 利润总额　　C. 现金流量　　D. 资产负债表

二、多项选择题

1. 分析财务报表的方法主要有（　　）。

A. 比率分析法　　B. 量本利分析法　　C. 因素分析法　　D. 趋势分析法

2. 具体运用趋势分析法的主要方式有（　　）。

A. 重要财务指标的比较　　B. 会计报表的比较
C. 会计报表项目构成的比较　　D. 与历史水平的比较

3. 比率分析法需要选用一定的标准与之对比，以便对企业的财务状况做出评价。通常而言，科学合理的对比标准有（　　）。

A. 预定目标　　B. 历史标准　　C. 行业标准　　D. 公认标准

4. 用来确定几个相互联系的因素对分析对象——综合财务指标或经济指标的影响程度的分析方法包括（　　）。

A. 因素替换法　　B. 连环替代法　　C. 比率分析法　　D. 综合分析法

5. 采用比率分析法时，对比率指标的使用应该注意（　　）。

A. 对比项目的相关性　　B. 对比口径的一致性
C. 衡量标准的科学性　　D. 计算结果的假定性

三、判断题

1. 财务指标分析就是指财务比率分析。 ( )

2. 比率分析法能综合反映比率与计算它的会计报表之间的联系。 ( )

3. 运用差额计算法进行因素分析不需要考虑因素的替代顺序问题。 ( )

4. 差额计算法只是连环替代法的一种简化形式，二者实质上是相同的。 ( )

单项任务训练

1. 根据某公司 2017 年、2018 年两个年度的资产负债表、利润表及会计报表附注，给出以下分析数据，如表 10-2 所示。

表 10-2　　某公司会计数据

项目	2017 年	2018 年
平均总资产（千元）	9 638	15 231
平均净资产（千元）	8 561	11 458
利息支出（千元）	146	189
利润总额（千元）	821	1 689
所得税税率（%）	25	25

请计算并分析该公司 2017 年度、2018 年度总资产及净利润的变化及原因。

2. 某企业 2018 年 3 月某种原材料费用的实际数为 4 620 元，而其计划数是 4 000 元。实际比计划增加 620 元，如表 10-3 所示。

表 10-3　　某企业原材料费用表

项目	单位	计划数	实际数
产品产量	件	100	110
单位产品材料消耗量	公斤	8	7
材料单价	元	5	6
材料费用总额	元	4 000	4 620

请用因素分析法分析各因素变动对材料费用总额的影响。

学习任务三　财务指标分析

知识准备与业务操作

一、偿债能力分析

（一）短期偿债能力指标分析

短期偿债能力是指企业流动资产对流动负债及时足额偿还的保证程度，是衡量企业当前财务能力，特别是流动资产变现能力的重要标志。

企业的流动资产与流动负债的关系以及资产的变现速度是影响短期偿债能力的主要因素。短期债务一般需要以现金偿还，所以，企业短期偿债能力分析应注重对一定时期流动资产变现能力的分析，而按照权责发生制原则计算得到的会计利润并不能反映企业现金流量大小，故短期债权人不太注重企业的盈利能力分析。

企业短期偿债能力分析主要采用比率分析法，衡量指标主要有流动比率、速动比率和现金流动负债率。

1．流动比率

流动比率是流动资产与流动负债的比率，表示企业每元流动负债有多少流动资产作为偿还的保证，反映了企业的流动资产偿还流动负债的能力。其计算公式为：

流动比率=流动资产÷流动负债

一般情况下，流动比率越高，企业短期偿债能力越强，因为该比率越高，不仅反映了企业拥有较多的营运资金可抵偿短期债务，而且表明企业可以变现的资产数额较大，债权人的风险较小。但是，过高的流动比率并不均是好现象。因为流动比率过高，表明企业流动资产占用的资金过多，或许是变现能力较差的存货资金过多，或是应收账款过多，这些都反映了企业资产使用效率较低。所以，在分析流动比率时，还须注意流动资产的结构，流动资金的周转情况，流动负债的数量与结构，以及现金流量的情况。

从理论上讲，流动比率维持在 2∶1 是比较合理的，因为流动资产中变现能力最差的存货等约占流动资产总额的一半，扣除该部分剩下的变现能力较强的流动资产至少要等于流动负债，流动负债的清偿才有保证，企业的短期偿债能力才较强。但是，由于行业性质不同，流动比率的实际标准也不同，如商业和流通领域的企业，一般而言，流动比率较高，而机器制造业及电力业企业的流动比率则较低。所以，在分析流动比率时，应将其与同行业平均流动比率，本企业历史的流动比率进行比较，才能得出合理的结论。

业务操作　　　　计算与分析流动比率

A 公司 2018 年 12 月 31 日的资产负债表资料：年初流动资产为 6 127 100 元，流动负债为 2 977 100 元；年末流动资产为 5 574 751 元，流动负债为 1 644 390 元。求 A 公司 2018 年年初与年末的流动比率。

操作步骤

A 公司 2018 年年初与年末的流动比率分别计算如下。

年初流动比率：6 127 100÷2 977 100=2.06

年末流动比率：5 574 751÷1 644 390=3.39

A 公司 2018 年年初、年末的流动比率均超过一般公认标准，这反映了 A 公司具有较强的短期偿债能力。

2．速动比率

速动比率又称酸性测试比率，是企业速动资产与流动负债的比率。其计算公式为：

速动比率=速动资产÷流动负债

其中：

速动资产=流动资产-存货

或：

速动资产=流动资产-存货-预付账款-待摊费用

计算速动比率时，在流动资产中扣除存货是因为存货在流动资产中变现速度较慢，有些存货可能滞销，无法变现。而预付账款和待摊费用根本不具有变现能力，只能减少企业未来的现金流出量，所以理论上也应加以剔除，但在实务中，由于它们在流动资产中所占的比重较小，计算速动资产时也可以不扣除。

根据以往经验，速动比率维持在1：1较为正常，它表明企业的每1元流动负债就有1元易于变现的流动资产来抵偿，短期偿债能力较强。

速动比率过低，企业的短期偿债风险较大，速动比率过高，企业在速动资产上占用资金过多，会增加企业投资的机会成本。

以上评判标准并不是绝对的，在实际工作中，应考虑企业的行业性质。例如，商品零售行业，由于采用大量现金销售，几乎没有应收账款，速动比率大大低于1，也是合理的。相反，有些企业虽然速动比率大于1，但速动资产中大部分是应收账款，并不代表企业的偿债能力强，因为应收账款能否收回具有很大的不确定性。所以，在评价速动比率时，还应分析应收账款的质量。

业务操作　　计算与分析速动比率

A公司2018年年初的流动资产为6 127 100元，存货为3 870 000元，流动负债为2 977 100元；年末的流动资产为5 574 751元，存货为3 862 050元，流动负债为1 644 390元。求A公司2018年年初与年末的速动比率。

操作步骤

A公司2018年年初与年末的速动比率分别计算如下。

年初速动比率：（6 127 100−3 870 000）÷2 977 100=0.76

年末速动比率：（5 574 751−3 862 050）÷1 644 390=1.04

A公司2018年年末的速动比率比年初有较大提高，且高于一般公认标准，因此，A公司具有较强的短期偿债能力。

3. 现金流动负债比率

现金流动负债比率是企业一定时期的经营现金净流量与流动负债的比率，它可以从现金流量角度反映企业当期偿付短期负债的能力。其计算公式为：

现金流动负债比率=年经营现金净流量÷年末流动负债

式中，年经营现金净流量指在一定时期内，由企业经营活动产生的现金及现金等价物的流入量与流出量的差额。

该指标是从现金流入和流出的动态角度对企业实际偿债能力进行考察的。由于有利润的年份不一定有足够的现金偿还债务，所以利用以收付实现制为基础的现金流动负债比率指标，能充分体现企业经营活动产生的现金净流量可以在多大程度上保证当期流动负债的偿还，直观地反映企业偿还流动负债的实际能力。用该指标评价企业偿债能力更为谨慎。该指标值较高，表明企业经营活动产生的现金净流量较多，能够保障企业按时偿还到期债务；但也不是越高越好，太高则表示企业对流动资金的利用不充分，收益能力不强。

业务操作　　计算与分析现金流动负债比率

假设A公司2017年度经营现金净流量为603 500元，2017年年末的流动负债为2 977 100元；2018年度经营现金净流量为649 500元，2018年年末的流动负债为1 644 390

元。求A公司2017年、2018年的现金流动负债比率。

操作步骤

A公司2017年、2018年的现金流动负债比率分别计算如下。

2017年度现金流动负债比率：603 500÷2 977 100=0.20

2018年度现金流动负债比率：649 500÷1 644 390=0.39

A公司2018年度的现金流动负债比率比2017年度有所提高，表明A公司的短期偿债能力增强。

业务链接10-1　　哪些资产负债表外部因素会增强企业短期偿债能力

企业流动资产的实际变现能力，可能比会计报表项目反映的变现能力要好一些，主要受以下几个因素影响。

① 可动用的银行贷款指标。银行已同意、企业未办理贷款手续的银行贷款限额，可以随时增加企业的现金量，提高支付能力。

② 准备很快变现的长期资产。由于某种原因，企业可能将一些长期资产很快出售变为现金，增强短期偿债能力。企业出售长期资产，一般情况下都是要经过慎重考虑的，企业应根据近期利益和长期利益的辩证关系，正确决定出售长期资产的问题。

③ 因偿债能力所获的声誉。如果企业的长期偿债能力一贯很好，有一定的声誉，在短期偿债方面出现困难时，可以很快通过发行债券和股票等办法解决资金的短缺问题，提高短期偿债能力。这个增强变现能力的因素，取决于企业自身的信用声誉和当时的筹资环境。

（二）长期偿债能力指标分析

长期偿债能力是指企业偿还长期负债的能力。它的强弱是反映企业财务状况稳定与否及安全程度高低的重要标志。其分析指标主要有四个。

1．资产负债率

资产负债率又称负债比率，是企业的负债总额与资产总额的比率。它表示企业资产总额中，债权人提供资金所占的比重，以及企业资产对债权人权益的保障程度。其计算公式为：

资产负债率=（负债总额÷资产总额）×100%

资产负债率对企业的债权人和所有者具有不同的意义。

对债权人而言，他们最关心的是提供给企业的贷款本金和利息能否按期被收回。如果负债比率高，说明企业总资产中仅有小部分是由股东提供的，而大部分是由债权人提供的，这样，债权人就承担很大风险。所以，债权人希望负债比率越低越好，因为负债比率越低，其债权的保障程度就越高。

对所有者而言，他们最关心的是投入资本的收益率。由于企业的债权人投入的资金与企业所有者投入的资金发挥着同样的作用，所以，只要企业的总资产收益率高于借款的利息率，举债越多，即负债比率越高，所有者的投资收益就越多。

一般情况下，企业负债经营的规模应被控制在一个合理的水平上，负债比重应在一定的标准内。如果负债比率过高，企业的财务风险将越来越大，对债权人和所有者都会产生不利的影响。

业务操作　　计算与分析资产负债率

A公司2018年年初的负债总额为3 877 100元，资产总额为11 352 100元；年末的负债总额为3 384 390元，资产总额为11 248 251元。求A公司2018年年初与年末的资产负债率。

操作步骤

A公司2018年年初与年末的资产负债率分别计算如下。

年初资产负债率：（3 877 100÷11 352 100）×100%=34%

年末资产负债率：（3 384 390÷11 248 251）×100%=30%

A公司2018年年初、年末的资产负债率均不高，说明A公司长期偿债能力较强，这样有助于增强债权人对公司出借资金的信心。

2．产权比率

产权比率是指负债总额与所有者权益总额的比率，是衡量企业财务结构稳健与否的重要标志，也称资本负债率。其计算公式为：

产权比率=（负债总额÷所有者权益总额）×100%

该比率反映了所有者权益对债权人权益的保障程度，即企业在清算时对债权人权益的保障程度。该指标值越低，表明企业长期偿债能力越强，对债权人权益保障程度越高，承担的风险越小，但企业不能充分发挥负债的财务杠杆效应。所以，企业在评价产权比率适度与否时，应从提高盈利能力与偿债能力两个方面综合进行，即在保障债务偿还安全的前提下，应尽可能降低产权比率。

业务操作　　计算与分析产权比率

A公司2018年年初的负债总额为3 877 100元，所有者权益总额为7 475 000元；年末负债总额为3 384 390元，所有者权益总额为7 863 862元。求A公司2018年年初与年末的产权率。

操作步骤

A公司2018年年初与年末的产权比率分别计算如下。

年初产权比率：（3 877 100÷7 475 000）×100%=52%

年末产权比率：（3 384 390÷7 863 862）×100%=43%

A公司2018年年初、年末的产权比率呈现下降趋势，表明A公司的长期偿债能力较强，对债权人的保障程度较高。

3．负债与有形净资产比率

负债与有形净资产比率是负债总额与有形净资产的比例关系，表示企业有形净资产对债权人权益的保障程度。其计算公式为：

负债与有形净资产比率=（负债总额÷有形净资产）×100%

其中，　　有形净资产=所有者权益-无形资产-长期待摊费用

企业的无形资产、长期待摊费用等一般难以作为偿债的保证，从净资产中将其剔除，可以更合理地衡量企业清算时对债权人权益的保障程度。该比率越低，表明企业长期偿债能力越强。

4．利息保障倍数

利息保障倍数又称已获利息倍数，是企业息税前利润与利息费用的比率，是衡量企业偿付负债利息能力的指标。其计算公式为：

利息保障倍数=息税前利润÷利息费用

上式中，利息费用是指本期发生的全部应付利息，包括流动负债的利息费用，长期负债中进入损益的利息费用以及进入固定资产原价中的资本化利息。

利息保障倍数越高，说明企业支付利息费用的能力越强，该比率越低，说明企业难以保证用经营所得及时、足额支付负债利息。因此，它是判断企业是否举债经营，衡量企业偿债能力强弱的主要指标。

若要合理确定企业的利息保障倍数，须将该指标与其他企业，特别是同行业平均水平进行比较。根据稳健原则，应以指标最低年份的数据作为参照。但是，一般情况下，利息保障倍数不能低于1，因为低于1，表明企业连借款利息的偿还都无法保证，更不用说偿还本金了。所以，利息保障倍数的高低，不仅反映企业偿还利息的能力，而且也反映企业偿还本金的能力。

案例分析10-3　　上半年384家上市公司资产负债率超70%　11家资不抵债

《证券日报》记者在整理同花顺统计数据时发现，2017年上半年，有384家上市公司的资产负债率在70%以上。

有业内人士向《证券日报》记者分析，一般来说，上市公司的资产负债率应该保持在50%以下，也就是资产与负债的比例为1∶1。而一旦资产负债率超过70%的“警戒线”则说明公司的资产负债率有过高的危险。

按照业内人士的说法，上市公司的资产负债率若超过50%的话就相当于开始示警，而过70%的话则显示出危机，那么如果资产负债率过100%的话，则代表公司已经开始资不抵债了。

同花顺统计数据显示，2017年上半年，ST成城、ST嘉陵、ST沪科、ST云网、ST河化、ST柳化、ST重钢、皇台酒业、莲花健康、南风化工、四川金顶11家上市公司的资产负债率超过100%，已经资不抵债。

而上述11家上市公司中，有7家公司是ST公司旗下的，存在退市风险。有市场人士分析，在上半年已经资不抵债的ST上市公司中，除非能在年底实现扭亏并实现净资产为正，否则有被退市的风险。而要想保壳的话，最好的途径就是重组。

上述资不抵债的ST上市公司中，已有公司试图通过重组扭亏，但是，由于各种原因，重组的过程并不顺利。

（资料来源：矫月．上半年384家上市公司资产负债率超70%　11家资不抵债[EB/OL]．新浪网．编者已做修改。）

思考：ST公司偿债能力下降的原因可能是什么？有哪些方法能提高偿债能力？

二、营运能力指标分析

营运能力的强弱是影响企业偿债能力和盈利能力的主要因素之一。营运能力强，资金周转速度就快，企业就会有足够的现金偿付流动负债，则短期偿债能力就强。营运能力强，企业就会取得更多的收入和利润，用足够的资金偿还本金和利息，则长期偿债能力就强。

反映企业营运能力强弱的指标主要有以下几个。

（一）应收账款周转率

应收账款周转率也称应收账款周转次数，是一定时期内商品或产品主营业务收入净额与平均应收款项余额的比值，是反映应收账款周转速度的一个指标。其计算公式为：

应收账款周转率（次数）=主营业务收入净额÷平均应收账款余额

其中：

主营业务收入净额=主营业务收入−销售折让与折扣

平均应收账款余额=（应收账款年初数+应收账款年末数）÷2

此外，　　应收账款周转天数=360÷应收账款周转率

=（平均应收账款×360）÷主营业务收入净额

应收账款周转率反映了企业应收账款变现速度的快慢及管理效率的高低，周转率高表明：①收账迅速，账龄较短；②资产流动性强，短期偿债能力强；③可以减少收账费用和坏账损失，从而相对增加企业流动资产的投资收益。同时借助应收账款周转期与企业信用期限的比较，还可以评价购买单位的信用程度，以及企业原订的信用条件是否适当。

在评价企业应收款项周转率是否合理时，应与同行业的平均水平相比而定。

业务操作　　**计算与分析应收账款周转率**

A公司2018年度主营业务收入净额为1 875 000元，应收账款年初数为448 650元，应收账款年末数为897 300元。求A公司2018年应收账款周转率。

操作步骤

A公司2018年应收账款周转率计算如下。

$$应收账款周转率=\frac{1\,875\,000}{(448\,650+897\,300)\div 2}=2.79（次）$$

应收账款周转天数=360÷2.79=129.03（天）

A公司2018年应收账款周转率为2.79次，应收账款项周转天数为129.03天，表明公司应收账款周转速度较慢，需要进一步提高应收账款周转效率。

（二）存货周转率

存货周转率也称存货周转次数，是企业在一定时期内主营业务成本与存货平均余额的比率，它是反映企业存货周转速度和销货能力的指标，也是衡量企业在生产经营中存货营运效率的综合性指标。其计算公式为：

存货周转率（次数）=主营业务成本÷存货平均余额

其中，　　存货平均余额=（存货年初数+存货年末数）÷2

此外，　　存货周转天数=360÷存货周转率=（平均存货×360）÷主营业务成本

存货周转速度的快慢，不仅反映企业采购、储存、生产、销售各环节管理工作状况的好坏，而且对企业的偿债能力及盈利能力会产生决定性的影响。一般来说，存货周转率越高越好，存货周转率越高，表明其变现速度越快，周转额越大，资金占用水平越低。存货占用水平低，存货积压的风险就越小，企业的变现能力以及资金使用效率就越好。因此，企业通过对存货周转率的分析，有利于找出存货周转存在的问题，尽可能降低资金占用水平。首先，存货既不能储存过少，否则可能造成生产中断或销售紧张，又不能储存过多，否则可能形成呆滞、积压。一定要保持结构合理、质量可靠。其次，存货是流动资产的重要组成部分，其质量和流动性对企业流动比率具有较大的影响，

进而会影响企业短期偿债能力。故一定要加强对存货的管理，以提高其变现能力和盈利能力。在存货周转率分析中，应注意剔除因存货计价方法不同产生的影响。

（三）总资产周转率

总资产周转率是企业主营业务收入净额与平均资产总额的比率。它可以用来反映企业对全部资产的利用效率。其计算公式为：

总资产周转率=主营业务收入净额÷平均资产总额

其中， 平均资产总额=（期初资产总额+期末资产总额）÷2

平均资产总额应按分析期的不同被分别加以确定，并应当与分子的主营业务收入净额在时间上保持一致。

值得说明的是，如果资金占用的波动性较大，企业应采用更详细的资料进行计算，如按照各月份的资金占用额计算。如果各期占用额比较稳定，波动不大，季、年的平均资产总额也可以直接用（期初资产总额+期末资产总额）÷2 的公式计算。

总资产周转率反映了企业对全部资产的使用效率。该周转率高，说明全部资产的经营效率高，取得的收入多；该周转率低，说明全部资产的经营效率低，取得的收入少，最终会影响企业的盈利能力。企业应采取各项措施提高企业的资产利用程度，如提高销售收入或处理多余的资产。

（四）固定资产周转率

固定资产周转率是指企业主营业务收入净额与固定资产平均净值的比率。它是反映企业固定资产周转情况，从而衡量企业对固定资产利用效率的指标。其计算公式为：

固定资产周转率=主营业务收入净额÷固定资产平均净值

其中， 固定资产平均净值=（期初固定资产净值+期末固定资产净值）÷2

固定资产周转率高，不仅表明了企业充分利用了固定资产，而且表明企业固定资产投资得当，固定资产结构合理，能够充分发挥其效用。反之，固定资产周转率低，表明企业对固定资产的使用效率不高，提供的生产成果不多，企业的营运能力欠佳。

在实际分析该指标时，应剔除以下两方面的影响。一方面，固定资产的净值随着折旧计提而逐渐减少，又因固定资产更新，净值会突然增加。另一方面，由于折旧方法不同，固定资产净值缺乏可比性。

三、盈利能力指标分析

对增值的不断追求是企业资金运动的源泉与直接目的。盈利能力就是企业资金增值的能力，它通常体现为企业收益数额的多少与水平的高低。

（一）营业利润率

营业利润率是企业一定时期营业利润与营业收入的比率，其计算公式为：

营业利润率=营业利润÷营业收入×100%

营业利润率越高，表明企业市场竞争力越强，发展潜力越大，从而盈利能力越强。需要说明的是，从利润表来看，企业的利润包括营业利润、利润总额和净利润三种形式。而营业收入包括主营业务收入和其他业务收入，收入来源于商品销售、提供劳务和资产使用权让渡等。因此，在实务中也经常使用销售净利率、销售毛利率等指标来分析企业的盈利能力。

营业净利率=净利润÷营业收入×100%

销售毛利率=（营业收入−营业成本）÷营业收入×100%

业务操作　　　　计算与分析营业利润率

A 公司 2018 年度营业务收入为 1 875 000 元，营业利润为 750 000 元，求 A 公司 2018 年营业利润率。

操作步骤

A 公司 2018 年营业利润率计算如下。

$$营业利润率=\frac{750\ 000}{1\ 875\ 000}\times 100\%=40\%$$

A 公司 2018 年营业利润率为 40%，表明公司经营活动的盈利状况较为理想。

（二）成本费用利润率

成本费用利润率是指企业一定时期利润总额与成本费用总额的比率。其计算公式为：

成本费用利润率=利润总额÷成本费用总额×100%

其中，

成本费用总额=营业成本+营业税金及附加+销售费用+管理费用+财务费用

该指标值越高，表明企业为取得利润而付出的代价越小，成本费用被控制得越好，盈利能力越强。

业务操作　　　　计算与分析成本费用利润率

A 公司 2018 年度利润总额为 1 000 000 元，成本费用总额为 1 250 000 元，求 A 公司 2018 年的成本费用利润率。

操作步骤

A 公司 2018 年成本费用利润率计算如下。

$$成本费用利润率=\frac{1\ 000\ 000}{1\ 250\ 000}\times 100\%=80\%$$

A 公司 2018 年成本费用利润率为 80%，表明公司的成本费用控制情况良好。

（三）资产净利率

资产净利率是企业净利润与平均资产总额的比率。它是反映企业对资产综合利用效果的指标。其计算公式为：

资产净利率=净利润÷平均资产总额

平均资产总额为期初资产总额与期末资产总额的平均数。资产净利率越高，表明企业对资产利用的效率越好，整个企业盈利能力越强，经营管理水平越高。

业务操作　　　　计算与分析资产净利率

A 公司 2018 年度净利润为 388 861.50 元，年初资产总额为 11 352 100 元，年末资产总额为 11 248 251 元，求 A 公司 2018 年的资产净利率。

操作步骤

A公司2018年资产净利率计算如下。

$$资产净利率=\frac{388\,861.50}{(11\,352\,100+11\,248\,251)\div 2}=3.44\%$$

A公司2018年资产净利率为3.44%，表明公司资产被利用情况一般，公司需要进一步提高资产利用效率。

（四）净资产收益率

净资产收益率亦称净值报酬率或权益报酬率，它是指企业在一定时期内的净利润与平均净资产的比率。它可以反映投资者投入企业的自有资本获取净收益的能力，即反映投资与报酬的关系，因而是评价企业资本经营效率的核心指标。其计算公式为：

$$净资产收益率=净利润\div平均净资产\times100\%$$

净利润是指企业的税后利润，是未作任何分配的数额，受各种政策等其他人为因素影响较少，能够比较客观、综合地反映企业的经济效益，准确体现投资者投入资本的盈利能力。

平均净资产是企业年初所有者权益与年末所有者权益的平均数。

净资产收益率是评价企业自有资本及积累获取报酬水平的最具综合性与代表性的指标，反映企业资本营运的综合效益。该指标通用性强，适用范围广，不受行业限制。在我国上市公司业绩综合排序中，该指标居于首位。通过对该指标的综合对比分析，可以看出企业盈利能力在同行业中所处的地位，以及与同类企业的差异。一般认为，企业净资产收益率越高，企业自有资本获取收益的能力越强，营运效益越好，对企业投资者、债权人的保障程度越高。

（五）盈余现金保障倍数

盈余现金保障倍数是企业一定时期经营现金净流量与净利润的比值，反映了企业对当期利润中现金收益的保障程度，真实反映了企业盈余的质量，是评价企业盈利能力的辅助指标。其计算公式为：

$$盈余现金保障倍数=经营现金净流量\div净利润\times100\%$$

盈余现金保障倍数是从现金流入和流出的动态角度，对企业收益的质量进行评价，在收付实现制的基础上，充分反映企业当期净利润中有多少是有现金保障的。一般来说，企业当期净利润大于0时，盈余现金保障倍数应当大于1。该指标值越大，表明企业因经营活动产生的净利润对现金的贡献越大。

业务操作 **计算盈余现金保障倍数**

A公司2018年净利润为388 861.50元，经营现金净流量为450 056.45元。求A公司2018年盈余现金保障倍数。

操作步骤

A公司2018年盈余现金保障倍数计算如下。

$$盈余现金保障倍数=\frac{450\,056.45}{388\,861.510}\times100\%=1.16$$

A公司2018年盈余现金保障倍数为1.16，表明公司对当期利润中现金收益的保障程度较高。

（六）每股收益

从长远来看，一家企业成功与否，可以用四个重要的财务指标进行衡量：投资收益、现金流量、债务与权益关系、每股收益。这四个财务指标中，投资者往往更关心每股收益。这是因为：①该指标被会计准则特别重视；②会计报表使用者在选择投资方案时，往往视其为一个非常重要的比率，投资者将其视为未来现金流量的综合指示器，并且将其作为在各公司之间进行比较的依据；③实证研究表明，该指标与公司股票市场价表现之间有一定的相关性；④每股收益也是其他比率分析（如市盈率、股利支付率）的基础。每股收益仅仅是对普通股而言的，计算每股收益的基本公式如下：

每股收益=（净利润−优先股股利）÷年末普通股总数

上式中，净利润一般指损益表中扣除了所得税后的利润。由于在向普通股股东分配股利前优先股股东享有优先分配股利的权利，所以，在分子中，应该分配给优先股的股利必须予以扣除。

为了与公式分子中当年获得的净利润保持一致，公式分母必须按当年流通在外的普通股加权平均计算。计算加权平均股数时，应该考虑当年流通在外的股数的变化，这些变化一般是由于下面原因引起的：①发行新的普通股；②分配股票股利；③股票分割或合股。

每股收益反映每一普通股的获利水平。该指标值越高，表示每一普通股可得的利润越多，股东投资效益越好；反之，该指标值越低，表明每一普通股可得的利润越少，股东投资收益越少。

（七）市盈率

市盈率也称价格盈余比率或价格与收益比率，是指普通股每股市价与每股收益的比率。这里的市价是指普通股每股在证券市场的买卖价格。用每股收益与市价进行比较，目的是反映普通股当期盈余与市场价格的关系，它可以为投资者提供重要的决策参考。其计算公式为：

市盈率=每股市价÷每股收益

市盈率是反映上市公司盈利能力的一个重要财务比率，影响市盈率高低的因素既有证券市场的供求关系，又有公司本身的盈利能力，所以这一比率一方面可证实该普通股被看好的程度，另一方面也体现了一定的风险程度，即花当前的投资代价去谋取既定的投资收益是否值得。对那些关注股票价格的投资者来说，分析市盈率是一种基本的，也是重要的提炼信息的手段。

但是，市盈率也有一定的局限性。首先，该比率是将某一时点的股票市价与某一时期的每股收益进行比较，信息在时间上的差异为投资分析带来一定的影响；其次，由于各公司的税负、价格、还贷等政策不尽相同，所以每股收益确定的口径不一致，这就为运用该指标在各公司之间进行比较带来了一定困难。

业务操作　　　　计算市盈率

A公司每股收益为2.08元，公司股票的市场收盘价为24元。求A公司市盈率。

操作步骤

A公司市盈率计算如下。

$$\text{市盈率}=\frac{24}{2.08}=11.54$$

A公司市盈率为11.54，表明投资者对公司股票的看好程度为一般。

（八）股利支付率

股利支付率是以每股现金股利除以每股收益得出的比值，反映每股收益中实际支付现金股利的水平。其计算公式为：

股利支付率=每股现金股利÷每股收益

股利支付率与公司的盈利状况并不存在必然的联系，因为尽管盈利额逐年递增，但公司管理当局可能还是会逐年把资金投入经营过程以扩大经营规模，致使股利支付率呈现下降趋势。所以，股利支付率的高低取决于公司的业务性质、经营成果、财务状况、发展前景和公司管理层在股利发放处理上的方针等。一般来说，较高的股利支付率会为投资者所欢迎。

（九）每股净资产

每股净资产也称每股账面价值，是股东权益总额与普通股股数的比率。其计算公式为：

每股净资产=股东权益总额÷普通股股数

若公司同时还发行了优先股，则要在上式分子中减去归属优先股的股票清算价值和优先股股利等优先股股东权益，余下的部分才属于普通股股东权益。

将该指标与股票市价进行比较，可以用来判断以当前的投资代价换取该股票既定的会计账面价值是否值得。另外，在公司兼并时，该指标与公允市价往往都是兼并方需要研究的指标。显然，在计算这个指标时，如果公司采用的会计方法不当或不符合会计准则等有关规定，会影响每股净资产的金额。

业务操作　　计算每股净资产

A公司2018年年末股东权益总额为7 863 862元，普通股股数为100万股。求A公司的每股净资产。

操作步骤

A公司每股净资产计算如下。

$$每股净资产=\frac{7\,863\,862}{1\,000\,000}=7.86\ （元）$$

A公司2013年每股净资产为7.86元，表明公司当前净资产的价值较高。

（十）市净率

市净率反映每股市价与每股净资产的倍数关系，一些投资者往往以其来衡量投资风险。其计算公式是：

市净率=每股市价÷每股净资产

每股净资产是股票的账面价值，它是用成本计量的；每股市价是这些资产的现在价值，它是证券市场上交易的结果。投资者认为，市价高于账面价值的企业的资产质量好，有发展潜力；反之，则资产质量差，没有发展前景。优质股票的市价都超出每股净资产许多，一般来说，市净率达到3就可以树立较好的公司形象。市价低于每股净资产的股票，就像售价低于成本的商品一样，属于“处理品”，其是否值得购买，取决于今后公司是否有转机。

业务操作　　计算市净率

A公司2018年年末每股收盘价为24元，每股净资产为7.86元。求A公司市净率。

操作步骤

A公司市净率计算如下。

$$市净率=\frac{24}{7.86}=3.05$$

想一想

进行偿债能力分析、营运能力分析、盈利能力分析时各涉及哪些常见指标？

职业能力选择与判断

一、单项选择题

1. 下列属于短期偿债能力指标的是（ ）。

A. 资产负债率　B. 速动比率　C. 利息保障倍数　D. 产权比率

2. 下列各项中能提高企业利息保障倍数的是（ ）。

A. 支付职工劳保用品费　B. 发行长期债券

C. 成本降低、利润提高　D. 赊购材料

3. 产权比率能反映（ ）。

A. 盈利能力　B. 营运能力　C. 短期偿债能力　D. 长期偿债能力

4. 年初资产总额为100万元，年末资产总额为140万元，利润总额为24万元，所得税为8万元，利息支出为4万元，则总资产报酬率为（ ）。

A. 20%　B. 13.33%　C. 23.33%　D. 30%

5. 净资产收益率是反映（ ）盈利能力的指标。

A. 全部资金　B. 长期资金　C. 债务资金　D. 权益资金

二、多项选择题

1. 利息保障倍数是反映企业（ ）的指标。

A. 盈利能力　B. 长期偿债能力　C. 短期偿债能力　D. 举债能力

2. 应收账款的周转速度快，说明（ ）。

A. 收账迅速　B. 短期偿债能力强

C. 应收账款占用资金多　D. 可以减少收账费用

3. 在成本费用利润率的计算公式中，成本费用总额包括（ ）。

A. 主营业务成本　B. 营业费用　C. 管理费用　D. 财务费用

4. 在流动资产的基础上减掉（ ）可以得到速动资产的数额。

A. 存货　B. 预付账款　C. 待摊费用　D. 待处理流动资产损失

5. 存货周转速度快，（ ）。

A. 表明存货管理效率高　B. 会增强企业短期偿债能力

C. 会提高企业的盈利能力　D. 会增加存货占用的资金

三、判断题

1. 按照西方企业的一般公认标准，企业流动比率保持在1倍左右较好。（ ）

2. 存货周转率（次数）越高，说明存货周转速度越快，在主营业务成本不变的情况下，存货的资金占用水平越高。（ ）

3. 尽管流动比率可以反映企业的短期偿债能力，但有的企业流动比率较高，却没有能力支付到期的应付账款。（ ）

4. 某公司今年与上年相比，销售收入增长10%，净利润增长8%，资产总额增加12%，负债总额增加9%。可以判断，该公司净资产收益率比上年下降了。（ ）

5. 资产负债率评价企业偿债能力的侧重点是揭示财务结构的稳健程度。（ ）

单项任务训练

1. 某企业年末货币资金为900万元，短期有价证券为500万元，应收账款为1 300万元，预付账款为70万元，存货为5 200万元，待摊费用为80万元，流动负债合计数为4 000万元。

要求：分别计算该企业的流动比率、速动比率和现金比率。

2. 某企业年产品销售成本为8 500万元，年初存货余额为2 850万元，年末存货余额为2 720万元。

要求：计算该企业存货的周转天数和周转次数。

3. 某公司流动资产由速动资产和存货构成，年初存货为145万元，年初应收账款为125万元，年末流动比率为300%，年末速动比率为150%，存货周转天数为90天，年末流动资产余额为270万元。一年按360天计算。

要求：

（1）计算该公司流动负债年末余额；

（2）计算该公司存货年末余额和年平均余额；

（3）计算该公司本年主营业务成本。

4. 某公司年初应收账款额为30万元，年末应收账款额为40万元，本年净利润为30万元，销售净利率为20%，销售收入中赊销收入占70%。

要求：计算该企业本年度应收账款周转次数和周转天数。

5. 某公司2018年年初存货为15 000元，年初应收账款为12 700元，2018年年末计算出流动比率为3，速动比率为1.5，存货周转率为4次（按销售额计算），流动资产合计为27 000元。

要求：

（1）计算该公司的本年销售额；

（2）如果除应收账款以外的速动资产是微不足道的，计算其平均收账期。

学习任务四 财务综合分析

知识准备与业务操作

一、财务综合分析的特点

所谓财务综合分析，就是将对营运能力、偿债能力和盈利能力等诸方面的分析纳入一个有机的整体中，全面对企业经营状况、财务状况进行剖析，从而对企业经济效益的优劣做出准确评价与判断。财务综合分析的特点体现在对财务指标体系的要求上，一个健全、有效的财务综合指标体系必须具备三个基本要素。

1. 指标要素齐全适当

这是指设置的评价指标必须能够涵盖企业营运能力、偿债能力及盈利能力等诸方面总体考核的要求。

2. 主辅指标功能匹配

首先，在确立营运能力、偿债能力和盈利能力诸方面评价的主要指标与辅助指标的同时，进一步明晰总体结构中各项指标的主辅地位；其次，不同范畴的主要考核指标反映的企业经营状况、财务状况的不同侧面与不同层次的信息要有机统一，应当能够全面而翔实地揭示企业经营理财的实绩

3. 满足多方信息需要

这要求评价指标体系必须能够提供多层次、多角度的信息资料，既能满足企业内部管理当局实施决策对充分、具体的财务信息的需要，同时又能满足外部投资者和政府以决策和实施宏观调控的要求。

二、财务综合分析的方法

财务综合分析的方法很多，其中应用比较广泛的有杜邦财务分析体系和沃尔比重评分法。

（一）杜邦财务分析体系的应用

杜邦财务分析体系（简称杜邦体系）是利用各财务指标间的内在联系，对企业综合经营理财及经济效益进行系统分析评价的方法。其因最初由美国杜邦公司创立并成功运用而得名。该体系以净资产收益率为核心，将其分解为若干财务指标，通过分析各指标的变动对净资产收益率的影响来揭示企业的盈利能力及变动原因。

杜邦体系各主要指标间的关系如下。

净资产收益率=总资产净利率×权益乘数

=营业净利率×总资产周转率×权益乘数

其中： 营业净利率=净利润÷营业收入

总资产周转率=营业收入÷平均资产总额

权益乘数=资产总额÷所有者权益总额=1÷（1–资产负债率）

在具体运用杜邦体系进行分析时，可以采用因素分析法，首先确定营业净利率、总资产周转率和权益乘数的基准值，然后顺次代入这三个指标的实际值，分别计算分析这三个指标的变动对净资产收益率的影响方向及程度，还可以使用因素分析法进一步分解各个指标并分析变动的深层次原因，找出解决方法。

业务操作　　运用杜邦体系进行财务分析

天元公司是一家化工原料生产企业，目前正处于免税期。该公司 2018 年营业额为 62 500 万元，比上年增长 28%，2017 年、2018 年该公司的有关财务比率以及行业平均数如表 10-4 所示。

表 10-4　　天元公司相关财务指标一览表

财务比率	2017 年行业平均	2017 年本公司实际	2018 年本公司实际
应收账款回收期（天）	35	36	36
存货周转率（次）	2.5	2.59	2.11
营业毛利率	38%	40%	40%
营业利润率（息税前）	10%	9.6%	10.63
营业净利率	6.27%	7.2%	6.81%
总资产周转率	1.14	1.11	1.07
固定资产周转率	1.4	2.02	1.82
资产负债率	58%	50%	61.3%
利息保障倍数	2.68	4	2.78

要求：

（1）运用杜邦财务分析体系，比较2017年公司与行业平均净资产收益率，定性分析其产生差异的原因；

（2）运用杜邦财务分析体系，比较本公司2017年与2018年的净资产收益率，定性分析其变化的原因。

操作步骤

（1）该公司2017年实际完成值与同行业平均水平比较如下。

本公司净资产收益率=营业净利率×总资产周转率×权益乘数=7.2%×1.11×[1÷（1-50%）]=15.98%

行业平均净资产收益率=营业净利率×总资产周转率×权益乘数=6.27%×1.14×[1÷（1-58%）]=17.01%

分析：天元公司净资产收益率比行业平均净资产收益率低1.03%（17.01%-15.98%）。通过分析影响净资产收益率的三个关键因素，可以找出形成这种差异的原因。具体对比分析如下：天元公司营业净利率高于同业水平0.93%，其原因是营业成本率低2%，或营业毛利率高2%；公司总资产周转率略低于同业水平0.03次，主要原因是应收账款回收较慢；公司权益乘数低于同业水平，原因是负债减少。

（2）该公司2018年实际值与2017年实际值的比较如下。

2017年净资产收益率=15.98%

2018年净资产收益率=6.81%×1.07×[1÷（1-61.3%）]=18.8%

分析：天元公司2018年净资产收益率比2017年净资产收益率高2.82%（18.8%-15.98%）。通过分析影响净资产收益率的三个关键因素，可以找出形成这种差异的原因。具体对比分析如下：天元公司2018年营业净利率低于2017年0.39%，主要原因是资产负债率上升11.3%，导致利息费用增加；公司总资产周转率下降，主要原因是固定资产周转率和存货周转率下降；公司权益乘数提高，原因是负债比率上升。

（二）沃尔比重评分法的应用

财务状况综合评价的先驱者之一是美国的亚历山大·沃尔教授。他在20世纪初出版的《信用晴雨表研究》和《财务报表比率分析》中提出了信用能力指数概念，把流动比率、产权比率、固定资产比率、存货周转率、应收账款周转率、固定资产周转率、自有资金周转率七个财务比率用线性关系结合起来，并分别给定各自的分数比重，然后通过与标准比率进行比较，确定各指标的得分及总体指标的累计分数，从而对企业的信用水平做出评价。

原始意义上的沃尔分析法存在两个缺陷：一是选定的七项指标缺乏证明力；二是当某项指标严重异常时，会对总评分产生不合逻辑的重大影响。

现代社会与沃尔所在时代的社会相比，已经发生了很大变化。沃尔最初提出的七项指标已难以完全适用于当前对企业评价的需要。1995年，我国财政部颁布了一套企业经济效益评价指标体系，主要包括：

（1）销售利润率=利润总额÷产品销售收入净额；

（2）总资产报酬率=息税前利润总额÷平均资产总额；

（3）资本收益率=净利润÷实收资本；

（4）资本保值增值率=期末所有者权益总额÷期初所有者权益总额；

（5）资产负债率=负债总额÷资产总额；

（6）流动比率（或速动比率）=流动资产（或速动资产）÷流动负债；

（7）应收账款周转率=赊销净额÷平均应收账款余额；

（8）存货周转率=产品销售成本÷平均存货；

（9）社会贡献率=企业社会贡献总额÷平均资产总额；

（10）社会积累率=上交国家财政总额÷企业社会贡献总额。

上述指标可以被分成四类：（1）～（4）项为盈利能力指标，（5）～（6）项为偿债能力指标，（7）～（8）项为营运能力指标，（9）～（10）项为社会贡献指标。

该套指标体系的综合评分一般方法如下。

（1）以行业平均先进水平为标准值。

（2）标准值的重要性权数总计为 100 分，其中销售利润率 15 分、总资产报酬率 15 分、资本收益率 15 分、资本保值增值率 10 分、资产负债率 5 分、流动比率（或速动比率）5 分、应收账款周转率 5 分、存货周转率 5 分、社会贡献率 10 分、社会积累率 15 分。

（3）根据企业财务报表，分项计算 10 个指标的实际值，然后加权平均计算 10 个指标的综合实际分数。其计算公式如下：

$$综合实际分数=\Sigma（权数\times关系比率）$$

其中，关系比率总的来说是实际值与标准值的比率。具体计算时要区分以下三种情况。

① 凡实际值大于标准值为理想的，其计算公式为：

$$关系比率=1+\frac{实际值-标准值}{标准值}$$

或

$$=\frac{实际值}{标准值}$$

② 凡实际值小于标准值为理想的，其计算公式为：

$$关系比率=1+\frac{实际值-标准值}{标准值}$$

③ 凡实际值脱离标准值均为不理想的，其计算公式为：

$$关系比率=1+\frac{|实际值-标准值|}{标准值}$$

应用沃尔比重法的举例如表 10-5 所示。

表 10-5　　沃尔比重评分表

财务评价指标	标准值	实际值	关系比率	权数	得分
销售利润率	15%	21%	1.4	15	21
总资产报酬率	10%	20.9%	2.09	15	31.35
资本收益率	12%	21%	1.75	15	26.25
资本保值增值率	108%	113%	1.046	10	10.46
资产负债率	50%	28.3%	0.566	5	2.83
流动比率	2	2.013	1.007	5	5.035
应收账款周转率	4	4.8	1.2	5	6
存货周转率	2	3.08	1.54	5	7.7
社会贡献率	20%	26%	1.30	10	13
社会积累率	40%	75.1%	1.878	15	28.17
合计				100	151.79

综合评分达 100 分，说明经济效益总体水平达到标准要求。该指标值越高，经济效益水平越高。本例中企业总分为 151.79，已超过标准值 51.43%，说明企业经济效益好。

以上评分法是评价企业总体财务状况的一种比较可取的方法，但这一方法的正确性取决于指标的选定、标准值的合理程度、权重的确定等。

想一想

什么是杜邦财务分析体系？杜邦财务分析体系中各主要指标间的关系如何？

职业能力选择与判断

一、单项选择题

1. 在杜邦财务分析体系中，假设其他情况相同，下列说法中错误的是（　　）。

A. 权益乘数大则财务风险大　　B. 权益乘数大则净资产收益率大
C. 权益乘数等于产权比率加1　　D. 权益乘数大则资产净利率大

2. 净资产收益率在杜邦财务分析体系中是综合性最强、最具有代表性的指标。通过对系统的分析可知，提高净资产收益率的途径不包括（　　）。

A. 加强销售管理，提高营业净利率　　B. 加强资产管理，提高利用率和周转率
C. 加强负债管理，提高利用率和周转率　　D. 加强负债管理，提高产权比率

3. 某公司年初负债总额为800万元（流动负债220万元，长期负债580万元），年末负债总额为1 060万元（流动负债300万元，长期负债760万元）；年初资产总额1 680万元，年末资产总额2 000万元。其权益乘数为（　　）。

A. 2.022　　B. 2.128　　C. 1.909　　D. 2.1

4. 杜邦财务分析体系（简称杜邦体系）是利用各项财务指标间的内在联系，对企业综合经营理财及经济效益进行系统分析评价的方法。该体系以（　　）为核心。

A. 销售收入　　B. 资产负债率　　C. 净利润　　D. 净资产收益率

5. 沃尔比重评分法最初是用于评价企业的（　　）。

A. 盈利能力　　B. 发展能力　　C. 营运能力　　D. 信用能力

二、多项选择题

1. 影响净资产收益率的因素有（　　）。

A. 资产结构　　B. 资金结构　　C. 总资产净利率　　D. 主营业务净利率

2. 用来分析资产净利率变化原因的指标有（　　）。

A. 销售收入　　B. 资产周转率　　C. 资产负债率　　D. 销售利润率

3. 一个健全、有效的财务综合指标体系必须具备以下基本要素（　　）。

A. 指标要素齐全适当　　B. 主辅指标功能匹配
C. 满足多方信息需要　　D. 对比项目的相关性

4. 原始意义上的沃尔比重评分法存在以下缺陷（　　）。

A. 选定的七项指标缺乏证明力
B. 当某项指标严重异常时，会对总评分产生不合逻辑的重大影响
C. 比较基础难以确定
D. 财务报表可能会扭曲公司的实际情况

5. 我国财政部1995年颁布了一套企业经济效益评价指标体系，主要包括（　　）指标。

A. 盈利能力　　B. 偿债能力　　C. 营运能力　　D. 社会贡献

三、判断题

1. 企业进行财务分析时不能仅凭某一个或者某几个指标便下结论，必须对各指标综合权衡。（ ）

2. 财务综合分析实际上就是同时对企业或分析对象的偿债能力、盈利能力和营运能力进行的分析。（ ）

3. 杜邦财务分析体系就是要找出影响净资产收益率的深层次原因，并提出对策。（ ）

4. 沃尔比重评分法是评价企业总体财务状况的一种比较可取的方法，但这一方法的正确性取决于指标的选定、标准值的合理程度、标准值重要性权数的确定等。（ ）

5. 在我国财政部颁布的企业经济效益评价指标体系中，社会积累率就是企业上交国家财政总额与企业社会贡献总额的比率。（ ）

单项任务训练

1. 资料：已知某公司2018年会计报表的有关资料如表10-6所示。

表10-6 某公司2018年会计报表有关资料 单位：万元

资产负债表项目	年初数	年末数
资产	13 000	15 000
负债	8 000	8 800
所有者权益	5 000	6 200
利润表项目	上年数	本年数
主营业务收入净额	（略）	35 000
净利润	（略）	700

已知该公司2017年按照平均数计算的资产负债率是75%，总资产周转率是2次，主营业务净利率是1.8%。

要求：计算杜邦财务分析体系中的下列指标（时点指标按平均数计算）：

（1）净资产收益率；

（2）主营业务净利率；

（3）总资产周转率（保留两位小数）；

（4）权益乘数。

2. 某公司2018年的销售额为62 500万元，比上年提高28%，有关的财务比率如表10-7所示。

表10-7 某公司的财务比率

财务比率	2017年同业平均	2017年	2018年
应收账款回收期（天）	35	36	36
存货周转率	2.5	2.59	2.11
销售毛利率	38%	40%	40%
销售营业利润率（息税前）	10%	9.6%	10.63%
销售利息率	3.73%	2.4%	3.82%
销售净利率	6.27%	7.2%	6.81%
总资产周转率	1.14	1.11	1.07
固定资产周转率	1.4	2.02	1.82
资产负债率	58%	50%	61.3%
利息保障倍数	2.68	4	2.78

备注：该公司正处于免税期。

要求：

（1）运用杜邦财务分析体系，比较 2017 年公司与同业平均的净资产收益率，定性分析其差异产生的原因；

（2）运用杜邦财务分析体系，比较 2018 年与 2017 年的净资产收益率，定性分析其变化的原因。

项目小结

财务分析是以企业财务报告及其他相关资料为主要依据，对企业的财务状况和经营成果进行评价和剖析，反映企业在运营过程中的利弊得失和发展趋势，从而为改进企业财务管理工作和优化经济决策提供重要的财务信息。财务分析可以用来评价企业财务状况、盈利能力、资产管理水平、成本费用水平与未来发展能力。财务分析信息的需求者主要包括企业所有者、企业债权人、企业经营决策者和政府等。不同主体出于不同的利益考虑，对财务分析信息有着各自不同的要求。总的来看，财务分析的基本内容包括偿债能力分析、营运能力分析、盈利能力分析和发展能力分析，四者是相辅相成的关系。财务分析也有局限性，主要体现在财务报表本身的局限性、财务报表的可靠性问题与比较基础问题。

财务分析的基本方法主要有趋势分析法、比率分析法和因素分析法。趋势分析法又称水平分析法，是将两期或连续数期财务报告中相同指标进行对比，确定其增减变动的方向、数额和幅度，以说明企业财务状况和经营成果的变动趋势的一种方法。比率分析法是指利用财务报表中两项相关数值的比率揭示企业财务状况和经营成果的一种分析方法。因素分析法也称因素替换法、连环替代法，它是用来确定几个相互联系的因素对分析对象——综合财务指标或经济指标的影响程度的一种分析方法。

财务指标包括偿债能力分析指标、营运能力分析指标、盈利能力分析指标和发展能力分析指标。偿债能力又分为短期偿债能力与长期偿债能力，分析短期偿债能力的指标主要有流动比率、速动比率和现金流动负债率；分析长期偿债能力的主要指标有资产负债率、产权比率、负债与有形净资产比率和利息保障倍数。企业营运能力的分析指标有应收账款周转率、存货周转率、总资产周转率、固定资产周转率等。盈利能力分析指标包括营业利润率、成本费用利润率、资产净利率、净资产收益率、盈余现金保障倍数、每股收益、市盈率、股利支付率、每股净资产与市净率。

所谓财务综合分析，就是将对营运能力、偿债能力和盈利能力等诸方面的分析纳入一个有机的整体中，全面对企业经营状况、财务状况进行剖析，从而对企业经济效益的优劣做出准确评价与判断。财务综合分析的方法很多，其中应用比较广泛的有杜邦财务分析体系和沃尔比重评分法。杜邦财务分析体系（简称杜邦体系）是利用各财务指标间的内在联系，对企业综合经营理财及经济效益进行系统分析评价的方法。沃尔比重评分法则是把流动比率、产权比率、固定资产比率、存货周转率、应收账款周转率、固定资产周转率、自有资金周转率七个财务比率用线性关系结合起来，并分别给定各自的分数比重，然后通过与标准比率进行比较，确定各指标的得分及总体指标的累计分数，从而对企业的信用水平做出评价。

项目案例分析

情景与背景：

大华公司 2016—2018 年的主要财务数据和财务比率如表 10-8 所示。

表 10-8　　大华公司近三年主要财务数据和财务比率

项目	2016 年	2017 年	2018 年
销售额（万元）	4 000	4 300	3 800
总资产（万元）	1 430	1 560	1 695
普通股（万元）	100	100	100
保留盈余（万元）	500	550	550
所有者权益合计	600	650	650
流动比率	1.19	1.25	1.20
平均收现期（天）	18	22	27
存货周转率	8.0	7.5	5.5
债务/所有者权益	1.38	1.40	1.61
长期债务/所有者权益	0.5	0.46	0.46
销售毛利率	20%	16.3%	13.2%
销售净利率	7.5	4.7%	2.6%
总资产周转率	2.80	2.76	2.24
总资产净利率	21%	13%	6%

假设该公司没有营业外收支和投资收益、所得税率不变。

要求：

1. 分析说明该公司资产盈利能力的变化及其原因。
2. 分析说明该公司资产、负债及所有者权益的变化及其原因。
3. 假如你是该公司的财务经理，在 2019 年应从哪些方面改善公司的财务状况和经营业绩？

项目综合实训

一、实训要求

1. 能准确计算偿债能力指标，并分析企业的偿债能力。
2. 能准确计算营运能力指标，并分析企业的营运能力。
3. 能准确计算盈利能力指标，并分析企业的盈利能力。
4. 能有效运用杜邦财务分析体系进行财务综合分析。
5. 能够对本次实训活动进行总结，在此基础上按照规范格式撰写《企业财务分析实训报告》。

二、实训条件

在财务管理实训室进行，要求配备计算机和财务软件、相关实训用具等。

三、实训材料

东方股份有限公司是一家汽车零配件生产商。该公司十分重视新产品和新工艺的开发，引进国外先进技术，拥有国内一流的生产线，其生产的产品在国内具有较高的市场占有率。由于该公司近两年扩张得太快，经营效率有所下降。为了把握未来，该公司对未来几年面临的市场和风险进行了预测。预测结果表明，在未来几年里，伴随国民经济的快速发展，以及汽车工业的迅速崛起，市场对汽车零配件的需求剧增，这种发展势头给公司带来了千载难逢的发展机会。同时，公司未来面临的风险也在逐步加大，如国内生产该产品的企业逐步增多、国外生产同类产品的公司也欲进入我国市场、能源涨价等，这些都会给公司未来的生产经营活动带来严峻挑战。

东方股份有限公司发行在外的普通股2017年为1 000万股，2018年为1 200万股，其平均市价分别为2.2元/股和2.5元/股，2018年分配普通股股东现金股利400万元。东方股份有限公司2018年度资产负债表、利润表资料如表10-9和表10-10所示。

表10-9　2018年度资产负债表　单位：万元

资产	年初数	年末数	负债和股东权益	年初数	年末数
流动资产：			流动负债：		
货币资金	880	1 550	短期借款	200	150
交易性金融资产	132	60	应付票据及应付账款	600	400
应收票据及应收账款	1 080	1 200	应付职工薪酬	180	300
预付款项	200	250	交易性金融负债	500	800
其他应收款			一年内到期的非流动负债	120	150
存货	808	880	流动负债合计	1 600	1 800
流动资产合计	3 100	3 940	非流动负债：		
非流动资产：			长期借款	200	300
其他债权投资			应付债券	100	200
长期应收款			非流动负债合计	300	500
长期股权投资	300	500	负债合计	1 900	2 300
投资性房地产			股东权益		
固定资产	1 750	1 920	股本	1 500	1 800
在建工程			资本公积	500	700
无形资产	50	40	盈余公积	800	1 000
开发支出			未分配利润	500	600
其他非流动资产			股东权益合计	3 300	4 100
资产总计	5 200	6 400	负债和股东权益总计	5 200	6 400

表10-10　2018年度利润表　单位：万元

项目	本年累计数	上年累计数
一、营业收入	17 000	13 000
减：营业成本	8 500	6 900
税金及附加	750	575
销售费用	500	450
管理费用	840	750
财务费用	60	50
加：投资收益（损失以"-"号填列）	70	50
二、营业利润（亏损以"-"号填列）	6 420	4 325
加：营业外收入	50	60
减：营业外支出	30	50
三、利润总额（亏损以"-"号填列）	6 440	4 335
减：所得税费用	2 576	1 732
四、净利润（净亏损以"-"号填列）	3 864	2 603

证券投资分析师王杰认为，东方股份有限公司的资产总额、净利润总额都在增加，股票价格也呈上涨态势，因此，公司的财务管理及成效是无可挑剔的。

问题：

（1）你是如何看待王杰的观点？

（2）根据报表资料分别计算该公司 2018 年的偿债能力分析指标、营运能力分析指标、盈利能力分析指标、发展能力分析指标；

（3）运用杜邦财务分析体系对净资产收益率进行分析，并确定各因素变动对净资产收益率的影响程度；

（4）运用上述分析结果，归纳影响该公司经营变动的有利因素和不利因素，找出产生不利因素的主要原因，并提出相应的改进建议，进而使这些改进建议付诸实施，以提高该公司的生产经营管理水平和竞争力，最终完成一篇不少于 1 000 字的财务分析报告。

项目综合评价

项目评价记录表

姓　　名：____________　　班　　级：____________　　评价时间：____________

评价指标		评价标准	所占比例	分值
活动过程 Σ80	职业能力 Σ35	解决问题能力	5%	
		信息处理能力	5%	
		数字应用能力	5%	
		职业能力训练成绩	20%	
	专业能力 Σ45	应用因素替换法	10%	
		财务指标分析	20%	
		财务综合分析	15%	
团队合作 Σ20	工作计划	计划设置及实施	5%	
	过程实施	配合及解决问题	5%	
	合作交流	小组成员间的交流与合作	5%	
	资源利用	资源使用及组织	5%	
综合得分				
教师评语		签名： 年　月　日		
学生意见		签名： 年　月　日		

附表一 复利终值系数表

计算公式：$f=(1+i)^n$

期数	1%	2%	3%	4%	5%	6%	7%	8%	9%	10%
1	1.010 0	1.020 0	1.030 0	1.040 0	1.050 0	1.060 0	1.070 0	1.080 0	1.090 0	1.100 0
2	1.020 1	1.040 4	1.060 9	1.081 6	1.102 5	1.123 6	1.144 9	1.166 4	1.188 1	1.210 0
3	1.030 3	1.061 2	1.092 7	1.124 9	1.157 6	1.191 0	1.225 0	1.259 7	1.295 0	1.331 0
4	1.040 6	1.082 4	1.125 5	1.169 9	1.215 5	1.262 5	1.310 8	1.360 5	1.411 6	1.464 1
5	1.051 0	1.104 1	1.159 3	1.216 7	1.276 3	1.338 2	1.402 6	1.469 3	1.538 6	1.610 5
6	1.061 5	1.126 2	1.194 1	1.265 3	1.340 1	1.418 5	1.500 7	1.586 9	1.677 1	1.771 6
7	1.072 1	1.148 7	1.229 9	1.315 9	1.407 1	1.503 6	1.605 8	1.713 8	1.828 0	1.948 7
8	1.082 9	1.171 7	1.266 8	1.368 6	1.477 5	1.593 8	1.718 2	1.850 9	1.992 6	2.143 6
9	1.093 7	1.195 1	1.304 8	1.423 3	1.551 3	1.689 5	1.838 5	1.999 0	2.171 9	2.357 9
10	1.104 6	1.219 0	1.343 9	1.480 2	1.628 9	1.790 8	1.967 2	2.158 9	2.367 4	2.593 7
11	1.115 7	1.243 4	1.384 2	1.539 5	1.710 3	1.898 3	2.104 9	2.331 6	2.580 4	2.853 1
12	1.126 8	1.268 2	1.425 8	1.601 0	1.795 9	2.012 2	2.252 2	2.518 2	2.812 7	3.138 4
13	1.138 1	1.293 6	1.468 5	1.665 1	1.885 6	2.132 9	2.409 8	2.719 6	3.065 8	3.452 3
14	1.149 5	1.319 5	1.512 6	1.731 7	1.979 9	2.260 9	2.578 5	2.937 2	3.341 7	3.797 5
15	1.161 0	1.345 9	1.558 0	1.800 9	2.078 9	2.396 6	2.759 0	3.172 2	3.642 5	4.177 2
16	1.172 6	1.372 8	1.604 7	1.873 0	2.182 9	2.540 4	2.952 2	3.425 9	3.970 3	4.595 0
17	1.184 3	1.400 2	1.652 8	1.947 9	2.292 0	2.692 8	3.158 8	3.700 0	4.327 6	5.054 5
18	1.196 1	1.428 2	1.702 4	2.025 8	2.406 6	2.854 3	3.379 9	3.996 0	4.717 1	5.559 9
19	1.208 1	1.456 8	1.753 5	2.106 8	2.527 0	3.025 6	3.616 5	4.315 7	5.141 7	6.115 9
20	1.220 2	1.485 9	1.806 1	2.191 1	2.653 3	3.207 1	3.869 7	4.661 0	5.604 4	6.727 5
21	1.232 4	1.515 7	1.860 3	2.278 8	2.786 0	3.399 6	4.140 6	5.033 8	6.108 8	7.400 2
22	1.244 7	1.546 0	1.916 1	2.369 9	2.925 3	3.603 5	4.430 4	5.436 5	6.658 6	8.140 3
23	1.257 2	1.576 9	1.973 6	2.464 7	3.071 5	3.819 7	4.740 5	5.871 5	7.257 9	8.954 3
24	1.269 7	1.608 4	2.032 8	2.563 3	3.225 1	4.048 9	5.072 4	6.341 2	7.911 1	9.849 7
25	1.282 4	1.640 6	2.093 8	2.665 8	3.386 4	4.291 9	5.427 4	6.848 5	8.623 1	10.834 7
26	1.295 3	1.673 4	2.156 6	2.772 5	3.555 7	4.549 4	5.807 4	7.396 4	9.399 2	11.918 2
27	1.308 2	1.706 9	2.221 3	2.883 4	3.733 5	4.822 3	6.213 9	7.988 1	10.245 1	13.110 0
28	1.321 3	1.741 0	2.287 9	2.998 7	3.920 1	5.111 7	6.648 8	8.627 1	11.167 1	14.421 0
29	1.334 5	1.775 8	2.356 6	3.118 7	4.116 1	5.418 4	7.114 3	9.317 3	12.172 2	15.863 1
30	1.347 8	1.811 4	2.427 3	3.243 4	4.321 9	5.743 5	7.612 3	10.062 7	13.267 7	17.449 4

续表

期数	11%	12%	13%	14%	15%	16%	17%	18%	19%	20%
1	1.110 0	1.120 0	1.130 0	1.140 0	1.150 0	1.160 0	1.170 0	1.180 0	1.190 0	1.200 0
2	1.232 1	1.254 4	1.276 9	1.299 6	1.322 5	1.345 6	1.368 9	1.392 4	1.416 1	1.440 0
3	1.367 6	1.404 9	1.442 9	1.481 5	1.520 9	1.560 9	1.601 6	1.643 0	1.685 2	1.728 0
4	1.518 1	1.573 5	1.630 5	1.689 0	1.749 0	1.810 6	1.873 9	1.938 8	2.005 3	2.073 6
5	1.685 1	1.762 3	1.842 4	1.925 4	2.011 4	2.100 3	2.192 4	2.287 8	2.386 4	2.488 3
6	1.870 4	1.973 8	2.082 0	2.195 0	2.313 1	2.436 4	2.565 2	2.699 6	2.839 8	2.986 0
7	2.076 2	2.210 7	2.352 6	2.502 3	2.660 0	2.826 2	3.001 2	3.185 5	3.379 3	3.583 2
8	2.304 5	2.476 0	2.658 4	2.852 6	3.059 0	3.278 4	3.511 5	3.758 9	4.021 4	4.299 8
9	2.558 0	2.773 1	3.004 0	3.251 9	3.517 9	3.803 0	4.108 4	4.435 5	4.785 4	5.159 8
10	2.839 4	3.105 8	3.394 6	3.707 2	4.045 6	4.411 4	4.806 8	5.233 8	5.694 7	6.191 7
11	3.151 8	3.478 6	3.835 9	4.226 2	4.652 4	5.117 3	5.624 0	6.175 9	6.776 7	7.430 1
12	3.498 5	3.896 0	4.334 5	4.817 9	5.350 3	5.936 0	6.580 1	7.287 6	8.064 2	8.916 1
13	3.883 3	4.363 5	4.898 0	5.492 4	6.152 8	6.885 8	7.698 7	8.599 4	9.596 4	10.699 3
14	4.310 4	4.887 1	5.534 8	6.261 3	7.075 7	7.987 5	9.007 5	10.147 2	11.419 8	12.839 2
15	4.784 6	5.473 6	6.254 3	7.137 9	8.137 1	9.265 5	10.538 7	11.973 7	13.589 5	15.407 0
16	5.310 9	6.130 4	7.067 3	8.137 2	9.357 6	10.748 0	12.330 3	14.129 0	16.171 5	18.488 4
17	5.895 1	6.866 0	7.986 1	9.276 5	10.761 3	12.467 7	14.426 5	16.672 2	19.244 1	22.186 1
18	6.543 6	7.690 0	9.024 3	10.575 2	12.375 5	14.462 5	16.879 0	19.673 3	22.900 5	26.623 3
19	7.263 3	8.612 8	10.197 4	12.055 7	14.231 8	16.776 5	19.748 4	23.214 4	27.251 6	31.948 0
20	8.062 3	9.646 3	11.523 1	13.743 5	16.366 5	19.460 8	23.105 6	27.393 0	32.429 4	38.337 6
21	8.949 2	10.803 8	13.021 1	15.667 6	18.821 5	22.574 5	27.033 6	32.323 8	38.591 0	46.005 1
22	9.933 6	12.100 3	14.713 8	17.861 0	21.644 7	26.186 4	31.629 3	38.142 1	45.923 3	55.206 1
23	11.026 3	13.552 3	16.626 6	20.361 6	24.891 5	30.376 2	37.006 2	45.007 6	54.648 7	66.247 4
24	12.239 2	15.178 6	18.788 1	23.212 2	28.625 2	35.236 4	43.297 3	53.109 0	65.032 0	79.496 8
25	13.585 5	17.000 1	21.230 5	26.461 9	32.919 0	40.874 2	50.657 8	62.668 6	77.388 1	95.396 2
26	15.079 9	19.040 1	23.990 5	30.166 6	37.856 8	47.414 1	59.269 7	73.949 0	92.091 8	114.475 5
27	16.738 7	21.324 9	27.109 3	34.389 9	43.535 3	55.000 4	69.345 5	87.259 8	109.589 3	137.370 6
28	18.579 9	23.883 9	30.633 5	39.204 5	50.065 6	63.800 4	81.134 2	102.966 6	130.411 2	164.844 7
29	20.623 7	26.749 9	34.615 8	44.693 1	57.575 5	74.008 5	94.927 1	121.500 5	155.189 3	197.813 6
30	22.892 3	29.959 9	39.115 9	50.950 2	66.211 8	85.849 9	111.064 7	143.370 6	184.675 3	237.376 3

续表

期数	21%	22%	23%	24%	25%	26%	27%	28%	29%	30%
1	1.210 0	1.220 0	1.230 0	1.240 0	1.250 0	1.260 0	1.270 0	1.280 0	1.290 0	1.300 0
2	1.464 1	1.488 4	1.512 9	1.537 6	1.562 5	1.587 6	1.612 9	1.638 4	1.664 1	1.690 0
3	1.771 6	1.815 8	1.860 9	1.906 6	1.953 1	2.000 4	2.048 4	2.097 2	2.146 7	2.197 0
4	2.143 6	2.215 3	2.288 9	2.364 2	2.441 4	2.520 5	2.601 4	2.684 4	2.769 2	2.856 1
5	2.593 7	2.702 7	2.815 3	2.931 6	3.051 8	3.175 8	3.303 8	3.436 0	3.572 3	3.712 9
6	3.138 4	3.297 3	3.462 8	3.635 2	3.814 7	4.001 5	4.195 9	4.398 0	4.608 3	4.826 8
7	3.797 5	4.022 7	4.259 3	4.507 7	4.768 4	5.041 9	5.328 8	5.629 5	5.944 7	6.274 9
8	4.595 0	4.907 7	5.238 9	5.589 5	5.960 5	6.352 8	6.767 5	7.205 8	7.668 6	8.157 3
9	5.559 9	5.987 4	6.443 9	6.931 0	7.450 6	8.004 5	8.594 8	9.223 4	9.892 5	10.604 5
10	6.727 5	7.304 6	7.925 9	8.594 4	9.313 2	10.085 7	10.915 3	11.805 9	12.761 4	13.785 8
11	8.140 3	8.911 7	9.748 9	10.657 1	11.641 5	12.708 0	13.862 5	15.111 6	16.462 2	17.921 6
12	9.849 7	10.872 2	11.991 2	13.214 8	14.551 9	16.012 0	17.605 3	19.342 8	21.236 2	23.298 1
13	11.918 2	13.264 1	14.749 1	16.386 3	18.189 9	20.175 2	22.358 8	24.758 8	27.394 7	30.287 5
14	14.421 0	16.182 2	18.141 4	20.319 1	22.737 4	25.420 7	28.395 7	31.691 3	35.339 1	39.373 8
15	17.449 4	19.742 3	22.314 0	25.195 6	28.421 7	32.030 1	36.062 5	40.564 8	45.587 5	51.185 9
16	21.113 8	24.085 6	27.446 2	31.242 6	35.527 1	40.357 9	45.799 4	51.923 0	58.807 9	66.541 7
17	25.547 7	29.384 4	33.758 8	38.740 8	44.408 9	50.851 0	58.165 2	66.461 4	75.862 1	86.504 2
18	30.912 7	35.849 0	41.523 3	48.038 6	55.511 2	64.072 2	73.869 8	85.070 6	97.862 2	112.455 4
19	37.404 3	43.735 8	51.073 7	59.567 9	69.388 9	80.731 0	93.814 7	108.890 4	126.242 2	146.192 0
20	45.259 3	53.357 6	62.820 6	73.864 1	86.736 2	101.721 1	119.144 6	139.379 7	162.852 4	190.049 6
21	54.763 7	65.096 3	77.269 4	91.591 5	108.420 2	128.168 5	151.313 7	178.406 0	210.079 6	247.064 5
22	66.264 1	79.417 5	95.041 3	113.573 5	135.525 3	161.492 4	192.168 3	228.359 6	271.002 7	321.183 9
23	80.179 5	96.889 4	116.900 8	140.831 2	169.406 6	203.480 4	244.053 8	292.300 3	349.593 5	417.539 1
24	97.017 2	118.205 0	143.788 0	174.630 6	211.758 2	256.385 3	309.948 3	374.144 4	450.975 6	542.800 8
25	117.390 9	144.210 1	176.859 3	216.542 0	264.697 8	323.045 4	393.634 4	478.904 9	581.758 5	705.641 0
26	142.042 9	175.936 4	217.536 9	268.512 1	330.872 2	407.037 3	499.915 7	612.998 2	750.468 5	917.333 3
27	171.871 9	214.642 4	267.570 4	332.955 0	413.590 3	512.867 0	634.892 9	784.637 7	968.104 4	1 192.533 3
28	207.965 1	261.863 7	329.111 5	412.864 2	516.987 9	646.212 4	806.314 0	1 004.336 3	1 248.854 6	1 550.293 3
29	251.637 7	319.473 7	404.807 2	511.951 6	646.234 9	814.227 6	1 024.018 7	1 285.550 4	1 611.022 5	2 015.381 3
30	304.481 6	389.757 9	497.912 9	634.819 9	807.793 6	1 025.926 7	1 300.503 8	1 645.504 6	2 078.219 0	2 619.995 6

附表二 | 复利现值系数表

计算公式：$f=(1+i)^n$

期数	1%	2%	3%	4%	5%	6%	7%	8%	9%	10%
1	0.990 1	0.980 4	0.970 9	0.961 5	0.952 4	0.943 4	0.934 6	0.925 9	0.917 4	0.909 1
2	0.980 3	0.961 2	0.942 6	0.924 6	0.907 0	0.890 0	0.873 4	0.857 3	0.841 7	0.826 4
3	0.970 6	0.942 3	0.915 1	0.889 0	0.863 8	0.839 6	0.816 3	0.793 8	0.772 2	0.751 3
4	0.961 0	0.923 8	0.888 5	0.854 8	0.822 7	0.792 1	0.762 9	0.735 0	0.708 4	0.683 0
5	0.951 5	0.905 7	0.862 6	0.821 9	0.783 5	0.747 3	0.713 0	0.680 6	0.649 9	0.620 9
6	0.942	0.888 0	0.837 5	0.790 3	0.746 2	0.705 0	0.666 3	0.630 2	0.596 3	0.564 5
7	0.932 7	0.870 6	0.813 1	0.759 9	0.710 7	0.665 1	0.622 7	0.583 5	0.547	0.513 2
8	0.923 5	0.853 5	0.789 4	0.730 7	0.676 8	0.627 4	0.582	0.540 3	0.501 9	0.466 5
9	0.914 3	0.836 8	0.766 4	0.702 6	0.644 6	0.591 9	0.543 9	0.500 2	0.460 4	0.424 1
10	0.905 3	0.820 3	0.744 1	0.675 6	0.613 9	0.558 4	0.508 3	0.463 2	0.422 4	0.385 5
11	0.896 3	0.804 3	0.722 4	0.649 6	0.584 7	0.526 8	0.475 1	0.428 9	0.387 5	0.350 5
12	0.887 4	0.788 5	0.701 4	0.624 6	0.556 8	0.497 0	0.444 0	0.397 1	0.355 5	0.318 6
13	0.878 7	0.773 0	0.681 0	0.600 6	0.530 3	0.468 8	0.415 0	0.367 7	0.326 2	0.289 7
14	0.870 0	0.757 9	0.661 1	0.577 5	0.505 1	0.442 3	0.387 8	0.340 5	0.299 2	0.263 3
15	0.861 3	0.743 0	0.641 9	0.555 3	0.481 0	0.417 3	0.362 4	0.315 2	0.274 5	0.239 4
16	0.852 8	0.728 4	0.623 2	0.533 9	0.458 1	0.393 6	0.338 7	0.291 9	0.251 9	0.217 6
17	0.844 4	0.714 2	0.605 0	0.513 4	0.436 3	0.371 4	0.316 6	0.270 3	0.231 1	0.197 8
18	0.836 0	0.700 2	0.587 4	0.493 6	0.415 5	0.350 3	0.295 9	0.250 2	0.212 0	0.179 9
19	0.827 7	0.686 4	0.570 3	0.474 6	0.395 7	0.330 5	0.276 5	0.231 7	0.194 5	0.163 5
20	0.819 5	0.673 0	0.553 7	0.456 4	0.376 9	0.311 8	0.258 4	0.214 5	0.178 4	0.148 6
21	0.811 4	0.659 8	0.537 5	0.438 8	0.358 9	0.294 2	0.241 5	0.198 7	0.163 7	0.135 1
22	0.803 4	0.646 8	0.521 9	0.422 0	0.341 8	0.277 5	0.225 7	0.183 9	0.150 2	0.122 8
23	0.795 4	0.634 2	0.506 7	0.405 7	0.325 6	0.261 8	0.210 9	0.170 3	0.137 8	0.111 7
24	0.787 6	0.621 7	0.491 9	0.390 1	0.310 1	0.247 0	0.197 1	0.157 7	0.126 4	0.101 5
25	0.779 8	0.609 5	0.477 6	0.375 1	0.295 3	0.233 0	0.184 2	0.146 0	0.116 0	0.092 3
26	0.772 0	0.597 6	0.463 7	0.360 7	0.281 2	0.219 8	0.172 2	0.135 2	0.106 4	0.083 9
27	0.764 4	0.585 9	0.450 2	0.346 8	0.267 8	0.207 4	0.160 9	0.125 2	0.097 6	0.076 3
28	0.756 8	0.574 4	0.437 1	0.333 5	0.255 1	0.195 6	0.150 4	0.115 9	0.089 5	0.069 3
29	0.749 3	0.563 1	0.424 3	0.320 7	0.242 9	0.184 6	0.140 6	0.107 3	0.082 2	0.063 0
30	0.741 9	0.552 1	0.412 0	0.308 3	0.231 4	0.174 1	0.131 4	0.099 4	0.075 4	0.057 3

续表

期数	11%	12%	13%	14%	15%	16%	17%	18%	19%	20%
1	0.900 9	0.892 9	0.885 0	0.877 2	0.869 6	0.862 1	0.854 7	0.847 5	0.840 3	0.833 3
2	0.811 6	0.797 2	0.783 1	0.769 5	0.756 1	0.743 2	0.730 5	0.718 2	0.706 2	0.694 4
3	0.731 2	0.711 8	0.693 1	0.675 0	0.657 5	0.640 7	0.624 4	0.608 6	0.593 4	0.578 7
4	0.658 7	0.635 5	0.613 3	0.592 1	0.571 8	0.552 3	0.533 7	0.515 8	0.498 7	0.482 3
5	0.593 5	0.567 4	0.542 8	0.519 4	0.497 2	0.476 1	0.456 1	0.437 1	0.419 0	0.401 9
6	0.534 6	0.506 6	0.480 3	0.455 6	0.432 3	0.410 4	0.389 8	0.370 4	0.352 1	0.334 9
7	0.481 7	0.452 3	0.425 1	0.399 6	0.375 9	0.353 8	0.333 2	0.313 9	0.295 9	0.279 1
8	0.433 9	0.403 9	0.376 2	0.350 6	0.326 9	0.305 0	0.284 8	0.266 0	0.248 7	0.232 6
9	0.390 9	0.360 6	0.332 9	0.307 5	0.284 3	0.263 0	0.243 4	0.225 5	0.209 0	0.193 8
10	0.352 2	0.322 0	0.294 6	0.269 7	0.247 2	0.226 7	0.208 0	0.191 1	0.175 6	0.161 5
11	0.317 3	0.287 5	0.260 7	0.236 6	0.214 9	0.195 4	0.177 8	0.161 9	0.147 6	0.134 6
12	0.285 8	0.256 7	0.230 7	0.207 6	0.186 9	0.168 5	0.152 0	0.137 2	0.124 0	0.112 2
13	0.257 5	0.229 2	0.204 2	0.182 1	0.162 5	0.145 2	0.129 9	0.116 3	0.104 2	0.093 5
14	0.232 0	0.204 6	0.180 7	0.159 7	0.141 3	0.125 2	0.111 0	0.098 5	0.087 6	0.077 9
15	0.209 0	0.182 7	0.159 9	0.140 1	0.122 9	0.107 9	0.094 9	0.083 5	0.073 6	0.064 9
16	0.188 3	0.163 1	0.141 5	0.122 9	0.106 9	0.093 0	0.081 1	0.070 8	0.061 8	0.054 1
17	0.169 6	0.145 6	0.125 2	0.107 8	0.092 9	0.080 2	0.069 3	0.060 0	0.052 0	0.045 1
18	0.152 8	0.130 0	0.110 8	0.094 6	0.080 8	0.069 1	0.059 2	0.050 8	0.043 7	0.037 6
19	0.137 7	0.116 1	0.098 1	0.082 9	0.070 3	0.059 6	0.050 6	0.043 1	0.036 7	0.031 3
20	0.124 0	0.103 7	0.086 8	0.072 8	0.061 1	0.051 4	0.043 3	0.036 5	0.030 8	0.026 1
21	0.111 7	0.092 6	0.076 8	0.063 8	0.053 1	0.044 3	0.037 0	0.030 9	0.025 9	0.021 7
22	0.100 7	0.082 6	0.068 0	0.056 0	0.046 2	0.038 2	0.031 6	0.026 2	0.021 8	0.018 1
23	0.090 7	0.073 8	0.060 1	0.049 1	0.040 2	0.032 9	0.027 0	0.022 2	0.018 3	0.015 1
24	0.081 7	0.065 9	0.053 2	0.043 1	0.034 9	0.028 4	0.023 1	0.018 8	0.015 4	0.012 6
25	0.073 6	0.058 8	0.047 1	0.037 8	0.030 4	0.024 5	0.019 7	0.016 0	0.012 9	0.010 5
26	0.066 3	0.052 5	0.041 7	0.033 1	0.026 4	0.021 1	0.016 9	0.013 5	0.010 9	0.008 7
27	0.059 7	0.046 9	0.036 9	0.029 1	0.023 0	0.018 2	0.014 4	0.011 5	0.009 1	0.007 3
28	0.053 8	0.041 9	0.032 6	0.025 5	0.020 0	0.015 7	0.012 3	0.009 7	0.007 7	0.006 1
29	0.048 5	0.037 4	0.028 9	0.022 4	0.017 4	0.013 5	0.010 5	0.008 2	0.006 4	0.005 1
30	0.043 7	0.033 4	0.025 6	0.019 6	0.015 1	0.011 6	0.009 0	0.007 0	0.005 4	0.004 2

续表

期数	21%	22%	23%	24%	25%	26%	27%	28%	29%	30%
1	0.826 4	0.819 7	0.813 0	0.806 5	0.800 0	0.793 7	0.787 4	0.781 3	0.775 2	0.769 2
2	0.683 0	0.671 9	0.661 0	0.650 4	0.640 0	0.629 9	0.620 0	0.610 4	0.600 9	0.591 7
3	0.564 5	0.550 7	0.537 4	0.524 5	0.512 0	0.499 9	0.488 2	0.476 8	0.465 8	0.455 2
4	0.466 5	0.451 4	0.436 9	0.423 0	0.409 6	0.396 8	0.384 4	0.372 5	0.361 1	0.350 1
5	0.385 5	0.370 0	0.355 2	0.341 1	0.327 7	0.314 9	0.302 7	0.291 0	0.279 9	0.269 3
6	0.318 6	0.303 3	0.288 8	0.275 1	0.262 1	0.249 9	0.238 3	0.227 4	0.217 0	0.207 2
7	0.263 3	0.248 6	0.234 8	0.221 8	0.209 7	0.198 3	0.187 7	0.177 6	0.168 2	0.159 4
8	0.217 6	0.203 8	0.190 9	0.178 9	0.167 8	0.157 4	0.147 8	0.138 8	0.130 4	0.122 6
9	0.179 9	0.167 0	0.155 2	0.144 3	0.134 2	0.124 9	0.116 4	0.108 4	0.101 1	0.094 3
10	0.148 6	0.136 9	0.126 2	0.116 4	0.107 4	0.099 2	0.091 6	0.084 7	0.078 4	0.072 5
11	0.122 8	0.112 2	0.102 6	0.093 8	0.085 9	0.078 7	0.072 1	0.066 2	0.060 7	0.055 8
12	0.101 5	0.092 0	0.083 4	0.075 7	0.068 7	0.062 5	0.056 8	0.051 7	0.047 1	0.042 9
13	0.083 9	0.075 4	0.067 8	0.061 0	0.055 0	0.049 6	0.044 7	0.040 4	0.036 5	0.033 0
14	0.069 3	0.061 8	0.055 1	0.049 2	0.044 0	0.039 3	0.035 2	0.031 6	0.028 3	0.025 4
15	0.057 3	0.050 7	0.044 8	0.039 7	0.035 2	0.031 2	0.027 7	0.024 7	0.021 9	0.019 5
16	0.047 4	0.041 5	0.036 4	0.032 0	0.028 1	0.024 8	0.021 8	0.019 3	0.017 0	0.015 0
17	0.039 1	0.034 0	0.029 6	0.025 8	0.022 5	0.019 7	0.017 2	0.015 0	0.013 2	0.011 6
18	0.032 3	0.027 9	0.024 1	0.020 8	0.018 0	0.015 6	0.013 5	0.011 8	0.010 2	0.008 9
19	0.026 7	0.022 9	0.019 6	0.016 8	0.014 4	0.012 4	0.010 7	0.009 2	0.007 9	0.006 8
20	0.022 1	0.018 7	0.015 9	0.013 5	0.011 5	0.009 8	0.008 4	0.007 2	0.006 1	0.005 3
21	0.018 3	0.015 4	0.012 9	0.010 9	0.009 2	0.007 8	0.006 6	0.005 6	0.004 8	0.004 0
22	0.015 1	0.012 6	0.010 5	0.008 8	0.007 4	0.006 2	0.005 2	0.004 4	0.003 7	0.003 1
23	0.012 5	0.010 3	0.008 6	0.007 1	0.005 9	0.004 9	0.004 1	0.003 4	0.002 9	0.002 4
24	0.010 3	0.008 5	0.007 0	0.005 7	0.004 7	0.003 9	0.003 2	0.002 7	0.002 2	0.001 8
25	0.008 5	0.006 9	0.005 7	0.004 6	0.003 8	0.003 1	0.002 5	0.002 1	0.001 7	0.001 4
26	0.007 0	0.005 7	0.004 6	0.003 7	0.003 0	0.002 5	0.002 0	0.001 6	0.001 3	0.001 1
27	0.005 8	0.004 7	0.003 7	0.003 0	0.002 4	0.001 9	0.001 6	0.001 3	0.001 0	0.000 8
28	0.004 8	0.003 8	0.003 0	0.002 4	0.001 9	0.001 5	0.001 2	0.001 0	0.000 8	0.000 6
29	0.004 0	0.003 1	0.002 5	0.002 0	0.001 5	0.001 2	0.001 0	0.000 8	0.000 6	0.000 5
30	0.003 3	0.002 6	0.002 0	0.001 6	0.001 2	0.001 0	0.000 8	0.000 6	0.000 5	0.000 4

附表三 年金终值系数表

期数	1%	2%	3%	4%	5%	6%	7%	8%	9%	10%
1	1.000 0	1.000 0	1.000 0	1.000 0	1.000 0	1.000 0	1.000 0	1.000 0	1.000 0	1.000 0
2	2.010 0	2.020 0	2.030 0	2.040 0	2.050 0	2.060 0	2.070 0	2.080 0	2.090 0	2.100 0
3	3.030 1	3.060 4	3.090 9	3.121 6	3.152 5	3.183 6	3.214 9	3.246 4	3.278 1	3.310 0
4	4.060 4	4.121 6	4.183 6	4.246 5	4.310 1	4.374 6	4.439 9	4.506 1	4.573 1	4.641 0
5	5.101 0	5.204 0	5.309 1	5.416 3	5.525 6	5.637 1	5.750 7	5.866 6	5.984 7	6.105 1
6	6.152 0	6.308 1	6.468 4	6.633 0	6.801 9	6.975 3	7.153 3	7.335 9	7.523 3	7.715 6
7	7.213 5	7.434 3	7.662 5	7.898 3	8.142 0	8.393 8	8.654 0	8.922 8	9.200 4	9.487 2
8	8.285 7	8.583 0	8.892 3	9.214 2	9.549 1	9.897 5	10.259 8	10.636 6	11.028 5	11.435 9
9	9.368 5	9.754 6	10.159 1	10.582 8	11.026 6	11.491 3	11.978 0	12.487 6	13.021 0	13.579 5
10	10.462 2	10.949 7	11.463 9	12.006 1	12.577 9	13.180 8	13.816 4	14.486 6	15.192 9	15.937 4
11	11.566 8	12.168 7	12.807 8	13.486 4	14.206 8	14.971 6	15.783 6	16.645 5	17.560 3	18.531 2
12	12.682 5	13.412 1	14.192 0	15.025 8	15.917 1	16.869 9	17.888 5	18.977 1	20.140 7	21.384 3
13	13.809 3	14.680 3	15.617 8	16.626 8	17.713 0	18.882 1	20.140 6	21.495 3	22.953 4	24.522 7
14	14.947 4	15.973 9	17.086 3	18.291 9	19.598 6	21.015 1	22.550 5	24.214 9	26.019 2	27.975 0
15	16.096 9	17.293 4	18.598 9	20.023 6	21.578 6	23.276 0	25.129 0	27.152 1	29.360 9	31.772 5
16	17.257 9	18.639 3	20.156 9	21.824 5	23.657 5	25.672 5	27.888 1	30.324 3	33.003 4	35.949 7
17	18.430 4	20.012 1	21.761 6	23.697 5	25.840 4	28.212 9	30.840 2	33.750 2	36.973 7	40.544 7
18	19.614 7	21.412 3	23.414 4	25.645 4	28.132 4	30.905 7	33.999 0	37.450 2	41.301 3	45.599 2
19	20.810 9	22.840 6	25.116 9	27.671 2	30.539 0	33.760 0	37.379 0	41.446 3	46.018 5	51.159 1
20	22.019 0	24.297 4	26.870 4	29.778 1	33.066 0	36.785 6	40.995 5	45.762 0	51.160 1	57.275 0
21	23.239 2	25.783 3	28.676 5	31.969 2	35.719 3	39.992 7	44.865 2	50.422 9	56.764 5	64.002 5
22	24.471 6	27.299 0	30.536 8	34.248 0	38.505 2	43.392 3	49.005 7	55.456 8	62.873 3	71.402 7
23	25.716 3	28.845 0	32.452 9	36.617 9	41.430 5	46.995 8	53.436 1	60.893 3	69.531 9	79.543 0
24	26.973 5	30.421 9	34.426 5	39.082 6	44.502 0	50.815 6	58.176 7	66.764 8	76.789 8	88.497 3
25	28.243 2	32.030 3	36.459 3	41.645 9	47.727 1	54.864 5	63.249 0	73.105 9	84.700 9	98.347 1
26	29.525 6	33.670 9	38.553 0	44.311 7	51.113 5	59.156 4	68.676 5	79.954 4	93.324 0	109.181 8
27	30.820 9	35.344 3	40.709 6	47.084 2	54.669 1	63.705 8	74.483 8	87.350 8	102.723 1	121.099 9
28	32.129 1	37.051 2	42.930 9	49.967 6	58.402 6	68.528 1	80.697 7	95.338 8	112.968 2	134.209 9
29	33.450 4	38.792 2	45.218 9	52.966 3	62.322 7	73.639 8	87.346 5	103.965 9	124.135 4	148.630 9
30	34.784 9	40.568 1	47.575 4	56.084 9	66.438 8	79.058 2	94.460 8	113.283 2	136.307 5	164.494 0

续表

期数	11%	12%	13%	14%	15%	16%	17%	18%	19%	20%
1	1.000 0	1.000 0	1.000 0	1.000 0	1.000 0	1.000 0	1.000 0	1.000 0	1.000 0	1.000 0
2	2.110 0	2.120 0	2.130 0	2.140 0	2.150 0	2.160 0	2.170 0	2.180 0	2.190 0	2.200 0
3	3.342 1	3.374 4	3.406 9	3.439 6	3.472 5	3.505 6	3.538 9	3.572 4	3.606 1	3.640 0
4	4.709 7	4.779 3	4.849 8	4.921 1	4.993 4	5.066 5	5.140 5	5.215 4	5.291 3	5.368 0
5	6.227 8	6.352 8	6.480 3	6.610 1	6.742 4	6.877 1	7.014 4	7.154 2	7.296 6	7.441 6
6	7.912 9	8.115 2	8.322 7	8.535 5	8.753 7	8.977 5	9.206 8	9.442 0	9.683 0	9.929 9
7	9.783 3	10.089 0	10.404 7	10.730 5	11.066 8	11.413 9	11.772 0	12.141 5	12.522 7	12.915 9
8	11.859 4	12.299 7	12.757 3	13.232 8	13.726 8	14.240 1	14.773 3	15.327 0	15.902 0	16.499 1
9	14.164 0	14.775 7	15.415 7	16.085 3	16.785 8	17.518 5	18.284 7	19.085 9	19.923 4	20.798 9
10	16.722 0	17.548 7	18.419 7	19.337 3	20.303 7	21.321 5	22.393 1	23.521 3	24.708 9	25.958 7
11	19.561 4	20.654 6	21.814 3	23.044 5	24.349 3	25.732 9	27.199 9	28.755 1	30.403 5	32.150 4
12	22.713 2	24.133 1	25.650 2	27.270 7	29.001 7	30.850 2	32.823 9	34.931 1	37.180 2	39.580 5
13	26.211 6	28.029 1	29.984 7	32.088 7	34.351 9	36.786 2	39.404 0	42.218 7	45.244 5	48.496 6
14	30.094 9	32.392 6	34.882 7	37.581 1	40.504 7	43.672 0	47.102 7	50.818 0	54.840 9	59.195 9
15	34.405 4	37.279 7	40.417 5	43.842 4	47.580 4	51.659 5	56.110 1	60.965 3	66.260 7	72.035 1
16	39.189 9	42.753 3	46.671 7	50.980 4	55.717 5	60.925 0	66.648 8	72.939 0	79.850 2	87.442 1
17	44.500 8	48.883 7	53.739 1	59.117 6	65.075 1	71.673 0	78.979 2	87.068 0	96.021 8	105.930 6
18	50.395 9	55.749 7	61.725 1	68.394 1	75.836 4	84.140 7	93.405 6	103.740 3	115.265 9	128.116 7
19	56.939 5	63.439 7	70.749 4	78.969 2	88.211 8	98.603 2	110.284 6	123.413 5	138.166 4	154.740 0
20	64.202 8	72.052 4	80.946 8	91.024 9	102.443 6	115.379 7	130.032 9	146.628 0	165.418 0	186.688 0
21	72.265 1	81.698 7	92.469 9	104.768 4	118.810 1	134.840 5	153.138 5	174.021 0	197.847 4	225.025 6
22	81.214 3	92.502 6	105.491 0	120.436 0	137.631 6	157.415 0	180.172 1	206.344 8	236.438 5	271.030 7
23	91.147 9	104.602 9	120.204 8	138.297 0	159.276 4	183.601 4	211.801 3	244.486 8	282.361 8	326.236 9
24	102.174 2	118.155 2	136.831 5	158.658 6	184.167 8	213.977 6	248.807 6	289.494 5	337.010 5	392.484 2
25	114.413 3	133.333 9	155.619 6	181.870 8	212.793 0	249.214 0	292.104 9	342.603 5	402.042 5	471.981 1
26	127.998 8	150.333 9	176.850 1	208.332 7	245.712 0	290.088 3	342.762 7	405.272 1	479.430 6	567.377 3
27	143.078 6	169.374 0	200.840 6	238.499 3	283.568 8	337.502 4	402.032 3	479.221 1	571.522 4	681.852 8
28	159.817 3	190.698 9	227.949 9	272.889 2	327.104 1	392.502 8	471.377 8	566.480 9	681.111 6	819.223 3
29	178.397 2	214.582 8	258.583 4	312.093 7	377.169 7	456.303 2	552.512 1	669.447 5	811.522 8	984.068 0
30	199.020 9	241.332 7	293.199 2	356.786 8	434.745 1	530.311 7	647.439 1	790.948 0	966.712 2	1 181.881 6

续表

期数	21%	22%	23%	24%	25%	26%	27%	28%	29%	30%
1	1.000 0	1.000 0	1.000 0	1.000 0	1.000 0	1.000 0	1.000 0	1.000 0	1.000 0	1.000 0
2	2.210 0	2.220 0	2.230 0	2.240 0	2.250 0	2.260 0	2.270 0	2.280 0	2.290 0	2.300 0
3	3.674 1	3.708 4	3.742 9	3.777 6	3.812 5	3.847 6	3.882 9	3.918 4	3.954 1	3.990 0
4	5.445 7	5.524 2	5.603 8	5.684 2	5.765 6	5.848 0	5.931 3	6.015 6	6.100 8	6.187 0
5	7.589 2	7.739 6	7.892 6	8.048 4	8.207 0	8.368 4	8.532 7	8.699 9	8.870 0	9.043 1
6	10.183 0	10.442 3	10.707 9	10.980 1	11.258 8	11.544 2	11.836 6	12.135 9	12.442 3	12.756 0
7	13.321 4	13.739 6	14.170 8	14.615 3	15.073 5	15.545 8	16.032 4	16.533 9	17.050 6	17.582 8
8	17.118 9	17.762 3	18.430 0	19.122 9	19.841 9	20.587 6	21.361 2	22.163 4	22.995 3	23.857 7
9	21.713 9	22.670 0	23.669 0	24.712 5	25.802 3	26.940 4	28.128 7	29.369 2	30.663 9	32.015 0
10	27.273 8	28.657 4	30.112 8	31.643 4	33.252 9	34.944 9	36.723 5	38.592 6	40.556 4	42.619 5
11	34.001 3	35.962 0	38.038 8	40.237 9	42.566 1	45.030 6	47.638 8	50.398 5	53.317 8	56.405 3
12	42.141 6	44.873 7	47.787 7	50.895 0	54.207 7	57.738 6	61.501 3	65.510 0	69.780 0	74.327 0
13	51.991 3	55.745 9	59.778 8	64.109 7	68.759 6	73.750 6	79.106 6	84.852 9	91.016 1	97.625 0
14	63.909 5	69.010 0	74.528 0	80.496 1	86.949 5	93.925 8	101.465 4	109.611 7	118.410 8	127.912 5
15	78.330 5	85.192 2	92.669 4	100.815 1	109.686 8	119.346 5	129.861 1	141.302 9	153.750 0	167.286 3
16	95.779 9	104.934 5	114.983 4	126.010 8	138.108 5	151.376 6	165.923 6	181.867 7	199.337 4	218.472 2
17	116.893 7	129.020 1	142.429 5	157.253 4	173.635 7	191.734 5	211.723 0	233.790 7	258.145 3	285.013 9
18	142.441 3	158.404 5	176.188 3	195.994 2	218.044 6	242.585 5	269.888 2	300.252 1	334.007 4	371.518 0
19	173.354 0	194.253 5	217.711 6	244.032 8	273.555 8	306.657 7	343.758 0	385.322 7	431.869 6	483.973 4
20	210.758 4	237.989 3	268.785 3	303.600 6	342.944 7	387.388 7	437.572 6	494.213 1	558.111 8	630.165 5
21	256.017 6	291.346 9	331.605 9	377.464 8	429.680 9	489.109 8	556.717 3	633.592 7	720.964 2	820.215 1
22	310.781 3	356.443 2	408.875 3	469.056 3	538.101 1	617.278 3	708.030 9	811.998 7	931.043 8	1 067.279 6
23	377.045 4	435.860 7	503.916 6	582.629 8	673.626 4	778.770 7	900.199 3	1 040.358 3	1 202.046 5	1 388.463 5
24	457.224 9	532.750 1	620.817 4	723.461 0	843.032 9	982.251 1	1 144.253 1	1 332.658 6	1 551.640 0	1 806.002 6
25	554.242 2	650.955 1	764.605 4	898.091 6	1 054.791 2	1 238.636 3	1 454.201 4	1 706.803 1	2 002.615 6	2 348.803 3
26	671.633 0	795.165 3	941.464 7	1 114.633 6	1 319.489 0	1 561.681 8	1 847.835 8	2 185.707 9	2 584.374 1	3 054.444 3
27	813.675 9	971.101 6	1 159.001 6	1 383.145 7	1 650.361 2	1 968.719 1	2 347.751 5	2 798.706 1	3 334.842 6	3 971.777 6
28	985.547 9	1 185.744 0	1 426.571 9	1 716.100 7	2 063.951 5	2 481.586 0	2 982.644 4	3 583.343 8	4 302.947 0	5 164.310 9
29	1 193.512 9	1 447.607 7	1 755.683 5	2 128.964 8	2 580.939 4	3 127.798 4	3 788.958 3	4 587.680 1	5 551.801 6	6 714.604 2
30	1 445.150 7	1 767.081 3	2 160.490 7	2 640.916 4	3 227.174 3	3 942.026 0	4 812.977 1	5 873.230 6	7 162.824 1	8 729.985 5

附表四 | 年金现值系数表

期数	1%	2%	3%	4%	5%	6%	7%	8%	9%	10%
1	0.990 1	0.980 4	0.970 9	0.961 5	0.952 4	0.943 4	0.934 6	0.925 9	0.917 4	0.909 1
2	1.970 4	1.941 6	1.913 5	1.886 1	1.859 4	1.833 4	1.808 0	1.783 3	1.759 1	1.735 5
3	2.941 0	2.883 9	2.828 6	2.775 1	2.723 2	2.673 0	2.624 3	2.577 1	2.531 3	2.486 9
4	3.902 0	3.807 7	3.717 1	3.629 9	3.546 0	3.465 1	3.387 2	3.312 1	3.239 7	3.169 9
5	4.853 4	4.713 5	4.579 7	4.451 8	4.329 5	4.212 4	4.100 2	3.992 7	3.889 7	3.790 8
6	5.795 5	5.601 4	5.417 2	5.242 1	5.075 7	4.917 3	4.766 5	4.622 9	4.485 9	4.355 3
7	6.728 2	6.472 0	6.230 3	6.002 1	5.786 4	5.582 4	5.389 3	5.206 4	5.033 0	4.868 4
8	7.651 7	7.325 5	7.019 7	6.732 7	6.463 2	6.209 8	5.971 3	5.746 6	5.534 8	5.334 9
9	8.566 0	8.162 2	7.786 1	7.435 3	7.107 8	6.801 7	6.515 2	6.246 9	5.995 2	5.759 0
10	9.471 3	8.982 6	8.530 2	8.110 9	7.721 7	7.360 1	7.023 6	6.710 1	6.417 7	6.144 6
11	10.367 6	9.786 8	9.252 6	8.760 5	8.306 4	7.886 9	7.498 7	7.139 0	6.805 2	6.495 1
12	11.255 1	10.575 3	9.954 0	9.385 1	8.863 3	8.383 8	7.942 7	7.536 1	7.160 7	6.813 7
13	12.133 7	11.348 4	10.635 0	9.985 6	9.393 6	8.852 7	8.357 7	7.903 8	7.486 9	7.103 4
14	13.003 7	12.106 2	11.296 1	10.563 1	9.898 6	9.295 0	8.745 5	8.244 2	7.786 2	7.366 7
15	13.865 1	12.849 3	11.937 9	11.118 4	10.379 7	9.712 2	9.107 9	8.559 5	8.060 7	7.606 1
16	14.717 9	13.577 7	12.561 1	11.652 3	10.837 8	10.105 9	9.446 6	8.851 4	8.312 6	7.823 7
17	15.562 3	14.291 9	13.166 1	12.165 7	11.274 1	10.477 3	9.763 2	9.121 6	8.543 6	8.021 6
18	16.398 3	14.992 0	13.753 5	12.659 3	11.689 6	10.827 6	10.059 1	9.371 9	8.755 6	8.201 4
19	17.226 0	15.678 5	14.323 8	13.133 9	12.085 3	11.158 1	10.335 6	9.603 6	8.950 1	8.364 9
20	18.045 6	16.351 4	14.877 5	13.590 3	12.462 2	11.469 9	10.594 0	9.818 1	9.128 5	8.513 6
21	18.857 0	17.011 2	15.415 0	14.029 2	12.821 2	11.764 1	10.835 5	10.016 8	9.292 2	8.648 7
22	19.660 4	17.658 0	15.936 9	14.451 1	13.163 0	12.041 6	11.061 2	10.200 7	9.442 4	8.771 5
23	20.455 8	18.292 2	16.443 6	14.856 8	13.488 6	12.303 4	11.272 2	10.371 1	9.580 2	8.883 2
24	21.243 4	18.913 9	16.935 5	15.247 0	13.798 6	12.550 4	11.469 3	10.528 8	9.706 6	8.984 7
25	22.023 2	19.523 5	17.413 1	15.622 1	14.093 9	12.783 4	11.653 6	10.674 8	9.822 6	9.077 0
26	22.795 2	20.121 0	17.876 8	15.982 8	14.375 2	13.003 2	11.825 8	10.810 0	9.929 0	9.160 9
27	23.559 6	20.706 9	18.327 0	16.329 6	14.643 0	13.210 5	11.986 7	10.935 2	10.026 6	9.237 2
28	24.316 4	21.281 3	18.764 1	16.663 1	14.898 1	13.406 2	12.137 1	11.051 1	10.116 1	9.306 6
29	25.065 8	21.844 4	19.188 5	16.983 7	15.141 1	13.590 7	12.277 7	11.158 4	10.198 3	9.369 6
30	25.807 7	22.396 5	19.600 4	17.292 0	15.372 5	13.764 8	12.409 0	11.257 8	10.273 7	9.426 9

续表

期数	11%	12%	13%	14%	15%	16%	17%	18%	19%	20%
1	0.900 9	0.892 9	0.885 0	0.877 2	0.869 6	0.862 1	0.854 7	0.847 5	0.840 3	0.833 3
2	1.712 5	1.690 1	1.668 1	1.646 7	1.625 7	1.605 2	1.585 2	1.565 6	1.546 5	1.527 8
3	2.443 7	2.401 8	2.361 2	2.321 6	2.283 2	2.245 9	2.209 6	2.174 3	2.139 9	2.106 5
4	3.102 4	3.037 3	2.974 5	2.913 7	2.855 0	2.798 2	2.743 2	2.690 1	2.638 6	2.588 7
5	3.695 9	3.604 8	3.517 2	3.433 1	3.352 2	3.274 3	3.199 3	3.127 2	3.057 6	2.990 6
6	4.230 5	4.111 4	3.997 5	3.888 7	3.784 5	3.684 7	3.589 2	3.497 6	3.409 8	3.325 5
7	4.712 2	4.563 8	4.422 6	4.288 3	4.160 4	4.038 6	3.922 4	3.811 5	3.705 7	3.604 6
8	5.146 1	4.967 6	4.798 8	4.638 9	4.487 3	4.343 6	4.207 2	4.077 6	3.954 4	3.837 2
9	5.537 0	5.328 2	5.131 7	4.946 4	4.771 6	4.606 5	4.450 6	4.303 0	4.163 3	4.031 0
10	5.889 2	5.650 2	5.426 2	5.216 1	5.018 8	4.833 2	4.658 6	4.494 1	4.338 9	4.192 5
11	6.206 5	5.937 7	5.686 9	5.452 7	5.233 7	5.028 6	4.836 4	4.656 0	4.486 5	4.327 1
12	6.492 4	6.194 4	5.917 6	5.660 3	5.420 6	5.197 1	4.988 4	4.793 2	4.610 5	4.439 2
13	6.749 9	6.423 5	6.121 8	5.842 4	5.583 1	5.342 3	5.118 3	4.909 5	4.714 7	4.532 7
14	6.981 9	6.628 2	6.302 5	6.002 1	5.724 5	5.467 5	5.229 3	5.008 1	4.802 3	4.610 6
15	7.190 9	6.810 9	6.462 4	6.142 2	5.847 4	5.575 5	5.324 2	5.091 6	4.875 9	4.675 5
16	7.379 2	6.974 0	6.603 9	6.265 1	5.954 2	5.668 5	5.405 3	5.162 4	4.937 7	4.729 6
17	7.548 8	7.119 6	6.729 1	6.372 9	6.047 2	5.748 7	5.474 6	5.222 3	4.989 7	4.774 6
18	7.701 6	7.249 7	6.839 9	6.467 4	6.128 0	5.817 8	5.533 9	5.273 2	5.033 3	4.812 2
19	7.839 3	7.365 8	6.938 0	6.550 4	6.198 2	5.877 5	5.584 5	5.316 2	5.070 0	4.843 5
20	7.963 3	7.469 4	7.024 8	6.623 1	6.259 3	5.928 8	5.627 8	5.352 7	5.100 9	4.869 6
21	8.075 1	7.562 0	7.101 6	6.687 0	6.312 5	5.973 1	5.664 8	5.383 7	5.126 8	4.891 3
22	8.175 7	7.644 6	7.169 5	6.742 9	6.358 7	6.011 3	5.696 4	5.409 9	5.148 6	4.909 4
23	8.266 4	7.718 4	7.229 7	6.792 1	6.398 8	6.044 2	5.723 4	5.432 1	5.166 8	4.924 5
24	8.348 1	7.784 3	7.282 9	6.835 1	6.433 8	6.072 6	5.746 5	5.450 9	5.182 2	4.937 1
25	8.421 7	7.843 1	7.330 0	6.872 9	6.464 1	6.097 1	5.766 2	5.466 9	5.195 1	4.947 6
26	8.488 1	7.895 7	7.371 7	6.906 1	6.490 6	6.118 2	5.783 1	5.480 4	5.206 0	4.956 3
27	8.547 8	7.942 6	7.408 6	6.935 2	6.513 5	6.136 4	5.797 5	5.491 9	5.215 1	4.963 6
28	8.601 6	7.984 4	7.441 2	6.960 7	6.533 5	6.152 0	5.809 9	5.501 6	5.222 8	4.969 7
29	8.650 1	8.021 8	7.470 1	6.983 0	6.550 9	6.165 6	5.820 4	5.509 8	5.229 2	4.974 7
30	8.693 8	8.055 2	7.495 7	7.002 7	6.566 0	6.177 2	5.829 4	5.516 8	5.234 7	4.978 9

续表

期数	21%	22%	23%	24%	25%	26%	27%	28%	29%	30%
1	0.826 4	0.819 7	0.813 0	0.806 5	0.800 0	0.793 7	0.787 4	0.781 3	0.775 2	0.769 2
2	1.509 5	1.491 5	1.474 0	1.456 8	1.440 0	1.423 5	1.407 4	1.391 6	1.376 1	1.360 9
3	2.073 9	2.042 2	2.011 4	1.981 3	1.952 0	1.923 4	1.895 6	1.868 4	1.842 0	1.816 1
4	2.540 4	2.493 6	2.448 3	2.404 3	2.361 6	2.320 2	2.280 0	2.241 0	2.203 1	2.166 2
5	2.926 0	2.863 6	2.803 5	2.745 4	2.689 3	2.635 1	2.582 7	2.532 0	2.483 0	2.435 6
6	3.244 6	3.166 9	3.092 3	3.020 5	2.951 4	2.885 0	2.821 0	2.759 4	2.700 0	2.642 7
7	3.507 9	3.415 5	3.327 0	3.242 3	3.161 1	3.083 3	3.008 7	2.937 0	2.868 2	2.802 1
8	3.725 6	3.619 3	3.517 9	3.421 2	3.328 9	3.240 7	3.156 4	3.075 8	2.998 6	2.924 7
9	3.905 4	3.786 3	3.673 1	3.565 5	3.463 1	3.365 7	3.272 8	3.184 2	3.099 7	3.019 0
10	4.054 1	3.923 2	3.799 3	3.681 9	3.570 5	3.464 8	3.364 4	3.268 9	3.178 1	3.091 5
11	4.176 9	4.035 4	3.901 8	3.775 7	3.656 4	3.543 5	3.436 5	3.335 1	3.238 8	3.147 3
12	4.278 4	4.127 4	3.985 2	3.851 4	3.725 1	3.605 9	3.493 3	3.386 8	3.285 9	3.190 3
13	4.362 4	4.202 8	4.053 0	3.912 4	3.780 1	3.655 5	3.538 1	3.427 2	3.322 4	3.223 3
14	4.431 7	4.264 6	4.108 2	3.961 6	3.824 1	3.694 9	3.573 3	3.458 7	3.350 7	3.248 7
15	4.489 0	4.315 2	4.153 0	4.001 3	3.859 3	3.726 1	3.601 0	3.483 4	3.372 6	3.268 2
16	4.536 4	4.356 7	4.189 4	4.033 3	3.887 4	3.750 9	3.622 8	3.502 6	3.389 6	3.283 2
17	4.575 5	4.390 8	4.219 0	4.059 1	3.909 9	3.770 5	3.640 0	3.517 7	3.402 8	3.294 8
18	4.607 9	4.418 7	4.243 1	4.079 9	3.927 9	3.786 1	3.653 6	3.529 4	3.413 0	3.303 7
19	4.634 6	4.441 5	4.262 7	4.096 7	3.942 4	3.798 5	3.664 2	3.538 6	3.421 0	3.310 5
20	4.656 7	4.460 3	4.278 6	4.110 3	3.953 9	3.808 3	3.672 6	3.545 8	3.427 1	3.315 8
21	4.675 0	4.475 6	4.291 6	4.121 2	3.963 1	3.816 1	3.679 2	3.551 4	3.431 9	3.319 8
22	4.690 0	4.488 2	4.302 1	4.130 0	3.970 5	3.822 3	3.684 4	3.555 8	3.435 6	3.323 0
23	4.702 5	4.498 5	4.310 6	4.137 1	3.976 4	3.827 3	3.688 5	3.559 2	3.438 4	3.325 4
24	4.712 8	4.507 0	4.317 6	4.142 8	3.981 1	3.831 2	3.691 8	3.561 9	3.440 6	3.327 2
25	4.721 3	4.513 9	4.323 2	4.147 4	3.984 9	3.834 2	3.694 3	3.564 0	3.442 3	3.328 6
26	4.728 4	4.519 6	4.327 8	4.151 1	3.987 9	3.836 7	3.696 3	3.565 6	3.443 7	3.329 7
27	4.734 2	4.524 3	4.331 6	4.154 2	3.990 3	3.838 7	3.697 9	3.566 9	3.444 7	3.330 5
28	4.739 0	4.528 1	4.334 6	4.156 6	3.992 3	3.840 2	3.699 1	3.567 9	3.445 5	3.331 2
29	4.743 0	4.531 2	4.337 1	4.158 5	3.993 8	3.841 4	3.700 1	3.568 7	3.446 1	3.331 7
30	4.746 3	4.533 8	4.339 1	4.160 1	3.995 0	3.842 4	3.700 9	3.569 3	3.446 6	3.332 1

参考文献

[1] 财政部会计资格评价中心. 财务管理. 北京：中国财政经济出版，2013.
[2] 孔德兰，许辉. 财务管理——原理、实务、案例实训[M]. 2版. 东北财经大学出版社，2012.
[3] 孔德兰. 财务管理[M]. 北京：中国财政经济出版社，2013.1.
[4] 孔德兰. 财务管理实务[M]. 北京：中国人民大学出版社，2011.12.
[5] 刘淑莲. 公财务管理[M]. 大连：东北财经大学出版社，2010.
[6] 孔德兰. 企业财务管理[M]. 北京：中国财政经济出版社，2010.
[7] 王少泽. 财务管理[M]. 北京：中国财政经济出版社，2008.
[8] 孔德兰. 财务管理实务[M]. 北京：高等教育出版社，2008.
[9] 汤谷良. 财务管理案例[M]. 北京：北京大学出版社，2007.
[10] 陈昌龙. 财务管理[M]. 北京：清华大学出版社，北京交通大学出版社，2007.
[11] 秦海敏. 财务管理[M]. 南京：南京大学出版社，2007.
[12] 贺世强. 财务管理[M]. 北京：高等教育出版社，2007.
[13] 王斌. 财务管理[M]. 北京：高等教育出版社，2007.
[14] 尤金·F. 布瑞翰，乔尔·F. 休斯顿. 财务管理基础[M]. 大连：东北财经大学出版社，2004.
[15] 斯蒂芬·罗斯. 公司理财[M]. 第6版. 北京：机械工业出版社，2000.